普通高等教育精品规划教材

高等学校信息管理学专业系列教材

THE ECONOMICS OF INFORMATION

信息经济学

马费成 编著

WUHAN UNIVERSITY PRESS
武汉大学出版社

图书在版编目(CIP)数据

信息经济学/马费成编著.—武汉：武汉大学出版社,2012.6(2019.1 重印)
普通高等教育精品规划教材
高等学校信息管理学专业系列教材
ISBN 978-7-307-09793-3

Ⅰ.信… Ⅱ.马… Ⅲ.信息经济学—高等学校—教材 Ⅳ.F062.5

中国版本图书馆 CIP 数据核字(2012)第 100933 号

责任编辑:詹 蜜　　责任校对:黄添生　　版式设计:詹锦玲

出版发行：**武汉大学出版社**　(430072　武昌　珞珈山)
(电子邮件：cbs22@whu.edu.cn　网址：www.wdp.com.cn)
印刷:北京虎彩文化传播有限公司
开本:720×1000　1/16　　印张:27　　字数:479 千字　　插页:1
版次:2012 年 6 月第 1 版　　2019 年 1 月第 2 次印刷
ISBN 978-7-307-09793-3/F·1674　　定价:39.00 元

前　　言

信息经济学是信息管理与信息系统专业一门重要的专业基础课，本书即是为该课程编写的教材。

信息经济学是20世纪60年代初产生并发展起来的新兴学科。信息经济学的产生和发展源于两个不同的背景：一是对经济活动中的信息不对称现象及其影响的揭示，另一是信息成为支撑和促进当代经济发展的重要资源。

新古典经济学在研究价格制度时有两个基本假定：①市场参与者的数量足够多，从而市场是完全竞争性的；②市场参与者之间不存在信息不对称问题。在这两个假设条件下，市场参与者个人的决策只是在给定的价格参数和收入的条件下最大化自己的效用。其效用函数只依赖于他自己的选择，而不依赖于其他人的选择，个人的最优选择只是价格和收入的函数，而不是其他人选择的函数。对个人来讲所有其他人的行为被隐含在一个价格参数里，他既不考虑自己的选择对别人选择的影响，也不考虑别人选择对自己选择的影响。由于信息是对称的，市场参与者之间不存在信息的优劣，其行为亦不受信息差别的影响。在现实的经济活动中这两个假设是得不到满足的。首先，由于现实中市场参与者数量是有限的。在有限人数下，市场是不完全竞争市场，因此人们之间的行为是直接影响的，个人效用函数不仅依赖于他自己的选择，而且依赖于他人的选择，个人的最优选择是其他人选择的函数，所以一个人在决策时必须考虑对方的反应。其次，由于现实中市场参与者之间的信息一般是不对称的，因此任何一种有效的制度安排，必须满足“激励相容”或“参与约束”的原则，这就是非对称信息经济学所要研究的问题。

20世纪60年代以来，信息技术高度发展和广泛应用，为信息的生产、组织、管理、传递和开发提供了便利条件，使人类社会进入了一个全新的信息时代，信息资源与物质资源、能源资源一道共同构成支撑现代经济社会发展的资源体系。信息资源是知识经济时代重要的国家战略资源，是实现经济和社会的全面和可持续发展的基础条件。对信息资源的管理、开发和利用水平，是衡量一个国家综合国力和国际竞争力的重要标志之一。为此，世界各发达国家无不把占有、开发和利用信息资源作为一项基本国策。信息与信息技术结合成为全新的社会生产力系统，对社会经济的发展产生了广泛而深刻的影响。一个国家的科技创新能力以及与此相关的国际竞争力都依赖于其快速、有效地开发与利用信息资源的能力。因此，对信息资源的规划、管理、开发和利用，成为国家信息化建设的重点。各国都投巨资，像组织大工业生产一样来组织信息的生产、存储和开发利用，信息产业迅速发展，成长为国民经济的支柱产业。于是研究信息要素在经济发展中的作用机制和作用规律，探索信息产业组织和发展规律的信息经济学便应运而生了。

来自上述两个方面有关信息的经济研究都引起了学术界的广泛关注和普遍兴趣。第一个方面即有关非对称信息的研究，严格说来并不是针对信息本身，而是着眼于行为主体之间的信息差别，研究这种差别对人类经济行为的影响。这一领域得益于博弈论工具的支持获得了迅速发展，形成了全新的方法论体系，产生了广泛而深刻的影响，成为当代经济学的主流学科。相比之下，后一方面则基本上是用传统经济学理论方法来研究信息、信息活动和信息产业的经济机制和经济规律，如信息商品的价格，信息服务、信息系统的成本收益，信息经济和信息产业的测算，等等。由于语义信息和知识计量的困难，对于信息要素与非信息要素的可折算性和可替代性，掌握了足够的知识和信息的劳动力如何能代替更多的一般劳动力，比较和计算不同的信息输入对经济增长所做的不同贡献等重要方面的研究则进展甚微，尚未形成成熟、严谨、科学的方法论体系。

由于信息经济学的研究来源于上述两个完全不同的背景，对于什么是信息经济学，学术界也存在分歧。有的学者认为只有关于非对称信息的研究才是信息经济学，而关于信息要素及其从一种形态转换为另一种形态的经济研究则不属于信息经济学；有的学者认为，信息经济学是一个综合性的学科领域，两种角度的研究都应当属于信息经济学的范畴。尤其是信息要素从一种形态转换为另一种形态的研究如果不叫信息经济学还真不知道怎样命名。纵观国内外信息经济学的研究文献，这种理解是比较普遍的，我们也持同样的观点。

基于这样的理解，本书系统介绍信息经济学的重要内容，包括不确定性经济分析、非对称信息经济分析、信息商品、信息市场、信息产业、信息资源的经济功能、信息资源优化配置、信息经济效益评价等方面的内容。将这些内容放到一起，对其中的重要问题进行经济分析和成本收益分析，兼顾不同专业的本科生、研究生以及研究人员和实际工作者的需要。

本书是在我们1997年出版的《信息经济学》基础上，融入了信息经济学领域的新成果，吸收了2005年出版的《信息经济分析》的内容，通过不断整合和完善基础上写成的。我要特别感谢参与这两部著作撰写的各位作者。在写作过程中，参考和引证了许多作者的论著，我们都以注释或参考文献的形式给予了标注，我们向这些作者表示衷心感谢。

袁红在初稿整理和编写中做了大量工作，武汉大学出版社詹蜜为本书的编辑出版付出了艰苦的劳动，在此一并表示衷心感谢。

信息经济学是一个外延广阔、内涵丰富，涉及多个学科知识的新领域，一个完善的、综合性的信息经济学学科发展需要我们共同探索和努力，本书正是以此为目的着手撰写的，同时也为了满足不同专业背景的人们的需要。尽管有此良好的愿望，但限于编著者水平，书中仍有许多尚待完善之处，希望专家、读者批评指正，以便再版时加以修订。

马费成

2012年1月于珞珈山

目　　录

1 导　论

本章在探讨信息经济概念的基础上，介绍信息经济学的产生与发展，分析信息经济学的基本理论框架、研究对象和研究内容。

1.1　信息与信息经济

1.1.1　作为信息经济分析对象的信息

信息这一概念广泛应用于人类社会生活的各个方面和各个领域，而且在自然界的生命现象与非生命现象研究中也被广泛采用。不同学科、不同领域的人们试图从不同的角度出发研究、描述信息。然而，信息本身具有复杂性，随着使用环境的变化，信息这一概念表现出不同的含义。显然，要对信息下一个十分确切的定义是很困难的。目前，有关信息的概念很多，但没有一个为人们所公认。从总体上看，关于信息，人们已经达成下述共识：首先，市场信息是不完全的、不对称的。其次，信息是内生的生产要素，不是可有可无的；信息是市场运行的基本参数，信息活动成为经济活动的基本部分。再次，信息是有成本的，是最基本的交易成本；信息可以被看做是经济商品，作为商品，它可以被生产、储存、消费、投资或者销售。最后，信息及其处理已经成为经济学发展的基点，例如，博弈论、行为经济学、制度经济学的产生和发展都是建立在信息理论基础上的。

本书并不打算罗列、解释信息的定义，而仅仅是从信息经济分析的需要出发来描述信息对象。信息经济分析的主要对象是社会信息，我们这里所说的社会信息是指产生于人类社会并在人类社会中交流传递的信息，如经济信息、文化信息、科技信息、政治信息等。不同种类的社会信息之间并没有严格界限，一旦这些信息对经济活动产生影响，它便成为经济学关注的对象。再则，这些信息本身就是社会信息产业的构成要素，是信息经济学的重要研究对象。虽然机器信息和自然信息有时也被用于经济活动，对经济过程产生积极作用，但这种作用是间接的、偶然的，而且往往与其他条件或因素结合才能发挥作用，一般不能成为信息经济学的对象。

作为信息经济分析的对象，经济信息和科技信息（尤其是技术信息）是非常重要的两类社会信息。这是因为经济信息反映经济活动并直接作用和影响活动，是经济决策的依据和基础而科技信息是科技成果的记录，本身就是生产力。因此，在信息经济分析中，我们特别关注这两类信息，当然也不忽略其他种类的社会信息。

信息经济学中的信息本质上是一种市场参加者在市场知识与经济环境中的时间状态（主客观不确定性）之间概率性建构的知识差。对信息形式的探讨，最早出自肯尼思·阿罗（Kenneth J. Arrow）在1957年发表的《统计和经济决策》与《决策理论和运筹学》两篇经典论文当中。阿罗认为是经济行为过程中存在的连续时间、计算时间和累积时间，形成了连续信息、计算信息和累积信息三个基本概念，不仅如此，阿罗还对三种信息形式的不同效用及它们对决策过程的影响进行了分析。在他看来，连续信息是从时间纵向的角度，在每个时期都与下一步决策具有密切联系的信息；计算信息是人们在计算时间内完成的序列化或非序列化信息；累积信息则是从时间横向的角度，认为时间的流逝即是信息的累积。而且三种形式的信息都具备使用不可分割和难以被独占的明显特征，而这构成了信息产生规模经济的基础。①②

虽然经济环境中的信息主要以连续信息、计算信息和累积信息的形式存在，但是当市场参与者出现在一定的经济环境中时，市场信息则一般表现为同质信息与异质信息、公共信息与私人信息、完全信息与不完全信息、对称信息与不对称信息四种基本形式。其中，同质信息（homogeneous information）是指具有同等性质并将导致同样结果的经济信息。异质信息（heterogeneous information）是指性质上有所差别并将导致不同经济结果的信息。同质信息和异质信息的存在导致经济代理人之间出现信息差别，而信息差别是市场贸易的先决条件之一。公共信息（public information）是指所有或

① Arrow，K. J.. Statistics and Economic Policy [J]. *Econometrica*，1957，25(4)：523-531.

② Arrow，K. J.. Decision Theory and Operations Research [J]. *Operations Research*，1957，5(6)：765-774.

部分市场参加者具备的共同知识，它导致市场支配力的同时，却又可能因为数量的增加而破坏市场交易从而降低市场运行效率。私人信息(private information)是市场参加者拥有的具有独占性质的个别知识，如果在某个时点上，市场参加者所具有的个别知识优于市场共同知识，则其具备信息优势(information lead)，反之，则处于信息劣势。信息优、劣势的对比构成了最基本的信息非对称，而且揭示了信息优势方、劣势方在资源配置中分别所处的有利和不利地位。完全信息(complete information)是指市场参与者拥有的对于某种经济环境状态的全部知识。不完全信息(incomplete information)则是对上述理想状态与经济现实对比的反思与否定。雅各布·马尔萨克(Jacob Marschak，1949)最早对此展开分析。勒姆特(M. Nermuth)也为其进行了精确的数学描述，用“信息结构”一词来描述经济决策利用信息的复杂分布及其与决策的对应关系。斯蒂格利茨(Stiglitz，1985)又进一步将不完全信息经济分析模型划分为九种①。不完全信息概念提出的重要意义不仅局限于对传统经济学理论假设的否定，更在于它为不对称信息概念的提出奠定了基础并进一步推动了不对称信息经济学的产生与发展。在相互对应的经济人之间不作对称分布的有关某些事件的知识或概率分布即为不对称信息(asymmetric information)，将不对称信息透视方法引入传统经济分析、劳动管理和产业组织以及公共经济学领域等都取得了理论和实践的崭新进展。不对称信息的确定模型和标准模型，正在被广泛地应用于越来越多的领域。

1.1.2 信息与经济的密切关系

作为人类的最基本的社会活动——经济活动，无时无刻不在产生着大量的信息，反过来这些信息又推动着经济的发展。信息与经济的关系是信息经济分析中的一个基础性课题，也是信息经济学研究的重要课题，可以说整个信息经济学都在不同的侧面和角度研究信息与经济的相互作用关系。

我们可以从下述几个方面阐明信息与经济的相互关系：

首先，信息对经济决策的作用。现代经济是多因素、多变量的复杂系统。人类的经济行为面临着极大的不确定性，而信息具有消除不确定性的功能。为在信息不充分、不完备、不对称的经济环境中获取所需信息，以保障经济决策的顺利进行，就需要研究信息与经济行为的相互作用机制、作用条件、作用范围以及与之相关联的信息成本、信息价格、信息流通、信息消

① Stiglitz, J.. Information and Economic Analysis: A Perspective [J]. *Economic Journal Suppl*, 1995: 21-41.

费、信息收益和分配等方面的问题。无疑这是传统经济学未曾涉及的全新课题。

其次，信息是现代经济的重要资源和投入要素。由于现代信息技术的高度发展和广泛应用，使得信息资源开发利用的深度和广度都得到加强。信息应用于生产系统，不仅可以缩短生产周期，而且可以带来其他资源(如劳力、资本、能源、原材料)的节约，最后生产出质量更高、价格更低的同源产品。在农业社会和工业社会中，作为生产要素的土地、劳力和资本是有限的，而且不是靠一两个人就能加以利用的。作为信息社会重要资源的知识和信息却是无限再生的，任何人、多少人都能使用，而且使用之后会产生新的知识信息。因此，信息作为一种新兴的资源和生产要素，在今日世界物质资源短缺、能源枯竭、环境污染、人口膨胀的严重的形势下，对现代社会和经济有着特殊作用。信息技术与信息相结合，作用于工业生产系统，将会促进这些产业部门的信息化，使这些产业部门产生根本性变革，大大提高生产和经营管理的水平与效率，这就是所谓的产业信息化。在当代，信息化成为各行各业向现代化迈进的必由之路。

再次，信息和信息服务正在成为商品，形成产业。随着信息的价值被人们认识，信息商品化的趋势越来趋明显，信息商品已进入社会商品生产、分配、流通和消费的领域，规模越来越大，市场占有额越来越高，且上升的速率越来越快。许多国家都像组织大工业生产一样来组织信息生产和流通，投资巨大，所需设备、装置、材料也急剧增加。围绕信息的生产、加工处理和传递正在形成一个新兴产业，即信息产业。信息产业的形成，充分反映了信息和信息活动对当代经济发展的重大影响，以迫使传统的经济结构改组，正在从质能经济向信息经济转换。

最后，信息部门、信息服务活动需要用经济学的理论方法进行指导和研究，提高管理和服务水平。如美国著名信息学家金格(D. W. King)所说①："过去10年间，信息经济学家对于理解和评价信息传输系统(information transfer system)起着重要作用，经济学已成为信息传输系统开发的各阶段(调研、评价、设计、实施、操作和计划)不可分割的部分，而信息活动又为经济学提供了一个全新的环境。"这里所说的信息传输系统是一个十分广义的概念，实质上指整个信息服务活动或信息服务过程。为什么我们可以用经济学的理论、原理、原则和方法研究信息过程呢？金格将理由归结为四个

---

① King，D. W.. *Key Papers in the Economics of Information*[M]. Washington：ASIS，1990.

方面：①信息活动包含了与经济学研究对象相同的过程、媒介、服务和利用；②信息活动也有投入和产出的比较，从而需要研究成本、定价和资源配置；③信息过程必须进行控制和管理才能达到目标；④信息活动也需要进行成本效益比较才能保证其合理性。这些问题只有从经济学角度研究才能解决。

过去，信息本身并不是经济学研究的对象，但由于信息在今天广泛渗透到经济活动之中，其经济特征与经济价值引起了社会的普通关注。为了充分地获取信息，有效地利用信息，世界各国除了不遗余力地发展先进的信息技术，建设国家信息基础结构（National Information Infrastructure，NII）外，还对信息产业和信息经济结构，信息的生产、分配、流通和消费过程的经济机制、经济规律进行了系统的研究，提出了一系列有关信息经济的新理论和新方法。它们不但对信息活动的有效开展具有现实指导作用，而且成为经济科学、信息科学、情报学理论与应用的重要组成部分。

信息经济学正是在这样的背景和条件下产生的，它一出现就显示出强人的生命力，逐渐发展成为一门具有广泛影响的科学学科，成为信息时代的主要经济学。

1.2　信息经济学的产生与发展

1.2.1　信息经济学的萌发

信息经济学的启蒙思想可追溯到1918年，美国经济学巨匠凡勃伦（T. Veblen）在他的《资本的性质》一书中提出："知识的增长构成财富的主要来源"。1921年美国经济学家弗兰克·奈特（F. H. Knight）在其著作《风险、不确定性和利润》中阐述解决不确定性的方法时，发现了"信息是一种主要的商品"，并注意到各种组织都参与信息活动且有大量投资用于信息活动。他提出把"大量的公共资金"和"巨大的资本"投入到信息活动中去，被看做是有关信息的经济价值和商品性质的早期研究。① 这种思想对于后来信息经济学科的形成有着启发和奠定基础的作用。1959年，美国著名经济学家马尔萨克（J. Marschak）发表了《信息经济学家评论》一文，提出了最优信息系统理论，研究了经济学特有的信息范畴问题，使用了信息经济学一词，标志着

① 弗兰克·H. 奈特（Knight，F. H.）. 风险、不确定性与利润[M]. 安佳，译. 北京：商务印书馆，1921.

信息经济学的正式诞生。

1.2.2 信息经济学的初步形成

信息经济学是信息时代的产物，它的产生同信息在经济活动中的作用日渐增强有关。第二次世界大战后，随着市场经济的发展和国际贸易的扩大，在物质产品的生产、分配、交换、消费过程中，不确定性增加、风险加大，使信息、知识、智力日益成为社会发展的决定性力量；尤其是20世纪下半叶以来，科学技术日新月异，信息技术与信息产业发展势不可挡，出现了与物质经济不同的信息经济，这种新型经济还不断向更高的知识经济层次发展。信息革命开辟了信息时代，推动着工业社会向信息社会过渡，信息劳动者、脑力劳动者、知识分子的作用日益增大，社会经济生活分散化、多样化、个性化的趋势日益加强。于是，从经济学角度对信息的生产、处理和利用进行全面研究的新兴学科——信息经济学便应运而生了。

从20世纪60年代开始，在随后的40多年里，美国成为推动世界进入信息时代、知识时代大变革的主要发源地，同时影响到了日本、西欧，一些发达国家的信息经济初露端倪。世界许多著名经济学家均对信息经济学的思想启蒙与发展做出了巨大的贡献。1959—1970年是信息经济学的形成阶段。这一时期的研究主要从具体应用和基础理论两方面展开，为西方信息经济学的产生奠定了理论基础。

信息经济学作为正式的学科概念是美国著名经济学家、1982年的诺贝尔经济学奖获得者施蒂格勒(G. J. Stigler)于1961年在美国《政治经济学杂志》上发表的《信息经济学》中提出来的，他提出了“信息搜寻”理论，他明确地把信息与成本、产出联系起来，认为信息具有消除不确定性的功能，经济主体要做出最优决策，必须对相关信息进行搜寻，而信息搜寻是需要成本的。他研究了信息的成本和价值、信息对价格和工资以及其他生产要素的影响，第一次将信息作为经济活动的要素和经济运行的机制加以研究。

同时，日本学者宫泽等侧重研究了信息系统的评价原理和方法、信息系统的效益和费用等问题。

马克卢普(F. Machlup)则在1962年发表了《美国的知识生产和分配》一书，提出知识产业与知识职业问题。

1970年美国经济学家乔治·阿克洛夫(G. Akerlof)通过对旧汽车市场的分析，发现由于不完全信息和非对称信息的存在，将导致市场的逆向选择过程出现，即高质量的产品退出市场，低质量的产品充斥市场，由此建立了

“柠檬”(次货或二手货)理论①，该理论构成了现代信息经济学的核心理论。

1.2.3 信息经济学的蓬勃发展

进入20世纪70年代到80年代，信息经济学的研究取得了长足进展。

1971年杰克·赫什雷弗杰克·赫什雷佛(Jack Hirshleifer)提出“信息市场”理论，并建立了“赫什雷弗模型”②。

1972年马尔萨克与拉德纳完善了“团队的经济理论”，也即一种资源配置(特别是信息资源配置)的经济理论。

1973年迈克尔·斯宾塞(A. Michael Spence)为了克服和补偿逆向选择市场的低效率现象，提出了“信号”理论，也即高质量的卖主试图通过承担某些对他来说成本要比低质量的卖者更低的活动来显示自己或产品的质量信息。这种活动作为一种高质量产品的信号，使高质量的卖主从信号中受益③。

1976年格罗斯曼(Sanford J. Grossman)和施蒂格利茨(J. E. Stigliz)提出“格罗斯曼-施蒂格利茨悖论”④。我们知道在传统经济学中价格体系是收集所有不同个人信息的信息收集者，如果市场价格体系完全反映市场参加者的私人信息，即人们能够通过价格体系完全预测未来现价，于是个人需求将不再依赖他们自身所拥有的信息，而仅仅根据市场信息决定其需求，这时市场价格体系将无法收集所有个人的信息，由此形成一个悖论。

20世纪70年代，由詹姆斯·米尔利斯(James A. Mirrlees)等人在1961年由威廉·维克里(W. Vickrey)利用信息不对称性提出的第二投标法理论的基础上发展了“委托—代理”理论和模型⑤。委托人—代理人关系实际上就是基于信息优势(代理人)与基于信息劣势(委托人)的市场参加者之间的相互关系。由于环境的不确定性和委托代理方的信息非对称性，委托人关于代

① Akerlof, G.. The Market for “Lemons”: Qualitative Uncertainty and the Market Mechanism[J]. *Quarterly Journal of Economics*, 1970(89): 488-500.

② Hirshleifer, J.. Economics of Information: Where are We in the Theory of Information? [J]. *American Economic Review*, 1973, 63(2): 31-39.

③ Spence, M.. Job Market Signaling[J]. *Quarterly Journal of Economics*, 1973, 87(3): 355-374.

④ 谢康，乌家培编. 阿克洛夫，斯彭斯和斯蒂格利茨论文精选[M]. 北京：商务印书馆，2002.

⑤ Mirrlees, J.. The Optimal Structure of Incentives and Autority within an Organization [J]. *Bell Journal of Economics*, 1976(7): 105-131.

理人的信息收集和监督需要一定成本，于是在契约签订后，容易导致出现“败德行为”。解决该问题的核心是激励机制的设定。

美国马歇尔·约维兹(M. Yovits)以广义信息系统为依托，在20世纪60年代末和70年代末对决策过程的信息流进行了定量研究，并在计算机上对几个实际的决策过程进行了模拟，对提出的测度模型进行了验证，取得了较好的结果，并以《决策过程信息流分析》为总题目，发表了5篇颇有价值的论文。约维兹的研究定量描述了信息量、信息价值、决策效益、决策效果等信息经济学的基本概念，描述和揭示了信息对人类决策与选择活动的作用过程和作用机制。

这个阶段，有关信息经济学的论著大量出版，如日本增田米二、英国威尔金森(George Wilkinson)分别发表的《信息经济学》和美国保罗·霍肯(P. Hawken)的《下一代经济》等相继问世。波拉特1977年继承并发展了马克卢普的研究，完成了《信息经济》的研究成果，他提出了两个信息部门的划分对信息经济的规模和结构作了详尽的测算分析，为信息产业结构方面的研究提供了一整套可操作的方法，引起了美国商务部的重视，被经济合作发展组织(OECD)所采纳。世界上相继有10多个国家(地区)和经济组织应用波拉特理论，或在对波拉特理论做适当改进的基础上，从而为信息经济测度比较奠定了基础。波拉特的定义方法和指标体系用数量化的图景向人们展示了信息产业、信息经济的客观存在。尽管信息经济学诞生的历史不长，研究领域也多限于某些侧面或局部问题，但它已显露出对经济科学发展的特殊意义，并很快被认为是一门独立的经济学科。1976年美国经济学会在经济学分类中就列出了“不确定性与信息经济学”(Uncertainty and information economics)条目。1979年首次召开了国际信息经济学学术会议，标志着信息经济学在美国已成为一门独立的经济学科，信息经济学研究开始引起世界各国的重视。

1.2.4 信息经济学的日趋成熟

20世纪80年代至今，经过蓬勃发展，信息经济学日趋成熟。1980年以后，西方对信息经济学的研究更是深入展开，“信息”一词在经济学著作、论文中出现的频率日益提高，许多著名经济学家都开展了信息经济学的研究，使得信息经济学成为当代西方经济理论的一个热点。1983年国际性期刊《信息经济学和政策》创刊，为信息经济的研究提供了一个国际性论坛。同年，美国经济学家保罗·罗默(P. Romer)提出，应把信息当做一种生产要素，重视信息在经济中的作用。罗伯特(Robert)、巴罗(Paul)等人通过大量实证研究，认为世界各国经济发展不均衡的原因不在于有形资本的多少，而在于无形资本(如知识、教育、信息)的差异。与此同时，英国经济学家莫里斯·斯科特(Maurice Scott)呼吁对信息、知识"必须单独投资"。曾因研究一般均衡和福利经济理论于1972年获得诺贝尔经济学奖的美国著名经济学家肯尼斯·阿罗(K. J. Arrow)，在1984年出版了《信息经济学》论文集，把信息同经济行为、经济分析、风险转移联系起来，对信息的特性、成本以及信息在经济中的影响等问题作了开拓性研究。

进入20世纪90年代以后，经济学的最重要发展前沿之一是信息经济学，并逐渐进入主流经济学而显示出一种方兴未艾的发展趋势。

在全球信息化浪潮风起云涌和世界经济一体化发展的趋势下，信息经济学的发展所呈现出的新的表现在于：传统的经济学理论中的生产力要素理论、边际效益递减理论、均衡价格理论、规模经济理论、企业治理理论、通货膨胀理论、经济增长理论、经济周期性理论等，不断受到信息经济学研究的进一步审视，并得以修正和完善，同时，随着信息高速公路的建设和Internet的发展，有关信息基础设施经济问题的研究，国际信息贸易与其相关的投资、金融等问题的研究，以及电子商务、数字经济、网络经济、知识经济等研究急剧增长，并使信息经济学在整个经济学研究中所占比重迅速扩大。理论信息经济学与应用信息经济学的区别日趋明显，微观信息经济学与宏观信息经济学的关系受到关注。美国著名经济学家瓦里安(Hal R. Varian)对于信息经济尤其是信息技术的发展所带来的经济问题作了很多研究，1998年出版了《信息规则：网络经济的战略指南》，2004年出版了《信息技术经济学》等多部有关著作和论文。这些研究代表了近年来西方学者从微观角度考察信息与网络技术对于经济，尤其是宏观经济影响的一个发展趋势。而且，西方国家对于信息经济学的研究也非常活跃，理查德·兰海姆(Richard A. Lanham)2006年出版了《注意力经济学》一书，他以信息流注意力的稀缺性作为假设，研究信息经济的风格和实质。

可见，信息经济时代使得每一位经济学家都难于摆脱信息问题对其研究的影响，有越来越多的经济学家参与到信息经济学有关的各方面研究。1991年诺贝尔经济学奖获得者科斯(R. Coase)就十分重视信息对经济行为的影响，他提出了"交易费用"概念，认为信息成本是构成交易费用的重要部分。1994年的诺贝尔经济学奖授予了三位研究与信息经济学有关的博弈论的学者纳什(J. Nash)、泽尔腾(R. Selten)、海萨尼(J. Harsanyi)。1996年，美国哥伦比亚大学名誉教授威廉·维克里(W. Vickrey)和英国剑桥大学教授詹姆斯·米尔利斯(J. A. Mirrielees)以其在"不对称信息条件下的激励理论"研究领域的突出贡献，分享了该年度诺贝尔经济学奖，从而使信息经济学迅速成为国际学术界关注的焦点。2001 年诺贝尔经济学奖授予了阿克洛夫、斯宾塞与施蒂格利兹。在这一阶段，信息经济学理论开始日益系统化、逻辑化，有关专著与文集相继出版，各方面研究更加深入，并不断有成果获得诺贝尔经济学奖。信息经济学研究领域之所以这么迷人，这么激动人心，在诺贝尔经济学奖的历史上已经几度授予对其研究有杰出贡献的多名经济学家，逐步成为当前经济学最活跃的研究领域和学术界最为关注、探讨最多的领域，这在众多的经济学研究领域也是少见的，表明信息经济学已成为经济学最具发展前途的领域，它对市场经济理论的补充和发展具有重要的意义。

1.2.5 信息经济学在我国的发展

我国对信息经济学的研究起步较晚。20 世纪 80 年代，信息经济学的研究在英、美等西方国家蓬勃发展，而中国却刚刚起步。1983 年武汉大学科技情报系正式将“情报经济学”列入专业教学计划，随后又于 1985 年首先开设了完整的情报经济学课程，并编写出较为系统的教材。1985 年 12 月至 1986 年 3 月，原国家科委情报所两次召开情报有偿服务方面的座谈会。1986 年国家哲学社会科学“七五”重点科研项目安排了《经济信息合理组织及其效益问题研究》，同时国家经济信息系统“七五”科技攻关项目中也安排了《信息经济学及其软件系统》的课题。1986 年 12 月，在北京召开了首届中国信息学术研讨会，信息经济学的有关课题成为会议的主要议题之一。1987 年和 1988 年先后召开了“全国信息经济理论研讨会”，1989 年 8 月 8 日信息经济学会在北京宣告成立，与此同时举行了全国信息经济学学术研讨会。首任学会理事长、数量经济学家乌家培在会上提出了体现中国国情的信息经济学研究的一个总体框架。此次会议标志着中国信息经济学研究进入了寻求新突破的深化发展阶段。

在 20 世纪 90 年代，中国信息经济学会领导了一系列全国性学术活动，对信息经济学各领域的有关问题进行了深入的研讨，其主题就有信息系统建设的经济问题、信息产业发展问题、信息市场培育与管理问题、信息资源管理与开发问题、信息革命对经济与管理的影响问题、信息经济及其管理问题、网络经济及其对经济理论的影响问题，以及信息经济与知识经济、信息管理与知识管理的关系问题，等等。同时中国信息经济学研究还有了自己的学术阵地和交流环境，中国信息经济学学会出版了学会的会刊《信息经济与技术》。中国信息经济学会还在 1992 年组织了中国信息经济学代表团赴美国考察访问，同美国从事信息经济学研究的一些学者建立了联系，为后续的工作创造了条件。1996年在我国的应用经济学的专业目录中单独列示和介绍了“信息经济学”这一学科。

近年来，信息经济学在我国的发展，呈现如下几个特点：第一，从信息系统经济问题的研究扩展到信息网络经济问题的研究；第二，从应用信息经济学的研究扩展到理论信息经济学的研究，使我国在信息经济学领域的理论研究跟国际的理论研究相接轨；第三，从单一的信息产业和信息市场的研究扩展到全方位的多样化的信息经济问题的研究，使信息经济学理论对我国各行业的发展能发挥更多的指导作用；第四，加强了信息经济学理论在我国的实证研究。

1.3 信息经济学的理论框架和研究内容

1.3.1 信息经济学的理论框架

信息经济学是从不同侧面、不同角度对信息进行经济研究的新兴综合性学科。由于信息经济学的研究者分别来自经济学界、通信、信息科学以及图书情报学界，不断涌现出的有关信息经济学的成果和文献给人以一种复杂纷繁、内容迥异的感觉。由于信息经济学研究以信息为基础的社会经济现象，其实质虽然是经济学科，但与研究信息的许多学科的内容和方法相关，具有明显的综合性和边缘性。从经济学角度分析，信息经济学属于经济学体系中的全新领域，是经济学的分支学科。因为信息经济学不仅要引入信息因素对传统的经济理论进行补充和修正，同时也要用现有的经济学理论、原理和方法考察社会信息及信息活动的经济机制和经济规律。从信息科学的角度分析，信息经济学也可以看做信息科学体系中的一个领域，因为信息经济学不仅要从经济的角度去研究信息和信息活动，同时也要从信息角度研究经济现象和经济活动，这就要运用信息科学的理论、原理、原则和方法去考察信息与经济的相互作用关系，揭示社会经济活动中信息的功能。

这里我们从广义上理解信息经济学，介绍信息经济学中四个有代表性的领域，以呈现出信息经济学的基本理论框架。

(1)不完全信息理论

在传统经济学中，信息被认为就像空气、阳光和水分一样是充分的，呼之即来，有用却不需要经济成本，它并不被当成像土地、劳动和资本等要素一样的稀缺资源。同样，经济行为人——厂商、消费者、投资者和政府也具有“完全信息”，具有完善的信息接收和处理能力，因此经济行为不存在不确定性，信息自然就被排除在经济学的大门之外。作为新古典主义经济学的一般均衡理论就是建立在一系列市场完全假定的基础之上的，包括经济行为人拥有完全信息、完全理性以及经济环境的完全确定性，市场参与者都对彼此的行为、有关交易的结果、商品质量等拥有充分的信息，从而忽略了信息不完全所引起的各种现实问题。

与传统经济理论假设相反，在现实经济活动中，经济行为人不仅不具备完全信息，而且处理信息的能力十分有限，从而决策行为面临着不确定性。这与传统经济理论的完全信息假设发生了直接冲突。信息经济学正是在否定传统经济理论的完全信息假设基础上建立起来的。正如我们所看到的，传统经济学中新古典主义假定市场参与者的数量足够多，从而市场是完全竞争的，而且参与人之间信息是对称的。但事实上市场交易双方的人数是有限的，在参与者有限的状况下，市场不可能是完全竞争的，而且市场中交易双方对交易所拥有的信息或知识存在明显的差异，从而导致了拥有信息优势的一方在交易中处于有利的地位。信息的不完全决定了市场不具备完全竞争的特征，而在不完全竞争的模型中，价格成为商品市场或资本市场中传递信息的表现形式，也是市场供求状况的信号显示途径之一，这也意味着价格的波动不会使企业完全失去业务，因为许多交易者总是在不完全信息条件下决定其购买行为。在经济系统中引入非对称信息后，市场中就不仅存在获取信息的激励，也存在着传递经济信息的激励。由此可以看出，引入信息不完全和非对称使人们更深刻地认识到市场中一些似乎显而易见的无效率现象。

经过20世纪70年代的迅速发展，信息经济学日臻成熟。斯蒂格勒在这方面做了开创性的工作，并呼吁从信息角度对全部经济理论进行清算。其后，许多经济学家对不完全信息条件下的经济行为进行了深入研究，取得了很多成果。著名经济学家阿罗出版的《信息经济学》论文集进一步指出：“一旦不确定性的存在是可以分析的，信息的经济作用就变得十分重要了……不确定性具有经济成本，因而不确定性的减少就是一项收益。所以把信息作为一种经济物品来加以分析，既是可能的，也是非常重要的。”

不完全信息理论主要着眼于经济活动中的信息因素，而不是信息或信息活动中的经济问题，其核心是在不完全信息和非对称信息条件下对传统经济学理论进行补充和修正。概括起来，不完全信息理论的研究内容主要包括信息搜寻和信息成本、非对称信息和激励机制的设计、私有信息与资源配置和市场失灵、不完全信息条件下的经济行为模式、信息与经济组织理论、新福利经济学、不完全信息和噪声对竞争均衡和垄断的影响等方面。

(2)信息系统的经济理论

不完全信息条件下的经济分析首先是面向物质生产及相关经济活动的。在经济分析中引入信息因素，重新考察经济行为模式和整个经济活动的规律，是对传统经济理论的重大补充和修正，由此将会衍生出一系列全新的经济理论和应用领域。在不完全信息或不确定性经济分析中不仅要涉及信息搜寻及其成本，还要研究信息影响经济主体的效果和价值，同时也要研究经济决策的信息支持和保障。于是马尔萨克(J. Marschak)①、宫泽等人提出了关于信息系统的经济理论。他们认为，最优信息系统是价值与费用之差最大的信息系统，而信息经济学就是要研究如何评价和选择最优信息系统。

(3)信息经济与信息产业研究

不完全信息条件下的经济分析和有关信息系统的经济理论都是在微观层次上对信息进行经济研究，且重点是物资生产部门。信息产业与信息经济研究则是在中观和宏观层次上分析信息产业在整个国民经济中的地位和比重以及信息对国民经济的贡献。它既面向知识信息的生产传输系统又面向物资生产流通系统中各类信息活动的研究领域。

这一领域无疑是信息经济学的一个重要领域。日本学者增田米二干脆把信息经济学定义为关于信息产业及其发展规律的学科。在其鸿篇巨制《信息经济学》一书中，增田米二系统分析了信息时代的特征和信息生产力的特征，指出在信息时代产业结构将发生根本变革，出现第四产业并将进一步向系统产业发展。信息产业的发展将推动其他产业信息化。增田米二明确指出："信息经济学是一门完全超出传统经济学范围的新经济学，它是适应信息化时代的要求，研究信息产业及其经济发展规律的经济学。"②显然这与不完全信息经济分析中的信息经济学所研究的是不同的领域。

(4)信息服务与管理的经济研究

进入20世纪60年代以后，知识呈指数增长，知识信息的生产与传输系统发展壮大，足以与物质生产流通系统分庭抗礼。除了从宏观角度研究知识大系统在整个国民经济中的比例和贡献之外，用经济学的理论方法研究知识、信息生产、传输利用的成本效益成为热点。"The Economics of Information"这一术语不断出现在情报学和图书馆学的文献和学术会议上，一些图书情报院系也开设了与之相关的课程。我国图书情报学术界根据其内

① Marschak, J.. Economics of Information Systems [J]. *Journal of the American Statistical Association*, 1971, 6(33): 192-219.

② 增田米二. 情报经济学[M]. 产业能率短期大学出版部, 1976.

容将这一领域译为“情报经济学”，以区别于经济学家们的“信息经济学”。

雷波 1986 年以“情报经济学”为题撰写的综述是对近 20 年情报经济学研究成果的总结和综合评介①。作者列出了情报经济学研究的九个主题：

①情报产品和情报服务的成本

②情报价格

③图书馆、情报服务的效果与效率

④情报传播的成本效益分析

⑤情报价值(主要是案例研究)

⑥情报服务增值过程

⑦联机检索的经济问题

⑧信息与生产率的宏观经济研究

⑨信息处理的经济问题

雷波还提出了情报经济学未来应当加强研究的三个方面

①国内外信息市场的基本信息。

②图书情报界对信息服务的成本效益的认识和评价。

③组织机构内部关于情报价值的案例研究。

上述三个重要领域构成了信息经济学基本理论框架。信息经济学的各个领域是相对独立的，但它们之间仍然具有某种联系，这种联系来自信息自身的内涵。因此，在信息经济学不同领域从事研究的学者，他们的研究领域也没有绝对的分界线。如同信息科学一样，以信息和信息活动为对象的经济研究也构成了一个学科群。根据信息经济学各领域产生发展的背景，可以从两种不同角度理解信息经济学。按狭义理解，信息经济学的基本领域是不完全信息条件下的经济学；按广义理解，可以把所有与信息转换有关的经济研究都看做信息经济学。不同背景、不同目的、不同范围的研究构成其各分支学科领域。在 1989 年中国信息经济学会成立大会暨第二届学术讨论会上，大多数学者都赞成这种观点。本书以此为基础，在后文提出信息经济学研究的四大方面十个问题基本上能覆盖信息经济学的各个领域。同时，我们认为，从广义理解信息经济学是合适的，即把有关信息转换的经济问题的研究都视为信息经济学，从而可以根据它们的侧重点划分为不同的分支领域，每个研究者和实际工作者都可以在这一综合性的学科体系中找到适合于自己的部分，这样既不至于引起误解和混淆又能促进学科发展。

---

① Repo, A. J.. Economics of Information Science [J]. *Technical Research Center of Finland*, 1986(645): 42-43.

1.3.2 信息经济学的研究对象和内容

信息经济学的研究对象包括信息活动的经济机制和经济规律；信息商品的生产、分配、流通、消费全过程有关的社会关系和经济关系；影响信息活动和信息系统经济效益的自然因素和社会因素；信息作为生产要素的特征、功能以及对经济系统的作用条件和作用规律；不完全信息和不对称信息条件下经济活动及经济行为的特征与规律。

信息经济学是一个丰富的、庞大的学科体系，涉及面很广，理论与实践并重。归纳起来，大致包括以下四大方面十个问题。

(1)信息与信息活动的经济研究

①信息商品与信息市场。它包括信息商品化及信息市场形成、发育的条件及环境；信息作为一种商品，它的生产、交换、流通和消费的特征与规律；信息商品和信息服务价格形成的基础及影响因素；信息市场的特征、功能、结构、运行机制等。

②信息与信息活动的经济条件。它包括信息生产与信息服务的投资；信息资源的成本、利用效率；信息活动的经济机制和经济规律；信息事业可资利用的经济资源及其分配与约束；信息活动与信息事业的经济管理等。

③信息资源的开发、管理、分配与利用。信息资源有量大、面广、无序的特点，需要研究用科学的方法对其实行整序、管理和控制，研究信息资源在经济活动中利用的规律和优化配置，最大限度地开发其价值，实现其效用。

④信息经济效益评价。它研究如何用科学的方法评价信息、信息服务和信息系统的经济效益，即如何实现以最小的成本获得最大的收益或以最小的投入获得最大的产出。

(2)信息产业与信息经济研究

①信息产业、信息经济的结构与规律。它包括信息产业和信息经济的构成、分类、组织管理、政策法规；与非信息产业之间的相互关系；信息产业、信息经济的分析测算等。

②信息经济与信息产业的发展战略和发展条件。它研究如何提高产品和劳务中的信息比重以及整个产业和经济中的信息成分，以实现物质经济向信息经济转变；如何处理和协调工业化与信息化的关系，促进信息化；如何实现信息生产、信息加工和信息服务的产业化；信息技术对社会经济发展的作用、影响以及信息技术发展的速度、战略及信息技术利用的效率等问题。

(3)经济活动的信息因素研究

①信息对经济活动和经济行为的作用与影响。现代经济活动和经济行为受许多因素的制约，本质上具有不确定性。信息经济学立足于信息不充分、不完全的现实环境，研究信息获取、利用的费用与效益，研究信息对消除主体行为不确定性的作用机制，研究设计信息机制以消除不对称信息带来的资源配置的扭曲。在经济研究中引入信息科学的有关原理和方法研究不确定性与不对称性，使经济学加强了从静态分析到动态分析，从均衡分析到非均衡分析，从微观与宏观的分析相脱节到微观与宏观分析相沟通的趋势。

②经济活动中的信息要素问题。它研究信息作为生产要素的成本效益问题；信息生产要素的特征，与其他生产要素的关系，对其他生产要素的影响以及与其他生产要素结合作用于经济系统的条件和规律；在常规的劳力和资本投入中，分析出信息要素，研究信息要素与非信息要素的可折算性和可替代性，例如接受足够科技信息输入的劳动力如何能代替更多的一般劳动力；比较和计算不同的信息输入对经济增长所做的不同贡献。

(4)经济学与信息科学的理论方法相互交叉和融合的研究

①信息科学原理融入经济学的问题。它研究信息科学的基本概念、定义、测度量如何在经济理论与实践中赋予其经济意义，信息科学的基本方法如何才能应用于经济学研究并解决实际问题等。

②信息——经济新方法体系的建立。信息经济学的理论与方法不是简单地将信息科学与经济学相加的产物，而是二者有机结合从而产生出特定的解决信息经济活动中各种问题的新方法体系。可以说，新方法体系的确立是衡量信息经济学是否具备自身的规范和是否成熟的重要标志。

鉴于信息经济学的综合性和复杂性以及目前学术界信息经济学见仁见智的理解，本书着眼于信息活动及其管理的经济规律，对不确定性与信息、非对称信息经济模型、信息搜寻、信息商品的价值、信息商品的流通、信息市场、信息资源的经济功能、信息资源配置、信息产业、信息经济效益评价等重点问题进行经济分析。

1.4 信息经济学的作用

信息经济分析是信息经济学的理论、原理、原则和方法应用于经济活动和信息活动各重要领域的结果，既有重大的理论问题，又有重要的实践课题，信息经济学正在走入现实生活，并在理论和实践两个方面发挥着重要的作用。

从理论上看，由于信息经济学在经济研究中引入了信息是不充分的、不完备的、非对称的、有成本的一系列假设，已经改变了并正在改变着传统经济学因假设信息是完全的，如阳光和空气那样可随便获取，所得到的一切结论，包括市场理论和均衡理论等。信息经济学为经济学家观察和研究经济问题提供了一种新的透视或分析方法，即用信息的观点，把研究对象视作借助于信息的获取、传递、加工处理、利用而实现特定目的的系统，从信息的特性出发分析该对象的变化及其后果。同时，不确定性、非对称信息和不完全信息的特征及其对经济行为的影响，也为信息管理理论研究的深入和拓展提供了思路。

从实践中看，信息经济学的作用是巨大的。这表现在帮助人们认识不确定与风险、信息商品和信息系统的特性，懂得以最小的代价去搜寻和选择有用的信息，在信息系统成本收益分析的基础上明确信息系统的价值，找到最优的信息系统，以及为信息商品的定价和信息供求策略的确定提供科学的原则和方法；有助于优化信息市场运行机制，认清信息市场失灵的原因，加强信息市场的组织管理，提高信息市场效率；有助于促进信息资源的管理与开发利用，提高信息资源配置的经济效率，从而提高人们的信息福利，为信息资源共享、知识产权的保护提供正确的策略指引；有助于开展信息技术的适用性评价，引导人们正确地选择信息技术；有助于人们掌握和运用信息产业、信息经济的发展规律，并在信息化过程中少走弯路，用信息化来促进经济发展、社会进步和提高人民生活的水平和质量；有利于深入分析经济发展的成因，特别是信息(包括知识)作为经济中的重要投入要素的作用，这种作用具有边际效益递增的趋势。信息经济学有益于揭示信息分布的非对称性对激励机制、商业谈判、制度安排等的影响，对市场运转的不利影响及其弥补措施；促使人们理解信息的可靠性、完整程度和披露方式对市场和政府有效运作的重要性，而信息失灵必然会导致市场配置和政府调控的失效；推动人们加深认识，越是复杂的经济活动(如金融、环保、脱贫解困等)越要依赖于信息，信息对这类活动的作用增大，缺乏信息和必要的信息处理能力，都会影响这类活动的效率，甚至导向失败。另外，信息经济学的发展对网络经济环境下电子商务、知识管理等新兴实践领域的发展都给予了全面深入的理论和实践支持。

小 结

信息经济学主要关注社会信息，即产生于人类社会并在人类社会中交流传递的信息，这些信息不仅对经济决策具有重要影响，本身就是现代经济中的重要资源和投入要素，成为市场上的特殊商品。由于信息在今天广泛渗透到经济活动之中，其经济特征与经济价值引起了社会的普遍关注。信息经济学正是在这样的背景和条件下产生的，它经历了萌发、形成、成熟和迅速发展几个阶段，逐渐发展成为一门具有广泛影响的学科，成为信息时代的主流经济学

信息经济学是从不同侧面、不同角度对信息进行经济研究的新兴综合性学科。不完全信息和非对称信息理论、信息系统的经济理论、信息产业与信息经济理论、信息管理与信息服务的经济理论这 4 个领域构成了信息经济学的基本理论框架，具体研究内容则可以概括为 4 大方面 10 个问题。本书着眼于信息活动及其管理的经济规律，对不确定性与信息、非对称信息经济模型、信息搜寻、信息商品的价值、信息商品的流通、信息市场、信息资源的经济功能、信息资源配置、信息产业、信息经济效益评价等重点问题进行经济分析。本章在探讨信息经济概念的基础上，介绍信息经济学的产生与发展，分析信息经济学的基本理论框架、研究对象和研究内容。

思考与练习

1. 分析信息与经济的关系。
2. 信息经济形成的标志有哪些?
3. 信息经济学的发展分为几个阶段? 各阶段有哪些主要代表性思想和代表人物?
4. 信息经济学的研究对象是什么?
5. 信息经济学的研究内容包括哪些方面?
6. 比较国内外信息经济学的研究范畴。
7. 联系实际回答我们学习信息经济学有什么实际应用价值?

2 不确定性与信息结构

不确定性、风险和信息结构是信息经济学的三个最基本概念，构成了信息经济学微观分析的理论基础。委托代理理论与激励理论、逆向选择与道德风险、信号发送与信息甄别，信息搜寻与信息系统选择理论均是建立在这三个概念的基础之上，是研究和解决不确定性条件下信息经济问题的分析模型。因此，信息经济分析需要首先对经济事件中的不确定性及与这些不确定性相联系的风险和信息结构有所认识和了解。

信息常被看做“不确定性的减少”。杰克·赫什雷弗认为①，信息经济学是经济不确定性(Uncertainty)理论自然发展的结果。信息经济学研究如何利用信息来制约不确定性。肯尼思·阿罗出版的《信息经济学》论文集中进一步指出，一旦不确定性的存在是可以分析的，信息的经济作用就变得十分重要了……不确定性具有经济成本，而不确定性减少就是一项收益。不确定性意味着在既定环境状态下个人的主观概率分布处于离散状态，信息则是由趋向于改变这些概率分布的事件组成。因此，明确信息的经济功能，需要对经济事件中的不确定性以及与这些不确定性相联系的风险理论有所了解。

信息结构是一种精确描述与比较不同经济主体信息类型和拥有信息量的方法。信息结构将信息看成是自然状态的聚集，是事物状态空间中非重叠子集的集合。一个主体的信息结构越好，那么他对真实自然状态的了解就越精确和充分。信息结构是经济信息分析的重要工具。

本章将分析不确定性与风险的基本问题，并介绍信息结构的基本理论，接下来的章节将对不确定性、风险和信息结构理论的延伸和应用作较为细致

① Hirshleifer, J., John, G. Riley. The Analytics of Uncertainty and Information: An Expository Survey[J]. *Journal of Economic Literature*, 1973, 17(4): 1375-1421.

的介绍，其中第三章将讨论经济事件中的决策不确定性与风险的成因——经济行为主体对信息掌握的不完全和行为主体之间的信息不对称问题，第四章将讨论信息不确定条件下的信息搜寻问题。

2.1 不确定性与期望效用

2.1.1 不确定性概述

(1)不确定性的含义

在确定的世界里，因果关系单纯明了。如图 2-1 所示，各个主体的行为与结果之间的关系是一一对应的。若行为记作 a，结果记作 y，那么，函数关系 $g(a)=y$。

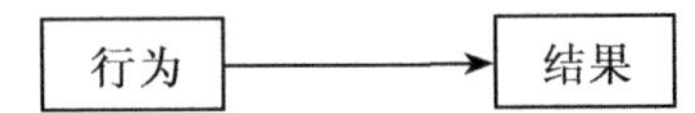

图 2-1　确定性世界中的行为与结果

事实上，我们生活在一个不确定的世界里，对于将来的情形，做出百分之百的准确预测是不可能的。但是，也不能说对未来的情形一无所知，因为人们可以根据常识和经验，收集有关信息，此基础上进行预测。因此，不确定性的程度在 100%到 0 之间。对具体程度大小的预测，主要依赖当事人当时所拥有的信息量。

现实生活中，普遍的情况如图 2-2 所示，一个行为与多种结果相对应，究竟会出现哪种结果呢？这里就存在不确定性。人们普遍使用状态(states)来描述决定经济决策可能结果的控制因素。美国经济学家海萨尼(John Harsany)引入一个虚拟的决策参与人“自然”的概念。这里的“自然”指决定外生随机变量的概率分布的机制。它同一般参与人不同，它没有自己的支付和目标函数，即所有结果对它来说是没有差异的。参与人的决策依赖“自然”的选择。在“自然”对状态做出选择后，参与人根据自己对“自然”选择的主观信念(概率)来决定自己的行动(例如是否购买股票)。这里，行为是主体可控制的变量，而状态对主体来说是不可控制的变量。不确定性主要是由于参与人不了解“自然”的选择或者对“自然”选择的判断不准确而引起的。虽然也有人认为不确定性产生的原因在于经济主体的“有限理性”，但最终也可以归于信息的不完全。也就是说，对状态这一不可控制的变量的产生与否不具备完全知识，如缺乏必要的市场容量、消费偏好、竞争结构等环境信息，以及经济行为者的行为并不是完全独立的，不可避免受到其他经济行为者或政府的干预和影响。

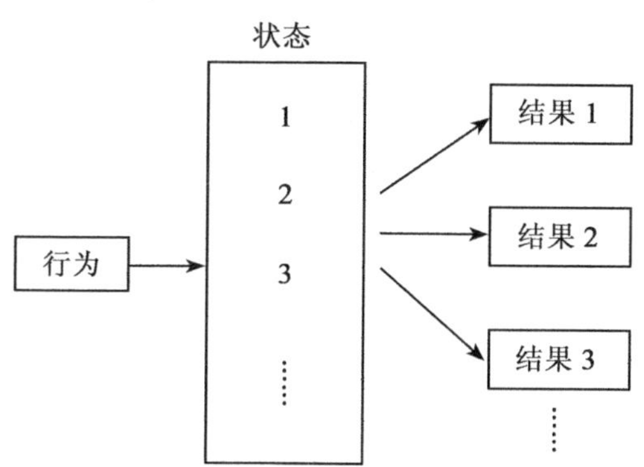

图 2.2 不确定性世界中的行为与结果

(2)不确定性的信息约束

根据阿罗的定义，信息是“根据条件概率原则有效地改变概率的任何观察结果”。对于某一特定的事件，一切有助于行为者选择行为方式的知识和经验都是有用的信息，通过信息的获取可以减少行为的不确定性。如果人们能够获得全部的有用信息，就可以完全消除风险，从而保证决策效果的最优。但问题在于，市场经济是一种精密而复杂的机制，事件之间存在着高度的相关性，影响某一行为后果的外生变量十分广泛。行为者的抉择往往需要大量的信息支持，而且信息需求具有高度的选择性。因此，尽管在总量上人类正面临全面的“信息爆炸”，但在具体到特定事件时，信息的供给是严重不足的。总的说来，行为者所面临的信息约束主要在三个方面，即成本约束、时滞约束和有限理性。

①成本约束。信息具有经济成本，而且信息搜寻是一个成本递增的过程。按照斯蒂格勒的观点，信息成本应包括时间成本和“鞋底”成本，前者指信息搜寻所耗费的时间，后者则是指交通成本和其他查询费用。由于成本因素的制约，当事件所涉及的预期收益或风险损失很小时，行为者通常不会在信息搜寻方面作太多的努力；而当不确定性所涉及的经济利益较大时，则必须进行信息搜寻，以降低风险、减少损失，但搜寻的规模则要控制在一定的限度内。因为无限度的信息搜寻尽管会减少风险损失，但由此而引起的信息成本激增可能会使搜寻活动得不偿失，所以，信息的搜寻只能是适度的，

以确保信息成本控制在可接受的限度内。这样，成本因素就构成了对信息可获得性的一个最基本的约束。

②时滞约束。信息的可获得性还受到时间约束，主要表现在某些信息的显示具有“时滞”特性，只能在行为发生后才能表现出来，而在事前很难加以识别。例如，商品的非价格信息，尤其是技术商品的效用，在事前是难以准确判断的，而在事后获得的信息对行为者决策已经没有任何帮助了。

③有限理性。除了可获得性方面的约束之外，信息不足的另一个重要原因在于行为者的信息处理能力是有限的。赫伯特·西蒙(H. Simon)指出：“问题的关键不是在于是否有信息，而在于我们能够‘加工’多少信息。我们的知识能使我们分析什么样的信息，并从中抽取有意义的部分。”阿罗在谈到这个问题时则说得更为直截了当：“不管处理信息的技术有了多么显著的改进，人类的智能和意识在吸收信号方面将永远受到限制。”显然，他们所强调的是同一个问题，即行为者的“理性”是合理的，即使能够获得有用的信息，人们也可能因缺乏选择、判断和计算信息的能力而无法有效地接受、识别和理解它们。从根本上讲，人们可以通过发展信息技术来改进信息处理能力，但永远也不可能具有“完全理性”，因而，人类认知能力的局限性将始终使信息供给受到约束。

2.1.2 市场中的不确定性

市场中总是存在着大量的不确定因素，大多数经济决策都是在不确定条件下做出的，而信息则是不确定性的负量度，即通过获取信息可以减少不确定性。不确定性的概念一般可以用概率来加以描述，即在某种环境状态下，某一特定事件的概率分布处于离散状态。如果不苛求定义表述的严格，不确定性可以通俗地理解为行为者对环境状态的无知程度。当某一给定事件是孤立的和静态的，行为结果是唯一的(已知的)，那么，不确定因素则可以完全忽略不计，行为具有确定性。而一旦事件涉及未来的变化和多种相关因素时，经济环境便处于一种不确定状态，行为所对应的结果也不再是确定的和唯一的，而是一个可能状态的集合。在现实的经济活动中，几乎所有的经济行为都具有或多或少的不确定性，因而必然面临某种程度的风险。行为者只能通过获取信息减少不确定性，或采取某种方式转移和分散风险。不确定性大致可以划分为两类，即内生不确定性和外生不确定性。前者是指由于行为者(或系统内部)自身的原因产生的不确定性。例如，企业的营销策略是否适当，组织结构和运作机制是否有效；消费者对商品的选择是否明智，购买欲望和购买行为是否具有“理性”；买卖双方所达成的协议是否有利等。这类不确定性与信息不对称分布有关。外生不确定性则是指与行为者本身无关的环境不确定性。例如，对消费者而言，未来的收入状况、物价水平、价格分布，产品的质量、性能，卖方的服务质量和信誉与环境变量都具有不确定性；而对厂商而言，市场容量、竞争者状况、消费者偏好、原材料供应、经济政策、投资环境、宏观经济增长速度、通货膨胀率、利率、汇价、消费者收入水平和购买能力等因素则构成了外生变量。这类外生的不确定性所引发的风险，对于行为者(消费者和厂商)常常是无法抗拒的。因此，行为者必须在决策前尽可能地搜寻更多的信息，以减少环境中的不确定因素，预期事件的风险概率和降低风险程度。

2.1.3 期望效用理论

在分析不确定性条件下的经济问题时，我们经常用到冯·诺依曼期望效用函数——VNM 效用函数。

从不确定性出发，考虑决策者的偏好与效用函数就得引进概率 P。含概率的效用函数表达式叫期望效用函数。如果有一个函数 $g=(p, A, B)=pA+(1-p)B$，那么，对应的期望效用函数就记为 $u(g)=pu(A)+(1-p)u(B)$。

如果有两个函数 $g_1=(p_1, A_1, A_2)$ 与 $g_2=(p_2, A_3, A_4)$，则我们说决策者在 g_1 与 g_2 之间更偏好于 g_1 当且仅当：

$$u(g_1)=p_1u(A_1)+(1-p_1)u(A_2)>u(g_2)=p_2u(A_3)+(1-p_2)u(A_4)$$

期望效用函数的意义在于，当决策者面临不确定性时，我们可以依靠期望效用的极大化来分析决策者的选择。

一般地，对于一个函数 $g_s=(p_1a_1, p_2a_2, \cdots, p_na_n)$，如果：

$$u(g_s)=\sum_{i=1}^{n}p_iu(a_i)$$

那么，我们就称 $u(g_s)$ 为关于函数 g_s 的期望效用函数。$u(g_s)$ 又称冯·诺依曼-摩根斯坦(VNM)函数。

如果事件发生的结果有 n 个可能性，即 $A=(a_1, a_2, \cdots, a_n)$，我们要构造期望效用函数，就需要对 $u(a_i)(i=1, 2, \cdots, n)$ 赋值。怎样对 $u(a_i)$ 赋值呢？

通常的做法是，如 $a_1>a_2>\cdots a_n$，即对于决策者来说，a_1 最好，a_n 最次，如果决策者个人把 a_i 看成是 a_1 与 a_n 的一个线性组合一样好，在他看来，任一个可能结果 $a_i(i=1, 2, \cdots, n)$ 总是会与最好的结果与最次的结果之间的某种组合一样好，即：

$$a_i \sim (P_i \cdot a_1,\ (1-P_i)a_n)$$

我们令 $u(a_i) \equiv P_i$，即用决策者心里那个使 a_i 与某个 $g=(p,\ A,\ B)=pA+(1-p)B$ 函数等价的最好事件发生的概率 P_i 来定义 $u(a_i)$。

例：假定 A=(10，4，-2)，括号中 $a_1=10$，$a_2=4$，$a_3=-2$，分别表示可能发生的三种结果，这里 a_1 最好，a_3 最次。如果我们问一个决策者：当 a_1 发生的概率(P)等于多少时使你认为 $a_i(i=1,\ 2,\ 3)$ 与 $(P,\ a_1,\ a_3)$ 无差异？如果该决策者回答：

10~(1×10，0×(-2))

4~(0.6×10，0.4×(-2))

-2~(0×10，1×-2)

那么，我们就可以定义：

$u(10)=u(a_1)\equiv 1$

$u(4)=u(a_2)\equiv 0.6$

$u(-2)=u(a_3)\equiv 0$

请注意，当我们看到 4~(0.6×10，0.4×(-2))时，就会发现这位决策者把肯定可以得到的4(100%概率)与不确定条件的期望收入5.2元(=0.6×10+0.4×(-2))看成是一样好的。这说明他对于期望收入的评价是要打一个折扣的，是一种规避风险的心理与态度。

对上述三个可能的结果 $(a_1,\ a_2,\ a_3)$ 的效用水平赋予了数值后，我们现在就可以比较不同的情况了。例如：

$g_1=(0.2\times 4,\ 0.8\times 10)$

$g_2=(0.07\times(-2),\ 0.03\times 4,\ 0.9\times 10)$

则　$u(g_1)=0.2u(4)+0.8u(10)=0.2(0.6)+0.8(1)=0.92$

$u(g_2)=0.07u(-2)+0.03u(4)+0.9u(10)=0.07\times 0+0.03\times 0.6+0.9\times 1=0.918$

由于 $u(g_1)>u(g_2)$，即 g_1 的期望效用大于 g_2 的期望效用，所以，该决策者必然偏好于 g_1。

这里要区分两个概念：一是关于期望效用 $u(g_i)(i=1,\ 2)$，另一个是期望收入 $E(g_i)(i=1,\ 2)$，期望收入=(结果1的概率)×(结果1的收入)+(结果2的概率)×(结果2的收入)。请看：

$E(g_1)=0.2\times 4+0.8\times 10=8.8$

$E(g_2)=0.07\times(-2)+0.03\times 4+0.9\times 10=8.98$

所以，$E(g_2)>E(g_1)$。但是，决策者仍然选择了 g_1，而不选择 g_2。

因为 $u(g_1) > u(g_2)$。其原因在于，g_2 中包含了坏结果（$a_3 = -2$）发生的概率，因而具有更大的风险。

2.2 风险理论

风险指的是进行某项活动可能存在危险或损失，风险是因不确定性造成的，不过这种不确定性的概率分布是已知的。用经济学的术语来说，风险指的是预期收益不能实现的可能性或概率，也就是实际收益对期望收益的偏离。

风险具有一些基本特征：一是客观性，即风险是不以人的意志为转移的，无处不有、无时不在；二是无形性，即风险看不见、摸不着，只能采取估计方法，而无法精确定量分析；三是突发性，风险发生具有极大的随机性，时间短；四是多变性，随着内部条件和外部环境的变化而不断变化；五是损失与收益相对称，风险是利益的成本，利益是风险的收益。

识别风险是减少不确定性的充分必要条件。

规避风险、防范风险、管理风险离不开信息。所以，获取信息以减少风险是需要经济投入的，正如获得信息可以减少不确定和改善信息不对称，从而可以规避道德风险一样。确定风险事件发生的概率测度，减少不确定性或者改变风险事件的概率分布，必须通过获得信息，采取措施预防或减少，甚至消除风险发生的可能性，从而增加收益。虽然，人们对待风险的态度有多种情况，分为风险规避者、中立者和偏好者。风险效用理论多为讨论绝对风险规避问题，有著名的阿罗·普拉特绝对风险规避度量。即便存在风险偏好者，作为理性的经济人一般都是在通过风险来获得某种承担风险后的收益。所以，研究风险经济问题必须是以获得信息为决策依据的①。

2.2.1 风险的客观度量

我们通常以实际结果与人们对该结果的期望值之间的离差（deviations）来度量某一事件的风险程度的大小。风险与不确定性有区别，不确定性是指 $a_i \in A = \{a_1, a_2, \cdots, a_n\}$ 发生的概率 $P(a_i)$ 不是100%的；因此，事件A的期望值等于 $E(A) = P_1 a_1 + \cdots + P_n a_n$。选择 a_i 的风险则是指 $|a_i - E(A)|$。事件A的风险则可度量为：

$$|a_1 - E(A)|P_1 + |a_2 - E(A)|P_2 + \cdots + |a_n - E(A)|P_n$$

---

① 王健．信息经济学[M]．北京：中国农业出版社，2008：37-38.

在实际中，风险常常以“方差”或“标准差”来度量。

$$方差=\sum_{i=1}^{n} p_i\left[x_i-E(x_i)\right]^2$$

记方差为 σ^2，而标准差则是方差的平方根，即 σ。

2.2.2 风险偏好的一般理论及模型

(1)效用函数的凹性及其经济含义

考虑效用函数 $u(x)$，这里只讨论效用函数中的自变量只有 x 一维的状态。通常假定 $u(x)$ 关于 x 是凹的①，即效用函数具有凹性：$u'(x)>0$，$u''(x)<0$。

效用函数的凹性具有浓厚的经济含义，它是表示人们对于风险的态度是躲避的，即“风险规避”(risk averse)，如图 2-3 所示。

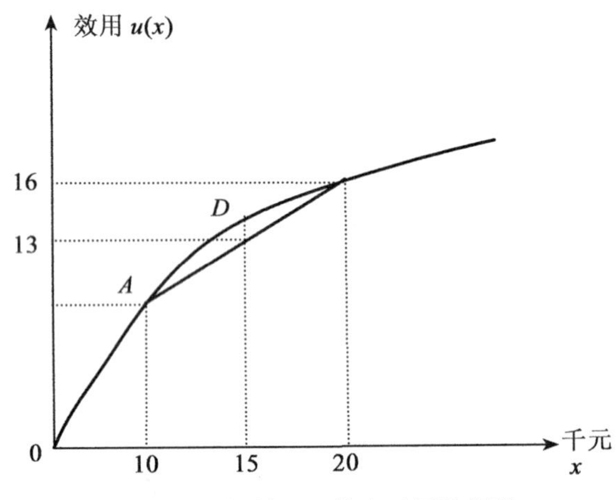

图 2-3 凹的效用函数表示风险规避

在收入为 10 000 元时，假定效用水平是 10；在收入为 20 000 元时，假定效用水平为 16。收入可能是 10 000 元，也可能为 20 000 元，即存在着不确定性。有不确定性就会有风险。如果这两种可能各有 $\frac{1}{2}$ 的可能性，则期望效用水平为：

① 如果函数 $y=f(x)$ 的斜率是由大逐渐变小(递减)，我们就说函数 $y=f(x)$ 是凹的；如果它的斜率是由小逐渐变大(递增)，我们就说函数 $y=f(x)$ 是凸的。

$$\frac{1}{2}u(10)+\frac{1}{2}u(20)=\frac{1}{2}\times 10+\frac{1}{2}\times 16=13\text{；}$$

但如果该决策者知道他可以万无一失地获得15(千元)= $\frac{1}{2}$(10千元)+ $\frac{1}{2}$(20千元)收入时，其效用水平会达到D点，而D点显然高于C点。这说明，在该决策者看来，$u\left(\frac{1}{2}\cdot 10+\frac{1}{2}\cdot 20\right)>\frac{1}{2}u(10)+\frac{1}{2}u(20)$。一个确定的收入15 000元所带来的效用要比不确定的两种结果所带来的效用水平高。这说明，他是讨厌风险的，是会选择规避风险。

反之，若效用曲线是凸的，即效用函数$u(x)$对于x呈凸性，则决策者是喜欢风险(risk loving)的。从图2-4中可以看出，由两种不确定的结果所带来的效用要高于一种确定的居中收入水平所带来的效用。因此，凸效用函数表示风险喜爱。

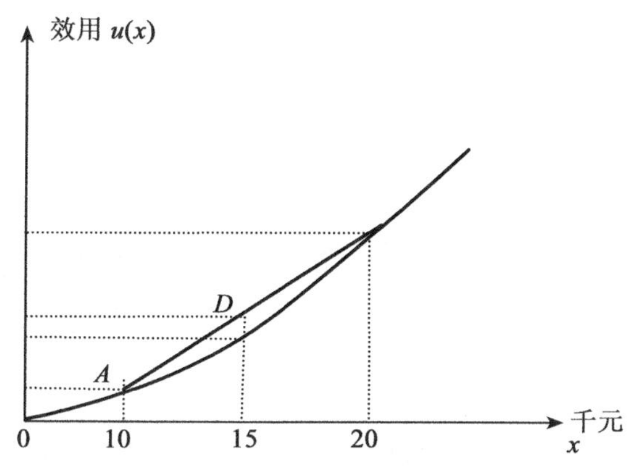

图2-4　风险爱好者的效用函数曲线

同理，线性的效用函数表示决策者对风险持中性的态度(risk neutrial)，如图2-5所示。

在图2-5中，$u\left(\frac{1}{2}\cdot 10+\frac{1}{2}\cdot 20\right)=\frac{1}{2}u(10)+\frac{1}{2}u(20)$，说明决策者对于风险持中立的态度，既不喜欢，也不讨厌。

(2)风险规避、风险中立与风险爱好

设效用函数$u(\cdot)$是VNM效用函数，对于函数$g=(p_1a_1, p_2a_2, \cdots, p_na_n)$，我们称一个人为：

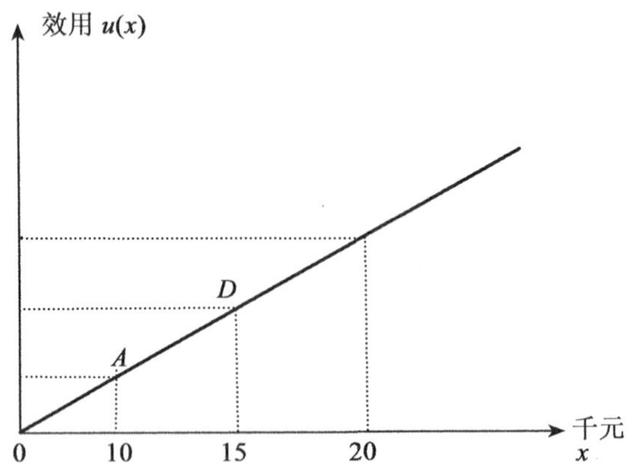

图 2-5　风险中立者的效用函数呈线性

如果 $u(E(g)) > u(g)$，则在 g 中规避风险(risk aversion)；

如果 $u(E(g)) = u(g)$，则在 g 中风险中立(risk neutrality)；

如果 $u(E(g)) < u(g)$，则在 g 中喜欢风险(risk loving)。

这里，$u(g) = \sum_{i=1}^{n} p_i u(a_i)$，$E(g) = \sum_{i=1}^{n} p_i a_i$，$u(E(g)) = u\left[\sum_{i=1}^{n} p_i a_i\right]$，显然，$\left(\sum_{i=1}^{n} p_i a_i\right)$ 是指一个已给定的结果，$u(E(g))$ 是对一个确定的结果取效用函数，而 $u(g)$ 是对 n 个不确定的结果所依次对应的效用函数值加权求和。

(3) 风险规避程度的数学描述

由上面的讨论可知，一条效用函数的曲线如果凹度(curvature)越大，则表示决策者越是规避风险；反之，如凹度越小，则表示其不大规避风险。但曲线的凹度是可以由函数的二阶导数来描述的，让二阶导数除以 $(-u')$，得到一个衡量度。这是由阿罗(Arrow，1970)与帕拉特(Pratt，1964)提出来的关于风险规避程度的数学度量：记为 $R_a(w)$。

则：

$$R_a(w) = \frac{-u''(w)}{u'(w)}$$

如果决策者是喜欢风险的，$u(\cdot)$ 为凸，则 $R_a(w) < 0$；如他是风险中立的，$u(\cdot)$ 为线性，则 $R_a(w) = 0$；如他是风险规避者，$u(\cdot)$ 为凹，则 $R_a(w) > 0$。

2.3 信息结构

2.3.1 信息结构的描述

约翰·海萨尼创造了一种准确描述比较信息的方法①。他假设这个世界是由几个不同的状态组成的，每一个状态是一个事实的完全描述，只有一个状态是不随时间变化的。很多教材称这种包括所有可能状态的序列或聚集或者集合为状态空间。用集合 $\Omega(w)$ 表示状态空间，它包括元素 $\{w_1, w_2, \cdots w_n\}$。掷骰子的所有可能状态集合是 $\Omega=\{1, 2, 3, 4, 5, 6\}$。

信息结构的状态空间方法隐含如下两个基本假设：①可能状态集合是有穷的。②所有可能状态都能列出来，没有任何状态是主体意识不到的。这个假设让我们可以描述所有个体拥有的信息。必须承认，假设每个人都能预见并列出世界每一个现实状态和可能的未来状态是有诸多限制的。那些不能预先描述的剩余自然状态的存在可以解释所有权的经济作用。②

信息结构是状态空间划分为各个子集的结果，就是所谓的状态空间的部分。在上面掷骰子的例子中，状态空间包含六个元素。“奇—偶”就是一种划分；状态空间划分后的部分的组成元素称为事件，或者是博弈论中经常提到的信息集合，见图 2-6。

信号是能够告知主体真实的自然状态发生在哪个事件(状态空间的子集)中的信息源。信号有不同的价值，也有不同的实现。在掷骰子的例子中，一个{奇，偶}值的信号可以表明特定事件的发生。

信号或多或少传递着信息。一个完美的信号对每一个可能的状态都有不同的值，因此可以构造一个这样的信息结构，它的每一个子集都是仅有一个元素组成。而一个无用的信号则只能构造一个只有一个集的信息结构，即整个的状态大集合。现实情况下，所有的信号都是在完美信号和无用信号之间，它们确实可以提供有用的信息，但是通常不完美。比如说，骰子投掷结果为{奇，偶}这个信号是不完美的，因为“奇”和“偶”代表了一个以上的自然可能状态。如果一个主体想要知道骰子投掷的结果究竟是奇数还是偶数，

① Samuelson, L.. Modeling Knowledge in Economic Analysis[J]. *Journal of Economic Literature*, 2004, 42(2): 367-403.

② Hart, O.. *Firms, Contracts, and Financial Structure* [M]. Oxford: Oxford University Press, 1995.

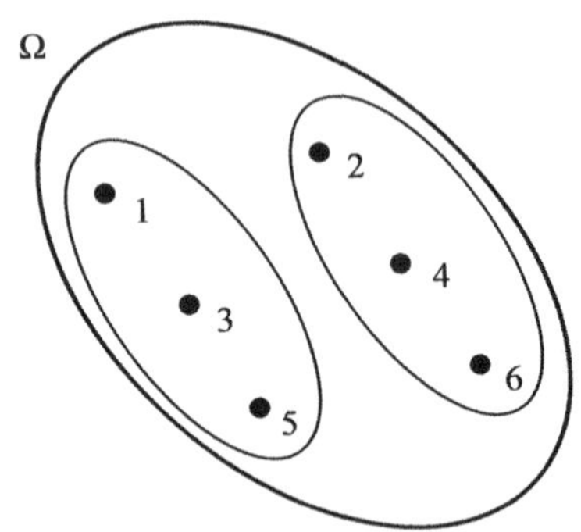

图 2-6 信息结构将状态空间划分为奇偶两个子集(事件)

那么一个显示结果是高值{4，5，6}还是低值{1，2，3}的信号就不仅是不完美，而且是噪声信号了。

下面将使用信息结构描述几种基本的信息类型或信息问题，它是后面章节深入分析信息经济问题的基础。

2.3.2 异质信息

如果不同信息结构的各子集之间不存在重叠元素，我们称其主体拥有同质信息，若存在重叠元素，则为异质信息。一般说来，不同主体间总会存在一个优于其他任何情况的同质信息结构。

从图 2-7 所示的 A 和 B 两人的信息结构中可以看出，A 知道投骰子的结果是奇数还是偶数，而 B 知道结果是低值还是高值，两者信息结构的子集合间存在重叠元素，如事件{1，3，5}和事件{1，2，3}之间存在重叠元素 1 和元素 3，所以 A 和 B 拥有异质信息。

2.3.3 信息差别

仍以投掷骰子为例，图 2-8 中 A 的信息结构显示，A 知道投掷骰子的结果是奇还是偶，而 A 的信息，B 全部了解，因为 B 的信息结构显示，B 知道投掷骰子的结果出现在集合{(1，3)，2，5，(4，6)}中，并没有奇偶同时出现在一个事件中的元素。另外，相对于 A 而言，拥有更多关于结果是低值还是高值的私人信息，所以说，B 的信息结构优于 A，B 处于信息优势，相应地，A 处于信息劣势。

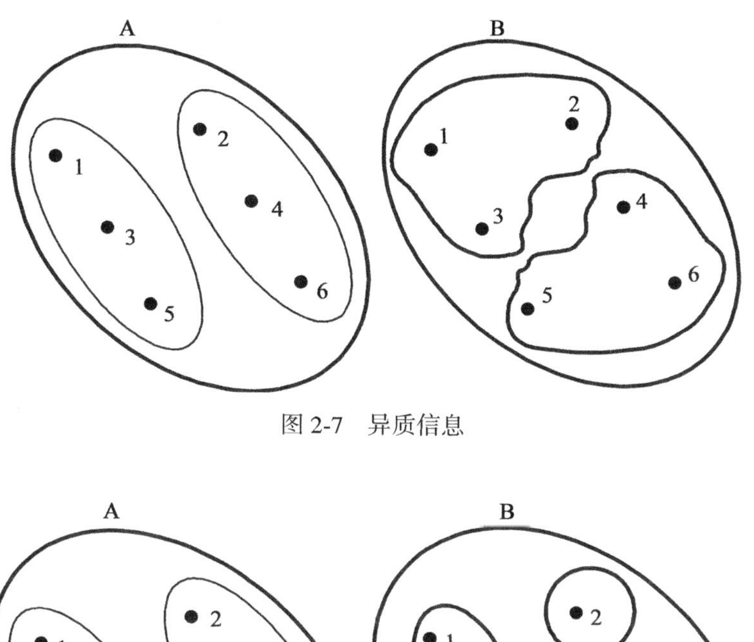

图 2-7　异质信息

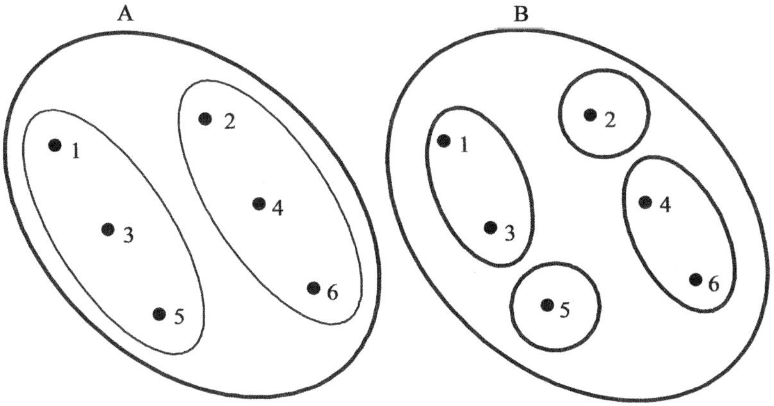

图 2-8　非对称信息

2.3.4　噪声信号

噪声信息结构是指一个信号可以表示几个状态，或者几个信号可以同时出现在一个相同的状态中。噪声信号是相对于特定的信息需求而言的。图 2-9 表示了一个噪声信号的例子。事件 A = {1，2，3，5}，事件 B = {4，6}。当我们要知道投掷骰子的结果为“奇”或“偶”时，图 2-9 显示的信号是噪声信号，因为对于事件 A“1 或素数”而言，出现奇数的概率是 3/4，出现偶数的概率是 1/4，都存在着不确定性，而当我们要知道投掷骰子的结果是不是“1 和素数”时，这个信号就不是噪声信号。

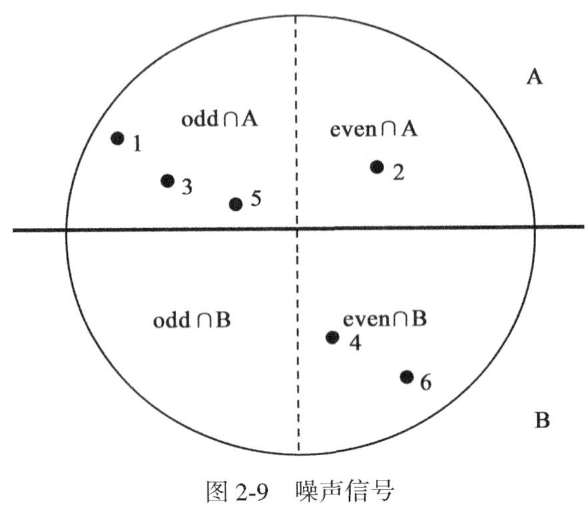

图 2-9　噪声信号

噪声信号虽不是完美信号，但还是有价值的。从所有的关联状态和信号实现中得到的噪声信号仍然包含有用的信息内容。一个正确预言投掷骰子结果(是奇还是偶)的概率是 3/4 的信号要比奇偶各以相同的 1/2 概率出现的先验信息带来的不确定性要少，因而更为有效。

2.3.5 信息质量

可以利用信息结构的概念对信息质量进行描述和比较。评价标准就包括：

(1)粒度

当一个信息结构比另一个信息结构能更好地划分状态空间时，该信息结构的粒度较高，我们说该信息结构更优。也就是说，更高细度的结构划分让信息更有效。如图 2-10 中左边的信息结构稍逊右边，后者信息结构的划分具有更高的粒度。现实生活中，我们经常用提问这种方式来获取信息，当一个问题 Q 有一个粒度更高的信息结构，那么 Q 就会比其他任一提问 Q’更有效。

然而，粒度标准的应用存在一些限制，它并不适用于对任意的信息结构进行质量评价。就如图 2-11 所示的两个信息结构，就难以判断哪个更优。虽然右边的信息结构划分更细(它的元素更多)，但不是所有的元素都比左边的要细，因为元素间存在重叠。所以，当两个信息结构的部分子集存在重叠时，信息的粒度标准无法用来比较信息结构。换言之，信息粒度标准不能

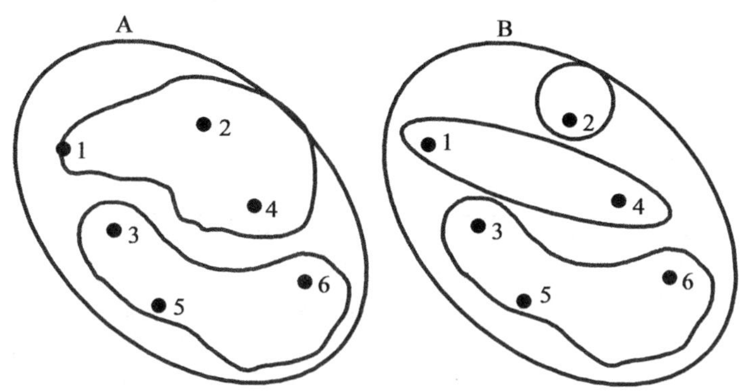

图 2-10 信息结构粒度的比较

应用于异质信息质量比较。此外，在信息结构的状态空间划分中，若某一信息结构的部分子集比另一个信息结构部分子集精细，但另一部分相比则显粗糙的话，粒度标准亦不适用。

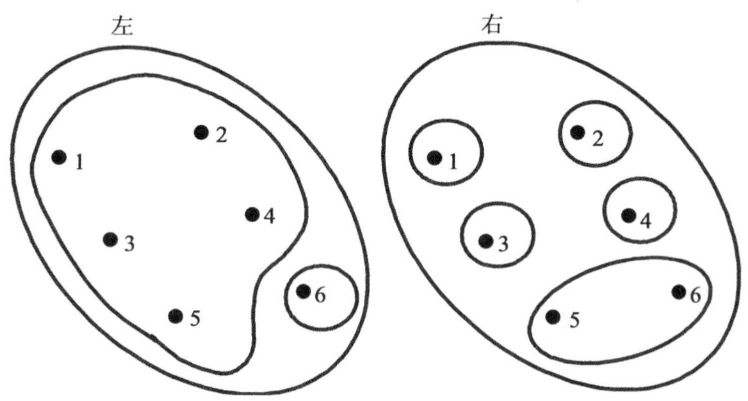

图 2-11 粒度标准不适用于异质信息的质量比较

(2)准确度

还可以通过准确度来比较信息质量的优劣。

图 2-12 表示两个专家对“晴”、“雨”两种天气情况进行预测的信息结构。假设两个专家只能区分这两种状态；并且他们的预测信息具有同样的细度。设两人预测正确的概率分别为 q_1、q_2，且 $q_1<q_2$，即专家 2 要比专家 1 预测更准。

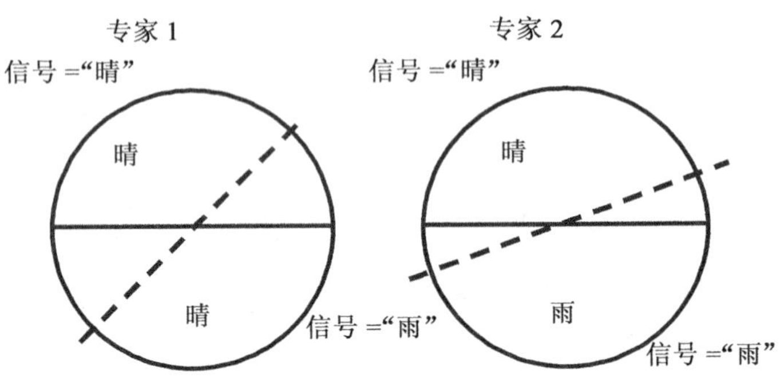

图 2-12　准确度标准用于信息质量的比较

由图 2-12 可知，专家 1 的信号比专家 2 嘈杂，准确度低。信号“雨”的准确度，可以用切线的下部分(预测结果“雨”的信号显示)与圆饼下部分(自然状态为“雨”)所围成的部分来表示，相应地，信号“晴”的准确度，可以用切线的上部分(预测结果“晴”的信号显示)与圆饼上部分(自然状态为“晴”)所围成的部分来表示，显然，专家 1 的信号准确度小。所以，在其他条件相同的情况下，信号的准确度越高，信息的质量就越高。当粒度标准难以发挥作用时，准确度是一个非常有用的信号质量辨别因子。

2.4　共有知识——高次信息

信息结构不仅包含非对称信息、异质信息和噪声信号的状态，而且还包含人们的共有知识，它会直接影响到人们对特定事件进行选择和决策的行为。共有知识是人们关于特定事件信息了解的双螺旋式结构的最高点，故也被称为高次信息或高阶信息。

2.4.1　信息状态空间及知识公理

“人们知道些什么”这样的问题在传统经济学中往往显得不是那么重要。人们经济行为的首要限制就是技术的发展，包括如何把输入转化为输出成果的自然局限。在当时的历史条件下，分配的优化，只受技术的限制，而忽略了许多其他的限制因素，诸如信息的不足和不对称等。随着经济和科技的不断发展，传统经济学理论在实践中不断受到质疑。特别是近三十年来，人们开始从一些新的角度研究市场的金融现象和经济行为，从而使得行为经济学和信息经济学都得到了极大的发展。我们已经越来越清楚地认识到，经济活动不仅仅依赖于人们所知道的，关于别人所知道的信息往往比对于事实的信息显得更为重要。

我们通常并不仅仅关注到人们或某机构知道什么，而是希望知道他们知道什么，我们用信息状态空间模型来描述我们所知的信息状态，通过知识公理来进一步描述在信息状态下的应用。

可以用五个公理来描述我们所知以及我们对于“我们知道的知识”的所知的状态空间。

(1) 了解(Awareness)

我们知道世界可能存在的状态。了解公理不包括我们没有了解的状态。我们在投掷骰子的时候，很难让我们认为结果的可能状态中没有1。同时，我们也不会认为结果可能是7，因此这种结果是不可能的。

(2) 全知(Omniscience)

我们知道我们所知的所有的含义。全知的公理声称如果我们知道一些事情，我们就同样知道它的含义。知道事件 E 和 F 发生就相当于知道了事件 $(E \cap F)$ 的发生。

(3) 知识(Knowledge)

我们仅仅知道正确的或真实的事情(已经发生的事件)。知识的公理建立让我们不再犯错误，当掷骰子上显示的是一个偶数时，我们不会认为它显示的是一个奇数。我们知道那些状态在同一个子集，哪些不在。

(4) 透彻度(Transparency)

我们不可能在自己都不知道自己知道的情况下去认知事物。

(5) 智慧(Wisdom)

作为我们所知道的状态的补集，我们知道我们所不知道的。

这五个公理构成了信息的状态空间模型。这五个公理描述了一个独立个体关于这个世界知道的东西以及他的自身的知识。然而，大多数的经济交易包括的人数多于一人，因此，知道他人所知则变得十分重要，这也就是高次信息的来源。

2.4.2 知识状态模型下的共有知识

第一个提出 Common Knowledge 这一概念的是语言哲学家 David Lewis，随后又被诺贝尔奖获得者 Robert Aumann 和 Thomas Schelling 引入到了经济学领域。如果我们说一个事件是共有知识的话，那么当且仅当每个人都知道这个事件，每个人都知道每个人知道这个事件，每个人都知道每个人都知道每个人都知道这个事件，等等。共有知识(Common Knowledge)这一概念在博弈论及信息经济学中都是极其重要的概念。

那么，到底什么是共有知识呢？许多学者从几个不同的角度对其进行了定义。Aumann① 说，一个事件 E 在状态 ω 的情况下是 A 和 B 的共有知识，当且仅当 $P(\omega) \subset E$，且 P 是 P_A 和 P_B 的交集。而 Ayres 和 Nalebuff② 则认为，在其双螺旋线最高处的知识则成为共有知识。Douglas G. 等学者认为一个事情或事物为共有知识的时候，当且仅当它被所有的参与者所知道，并且，每个参与者都知道其他参与者知道这个知识；知道其他人都知道参与者知道这个知识，并以此类推。我们简单地来定义共有知识：当某种知识，被所有参与的人所知晓，并且相互知道他人知道该知识，以此类推，达到高次信息的最高层次，则成为共有知识。

现在假设在状态空间 Ω 中有两个参与者 A 和 B，他们对于状态的信息划分分别为 P_A 和 P_B。如果 A 的信息划分和 B 的信息划分是一样的话，则 A 与 B 有同样的信息。但是在很多情况下，A 和 B 的信息划分是肯定不一样的。可能 P_A 是 P_B 改进后的划分，那么就是说 A 知道 B 所知道的所有事情并且还多于 B，反之亦然，但是这种情况仍然很少，所以说 A 和 B 在大多数情况下还是知道不同的事情。

例如，这里有四个状态 $\{\omega1, \omega2, \omega3, \omega4\}$，$A$ 和 B 对其有自己的知识划分：

$$\begin{aligned} P_A &: \{\omega1\}, \{\omega2, \omega3\}, \{\omega4\} \\ P_B &: \{\omega1\}, \{\omega2\}, \{\omega3, \omega4\} \end{aligned} \tag{2-1}$$

事件 $E = \{\omega3, \omega4\}$ 在 $\omega4$ 的时候可以得出什么结论？根据(2-1)式，我们可以了解此时 A 知道 E，B 也知道 E。而 B 知道的此事件的 E 为 $\{\omega3, \omega4\}$，A 也知道这些，即 A 知道 B 知道 E。但是，能让 A 知道 E 的事件仅仅是 $\{\omega4\}$，但是 B 却不知道这些。相反，B 无法区别状态 $\omega4$(A 知道 E) 和状态 $\omega3$(A 不知道状态 E)。因此此时，E 不是一个共有知识。那么我们再讨论事件 $F = \{\omega2, \omega3, \omega4\}$。在这个情况下，$A$ 和 B 都是知道 F 的，并且都知道对方都知道 F，以此类推，等等。这个事件就成为了一个公共知识。

设 P 为分割 P_A 和分割 P_B 的最优共有组合，也就是说在这个 P 里面的每个元素都包含了完整的 A 或 B 的分割的元素，且为最细的划分，也称为 P_A

---

① Aumann, R.. Agreeing to disagree[J]. *The Annals of Statistics*, 1976(4): 1236-1239.

② Ayres, I., Nalebuff, B J.. Common Knowledge as a Barrier to Negotiation[D]. Yale School of Management Working Papers, 1997.

和 P_B 的最小交集。

在我们的例子里面，A 和 B 的分割的交集为：

$\{\omega1\}$，$\{\omega2, \omega3, \omega4\}$。

同理，事件$\{\omega3, \omega4\}$在 $\omega4$ 的情况下则不是共有知识，而事件$\{\omega2, \omega3, \omega4\}$却一定是。

2.4.3 高次信息的内涵及影响

信息有很多层次，我们把关于事实的信息或者最基础性的知识，称为0层信息。比0层次信息高的信息则是一种元信息，称为第一层级信息(我知道你知道的)，并逐层升高。Ayres 和 Nalebuff(1997)曾把这样的信息的层次序列比喻成双螺旋线。在表2-1中，A 的知识和 B 的知识是相关联的。如果我们知道 $1a$ 存在，那么 $0b$ 也存在，同样的，$1b$ 的存在也意味着 $0a$ 的存在。依此类推，$2b$ 包含了 $1a$ 也包含了 $0b$；$2a$ 包含了 $1b$ 也包含了 $0a$。两条主轴呈螺旋状上升，而这两条螺旋线是无限长的，包含了所有层次的信息(见表2-1)。

表2-1　　信息的不同层次

次序	A 的知识	B 的知识
0	A 知道	B 知道
1	A 知道 B 知道	B 知道 A 知道
2	A 知道 B 知道 A 知道	B 知道 A 知道 B 知道
……	依此类推……	依此类推……
∞	共有知识(Common Knowledge)	

如果在一群个体中，每个人都知道某一个事件，那么该事件就成为一种公共知识(Public Knowledge)。在表2-1中，如果 A 知道的事件和 B 知道的事件为同一事件，那么 $0a$ 和 $0b$ 一起则构成了一个公共知识。如果对于某一事件，每个人都知道其他人知道这个事件，那么，该事件则称为互有知识(Mutual Knowledge)。当层次再往上升的时候，互有知识则变成了共有知识。共有知识包含了互有知识。当某一事件中，每个人都知道其他人知道其他人知道其他人知道……形成一个无穷的长链时，该事件就成为一种共有知识(Common Knowledge)。共有知识包含了公共知识和互有知识，成为一种最高层次的知识。

高次信息的出现从根本上改变了哈耶克所说的知识分散化前提。在高次信息或者共有知识的作用下，每个人或组织开始能够理解或预期其他人或组织的行为，这无疑会提高社会个体参与特定博弈的积极性，对经济人的行为产生深远的影响。

(1)使人们观念达成一致

在现实中，人们在诸多方面都有着不同的观点，所以往往总是不能够达成一致。当然，如果两个个体能够认真严肃地听取他人的意见，了解对方信息，同时在听完他人的观点、认知后去改正、修订自己的观点，进而进行信息的交流，以此反复，达到共有知识的高度，最终达到观念的一致。

(2)公共信息的倾向性

在某些情况下，如果所有的市场或者活动的参与者对于自己的私有信息，或者他人的私有信息都持有不肯定或者怀疑的态度时，那么我们会倾向于宁愿去相信哪怕是错误的公共信息，因为我们知道即使此时的公共的信息是更不可靠的，但是我们仍然愿意以此为基准来做出决定——仅仅是因为每个人都知道每个人知道这些，此时的公共信息更容易成为高次信息，甚至是共有知识。

2.4.4 高次信息“次”的测度

人们在参与实践活动的时候经常会思考他人是如何思考的。经济学家们也曾多次尝试着去测试人们是否真的会那样思考。但是，他们也希望知道人们能够思考到多深的层次，第四层、第五层、第六层？还是更高？为了很好地证明自己的观点，经济学家们多次使用了猜数字游戏来对人们行为中的秩进行测度。

(1)K-Game 实验

原形：参与者从 0~100 中任意的选择一个数字，而选择的数字最接近大家选择数字的平均数的 2/3 值的人则获胜。

试验证明了大多数的人只能选择很有限的步数。为了把这些发现规范化，Camerer，Ho 和 Chong(2004)做出了两个假设：

①一个想到了“k”步的玩家相信对手都分布在 $0\sim k-1$ 步之间，这在某种程度上是一种过渡自信的表现。

②K 的玩家的概率分布是根据泊松分布计算出来的。

在泊松分布下，不连续的变量 k 的概率分布是 $f(k,\ \tau)=\dfrac{e^{-\tau}\tau^{k}}{k!}$

泊松分布中，只有一个参变量，即 τ，τ 是描述泊松分布的变量和手段，在实验的次数很多的情况下，其既是泊松分布的均值，也是泊松分布的方差。

图 2-13 描述了 4 个不同的 τ 值的情况下，不同 k 值的概率分布。例如，最左边那组的最左一栏，表明了当 $\tau=1$ 的时候，$k=0$ 的概率大概是 0.37（$=1/e$）。当 τ 很小的时候，即说明泊松分布的均值很小，自然，概率最大的 k 值则应该取很小的值，在图的左边；τ 越大，则逐渐右移。当 $\tau=3$ 的时候，概率最大的值为 3。

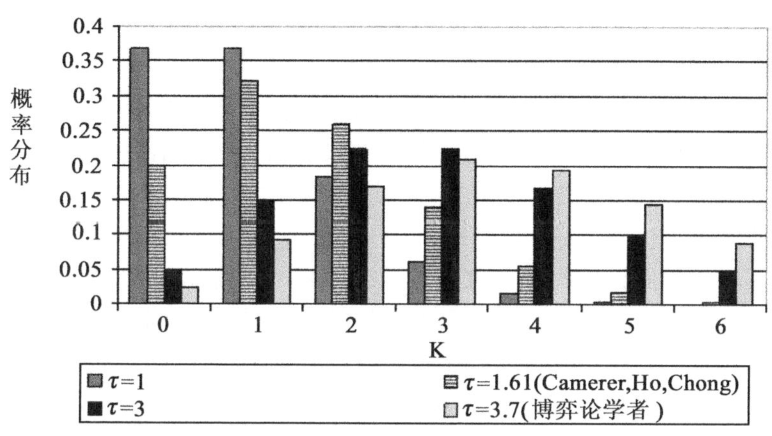

图 2-13　K-Game 中的泊松分布图

$\tau=1.61$ 和 $\tau=3.7$ 是由 Camerer，Ho 和 Chong（2004）从二十多个实验中提炼出来的经验值。从图 2-13 中可以看出，一般来说，大多数的人会计算 1～2 轮的，少于半数的人会思考超过一轮。$\tau=3.7$ 是他们在对博弈论学者的实验中得出的均值，因为这些理论学者们会思考的更深一些，所以他们的 k 值会比较大。

为了更好的说明高次信息的影响，我们也做了两组对比实验。

（2）网络实验分析

我们以校内网①上的参与者为研究对象，利用网络平台，在 OQSS② 上制作了一个调查问卷。这个调查，有以下几个特点：

①参与者的专业、背景是有差异的，他们来自不同的学校不同的地区甚

① http：//www.xiaonei.com[EB/OL].

② http：//www.oqss.com[EB/OL].

至不同的国家；

②参与者是完全自愿的；

③由于参与者的随机性，其无法知道其他参与者的相关信息，也无法观察到其他参与者的情绪变化等信息；

④网上参与这个游戏的激励措施不一定是有效的，也就是说，可能消极的人更会倾向于在第0层次思考，而不会去进行更深入的理性的分析；

⑤游戏是分两步进行的，第一步就如上文所述，给出了游戏的简单规则，让大家选择一个自己觉得更容易获胜的数字，紧接着，会给出一段引导其思考的话，告知人们在游戏中可能的思考方式，让他们能够更加理性的去进行分析，并重新选择一个数字。

最后一共收集得到了115份问卷，其中有效问卷106份。通过发放问卷，得到两组数据，数据组1是参与者在没有得知任何信息的情况下，自行选择的数字，而数据组2则是在告之其游戏的"潜规则"的情况下参与者再次选择的数字。

为了便于我们计算，如上文所示，在分析参与者的心理时，我们认为，一个想到了"k"步的玩家相信对手都分布在$0 \sim k-1$步之间。即假设，一个$k=0$的参与者，其选择的数值n就是完全非理性和随机的，那么一个$k=1$的参与者，即认为其他人都是$k=0$的非理性人或者$k=1$的理性人，其选择的数值n则为大于等于22且小于等于33的数字；同样，我们可以推理得出，当$15 \leqslant n < 22$时，$k=2$；当$10 \leqslant n < 15$时，$k=3$；当$7 \leqslant n < 10$时，$k=4$；当$4 \leqslant n < 7$时，$k=5$；当$n < 4$时，$k=6$。通过统计，两组数据如表2-2所示：

表2-2　**两组处理后的k值数据**

	$k=0$	$k=1$	$k=2$	$k=3$	$k=4$	$k=5$	$k=6$
组1	50	29	7	6	9	2	3
组2	27	26	13	7	8	1	24

我们认为其符合泊松分布，那么两次的τ值分别为$\tau_1=1.179$和$\tau_2=2.396$。

如图2-14所示，对比两组数据，在给出提示后的参与者进行第二次选择时，其所选的数值发生了很大的变化，特别是有24个人都选择了小于4的值，受提示的影响，从非理性或者是浅层次的理性突然跳跃到了深层次的思考，因为他们认为此时的其他人也同样会受到提示的影响，选择偏小的数值。而与此同时，也有部分人并没有受提示的影响，仍然选择自己开始选择的数值，此时，虽然他们试图去比其他人仅仅多思考一层，却由于网络的限制，往往表现出一定的无助性。

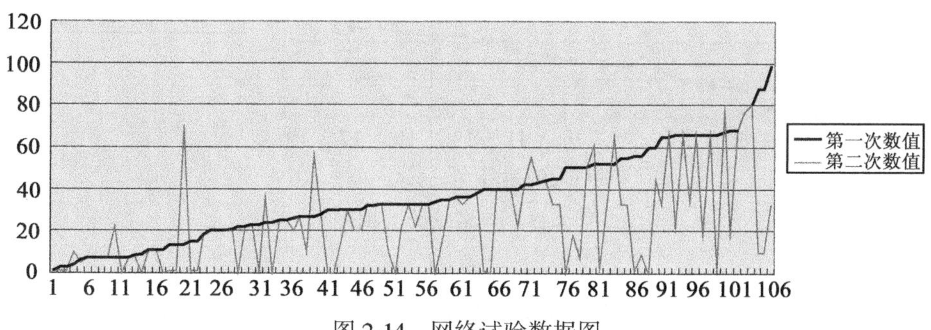

图 2-14　网络试验数据图

(3)现场实验分析

在研究生的一次读书会中，再次进行了游戏的模拟，并有以下这样几个特点：

①参与人员都是情报学的研究生，对博弈论的相关知识有一定的了解，更有甚者曾经了解接触过这个游戏。

②有一定的激励机制，游戏共重复进行了 2 次，获胜者均会得到一份奖品，且第二次游戏的奖品比第一次的价值更高。

③所有参与者在同样的一个环境中，在一次游戏后，大家可以得知其他人所选择的数字，并可以观察到所有在场人的表情和动作。

由于人数很少(19 人参与)，我们并不是要去验证其是否符合泊松分布，而更多的是通过试验来探究人们的游戏心理。第一次游戏的均值为 34.26，获胜值为 23，τ 值为 1.57；第二次的均值为 20.53，获胜值为 14，τ 值为 3.26。两次实验中，τ 值的大小发生了很大的变化。游戏的结果对比如图 2-15所示。

通过对比可以发现，多数人在第二次的选择上会选择低于第一次的数值，且更倾向于选择小于第一次获胜的数值($34.26\times2/3=22.84$)，因为他们通过观察他人的行为，分析他人的数据，可以估算出其他参与人所思考的 k 值，并期望自己可以思考得更深一些。

但是在图中，我们可以观察到，第 7 个参与者在第二次选择数据的时候

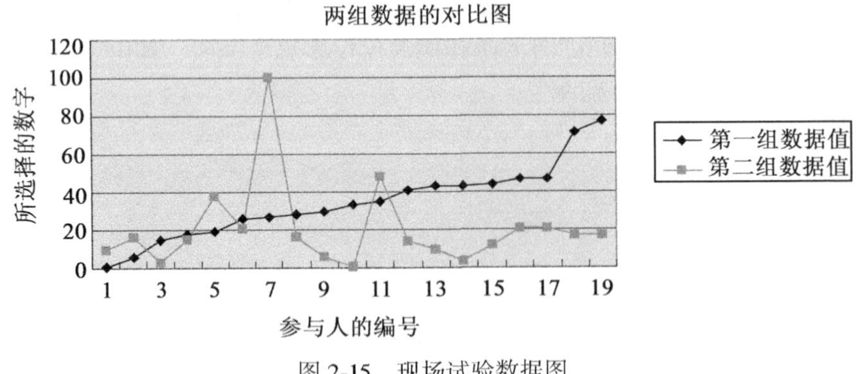

图 2-15　现场试验数据图

选择了一个绝对不会赢的数值 100，我们分析参与者选择该数值的原因可能有两个：第一，其觉得赢的希望很渺茫，于是在完全非理性的情况下随机选择了一个数值 100；第二，在参与者觉得获胜机会很渺茫的情况下，一种逆反心理使得其希望破坏大多数人的理性分析，即在多数人觉得其他人的 k 值会为 1、2 或者更深的时候，他会通过选择一个可选的最大数值(100)来使得总体的均值数值变大，使其他理性人的理性分析不成立。

(4)两次实验结果的对比分析

以上在两个时间段，以两种完全不同的方式进行的试验，其目的并不在于验证该游戏的结果是否符合泊松分布，而在于在基于前人的研究成果的基础上，也就是在假设其符合泊松分布的条件下，去分析不同对象的人，在不同的环境下、激励措施下思考层次的深浅。通过对比，我们可以得出：

在对象上，信息管理专业的学生在整体的思考层次上明显要比网络上的参与者思考的要深，第二次的 τ 值竟然可以达到 3.26，接近于博弈论学家们在实验中所表现出来的 τ 值。而在激励措施上，可以明显地看出在有激励措施的情况下，人们的思考更仔细、更慎重。在实验一中，由于缺乏有力的激励措施，第一组数据的 τ 值明显偏低，更多的人不愿意花费力气去思考，而宁愿用一种赌博心理来非理性的选择一个“随机”数值。当被告知游戏的“潜规则”后，又很容易“过渡自信”的选择过于偏小的数值。而在实验二中，在可以现场得知第一组的试验结果以及参与者所选择的数值后，参与者在第二次选择的数值大多小于等于 20，在这种情况下，除了个别的“捣乱者”选择非理性的数值外，大多数人都会思考到 2 层甚至更多。

2.4.5 高次信息的表现——股市非理性繁荣

高次信息在股票市场中最典型的表现就是“非理性繁荣”现象。“非理性繁荣”一词来源于1996年格林斯潘的一次讲话：“我们如何知道什么时候非理性繁荣不适当地扩大了资产的名义价格呢？……”他讲话次日，世界股票市场的价格就下跌了4个百分点。从高次信息的角度来看格林斯潘的讲话，人们应当相信股市被高估了，而这一点都不愚蠢。他的演讲引起全世界关注，使得“笨拙”和“无知”的不均衡性变成了一种共有知识。此时，“卖出并不是无知”这个信号立马作为一种共有知识让短期卖出变得合理。

“非理性繁荣”不仅一次的动摇了股票金融市场，格林斯潘的演讲也并没有阻挡美国历史上多次牛市的发生，例如著名的“新经济泡沫”、“网络泡沫”，还有发生在90年代末的“新千年泡沫”。

2000年4月初，美国股市近乎直线上升，一片繁荣。此时，美国耶鲁大学经济学教授希勒(Robert J. Shiller)出版了《非理性繁荣》(*Irrational Exuberance*)一书。他指出，美国股市当时的繁荣是“非理性”的，股市泡沫即将破灭，股市随即应声而下。在书中，希勒列举了12种“催化”股价非理性上涨的因素，这些因素使得人们的投资和投机信息增加，期望提高，股价也被哄抬上升。同时文化因素使得最初催化因素的作用进一步放大，进一步激发了投资热情。

我们当然不能说是希勒使得“纳斯达克指数回跌”，我们甚至无法认为任何人会相信一个大学教授对于股市的预测。但是，对于共有知识的理解让我们清楚地意识到该书的确是股票市场回落的一个因素。他从学术的角度把人们对于过高指数的私有怀疑公开化了。即使实际上，并不会有交易者对于这种学术建议付上一分钱，但它使得一件事情变成了共有知识，即在2000年4月时对于这种虚高的股市的怀疑并不是低智商的表现。

前几年，我国股市如过山车似的狂涨狂跌，其本质也是“非理性繁荣”的表现。上海综合指数先是从2005年6月998点，到2007年10月6124点，然后2008年4月23日回到2990多点，先是上涨飙升6倍，后是下跌50%以上。2008年4月24日，股市交易印花税一下调，整个市场立即沸腾，当天几千只股票都封在涨停板，两市指数上涨9%以上。但是，股市的上涨仅是一天，后两日，市场并没有继续24日股市快速飙升的态势而又开始下跌。

这种现象说明了什么？自身的原因就在于中国股市在早两年的时间内快速上涨，其上涨幅度早就超过一些上市公司的基本价值。特别是在国内股市向下调整时，正好面对着国际金融市场震荡(如美国次贷危机的发生)，国际金融市场的任何震荡不可避免地会传导到中国股市。在国内股市十分脆弱的情况下，只要国际金融市场有一点风吹草动，就容易把人们对于股市虚高的怀疑公开化，让投资者意识到股市处于“非理性繁荣”阶段，“卖出并不是无知”这个信号立马作为一种共有知识让短期卖出变得合理，掀起股市下跌的波澜。

可以说，前几年我国股市无论是飙升还是下跌，并非是上市公司的投资价值发生了变化，也不是国内经济实体有多大的变动，而是由于股市自身制度规则的缺陷导致投资者对市场信心的不足。投资者看不到政府对股市干预政策，信息不对称情况下，行为极易受到他人的影响，形成 1 次或 2 次信息，造成“羊群效应”，形成资产泡沫或者系统危机。在偶尔的新的政策、新闻的触动下，又会使得私有的信息、怀疑公开化，使某些私有信息转化为公共知识，进而上升到共有知识的层面，影响人们的行为。

通过以上分析，我们认为金融投资过程首先是一个心理过程，这些心理过程决定了投资者的行为选择，投资者的行为特征则导致了投资决策的制定，而由心理和行为偏差所导致的投资决策偏差进一步引致了资产定价偏差，这就是造成我国股市非理性繁荣的成因。治理措施可以从以下两方面考虑：①监管机构要强化证券发行和交易过程中信息披露和监管的制度建设；②加大政府调控的信息透明度。

本节我们从不同的角度建立了信息模型，从多方面论述了高次信息的定义及价值，用一系列的事例来说明了高次信息的作用及重要性，同时共有知识可以把一些已知的信息提高到一个新的层次，对某一环境产生极大影响。最后我们介绍高次信息对金融市场特别是股票市场的影响。

小　结

信息经济学是经济不确定性理论自然发展的结果。不确定性、风险和信息结构是信息经济学的三个最基本概念，构成了信息经济学微观分析的理论基础。信息经济学研究如何利用信息来制约不确定性。明确信息的经济功能，需要对经济事件中的不确定性以及与这些不确定性相联系的风险理论有所了解。

信息结构是一种精确描述与比较不同经济主体信息类型和拥有信息量的方法。信息结构将信息看成是自然状态的聚集，是事物状态空间中非重叠子集的集合。一个主体的信息结构越好，那么他对真实自然状态的了解就越精确和充分。信息结构是信息经济分析的重要工具。信息可以划分为不同层次，人们关于特定事件信息了解的双螺旋式结构的最高点，被称为高次信息或高阶信息，亦即共有知识，它对人的行为具有重要影响。本章分析不确定性与风险的基本问题，并介绍信息结构的基本理论和共有知识对人的行为的影响。

思考与练习

1. 试述不确定性与风险的联系与区别。

2. 风险偏好有哪几种类型？风险偏好对决策有何影响？

3. 假定某消费者效用函数为 $U=20+2M$，其中 U 是效用，M 是货币收入。他有 10 万美元，想投资于某项目。他认为有 50%的可能损失全部投资，有 50%的可能获得 30 万美元。试问：

(1) 该消费者的风险态度是什么？

(2) 如果他投资，他的效用是多少？

(3) 他是否会进行这项投资？

4. 在下列期望效用函数中，哪一个代表风险回避者，哪一个代表风险爱好者，哪一个代表风险中立者？

(1) $u = 100 + 3c$

(2) $u = \ln c$

(3) $u = c^2$

(4) $u = ac - bc^2$

5. 某消费者拥有财富 100 万元，明年他有 25%的可能性会丢失一辆价值为 20 万元的小汽车，假设他的效用函数为 $V(W)=20+W$，W 为财富，试问：

(1) 如果他不参加明年的保险，他的期望效用是多少？他的期望值的效用是多少？

(2) 如果他参加保险，他最多愿意支付多少保险费？

6. 用信息结构的概念解释异质信息和非对称信息。

7. 用信息结构的概念对信息质量进行描述。

8. 什么是公共知识、互有知识和共有知识，它们如何影响人的行为？

9. 在你方便的环境中做一次 K-Game 实验，分析其结果。

3 非对称信息经济模型

不完全信息和非对称信息是信息经济学中两个非常重要的概念。现代经济环境中，一般只存在不完全信息的事件，具有完全信息的事件只能存在于理想状态中。同时，信息的分布总是非对称的，在参与经济活动的主体间总是存在信息优势方和信息劣势方。不完全信息及信息非对称理论是信息经济学的起源，它极大地改变了西方经济学在竞争、垄断、市场效率和社会福利等方面的传统观念，并已成为西方经济学家建立理论模型的基本前提。美国三位经济学家乔治·阿克洛夫、迈克尔·斯宾塞和约瑟夫·斯蒂格利茨由于在信息经济学方面的开创性研究成果，共同分享了2001年度诺贝尔经济学奖，这足以说明不完全信息理论是现代经济学理论研究的前沿和核心。

本章将从不完全信息和非对称信息的概念入手，深入分析委托代理关系以及由于信息不完全非对称导致的不利选择问题和道德风险问题以及协调委托人和代理人之间利益的信息激励机制的设计问题。本章内容对于经济主体寻求缓解或消除信息不完全和非对称前提下的经济风险，实现信息公平，提高市场运作效率的途径具有重要的现实意义。

3.1 不完全信息、非对称信息

3.1.1 不完全信息

(1)完全信息的价值体现

决策需要信息，提高决策水平则需要更多、更准确的信息。但是，世上没有免费的午餐，获取信息需要付出代价。例如，生产者在进行生产决策时，必须了解消费者需求，而消费者需求要通过市场调研来获得相关的信息，并进行信息处理后才能得到，市场调研、信息收集、分类、组织、处理都需要花费一定的费用，这说明信息具有价值。完全信息价值是指在完全信息条件下对决策方案选择结果的期望值与在不完全信息条件下对决策方案选择结果的期望值之差。

例如，一位个体业主计划提前购入一批水果存储，以备春节期间销售。如果他进货 10 000 公斤，单价为每公斤 1.50 元，如果他进货 6 000 公斤，单价为每公斤 1.60 元。元旦和春节期间销售单价预计为每公斤 2.00 元。设他进货 10 000 公斤，只有 50%概率能以每公斤 2.00 元销售，另有 50%概率以每公斤 2.00 元销售 6 000 公斤，以每公斤 0.70 元处理剩余的 4 000 公斤。计算得出两种情况下，个体业主的期望利润均为 2 400 元。

假设缺乏进一步的信息，若个体业主是风险中立者，则他购买 12 000 公斤和 20 000 公斤不存在差别，两种决策的期望利润相同等于 2 400 元；若个体业主是风险回避者，尽管期望利润相等，但是前种情况下期望收益无风险，后种情况下期望收益有风险，因此，他只是购买 6 000 公斤，而不是 10 000公斤。于是，在不完全信息条件下，个体业主选择决策结果的期望利润是：EU=50%×2 400+50%×2 400=2 400 元。现在，个体业主通过调研，获得充分的信息，如春节期间市场上能以每公斤 2.00 元销售 6 000 公斤，则决策是购买 6 000 公斤，获得利润 2 400 元；如春节期间市场上能以每公斤 2.00 元销售 10 000 公斤，则决策是购买 10 000 公斤水果，获得利润 5 000元。由于两种结果出现的机会均等，则在完全信息条件下，个体业主选择决策结果的期望利润是：EU=50%×2 400+50%×5 000=3 700 元。完全信息与不完全信息的差额为 3 700−2 400=1 300 元，就是完全信息的价值，也就是个体业主愿意为规避风险而支付信息提供者以获取完全信息的代价。同时也很好地解释了为什么适宜于网上交易的商品都具有容易展露自身信息的特点，比如书籍、礼品。而那些只能凭品牌加以识别及个性化极强的各类商品不适宜网上交易的原因，因为相对而言，互联网为前一类提供了更接近充分信息假设的可能。

(2) 不完全信息的普遍存在

传统经济理论认为，市场上每个经济行为者都拥有关于市场的全部信息，于是全部决策都是在完全确定的条件下进行的最优决策，不存在决策失误和投资风险问题。但由于人们对现实中的经济信息难以完全了解以及某些经济行为人故意隐瞒事实、掩盖真实信息，使得现实经济生活中具有完全信息的市场是不可能存在的，不同市场不同程度地存在着不完全信息。

不完全信息的存在使各经济行为人在认识市场环境状态上存在着差距，

并导致每个经济行为人所进行的市场活动及其结果无法及时地通过价格体系得到有效传递。由于客户总是在不完全信息条件下决定其购买行为，这使得价格的波动不会使企业失去全部的客户，某一特定的商品价格可能高于或低于市场定价。但是，由于价格不能灵敏地反映市场的供求状况，市场供求状况不能灵敏地随着价格的指导而发生变化，于是传统经济理论中反映市场一切信息的价格机制出现失灵，即市场失灵。信息市场中的不完全信息问题也是广泛存在的。由于信息商品消费的非物质性以及间接性，使得信息市场中不完全信息的存在更加典型。另一方面，很多具体的信息市场又发展成为解决不完全信息问题的市场，如消费者杂志、电影评论、广告、咨询等。

3.1.2 非对称信息

信息不完全有两类情况。第一类情况是市场参与者对价格分布的信息是不完全的。比如对消费者来说，既不可能知道市场上的全部价格，也不完全知道哪个商店卖哪个产品的价格。这样，消费者面临两种选择：一是通过搜寻来获取信息，最终找到最低价格；二是随机购买。如果选择搜寻，就要花费一定的时间、费用，这就构成了信息成本。第二类情况是信息在市场交易双方间的分布是不对称的。可见，市场是不完全信息的一种典型表现形式。如果市场的一方比另一方掌握更多的信息，不完全信息问题就变得更加明显了，我们称此时的市场信息为非对称信息。

非对称信息也是广泛存在的，主要原因有二：第一，社会分工愈来愈细。对每一项专业来说，专家和非专家所具有的知识差距愈来愈大，同一行业的两位专家都完全有可能无法理解对方的专业知识。而在市场这个大熔炉中，专家和非专家都必须加入其中，市场的一方是专家，另一方是非专家，他们之间在信息和知识上的差距愈来愈大，从而形成不对称信息市场。第二，私人信息的存在。人是复杂的、难以捉摸的，这使得关于人自身的一些信息具有隐蔽性，如身体状况、情感波动以及消费偏好等，都成为隐蔽的个人信息。

非对称信息的存在，使得拥有信息优势的一方有可能采取欺诈手段，来为自己谋取私利，而这种谋取私利的行为往往会损害对方或社会的福利。非对称信息的存在使要素市场、产品市场很难能够以一种最有效率的方式来配置，导致资源配置偏离帕累托最优状态，严重的时候还会导致了市场失灵。由于信息不对称有事前、事后之分，相应地带来了两种不同的后果：一种是由于信息事前不对称引起的逆向选择问题，另一种是由于信息事后不对称引起的道德风险问题。

逆向选择是指在买卖双方信息非对称的情况下，差的商品总是将好的商品驱逐出市场，这显然干扰了市场机制的有效运行。对逆向选择问题的解决，有时可用政府干预来进行，但更多情况下可以实施一些有效的制度安排或有效措施。而后一种方法其实就是通过建立一种信息传递机制，使拥有高品质商品的一方愿意发送某些有关产品质量的信号，而拥有劣质商品的一方不愿显露有关产品质量的信号，从而使二者区别开来。

由于信息事后不对称引起的道德风险问题，是指在经济活动中，某些人在最大限度地增进自身利益时，做出不利于他人的行动。这一类型的问题在一定程度上都可归为"委托-代理"问题，解决的途径也是建立一种契约安排或制度安排，包括激励问题，即通过机制设计，使得所有经济活动参与者追求自身利益的客观效果与社会目标相一致，以及信息问题，即实现目标协调所需信息是否可得，是否做到尽可能地少而成本较低，或者如何使许多不能被对手或公众所观察到的个人信息揭示出来等。

3.2 逆向选择

3.2.1 二手车市场的逆向选择模型

逆向选择的形成是由于市场中信息不对称引起的必然结果，逆向选择的经典案例是阿克洛夫于 1970 年对二手车市场的研究。阿克洛夫将所有的二手分为两大类，一类是保养良好的车，另一类是车况较差的"柠檬"车。假设你买了一辆新车，刚驾驶一两公里就想卖掉它，为了将新车顺利脱手，你将不得不很大幅度地降价。即使这种情况下二手车的质量与新车无异，但它的价格却比车行中新车的价格低很多，这是为什么呢？阿克洛夫认为，一辆新车一旦从车行中驶出进入二手车市场，就会跌价，一个根本原因就是信息不对称：即二手车的车主拥有比潜在的买主对车的质量更多的信息。出售的二手车哪怕是刚从新车行开出的新车，也可能被认为是次品，或者"柠檬" lemon)。这里，关于车的质量信息，是私人信息，而私人信息是逆向选择问题的根源。

(1)二手车市场的非对称信息

阿克洛夫从当时司空见惯的二手车市场入手，发现了旧车市场由于买卖双方对车况掌握的不同而滋生的矛盾，并最终导致旧车市场的日渐衰落。二手车市场上的买卖双方之间存在着非对称信息。二手车的卖主比潜在的买主更加了解车况，买主仅仅知道二手车可能的质量，而卖主却知道二手车真实的质量。下面我们用时间轴和信息结构来表示二手车市场中买卖双方的非对称信息建模。

我们假设当买者出现在二手车市场中的时候，卖主拥有二手车质量方面的隐藏信息。买主只有在购买了二手车之后才能了解它的质量。二手车市场买卖双方信息不对称在时间轴上可以表现为如图 3-1 所示。

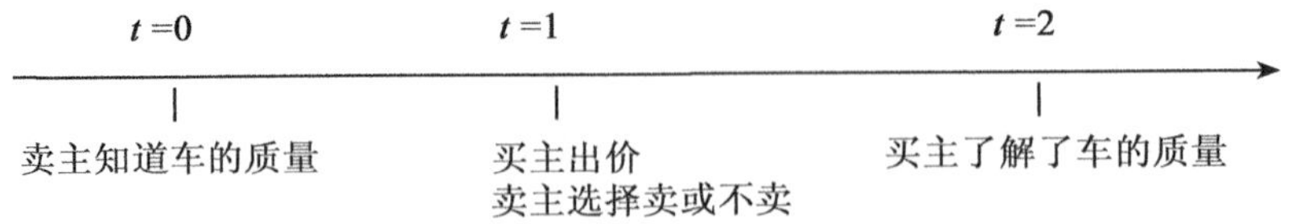

图 3-1　二手车市场买卖双方信息不对称时间轴

另外，买主和卖主之间信息不对称可以用图 3-2 中买卖双方的信息结构加以表示。图 3-2 中，卖主知道二手车 6 个方面的质量信息，而买主对此却一无所知。图 3-2 表示的非对称信息是第二章中图 2-8 的一种极端表现。

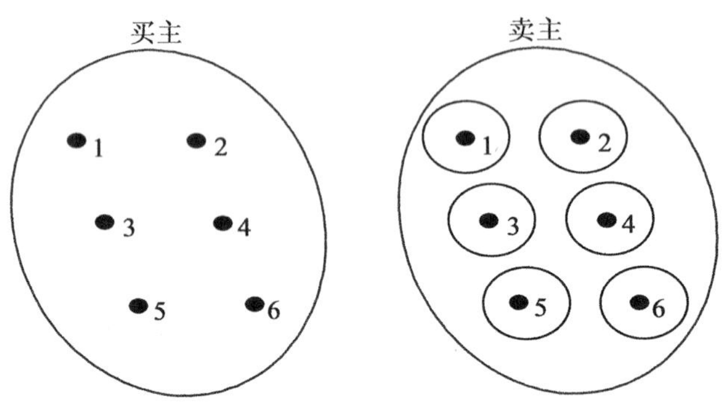

图 3-2　二手车市场买卖双方信息结构

图 2-8 所示的信息结构还反映了买卖双方之间的公共知识。也就是说，买主知道卖主对车况信息了如指掌，卖主知道买主知道他对车况信息非常了解，依此类推……“谁知道什么信息”这一高次信息与“车的质量”这一低次信息是一样重要的。在二手车市场的非对称信息存在的情况下，卖主的信息优势可能会实际上变成交易的障碍。买主并不幼稚，卖主也不可能将自己质量低劣的车以优质车的价钱销售。反过来说，尽管卖主销售的是优质的汽车，但其可能售出的价格也不会比劣质车高。

(2)二手车市场逆向选择模型

为了便于研究，假定二手车市场上有两类人，一类人是卖主，称为集团1，集团1中每人都拥有一辆二手车；而另一群人为潜在的买主，称为集团2。集团2中每一个潜在买主的效用函数为①②：

$$u_2=M+\frac{3}{2}q\cdot n \tag{3-1}$$

这里u_2的下标"2"表示集团2的成员，q表示质量，n表示购买二手车的数量。但为简单起见，我们设n是一个零一变量：$n=1$为买，$n=0$为不买。M表示二手车以外的消费。

每一个潜在的买主又面临以下预算约束：

$$y_2=M+p\cdot n \tag{3-2}$$

这里，y_2表示集团2中单个成员的收入，p表示二手车的价格。(3-2)式表示潜在的买主的全部收入y_2不是用于买二手车，就是用于购买别的消费品。并假定其他消费M的价格为单位1。请注意二手车价格p。这里p是单一价格。二手车明明有不同的质量q，为什么二手车的价格p是单一的呢？这是信息不对称的结果。买主并不想知道想买的二手车的质量，在买下以前，买主并不能在不同的二手车中区分出不同的质量，从而给出不同的价格。所以，二手车中鱼龙混杂，质优的车与质次的车卖一样的价。这才会产生"逆向选择"问题。

由于买主事先并不知道所买的二手车的质量，他的购买决策就具有不确定性。因此，他的决策要取决于期望效用函数。

由于(3-1)式是线性函数，这表示买主是"风险中立"的，所以，期望效用函数水平与$u(E(g))$是一样的，可得：

$$E(u_2)=M+\frac{3}{2}E(q)\cdot n=M+\frac{3}{2}\mu\cdot n \tag{3-3}$$

在(3-3)式里，$\mu(q=E(q))$表示"二手车的质量均值"。假定买主从统计与其他信息渠道已知道二手车市场上的平均质量是μ。

将(3-2)式代入(3-3)式，可得：

$$E(u_2)=y_2+\left(\frac{3}{2}\mu-p\right)\cdot n \tag{3-4}$$

买主就根据(3-4)式来做决策，他决策的内容是：$n=0$或$n=1$。即是选

① Akerlof, G.. The Market for "Lemons": Qualitative Uncertainty and the Market Mechanism[J]. *Quarterly Journal of Economics*, 1970(84).

② 平新乔. 微观经济学十八讲[M]. 北京：北京大学出版社，2002.

择购买二手车，还是选择不买二手车。

显然，(3-4)式当且仅当：

$$\frac{3}{2}\mu \geqslant p \tag{3-5}$$

潜在的购买者才会购买二手车。

二手车的卖主也要做决策：即是出售二手车，还是不出售二手车。设卖主的效用函数为：

$$u_1 = M + q \cdot n \tag{3-6}$$

其预算约束为：

$$y_1 = M + p \cdot n \tag{3-7}$$

这里(3-6)式中的 u_1 的下标“1”表示卖主属于第1集团。卖主对二手车的质量评价系数为1，而在(3-1)式里，买主对二手车的质量系数为$\frac{3}{2}$，这说明，买主对二手车的需求更为迫切。本来，如果 q(二手车质量)的信息是公开的，则若 p 在 $1<p<\frac{3}{2}$之间，二手车的交易会让买主与卖主“双赢”的。问题正在于，q 的信息是隐蔽的、私人的，由于信息的不对称，这才会阻碍正常交易的进行，妨碍了有效率的资源配置的实现。

我们来看卖主的决策。从(3-6)式出发，由于 q 对于他来说是确定的，所以无须取期望效用函数，(3-6)式便是他决策的基础。将(3-7)式代入(3-6)式，便有：

$$u_1 = y_1 + (q - p) \cdot n \tag{3-8}$$

显然，当且仅当：

$$q > p \tag{3-9}$$

卖主应当不卖($n=1$)，这才会增加自己的效用。那么，当且仅当：

$$q \leqslant p \tag{3-10}$$

时，才有 $n=0$，即出售二手车。

(3-10)式是卖主出售二手车的充分必要条件。

通过上述分析，我们可以清楚地发现买主与卖主在二手车交易过程中产生问题的原因在于 μ 不等于 q。μ 是质量的均值，q 是真实的质量。现在，我们来分析逆向选择是如何引发的。

假定 q 是服从均匀分布的。这里，均匀分布的经济含义是，买主在二手车市场上，挑到坏车的概率密度与挑到好车的概率密度是一样大的。设 q 在[0，2]上服从于均匀分布，则 $q=0$(质量最差的车)与 $q=2$(质量最好的车)的概率密度都为$\frac{1}{2}$。

首先分析买者愿意支付的最高车价。遵从(3-5)公式，当买者知道 q 在 [0，2]上服从均匀分布，马上就知道 $\mu=1$，因此，其最高的买入价为 $p=\frac{3}{2}\left(\mu=\int_0^2\frac{1}{2}dq=\frac{1}{2}(2-0)=1\right.$。按(3-5) 公式，$\frac{3}{2}\mu\geqslant p$ 可知最高的买入价为$\left.\frac{3}{2}\right)$。

一旦买主给出了二手车的最高买入价 $p=\frac{3}{2}$，卖主会怎么反应呢？按(3-10)公式，只有当质量 $q\leqslant\frac{3}{2}$时，卖主才会出售自己的车。于是，二手车的质量的分布立即会从：

$$q\sim U[0,\ 2] \tag{3-11}$$

减少为：

$$q\sim U\left[0,\ \frac{3}{2}\right] \tag{3-12}$$

这里，U 表示均匀分布。

从(3-11)式到(3-12)式的转换，就叫“逆向选择”。本来，二手车的概率分布是均匀地分布在[0，2]之间，这是质量的原始分布。而一旦买主由于信息不完全只能根据 $\mu=1$ 来决定买入价 p，$p=\frac{3}{2}$，那么，质量 q 大于$\frac{3}{2}$的卖主就会退出市场，拥车不卖。于是，剩下的二手车的概率分布只能均匀地落在$\left[0,\ \frac{3}{2}\right]$之间了。这是第一次逆向选择。

问题在于，还有第二次、第三次……第 n 次逆向选择。我们看第二次逆向选择的发生过程：

在第二个交易回合中，买主根据质量 q 在$\left[0,\ \frac{3}{2}\right]$上均匀分布的知识，马上推知 $\mu^{(2)}=0.75$(这里 $\mu^{(2)}$ 中上标“(2)”表示第 2 个交易回合)，仍由(3-5)公式，可知：

$$p^{(2)}=\frac{3}{2}\cdot 0.75<\frac{3}{2} \tag{3-13}$$

而一旦买主给出了价格为 $1.125\left(=\frac{3}{2}\cdot 0.75\right)$，根据(3-9)公式，则二手车质量 $q>1.125$ 的卖主又会退出市场，则 q 的分布会进一步退化为：

$$q\sim U(0,\ 1.125)$$

如此反复，好车会逐渐走光，二手车的平均质量会日益降低。这就是逆向选择。

上述逆向选择过程有止境吗？如果这个止境存在，便可称为是逆向选择下的市场均衡。

我们从上述讨论中可以发现，一方面，买者是根据(3-5)公式来决定买入价$\frac{3}{2}\mu \geqslant p$；而另一方面，二手车市场上的车质量$q$的平均质量$\mu$是卖主根据买主出价$p$而提供车的行为来决定的，这就是说，$p$的给出实质上参与了$\mu$的决定过程。由于($q>p$)的好车会退出市场，所以，在每一次交易中，二手车的质量均值μ必然等于：

$$\mu = \frac{1}{2} \cdot p \tag{3-14}$$

但是，把(3-14)式代入(3-5)式，去解p，则p没有正值解，只有$p=0$才是均衡解。但$p=0$，意味着$q=0$(按(3-10)公式)，$\mu=0$。这也就是说，逆向选择的过程是：

①在价格p给定后，好车逐渐退出市场；

②买主出价越来越低；

③次好车又进一步退出市场；

④买主出价更低；

⑤二手车平均质量更低；

……

$p=0$，$q=0$。

这个均衡结果的含义很明白：最后没有交易，市场彻底萎缩。

如果关于质量q的信息是公开的，买主对q一目了然，就不会发生μ与p之间的恶性循环。对于任何一辆二手车i，由于买主购买的充要条件是：

$$\frac{3}{2} \cdot q_i \geqslant p_i \tag{3-15}$$

而卖主出售的充要条件是：

$$q_i \leqslant p_i \tag{3-16}$$

因此，只要p_i满足：

$$q_i < p_i < \frac{3}{2} \cdot q_i \tag{3-17}$$

则买卖双方都会有净的收益，是双赢。但是，如果存在信息不对称，就会丧失这种增进双方利益的机会。

考虑下面的例子。假定你有兴趣买一辆二手别克车，这辆旧车已有 10 万公里的里程。在购买这辆旧车之前，你试了车，并没有发现它有什么毛病。假定这辆旧车的真实价值为 v，是均匀地分布于[0，10 000]元之间的。你所面临的问题是如何确定这辆旧车的价格？这取决于你对该旧车的质量的期望值。

在决定该旧车的质量的期望值时，你应该考虑的是旧车卖主的背景。假定有 q 比例的旧车卖主是由于出国或其他原因不得不卖掉旧车，而旧车质量确实还是好的；而另有 $(1-q)$ 比例的旧车卖主则只是由于为了占价格便宜才卖旧车的，即对这一类卖主来说，$v\leqslant p$。这里，p 表示旧车的交易价格。

如果你买旧车，并出价为 p，那么你可以买到该辆车的概率为：

$$q+(1-q)\mathrm{Prob}\{v\leqslant p\}=q+(1-q)\frac{p}{10\ 000}=Q(p) \tag{3-18}$$

在(3-18)式里，q 是指卖主中有 q 比例的人是非卖掉车不可，因此无论你出什么样的 p，他都会将车卖给你。而另有 $(1-q)$ 比例的卖主只有当你的出价 p 大于等于旧车的真实价值 v 时才会将车卖给你。因 v 服从于均匀分布，v 的定义域是[0，10 000]，所以 $\mathrm{Prob}\{v\leqslant p\}=\frac{p}{10\ 000}$。即从后一类旧车主手中买到车的概率为 $(1-q)\cdot\mathrm{Prob}\{v\leqslant p\}$。

由(3-18)式，我们便可以估计旧车真实价值(即旧车质量)的期望值了。

首先，对于 q 比例的卖主来说，其旧车价值 v 是均匀分布于[0，10 000]之间的，因此旧车价值的期望值为 5 000。

其次，如果出卖旧车的人是为了获利，则旧车的价值 v 必然是小于等于 p 的。由于旧车的价值 v 是服从于均匀分布的，所以，对于这一部分卖主所卖出的车来说，旧车价值的期望值为：

$$E(v\mid v\leqslant p)=\frac{p}{2} \tag{3-19}$$

这样，在可以买到旧车的全部可能性 $Q(p)$ 里，从不得不卖掉旧车的人手中买到旧车的可能性为 $\frac{q}{Q(p)}$，从想占价格便宜的人的手中买到旧车的可能性为 $\frac{(1-q)\left(\frac{p}{10\ 000}\right)}{Q(p)}$。如果对旧车出价为 p，则该旧车真实价值的期望值为：

$$\frac{q}{Q(P)}\cdot 5\ 000+\frac{(1-q)\left(\frac{p}{10\ 000}\right)}{Q(p)}\cdot\frac{p}{2}=Ev(p) \tag{3-20}$$

(3-20)公式就是旧车价值的期望值公式。

例如，你如果出价为零，即 $p=0$，则 $Q(0)=q$，则 $Ev(0)=5\ 000$。这就是说，如果出价为零，只有不得不卖掉车的人才会将车卖给你，而那些想获利的人早就远远走开了。这时，车的平均质量便是车的 v 的平均值 5 000 元。在这种情况下如果买下了车，则有剩余：$Ev(0)-0=5\ 000-0=5\ 000$（元）。

反之，如果你出价 10 000 元，那么 $Q(10\ 000)=1$。这样 $Ev(10\ 000)=q\cdot 5\ 000+(1-q)\dfrac{10\ 000}{10\ 000}\cdot\dfrac{10\ 000}{2}=5\ 000$（元）。但你出价为 10 000 元，所以剩余为 $Ev(10\ 000)-10\ 000=5\ 000-10\ 000=-5\ 000$（元）。

从理论上说，购买二手车的价格 p 应该满足：

$$p=Ev(p) \tag{3-21}$$

为什么要满足(3-21)式？因为，$p>Ev(p)$，就会吃亏；如果 $p<Ev(p)$，则车主会将车卖给别的购车者。

在这个例子中，(3-21)式意味着：

$$\frac{q}{Q(p)}\cdot 5\ 000+\frac{(1-q)\dfrac{p}{10\ 000}}{Q(p)}\cdot\frac{p}{2}=p \tag{3-22}$$

经整理，得：

$$\frac{(1-q)p^2}{10\ 000}+2pq-10\ 000q=0 \tag{3-23}$$

解(3-23)式，可得：

$$p^*=10\ 000\left[\frac{-q+\sqrt{q}}{1-q}\right] \tag{3-24}$$

(3-24)公式给出了买旧车时应出的最优价条件，即 p^* 取决于买者对二手车市场上不得不卖掉车的人的比例的判断。如果 $q=0$，即二手车市场上所有的卖主都是为了获得价格上的便宜，则 $p^*=0$。这是，市场就会完全萎缩。但是，如果买者判断 $q=1$，即所卖二手车的人都是由于不得已而卖二手车，则(3-24)公式会变为一个不定式 $\dfrac{0}{0}$。这时，应用洛必达法则可得 $p^*=5\ 000$元，即 p^* 为二手车市场在正常条件下的平均真实价格。

二手车市场的逆向选择过程可以简单地描述为：在二手车市场，卖主拥有信息，买主缺乏信息，买主以平均质量的价格购买二手车，将质量较高的二手车逐出市场，质量较差的二手车留在市场。在均衡的情况下，只有低质量的车成交，在极端情况下，市场可能根本不存在，交易的帕累托改进不能实现。

逆向选择在很多市场上普遍存在，不独二手车市场为然，如保险市场，假设一家保险公司想提供汽车失窃保险，经调查发现，不同社区失窃情况差别很大，有的社区失窃率高，有的社区失窃率低，如果保险公司根据平均失窃率提供保险，那么投保价格会高于失窃率低的社区，并将这一部分低风险的消费者挤出保险市场，保险公司利益受损，逆向选择还是不可避免地发生了。还有信贷市场。信贷配给是信贷市场上存在的一种典型现象，由于逆向选择的存在，高风险的项目驱赶了低风险的项目，银行单位贷款的期望收益急剧下降。感兴趣的同学可对其他市场的逆向选择问题做进一步深入的分析。

(3) 市场失灵

逆向选择将导致市场失灵，仍以二手车市场为例。

①部分市场失灵。假设二手车市场好坏质量的汽车数量对等。劣车每辆价值 5 000 元，好车每辆价值 10 000 元。真实的质量情况对于卖主来说是显而易见的，然而对买主来说两种质量都有相等的出现概率。图 3-3 表示了买卖双方各自信息的结构，显然，这些包含了对两种不同质量预先的可能性的结构是常识，这就是卖主的信息“优势”。

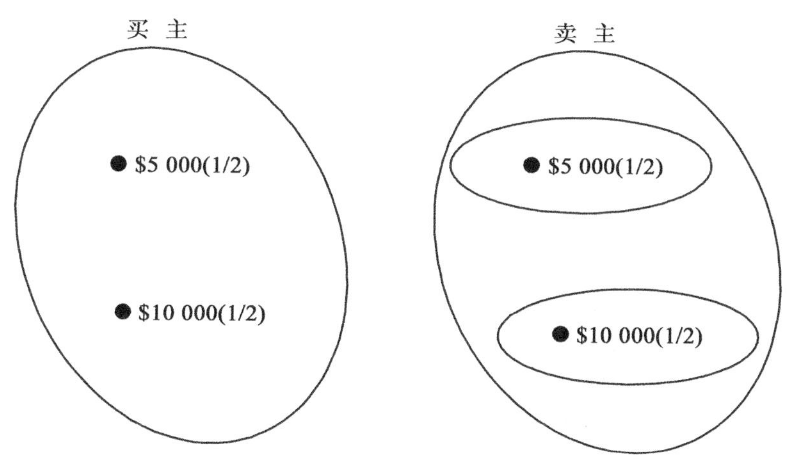

图 3-3　二手车市场买卖双方的信息结构

设二手车的价值为 V，当买主给出一个价格 P，如果 $P \geqslant V$，卖主就接受。反之卖主不接受。当买主的出价 P 为汽车的平均价值时，汽车的期望价值表示为 $E[V(P)]$。当成交的汽车的价值 $V \leqslant P$ 时，期望价值 $E[V(P)]=$

$E[V \mid V<P]$。期望价值就是如图 3-4 所示的"梯形作用"。它反映了卖主的最佳反应与市场内所有汽车质量的评估值的乘积。设一个买主大胆地开出了一个 10 000 元或者比它更高的价钱。所有的卖主都愿意以这个价格把车卖给他。此时，卖出的车的平均价值就等于市场内所有车的平均价值(7 500 元)。一旦买主将出价变为 10 000 元以下，就买不到质量较好的车了，并且能买到的车的平均价值就迅速地降为 5 000 元。如果出价比 5 000 元还低，那就买不到车了。

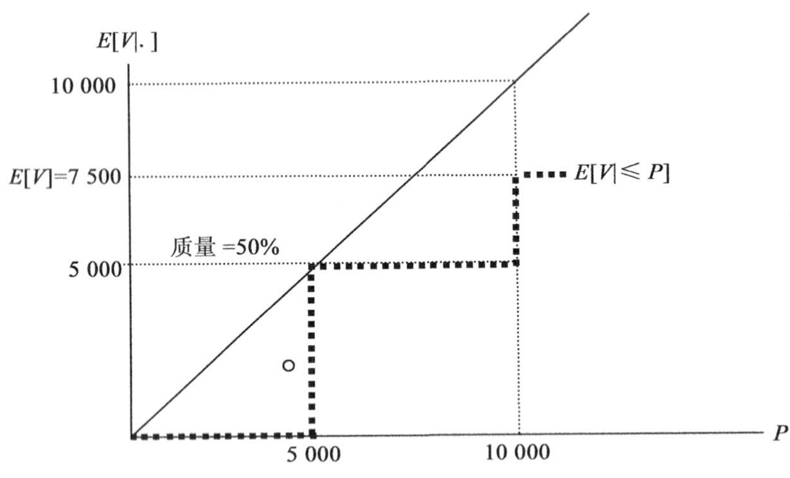

图 3-4　部分市场失灵的期望价值曲线①

"期望价值线"可以看成是"供给曲线"。它描述了期望价值(即平均质量)，这种期望价值被赋予了价格的功能(不是标准的供给曲线中描述的作为价格衡量尺度的数量)。相应地，需求曲线描述为了满足顾客需求而需要的最小期望价值。买主只有在期望价值至少等于价格时才愿意成交。因此，最小价值就可以表示为图 3-4 中的线条 $E[V]=P$。

当 $P=E[V]=5\ 000$ 时，市场达到均衡，只有劣质汽车被成交，但优质的车无法在这个价格成交。如果买主出一个价格，让优质的汽车回到市场上的话，他就会亏损。事实上，市场上五成的汽车都是可以售出的。质量较好的另外五成将无法售出。

②完全市场失灵。假设汽车质量连续均匀地分布于 5 000 到 10 000 之

① Urs Birchler，Monika Bütler. *Information Economics*[M]. Routledge，2007.

间，即($V\sim U[5\ 000, 10\ 000]$)，期望价值曲线如图 3-5 所示。当 $P<5\ 000$ 时 $E[V]=0$；当 $5\ 000<P<10\ 000$ 时，期望价值曲线上升；当 $P>10\ 000$ 时，期望价值曲线变平坦了。其反映的逻辑还是一样的，如果买主出价 10 000 时，所有的价值 7 500 以下车都卖光了。如果买主稍微降低出价的话，市场上质量最好的车就退出了。随着每次出价的降低，相应价值的一批汽车就将退出市场；当 $P=5\ 000$ 时，达到市场均衡。此时，市场上只会有价值5 000 元的劣质汽车，能够成交的汽车数量几乎为零。

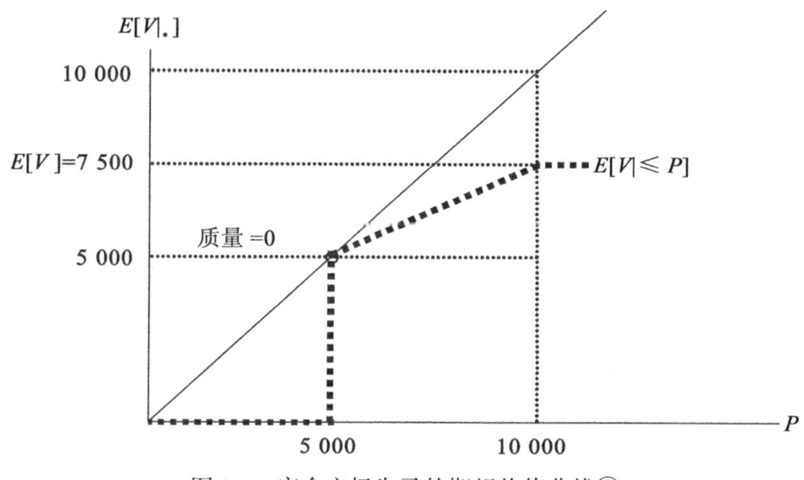

图 3-5 完全市场失灵的期望价值曲线①

从福利的观点来看，谁拥有某辆车是没有关系的，这说明市场失灵本身不是无效率的。当车对于潜在购买者的价值高于卖主对车的估价时，即存在逆向选择时市场失灵才是无效率的。

3.2.2 劳动力市场的信号传递模型

市场信号理论主要包括信号传递和信号甄别两大方面，信号传递(Signaling model)指通过可观察的行为传递商品价值或质量的确切信息，信号甄别(Screening model)指通过不同的合同甄别真实信息。二者的主要差别在于：前者是信息优势方先行动，后者是信息劣势方先行动。实际上，信号传递和信号甄别是不利选择模型的特例，或者更确切地说，信号传递和信号

① Urs Birchler, Monika Bütler. *Information Economics*[M]. Routledge, 2007.

甄别是解决逆向选择问题的两种相似方法。但由于其独特的研究视角和广泛而深刻的现实应用意义，使其日益成为不对称信息经济学颇有影响而又极富特色的研究领域之一。

1974 年，斯宾塞在其论著《市场信号：雇佣过程中的信号传递》中开创性地研究了将教育水平作为"信号传递"的手段在劳动力市场上的作用①，分析了市场中具有信息优势的个体如何通过"信号传递"将信息可信地传递给处于信息劣势的个体以实现有效率的市场均衡，从而成功地开拓了信号传递理论研究领域，他的劳动力市场模型亦成为信号传递理论最经典的模型。该模型的一个基本假定是：一个人如果能干的话，则意味着其在升学、毕业的竞争过程中也可轻而易举地成功；反之，如果一个人在升学、毕业的竞争过程中遭到淘汰，则说明这个人的能力有问题。因此，一个具有较高生产率的人会选择攻读高学位作为其信号，向雇主显示自己具有较高的生产能力，使雇主对其支付较高的工资。即使高文凭并不一定会带来较高的生产能力，即使高的教育程度对生产并没有实际的作用，文凭本身也具有分离劳动力的作用，会改变劳动力市场的配置。

假定劳动力的生产能力可分为高(H)与低(L)两类。又假定如果是高能力的劳动者，其对企业的贡献为 $y=2$；而低能力的劳动者对企业的贡献为 $y=1$。如果企业是了解劳动者的生产能力的，那么，通过劳动力市场上企业之间的竞争，工资标准可以达到：对高能力的劳动者，企业支付工资 $w=2$；对低能力的劳动者，企业则支付工资 $w=1$。问题在于，企业在雇用工人时，并不能观察到劳动者的生产能力。因此，企业必须借助于一些可信的信号来识别劳动者的能力，而文凭就是一种比较可信的信号。

为什么文凭这一信号比较可信呢？

假定所有的劳动者都在参加信息经济学课程项目的训练，但是，人与人之间仍会有差别，例如，有人会力求门门功课都优秀，有人则只求通过考试。这里的差别就是教育上的差别，我们假定教育上的差别可以用"教育成本"来表示。

这里，"教育成本"仅指一个人为了完成某一个信息经济学项目，获得毕业证书所付出的努力成本，而不包括学费。

假定对于能力较低的人，获得某一毕业证书，或者为获得某一门功课成绩 A 的成本为 $C(e)=e$；但是，对于能力较高的人来说，为获得上述同样的成绩，只需成本 $C(e)=ke$，($k<1$)。即能力强的人的教育成本较之能力弱的

① Spence, M.. Job Market Signaling[J]. *Quarterly Journal of Economics*, 1973(87).

人的教育成本低。对于这一点可以作两种解释：①能力强的人能轻轻松松地拿下学位，所以其付出的努力不多。②能力强的人不用全身心投在学业上，他可以边工作边上学，工作学习两不误。因此，其学习的机会成本较低。反过来，能力弱的人或者要投入相当于别人几倍的精力，或者必须全脱产全身心投入学习，因此牺牲了工资收入。这样，能力低一些的人的学习成本会相对地比较高。

劳动者如果获得工作，得到工资 w，则其得益为工资减去教育成本，记为 $w-C(e)$；企业若雇佣了一位职工，职工的贡献为 y，那么，企业的得益为 $y-w$。

企业的难题是找出一个教育的门槛水平 e^*，使得企业自己能凭这个 e^* 去识别谁是能力低的，谁是能力高的。企业希望 e^* 具有下列功能，即如果劳动者的受教育程度 $e<e^*$，则 $w=1$；如果 $e\geqslant e^*$，则 $w=2$。从这种工资政策出发，劳动者对教育的选择实际上也只有两种：要么选择 $e=0$，反正工资是 1；要么选择 $e=e^*$，这时会得工资 $w=2$。如果选择 $e>e^*$，那会白费精力，因为工资仍只有 2。

假设期望能力高的劳动者(H)会偏好于 $e=e^*$，而不是偏好于 $e=0$；能力低的劳动者(L)会偏好于 $e=0$，而不是偏好于 $e=e^*$。这也就是说，能力高的人选择 $e=e^*$ 时的得益应该大于其选择 $e=0$ 时的得益，能力低的选择 $e=0$ 的得益应该大于其选择 $e=e^*$ 时的得益。这组激励相容约束条件可以写成：

$$\begin{cases} 2-ke^*>1-k\cdot 0 & \text{对于劳动者 } H \\ 1-0>2-e^* & \text{对于劳动者 } L \end{cases}$$

上两式意味着：

$$\begin{cases} 1>ke^* \\ e^*>1 \end{cases}$$

所以，教育的门槛水平 e^* 应该满足：

$$1<e^*<\frac{1}{k}$$

当这一条件满足时，所有选择 $e\geqslant e^*$ 的人是能力高的人(H)，所有选择 $e<e^*$ 的人是能力低的人(L)。

图 3-6 给出了努力 e，工资 w 与教育成本 $C(e)$ 三者之间的关系。

从图 3-6 可以看出，能力低的人的教育成本 $C(e)=e$ 是高于能力高的人的教育成本 $C(e)=ke$ 的。工资线 $w=2$ 只是对应于 $e\geqslant e^*$ 的状态，由于 $e=e^*$ 时，线 $w=2$ 与 $C(e)=ke$ 的距离最长，所以，劳动者(H)只会选择 e^*。而工

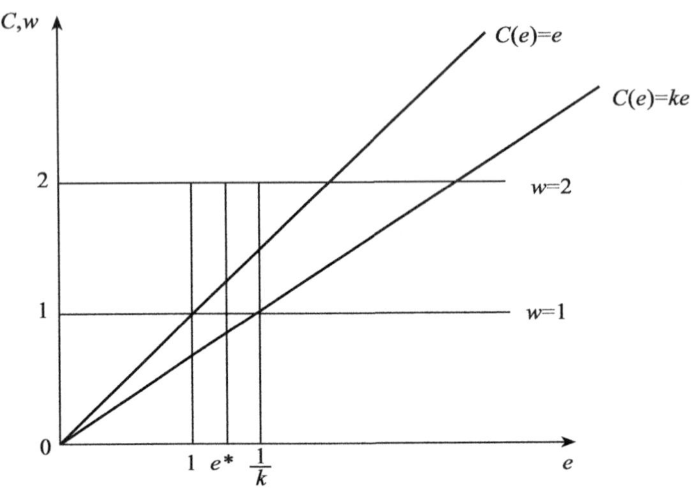

图 3-6　文凭的信号传递功能

资线 $w=1$ 是对应于 $e<e^*$ 的状态，能力高的人(H)固然也可以选择 $e<e^*$，但若这样，其得益是 $1-ke$，会低于 $2-ke^*$。所以，他们不会这样做。反过来，能力低的人(L)固然也可以选择 $e=e^*$，但这样其得益是 $2-e^*$，远不如选择 $e=0$ 时所获工资 $w=1$ 合算。

3.2.3　保险市场的信息甄别模型

信号甄别模型研究是由罗斯查尔德(Rothschild)与斯蒂格利茨(Stiglitz)在 1976 年发表的论文《竞争性保险市场的均衡：论不完美信息经济学》①中提出的，他们研究的是保险市场的私有信息问题。

假定有两类投保人，一类是风险比较高的，另一类是风险比较低的。前一类人身体素质比较差，患病的概率比较高，设这类人出事故的概率为 q；而后一类人则身体素质比较好，身体很健康，设这一类人出事故的概率为 r。这里，$0<r<q<1$。

假设所有的投保人都有财产 w。一旦发生事故，会损失 L。因此，如果不买保险，消费者的最终财产或者为 w，或者为 $w-L$。一旦买了保险，其必

① Rothschild, M., Stiglitz, J.. Equilibrium in Competitive Insurance Markets: An Essay on the Economics of Imperfect Information[J]. *Quarterly Journal of Economics*, 1976(90).

然要付出保险费，记为 P。同时，保险公司还规定有一部分损失应由投保人自负，自负损失记为 D。所以，如买了保险，消费者的最终财产或者是 $w-P$（如果事故没有发生），或者是 $w-P-D$（如果事故发生）。

保险公司的期望利润是取决于购买保险的顾客类别。如果顾客是低风险的人，则保险公司的期望利润为：

$$E\pi(P,\ D,\ r)=P-r\cdot(L-D)$$

这里 $r(L-D)$ 是指，出现事故的概率为 r，而一旦出现事故，保险公司要赔投保人的 $L-D$ 的金额。同理，如投保人是高风险的人，则保险公司的期望利润为：

$$E\pi(P,\ D,\ q)=P-q\cdot(L-D)$$

假定低风险的顾客与高风险的顾客具有同样的效用函数 $u(x)$，这个效用函数呈凹性，因为在这里，顾客是规避风险的。风险低的顾客的期望效用取决于自负部分 D，保险价格 P 与事故概率 r。其期望效用为：

$$EU(D,\ P;\ r)-ru(w-P-D)+(1-r)u(w-P)$$

同理，风险高的顾客的期望效用为：

$$EU(D,\ P;\ q)=qu(w-P-D)+(1-q)u(w-P)$$

上述两类顾客由于行为方式和禀赋的不同，对于保险价格 P 与自负部分 D 的态度就大有差别。而这在客观上就为保险公司提供了极好的契机去筛选不同的消费者。

保险公司本不知道购买保险的人真实状况如何，但它可以通过设定不同的 P 和 D 的组合来筛选不同的消费者，让顾客自我选择。这里的理论依据是，由于出事故的概率不同，顾客对于 D 与 P 的偏好是不同的：身体状况好的人由于自己出事故的概率低，会选择高的自负部分 D 与低的保险价格 P，因为对他来说，出事故的可能性较低。反之，身体状况差的人由于出事故的概率较高，所以会选择低的 D 和高的 P 的组合，即宁可付较高的保险费去换得较低的自负部分风险。

在图 3-7 中，高风险的顾客的无差异曲线比较平坦，而低风险的顾客的无差异曲线比较陡峭。

基于上述讨论，我们来分析保险政策的筛选功能。保险公司对 D 与 P 可以有各种搭配，但基本原则是让自负损失 D 与保险价格 P 之间存在替代关系。

图 3-8 画出了四条无差异曲线，对每一种类型的消费者都各画出两条。注意，由于 D 与 P 对于投保人都意味着损失，所以，无差异曲线越接近原点，表示效用水平越高。

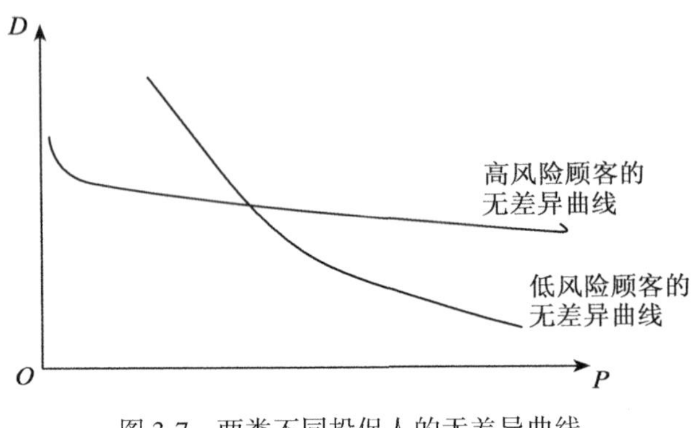

图 3-7　两类不同投保人的无差异曲线

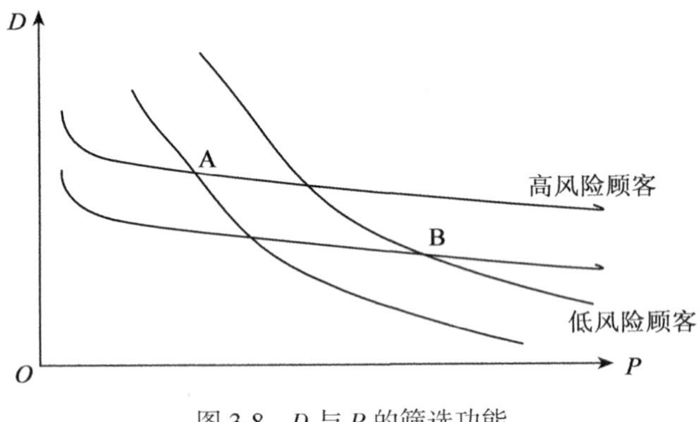

图 3-8　*D* 与 *P* 的筛选功能

考虑两个组合：A 与 B。在 A 点，保险价格比较低，但自负损失比较高，这种组合往往为低风险的顾客所接受。为什么？原因在于，尽管低风险的人也可以买由 B 点所代表的保险政策组合，但对他来说，B 点处于效用水平较低的无差异曲线上，而 A 点则在效用水平较高的无差异曲线上。所以，低风险的人会选择 A。

同理，B 点会受高风险的顾客欢迎。对他来说，A 点也可以购买，但与 B 相比，则 A 点代表较低效用水平。所以，风险大的顾客会放弃 A 而选择 B。

3.3　委托-代理理论与道德风险

委托人-代理人理论是在非对称信息的认识基础上发展起来的，并成为信息经济学研究的主要问题。委托代理理论由1996年度诺贝尔经济学奖两位获得者美国哥伦比亚大学教授威廉·维克里(W. Vickery)和英国剑桥大学教授莫里斯(J. Mirrlees)创立。交易双方在签订了协议后，就建立了经济学上的委托代理关系。由于委托人与代理人之间的信息不对称使委托人不能完全观察、监督代理人的行为，就产生了所谓“道德风险”(moral hazard)问题。

3.3.1 委托-代理关系

委托人(principal)与代理人(agent)的概念来自法律，经济学上的委托-代理关系泛指任何一种涉及非对称信息的交易。非对称信息的存在使得市场中必然存在信息优势方和信息劣势方。通常称交易中的信息优势方为代理方，而信息劣势方为委托方。

委托-代理关系赖以形成的两个基本条件是：①市场交易中，存在两个或两个以上相互独立的行为主体，他们在一定约束条件下各自追求效用最大化。②市场交易的参与者均面临不确定性风险，而他们掌握的信息处于非对称状态。

在委托-代理关系中存在两种不同的选择行为：一是委托方选择代理方，并按一定方式付酬，但不能直接观察到代理方的行为，又须按一定合同向代理方支付与其行为结果相联系的报酬。二是代理方选择自己的行动，它既会影响自己的收益又会影响委托方的收益，但代理方选择行动产生的结果是随机的，不受其完全控制。

委托-代理关系有5种模式①：①委托方与代理方均为单一的个人，如病人为委托人，医生为代理人；②委托方只有一个，而代理方不止一个，如中央政府为委托人，若干家垄断企业为代理人；③委托方不止一个，而代理方只有一个，如众多计算机用户为委托人，某个网络接入服务商为代理人；④委托方与代理方，均有多个，如众多投保人为委托方，多家保险公司为代理方；⑤单个的或多个复合的委托方与代理方，可替换位置互为委托、代理的关系，如出版商与作者之间互为委托、代理的关系。

委托-代理问题产生的原因：①委托人和代理人之间的目标函数(效用函数)不同。如果不存在差异，比如说自己给自己干活，委托-代理关系就不会存在，这是因为委托人和代理人的效用函数一致，代理人一定会努力工作，委托人也就不用监督代理人的努力程度。②委托人和代理人之间存在着信息

① 乌家培，谢康，王明明．信息经济学[M]．北京：高等教育出版社，2002：200-201.

不对称。代理人花了多少时间，付出多少努力，有多大的才能，他自己最清楚，但是委托人却知道很少，甚至不知道。因此委托人可能需要监督代理人的行为，代理人也有可能在委托人不便监督的地方偷懒。③代理人的成果不但取决于自己的努力程度，还要受到其他不可区分的客观因素影响，所以工作成果实际上不可能完全反映代理人的努力程度。比如因为宏观经济形势非常好，代理人就可能在付出很少努力的情况下而取得较好的工作成果。如果没有其他不可控制因素的影响，则完全可利用工作成果来倒推代理人的努力程度，也就不存在委托代理人问题。由于以上三个原因的存在，所以委托人必须花费相当的时间、精力，付出成本来监督代理人，从而产生代理成本。委托-代理问题的实质就是代理人利用信息不对称可能出现道德风险，可能用败德行为来谋求个人效用的最大化，同时损害了委托人的利益。比如，某些企业的总经理可能不计利润地一味扩大规模，以便增加个人的在职消费。

3.3.2 委托-代理的基本模型

在研究委托-代理模型时，通常把代理过程抽象为三个变量的关系：

①代理人对于委托人目标价值的贡献，例如经理对企业的贡献，可以用企业在资本市场上股票价格的变化来衡量，也可以用企业的产量、产值或利润来衡量。我们定义这种贡献为代理人的产出，记为 y，y 随生产过程的不同而不同。在土地所有者与佃农之间，代理人即为佃农，代理人的贡献便是收成。在现代企业组织里，代理人的贡献是企业在股票市场上的股票价格的上升。

②代理人在代理过程中的行动，记为 a(action)。例如经理人在生产过程中的努力程度。这里的“努力”程度，可以理解为劳动的态度，也可理解为经理人对所有者利益的关注程度，比如，经理人是否采取了必要的措施以提高企业股票在股市上的价值？经理人是否实施了必要的措施以提高企业的效益？在现实中，经理人的行为可能偏离股东(委托人)的目标。Donaldson(1984)采访了一些美国大公司的高层管理者，他的结论是管理者的行为受到两种基本动机的影响：一是生存，组织的生存意味着管理者总是要控制足够的资源防止企业在竞争中遭淘汰；二是独立性和自我满足，它反映了卖主的最佳反应与市场内所有汽车质量的评估值的乘积，是指管理者不受外界干扰和不依赖于外部的资本市场而进行决策的独立性。①

① 转引自[美]斯蒂芬·A. 罗斯，等著. 公司理财(第6版)[M]. 吴世农，等译. 北京：机械工业出版社，2003.

③代理过程中代理人无法控制的外来事件影响，即不以人的主观意志为转移的客观事件，称为“杂音”(noise)。将这种“杂音”记为 ε，ε 因生产过程不同而不同。例如，农业社会超越代理人控制的外界因素就是天气条件。在股票市场上，有所谓“兽性”，如我们俗称的“牛市”、“熊市”等。而这种股市上无法说清的“兽性”显然是超出了代理人的控制范围的。

上述三个变量按以下顺序发生作用：

①委托人与代理人签订契约，该契约明确委托人给代理人的报酬；

②代理人选择自己的行动 a，但委托人不能监督代理人的这种行为选择(由于信息不对称造成)；

③某些超越代理人控制的客观事件 ε 出现；

④代理人的行动 a 与客观事件 ε 共同决定了代理人的产出 y；

⑤委托人能够观察到产出的结果 y；代理人依据签订的契约要求委托人兑现给自己的补偿性报酬，并且报酬是产出 y 的一个函数。

这里，我们设生产函数为：

$$y=a+\varepsilon \tag{3-25}$$

并假定杂音 ε 的概率分布是正态的，并且：

$$E(\varepsilon)=0,\ V(\varepsilon)=\sigma^2 \tag{3-26}$$

如果方差 σ^2 值高，则说明生产过程里的干扰大。

现在我们来讨论委托人与代理人之间的契约。我们分析的焦点集中于线性契约上，即代理人的报酬是产出的线性函数。记报酬为 $w(y)$，则：

$$w(y)=s+b\cdot y \tag{3-27}$$

在(3-27)式里，s 是固定工资，b 是奖金率或利润留成比率。$w(y)$ 可以看做是管理人员的报酬。

企业的所有者会得到 y，但必须支付给代理人报酬 w，所以委托人的得益为：

$$\pi=y-w \tag{3-28}$$

为分析简单起见，我们假定委托人对风险是持中立态度的(risk neutral)。风险中立意味着 $E(u(x))=u(E(x))$，这里变量 x 代表随机的收入变量或报酬变量。委托人既然是风险中立者，那么，如果他要使其期望效用极大化，就可以通过实现其预期得益极大化来达到。而委托人的得益预期为：

$$E(y-w)=E(y)-E(w) \tag{3-29}$$

代理人根据契约可以获得工资报酬 w，但他必须付出努力，而这种努力的行动是有代价的，计代价为 $C(a)$。如果代理人偷懒，不采取任何行动，

则 $a=0$。但是，当 $a=0$ 时，会有 $C(0)=0$，也会有 $E(y)=E(0+\varepsilon)=E(\varepsilon)=0$，即 $E(y)=0$。

所以，代理人的利益为：

$$w-C(a) \tag{3-30}$$

如果我们假定代理人也是风险中立者，则代理人也应会去实现 $w-C(a)$ 的期望值的极大化，即努力使 $E(w)-C(a)$ 极大化。为什么 $C(a)$ 不用取期望值呢？因为代理人的努力成本并无不确定性，你努力多大程度，便会确定地增加多少成本。为什么 w 要取期望值 $E(w)$ 呢？因 $w=s+b\cdot y$，这是取决于 y 的；而 $y=a+\varepsilon$，是取决于不确定的 ε 的。

代理人的努力成本 $C(a)$ 具有下列性质：$C'(a)>0$，$C''(a)>0$，即越努力，付出的代价便越高，如图 3-9 所示。

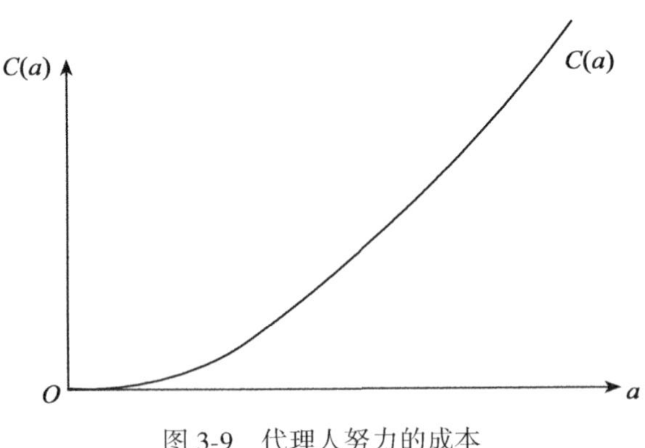

图 3-9 代理人努力的成本

什么是代理人的最优行动呢？这里，“最优”的标准有三条：标准 1，使委托人的得益尽可能的高（在满足代理人最低限度的报酬水平的前提下）；标准 2，使代理人的得益尽可能的高（在保证委托人的最低限度的福利水平的前提下）；标准 3，使委托人与代理人的得益之和尽可能的高。以上三个标准实际上都包含了要让代理人采取行动（当然标准 1 与标准 2 涉及委托人支付给代理人的报酬，而标准 3 则独立于代理人的报酬），而且，在委托人与代理人都是风险中立的条件下，只要求代理人采取同一个行动。

为什么三条标准实质上是要求代理人采取同一个行动呢？

先看标准 3，因为委托人的得益为 $y-w$，而代理人的得益为 $w-C(a)$，所以，两者之和是 $y-C(a)=a+\varepsilon-C(a)$。由于我们假定委托人与代理人都是风险中立者，因此他们都是为了达到得益极大化：

$$E(a+\varepsilon-C(a))=a-C(a) \tag{3-31}$$

显然，(3-31)式中，如果 a 是满足标准 3 的最优，则会有：

$$1=C'(a^*) \tag{3-32}$$

a^* 是最优行动(first-best action)，所以，可以写成：

$$1=C'(a_{FB}) \tag{3-33}$$

如图 3-10 所示。

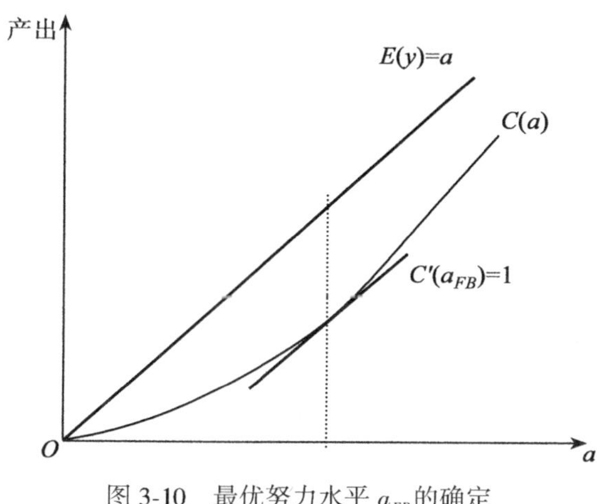

图 3-10　最优努力水平 a_{FB} 的确定

图 3-10 告诉我们，让委托人与代理人的得益之和最大，实质上就是让 $E(y)$ 与 $C(a)$ 线之间的距离最大，由 $E(y)=a$，所以，在 $C'(a)=1$ 处，两条线之间的距离最远。$C'(a)=1$ 表明当代理人行动的边际成本等于该行动对总产出 y 的期望值的边际产量时，行动便达到了最优。

我们给最优行动一个定义，最优行动是指使产出的期望值与代理人的行动的成本之间的差值最大的行动，记为 a_{FB}，即 a_{FB} 满足：

$$\max_a (a-C(a)) \tag{3-34}$$

或者 $C'(a_{FB})=1$。

如果从标准 1 出发，是否会要求同一最佳行动呢？答案是肯定的。假定代理人必须满足一个最低水准的福利水平，不妨设该福利水平为 v。这意味着，如果 $E(w)-C(a)<v$，则代理人会辞职不干。所以，为使代理人不辞职，应有 $W-C(a)\geqslant v$。但是，标准 1 让委托人的得益尽可能的高，所以，必有 $E(w)-C(a)=v$。但这意味着：

$$E(w)=v+C(a) \tag{3-35}$$

由于委托人的得益为 $E(y)-E(w)$，所以，如把(3-35)式代入，有：

$$E(y)-E(w)=E(y)-v-C(a)=a-C(a)-v \tag{3-36}$$

为使(3-36)式取得最大值，则 a_{FB}必须满足 $1=C'(a_{FB})$。这与标准 3 所要求的一样。

最后，我们来看标准 2。设委托人有一个最低的得益要求 $\bar{y}$，即 $y-w\geqslant\bar{y}$。按标准 2，让代理人的得益在满足委托人的最低得益 $\bar{y}$ 的前提下尽可能的高，则必有 $y-w=\bar{y}$。即 $E(w)=E(y)-\bar{y}$。这样，代理人的得益期望为：

$$E(w)-C(a)=E(y)-\bar{y}-C(a)=a-C(a)-\bar{y} \tag{3-37}$$

从(3-37)式出发，a 最优的必要条件也是 $1=C'(a_{FB})$。

综上所述，可以得到代理人最优行动定理：

如果委托人与代理人都是风险中立者，如果杂音 ε 的分布为正态分布 $N(0, \sigma^2)$，存在代理人的最优行动，存在的必要条件是：

$$1=C'(a_{FB})$$

并且这一条件在满足有约束的委托人得益最大、有约束的代理人得益最大，或委托人与代理人得益之和最大在这三个标准下是等价的。

3.3.3 道德风险

(1)委托-代理与道德风险

道德风险(moral hazard)，又译为败德行为，它指委托代理关系中，代理方在合同或契约签订后，利用自己的信息优势或隐蔽行动，为使自身利益最大化，而损害居于信息劣势的委托方的利益，以至损害社会福利的一种行为。道德风险与逆向选择相对应，同为微观信息经济学或理论信息经济学的两个基本范畴。在市场交易中出现逆向选择和道德风险，都与交易双方存在信息不对称有关。但逆向选择产生于签约前，代理方向委托方隐瞒真情，而道德风险产生于签约后，代理方做出不利于委托方的事情。

严格说来，道德风险是一种特殊的博弈，是一种由决策者之间选择某种行动、某种策略的博弈，而这些行动与策略又会影响事件的结果。1944 年，诺依曼(Neumann)与摩根斯顿(Morgenstern)实际上在《博弈论与经济行为》一书中分析了道德风险，并称其为“力量与技巧的博弈”(games of strength and skill)①。

---

① [美]冯·诺伊曼(John Von Neumann)，[美]摩根斯顿(Oskar Morgenstern)著．博弈论与经济行为[M]．王文玉，王宇，译．北京：三联书店，2004.

(2)保险市场的道德风险

"道德风险"这一术语来自于关于保险的经济学文献，这一术语专指下列情形，即保险政策本身会改变人们的激励机制，从而改变保险公司业务所对应的某种事件发生的概率。在保险市场中，经常会出现投保人只顾自己利益而忘了自己责任的隐蔽行为。例如有人买了一辆汽车之后，他就面临汽车被盗从而遭受损失的危险。如果此人对汽车没有投保的话，就会非常小心，采取诸如安装防盗锁之类的防护措施。如果此人对汽车投了保险，在汽车丢失后会得到保险公司的全额赔偿，这时他就不会采取相应的防盗措施，结果汽车被盗的概率就增加了，保险公司理赔的概率也相应增加了。同样的情况会出现在家庭财产保险市场上，一个人在没有对家庭财产投保之前，可能会安装防盗门来保护家庭财产，但是在购买了家庭财产保险之后，可能就会对家庭财产疏于保护，使保险公司理赔的概率增加，蒙受损失的概率也增加了。

(3)道德风险的类型

①隐藏行动的道德风险。签约时信息是对称的。签约后，代理人选择行动(如工作努力程度)，"自然"选择"状态"，代理人的行动和环境状态一起决定某些结果，也就是说，结果是由代理人的行动和某些随机因素共同决定的。有关代理人行动的信息在代理人和委托人之间是不对称的，代理人知道自己选择的行为，委托人只能观测到与行动相关的结果，而不能观测到代理人的行动本身。委托人需要解决的问题是如何使代理人选择对委托人最有利的行动。例如，软件生产企业(委托人)和软件经销商(代理人)的关系，经销商自主选择销售工作的努力水平，生产企业不能完全观测到经销商工作的努力情况，但可以观测到经销商的销售业绩。如果使报酬与业绩相关，就可以刺激经销商更加努力地工作。

用时间轴来刻画这一基本的委托代理模型，如图3-11所示。用 t 表示时间轴上的不同阶段，当 $t=0$ 时，一个风险中立的委托方拥有一个有不确定收益(设为 X)的项目，委托方掌握谈判的主动权，让一个风险规避者来运营这个项目，同时提供一份契约，代理方可以选择接受或拒绝。当 $t=1$ 时，代理方做出接受还是拒绝契约的决策。如果拒绝，委托代理关系在此时终止。如果接受，就进行到 $t=2$ 阶段，契约由代理方执行。代理方有多种履行契约的行为方案，将代理方所有的潜在行为用一维变量 e 表示。为使问题变得简单，我们假定 e 只有两种取值：努力(work)或者偷懒(shirking)。重要的一点是，代理方的两种行为选择是委托方难以观察到的。当 $t=3$ 时，项目 X 产生相应的结果，契约完成。根据 $t=1$ 的契约规定，结果的信息在委托方和代理方之间是共享的。

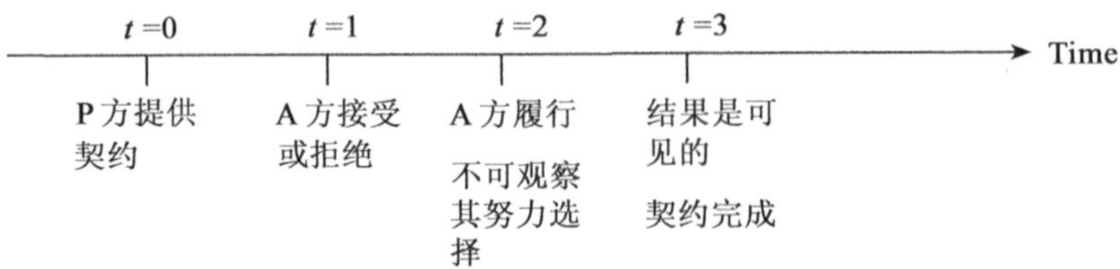

图 3-11 隐藏行为道德风险的时间轴模型

②隐藏信息的道德风险。签约时信息是对称的。签约后"自然"选择"状态"，代理人可以观测到"自然"的选择，并据此选择行动。有关"自然"选择的信息在代理人和委托人之间是不对称的，代理人知道"自然"的选择，委托人可以观测代理人的行动，但不能观测到"自然"的选择。委托人需要解决的问题是如何使代理人在给定自然状态下选择对委托人最有利的行动。例如，病人(委托人)与大夫(代理人)的关系，大夫可以诊断出病的病情，并且根据病情开药；病人不完全知道自己的病情，从而无法判断所开药物的好坏。如何使大夫针对不同病情选择对病人既有效又便宜的药物，这是病人所关心的问题。

图 3-12 给出了委托代理问题的博弈树模型。委托方首先给出了一个契约：规定了两种给予代理方的回报(Wh，Wl)，分别对应两种可能的结果(Xh，Xl)。代理方要么接受要么拒绝这个契约。我们假设如果代理方拒绝了契约，那么委托方和代理方能够共同分享的收益都是零。如果代理方接受了这个契约，他可能努力工作或消极怠工。图 3-12 中的虚线椭圆形代表多节点信息集，"自然"以概率 p 和 $1-p$ 选择状态(Xh，Xl)，委托人无法判断状态 Xh 是代理人哪种选择的结果，而这一信息代理人是明确的。

(4)道德风险的经济后果

道德风险属于市场经济环境中的外生不确定性，它的存在将不利于市场机制发挥作用，破坏市场均衡，导致市场低效率，严重的话还会使一些服务性质的私人机构难以生存、显然相应的市场不复存在。在保险市场上最容易出现道德风险，假如每一份投保人都存在严重的道德风险，保险市场就不可能存在。因为保险市场本身具有强烈的互助性质，是大量投保人各自交纳一笔费用，投放到发生小概率事件的人身上。如果人人存在道德风险，投保事件发生的概率就增大了，保险公司被迫增加保费，但是在保险公司增加保费之后，只有败德行为更严重的人会继续投保，迫使保险公司再次增加保费，

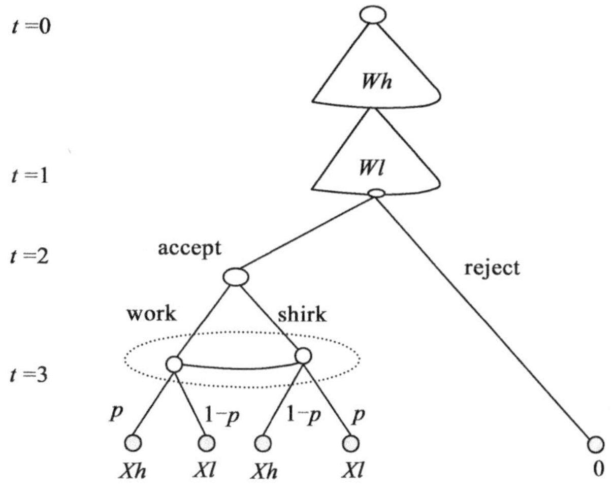

图 3-12 隐藏信息道德风险的博弈树模型

这样循环几轮下来，保险公司会收取 100% 的保费，就不会有人投保，市场将不复存在。

3.3.4 激励机制的设计

道德风险的微妙之处在于某事件发生的概率并不是完全独立于人的主观努力之外的，而是受人的良心、努力程度的影响的，而政策的选择又会影响人的努力程度与良心状态。因此，一种好的政策会通过影响人的主观行动而间接地改变关于人的活动结果的概率，改进经济状态，增进委托人的利益。阿罗(Arrow)在 1965 年的《风险承受理论的若干方面》一书中就指出，如果对于失火的保险政策提供了过大的保险金额，就会鼓励投保人去纵火，至少会怂恿人玩忽职守。委托方在信息不对称的情况下，为保护自身利益需设计激励机制或约束机制，诱导代理方说真话、干实事，避免出现道德风险。① 比如在汽车保险市场上，保险公司对被盗汽车不进行全额赔偿，而是只赔偿一部分，这样就会促使投保人自己增强防盗设施，从而减少了道德风险的出现。再比如，发生过有人利用商场“无条件退货”的承诺，在需要的时候先把衣服买下来，使用完之后再去商场退货，从而达到自己免费穿衣服的目

① Arrow，K. J.. *Some Aspects of the Theory of Risk-Bearing*[M]. Helsinki: Jahnssonin-Saatio，1965.

的。如果商场规定退货要支付折旧的话，就可以避免这种现象的发生。

可见，委托人可以科学地设立一些激励机制来防止代理人道德风险。对委托人来说，激励机制要解决的问题是：如何让代理人努力工作，就像为他自己工作一样？应该怎样设计一种给予报酬的方法？任何有效的激励机制的设计都必须遵循两个原则：一是参与约束，即代理人履行委托代理合同后所获收益不能低于其在等成本约束条件下从其他委托人处获得的收益水平；二是激励相容约束，即代理人获得其自身预期效用最大化的同时，必须保证使委托人的预期收益最大化。

(1)激励机制模型

1996年度诺贝尔经济学奖获得者詹姆斯·莫里斯(1974、1975、1976)用“分布函数的参数化法”和著名的“一阶化”方法建立了标准的委托代理模型①。

有效的激励机制必须在保证质量的前提下，让报酬在一定程度上与产出量相关，问题在于这种相关性如何确定。

我们构造一个模型②：令 X 为代理人付出的“努力”，Y 为产值，Y 并不唯一由 X 决定，但两者之间高度正相关，其函数关系为：

$$Y=f(x)$$

委托人付给代理人的报酬为 S，为了鼓励代理人的劳动积极性，S 应与 Y 相关，两者的函数关系为：

$$S=S(Y)=S[f(x)]$$

对委托人来说，目标是自己的利润极大化，就是使 $Y-S(Y)$ 极大化，那么，设计激励机制又面临哪些约束呢？这需要从代理人的角度来考虑这个问题。首先，代理人付出劳动或努力是需要成本的(需要花费时间、体力或脑力等)，工作成败与付出的努力正相关，并且随着付出努力的上升，边际成本是递增的，成本 C 与努力的函数关系为：

$$C=C(x)$$

于是，对代理人来说，从工作上得到的净收益必须大于不工作能达到的效用水平(这里将效用折算为收益)，他才愿意参加劳动，即：

$$S[f(x)]-C(x)\geqslant u \tag{3-38}$$

例如，不工作能领取失业救济金，那么失业救济金就构成了 u 的一部分。最

① James A. Mirrlees. The Optimal Structure of Incentives and Authority within an Organization[J]. *The Bell Journal of Economics*, 1976(7): 105-131.

② 韩建新. 信息经济学[M]. 北京：北京图书馆出版社，2000.

苛刻的委托人会设计这样一种激励机制，使代理人刚好愿意参加工作，即(3-38)式中等号成立，这被称作参与约束(participation&constraint)。如果报酬低于这一约束水平，代理人将根本不愿意参加劳动。当参与约束满足后，委托人的利润极大化就是使：

$$f(x)-C(x)-u \tag{3-39}$$

极大化。为了解出最优解 X^*，我们在图 3-38 中分别画出 $f(x)$ 曲线和 $C(x)$ 曲线，(3-39)式的极大化就出现在 $f(x)$ 曲线和 $C(x)$ 曲线之间垂直距离最大的时候，此时，$f(x)$ 曲线和 $C(x)$ 曲线切线的斜率相同，这一性质的经济含义是：努力的边际产值等于努力的边际成本，在图 3-13 中，X^* 就是使委托人利润极大化代理人所需要付出的努力水平，即 $MP(X^*)=MC(X^*)$，因而这就是委托人最希望的代理人付出的努力水平，同时，按照(3-38)式的参与约束，他愿意付给代理人的报酬上限为：

$$S[f(X^*)]=C(X^*)+u$$

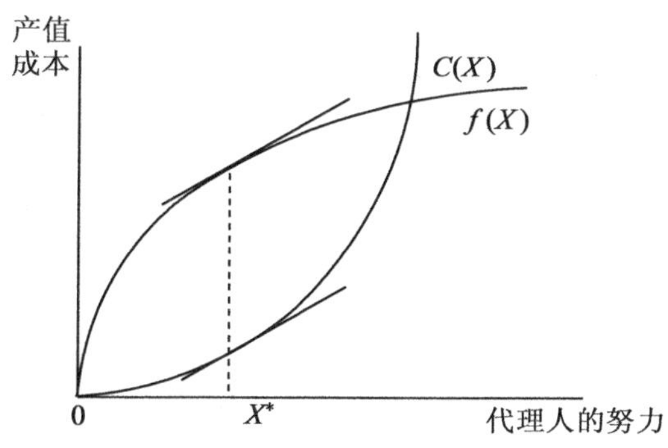

图 3-13　参与约束下的利润极大化

代理人参加工作得到的报酬带来的效用减去劳动的负效用正好等于不工作能达到的效用水平，他将愿意为委托人工作。

以上，我们解决了一个问题，即吸收代理人参与到工作—激励机制中来，但是，参与工作的代理人还不一定愿意付出 X^* 努力水平，他可能参加了工作却又偷懒，而委托人又无法直接观察到他付出的真实劳动，因为产量还取决于别的因素。这样，委托人必须使激励机制的设计能诱使代理人不偷懒，即让代理人努力工作得利的净收益大于偷懒得到的净收益。这样的激励机制必须满足：

$$S[f(X^*)]-C(X^*)\geqslant S[f(x)]-C(x) \tag{3-40}$$

(3-40)式对一切 X 的取值(就是各个努力水平)都成立，这一约束被称为激励相容约束(incentive compatibility constraint)，它使得代理人付出 X^* 努力水平时得到的净收益最大，这样，从自身利益出发，代理人也不会选择偷懒。

(2)激励机制的设计

①如果委托人是风险规避者，代理人是风险偏好者，或者风险中立者，这时可以采取租赁、风险承包的方式。既可以满足委托人的风险规避要求，也可以满足代理人爱好风险的要求。

②如果委托人是风险偏好者，或者风险中立者，代理人是风险规避者，这时可以采用年薪制、工资的方式。既可以满足委托人爱好风险的要求，也可以满足代理人的风险规避要求。

③如果委托人和代理人都是风险规避者，这时要采用分担风险的方式。比如说可以采取经营者持股，还可以采取股票期权、股份期权的方式。这可以同时满足委托人和代理人规避风险的要求。

总的来说可以根据委托人和代理人的风险偏好不同来设计适当的激励制度，克服或者解决委托人-代理人问题，使委托人和代理人能够在有效的机制制约下克服相应的道德风险。

同时应当注意的是，尽管激励机制的设计一直居于委托代理理论的核心，但按照阿罗的观点，委托代理关系的信任才是构成市场经济的灵魂。他在1968年就曾强调，一个成功的经济体制的特征之一，是委托人与代理人之间的相互信任关系足以强烈到这样的地步，以至于即使进行欺骗是理性的经济行为，代理人也不会实施欺诈。1973年，阿罗又进一步指出，道德因素不同程度地进入了每个合同，没有它，任何市场都不能正常运转，在每次交易中都包含有委托代理的信任因素。① 在现实生活中，虽然经济利益的激励是相当重要的，但是信任、亲情等情感方面的激励(非物质激励)也很重要。中国古语云："士为知己者死"，就是通过情感方面的激励使代理人自动与委托人的目标一致。然而，委托代理信任度的提高，需要一个长期的过程。同时，又因为以严格的数学假定和严密的逻辑推理来建立的委托代理模型实际上是以牺牲理论的现实应用性为代价的，因此委托代理理论确实还存在着无法回避的问题和缺陷。如在标准模型的技术处理上，存在问题。模型采用了一阶化方法，因此无法保证在局部极值时得出整体极值。为此，

① 肯尼斯·阿罗．信息经济学论文集[M]．北京：华夏出版社，1984.

Grossman 和 *Hart*(1983)提出了“成本—利益法”①，把委托人问题分解成代理人采取不同行为时的成本和利益两部分，这样，对于代理人的任何行为，委托人相应都可以制定一个最优报酬机制。换句话说，最优报酬机制就是委托人为诱导代理人采取这一行为而支付的相应最小的报酬成本，从而避免一阶化带来的难题。

小　结

不完全信息和非对称信息是现代经济环境中普遍存在的现象。信息不完全有两类情况：第一类情况是市场参与者对价格分布的信息不完全了解；第二类情况是信息在市场交易双方间的分布是不对称的。如果一方比另一方掌握更多的信息，此时的信息即为非对称信息。信息不对称有事前、事后之分，事前不对称会引起逆向选择，事后不对称会引发道德风险，二者都会导致市场失灵。

逆向选择是指在买卖双方信息非对称的情况下，差的商品总是将好的商品驱逐出市场；道德风险是指在经济活动中，某些人在最大限度地增进自身利益时，做出不利于他人的行动。这一类型的问题在一定程度上都可归为“委托-代理”问题。解决的途径是建立一种契约安排或制度安排，即通过机制设计，使得所有经济活动参与者追求自身利益的客观效果与社会目标相一致。二手车市场、保险市场和劳动力市场成为分析这三种模型的典型市场。本章从不完全信息和非对称信息的概念入手，分析逆向选择、道德风险以及协调委托人和代理人之间利益的信息激励机制的设计问题。

思考与练习

1. 简述完全信息假设的含义及其内容。为什么说信息不完全是普遍存在的？

2. 试辨析逆向选择和道德风险的区别，并举例说明。

3. 假设存在这样一个二手汽车市场，有 100 人希望出售他们的旧汽车，同时又有 100 人想买旧汽车，买主和卖主都知道这些旧汽车中高质量与低质量的汽车各占 50%。拥有最高质量和最低质量旧汽车的卖主的预期售价分别为 2 000 美元和 1 000 美元，而最高质量和最低质量旧汽车的潜

---

① Crossman, S., Hart, O.. An Analysis of the Principal-Agent Problem [J]. *Econometrica*, 1983(51).

在买主的预期支付价格则分别为 2 400 美元和 1 200 美元。试说明旧车市场第二轮选择后的质量分布。

4. 运用逆向选择理论解释“女大学生就业难“现象，请给出相应的解决办法。

5. 运用道德风险理论解释“助学贷款不还已‘蔚然成风’”现象，请给出相应的解决办法。

6. 简述委托代理关系的内涵及构成委托代理关系的基本条件。

7. 假设代理人的效用函数为 $U=\sqrt{w}-e$，其中 e 为不可观察的努力水平，可取值 0 或 7，代理人的保留效用为 4。风险中性的委托人需要为雇用代理人而相互竞争。企业的收益如下表所示。问：

(1) 给出为使代理人付出高努力的激励相容约束、参与约束和零利润条件；

(2) 当只能实行固定工资时，代理人效用将是多少？

(3) 在对称信息下，代理人的效用是多少？

(4) 在非对称信息下，代理人的效用是多少？

不同收益水平的概率分布表

收益 \ 努力程度	$e=7$	$e=0$
1 000	0.8	0.1
0	0.2	0.9

8. 阐述文凭如何起到信号发送作用。

9. 说明保险政策的甄别功能。

10. 论述激励机制理论框架及其约束条件。

11. 试用激励机制设计理论解决网上问答社区的用户参与激励问题。

4 信息搜寻

传统经济学认为，在社会经济活动中，信息的获取、处理和传递是无偿的，至少其成本是可以忽略不计的。但是，随着经济学研究的深入发展，特别是社会信息化进程的不断加快，人们认识到，信息的获取、处理和传递需要支付成本。信息搜寻理论是不对称信息经济学最早形成的基本理论之一。1961 年，斯蒂格勒在《政治经济学杂志》上发表题为《信息经济学》的著名论文，批判了传统经济学的完全信息假定，提出了信息搜寻(Searching)的概念。他认为，经济行为主体掌握的初始经济信息是有限的，是不完全信息，这就决定了经济主体的行为具有极大的不确定性。经济主体要做出最优决策，必须对相关信息进行搜寻，而信息搜寻是需要成本的。① 把信息与成本、产出联系起来，提出搜寻概念及其理论方法，是斯蒂格勒对不对称信息经济学的重要贡献。斯蒂格勒还在后来出版的《价格理论》第 14 章中进一步细化了他对信息搜寻理论的探索②。进入 20 世纪七八十年代，搜寻理论经过萨洛普(S. Salop，1977)、戴蒙德(P. Diamond，1984)和马肯南(C. J. Mckenna，1986)等人的研究得到系统地发展，成为不对称信息经济学重要的基础理论之一。就目前研究成果来看，搜寻理论由两种相互独立的体系组成：一是以斯蒂格勒和马肯南为代表，侧重研究搜寻技术及经济结果，理论成果不与一般均衡论相衔接；二是以罗斯柴尔德、萨洛普和戴蒙德为代表，注重从一般均衡角度对搜寻活

① Stigler，G. J.. The Economics of Information [J]. *Journal of Political Economy*, 1961(3)：213-225.

② Stigler，G. J.. *The Theory of Price*[M]. MIT Press，1964.

动的均衡条件进行分析。

对搜寻概念的理解，主要有以下角度：斯蒂格勒认为，搜寻是买卖者只有与其他各种各样的市场买卖者接触之后，才能确定对其最为有利的价格的一种经济行为；马肯南认为，搜寻只是用来描述任何信息收集活动的一个简明术语，其利益体现在发现各种可能的经济机会；戴蒙德指出，搜寻是关于资源配置的一种分析过程，它通过信息的收集使潜在市场交易得以实现；谢康认为，搜寻不仅仅是收集市场信息的活动，而且还是在收集有关市场信息基础上，做出经济决策的资源配置行为。但他们都共同承认，市场信号的持续离散和市场进入者对市场不确定性的积极反应，是构成搜寻的前提基础。

搜寻是决策活动中的基本内容，经济活动中绝大多数达成的交易是搜寻的结果。搜寻的一般原理包括：当价格离散增加时，个人的边际收益向上递增；搜寻密度越低，价格越离散；价格离散程度愈高，每次搜寻所获节省额就越大，有效搜寻次数就越多；购买商品的价格越高，数量越多，越值得搜寻；由于搜寻成本的负效用，搜寻次数有限，最佳搜寻次数就是搜寻边际收益等于边际成本时的搜寻次数。大量实证表明，2~3 次是许多搜寻行动的稳定均衡。民间俗语讲“事不过三”、“货比三家”，体现了朴素的搜寻原理。目前搜寻理论涉及领域已完全超出市场价格、市场均衡等理论范畴，正日益深入到信息分析、管理决策、产品营销等众多实际操作领域，为揭示现象找寻思路提供了有力的分析工具。

本章从理论分析和模型构建两方面介绍了价格离散、信息搜寻和最优信息系统选择的基本原理，本章介绍的基本原理和思维方式有助于解释和应对现实生活中的搜寻和信息系统选择问题。

4.1 市场价格离散

4.1.1 价格离散现象及其测度

价格离散是指在同一市场同一时间不同卖家同种商品的价格分布。价格离散现象已经被证实是普遍而且是客观存在的，即使在倾向于完全竞争的市场环境中也是如此(Dahlby, 1986①; Pratt, 1979②; Sorenson, 2000③)。价格离散的大小不仅对建立厂商和消费者行为模型有重要影响，也是衡量市场效率和竞争力的重要指标之一。如果一个市场的价格离散度大，表明该市场的信息处理是低效的(Ratchford, 1996)。

最先提出有关价格离散的理论解释的是斯蒂格勒(1961)，他把价格离散归因为不完全信息。后来的一些学者通过建立模型分析价格离散是由于市场搜索成本高，使得一些消费者放弃寻找最低价格的商品而出现的市场均衡现象(Burdett 和 Judd, 1983④; Carlson 和 McAfee, 1983⑤; Salop 和 Stiglitz, 1982⑥)。由此推论，当消费者能够获得更多信息，或者搜寻成本更小的时候，市场价格离散度应更小。

测度价格离散的量化指标主要包括价格区间差异(即最大价格与最小价格之差)、价格方差以及平均价格与最低价格之差等，这里主要用价格离散率来衡量价格分散程度。市场价格离散率可以较全面、直观地反映市场价格的离散程度。为简单起见，我们只讨论一种同质商品的价格离散状态，而不同时涉及两种以上商品的价格离散状态，这样就排除了两种以上商品的市场价格离散状态之间的相互影响。只对同一地区一种同质商品的价格离散进行测度的模型，称为市场价格离散的基本测度模型。⑦

设某个市场 S 中有 m 家商场 χ，在某个既定时刻，这些商场对某种同质商品 Q 开出的价格分别为 P_1，P_2，…，$P_n(n\leqslant m)$，并且 $P_1<P_2<\cdots<P_n$。这样，P_1，P_2，…，P_n 必然分别对应有 χ_1，χ_2，…，χ_n 组不同的商场，令 χ_1，

① Dahlby Bev, Douglas West. Price Dispersion in an Automobile Insurance Market[J]. *Journal of Political Economy*, 1986, 94(2): 418-438.

② Pratt John, David Wise, and Richard Zeckhauser. Price Differences in almost Competitive Markets[J]. *Quarterly Journal of Economics*, 1979, 93(May): 189-211.

③ Sorensen Alan Equilibrium. Price Dispersion in Retail Markets for Prescription Drugs [J]. *Journal of Political Economy*, 2000, 108(4): 833-850.

④ Burdett Kenneth and Kenneth Judd Equilibrium. Price Dispersion[J]. *Econometrica*, 1983, 51(July): 955-969.

⑤ Carlson John, Preston McAfee. Discrete Equilibrium Price Dispersion[J]. *Journal of Political Economy*, 1983, 91(3): 480-493.

⑥ Salop Steven, Joseph Stiglitz. The Theory of Sales: A Simple Model of Equilibrium Price Dispersion with Identical Agents [J]. *The American Economic Review*, 1982, 72 (December): 1121-1130.

⑦ 陈瑞华. 信息经济学[M]. 天津: 南开大学出版社, 2003: 315-318.

χ_2，…，χ_n，组内的商场数量分别为 t_1，t_2，…，t_n，显然有 $t_1+t_2\cdots+t_2=m$，则：

(1)当 $D=P_n-P_1$时，D 为市场价格的离散程度，即在既定时刻内同质商品 Q 在市场 S 中价格的最大波动范围。

(2)当 $\overline{P}=\dfrac{t_1p_1+t_2p_2+\cdots+t_np_n}{t_1+t_2+\cdots t_n}$时，称 $\overline{p}$ 为在既定时刻内质商品 Q 在市场 S 中的平均市场价格。

(3)当 t_1，t_2，…，t_n依次累加时，每次累加的累加值 $\sum t_n$ 在坐标中必然有一个与之相对应的 P_n的对应值点，将这些对应值点连接起来构成的曲线，称为市场 S 中同质商品 Q 的价格离散曲线 $F(Q)$，如图 4-1 所示。如果将该曲线化为直线，可以得到回归直线的斜率 a，a 为市场 S 中同质商品 Q 在既定时刻的市场价格离散率。

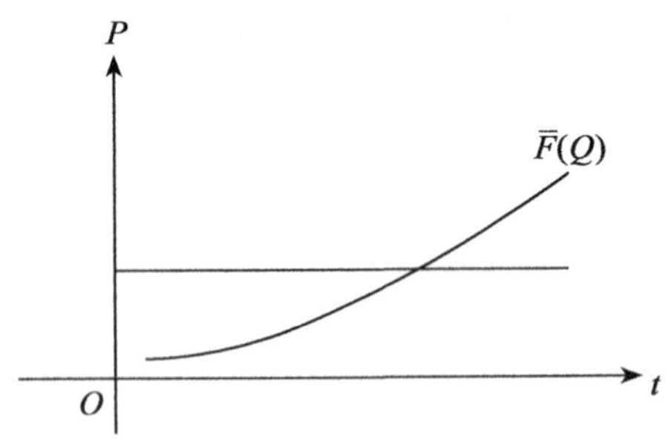

图 4-1　市场价格离散曲线

根据市场价格离散曲线求解价格离散率的一种简便方法，就是运用最小二乘法直接求出各离散点的回归直线 $y=a+bx$，该回归直线的斜率 b 即为价格离散率。从价格离散率的规定中可以看出。当 b 越接近 0 时，市场价格的离散程度越低，即市场价格越收敛；当 b 越接近 1 时，市场价格的离散程度越高，即市场价格越分散。显然，当 $P_1=P_2=\cdots=P_n$时，同质商品 Q 的价格离散率为零。这时，价格离散曲线就转化为一条与横坐标轴相平行的直线。从以上模型构成中还可以看出，市场价格离散率主要受三种因素的制约：一是经营商品的商场数量 m，特别是经营商场的分类数目 n；二是价格离散程度 D；三是价格在经营商场中离散的概率分布 $u(P)$。其中，最后一种因素最为主要。

价格离散率反映了不同售价在全部商店中的概率分布，而这正是影响价格离散的主要因素，还有售价不同的商店数、价格离散幅度这两个因素在价格离散率的公式中也得到了反映。价格离散率的大小，能证明市场参与者对市场的了解程度或市场发育的成熟程度。据斯蒂格勒的研究表明，离散系数在5%~10%时，市场较成熟，价格收敛较好，而超过10%时，市场则信息不对称程度较高，销售商容易从价格差中获得较大的利益，因此搜寻对买方而言变得有利可图了。

4.1.2 价格离散的基础成因

市场价格离散的基础原因一般归纳为以下三个方面：

①市场是变化和分散的，而非集中统一和稳定静止的，这是市场价格离散的首要原因。也就是说，在各个分散的市场中，价格以不断变化的形式在一定幅度内发生波动，没有人能够从这种波动的市场中获得各个买卖者在特定时间内所定出的市场交易价格。这是因为：首先，由于卖主知道买主探明所有卖主的要价需要付出高昂成本，即使在极不正式的场合中，搜寻活动也会涉及成本问题。假设搜寻成本为零，买主探访卖主次数的有限性，也使卖主敢于而且能够按照利润最大化的要求制定自己的卖价。其次，由于市场供求条件和讨价还价的概率分布在不断变化，刚刚出现的市场平均价格可能很快就被新出现的平均价格所取代，从而使买卖双方刚获得的市场知识很快成为老化知识。并且，由于每个市场都将出现一批新的买主和卖主，这些新的市场进入者在进入市场的最初阶段通常并不了解市场行情，而是按照利润最大化的预期来定价，从而使市场原有买卖者的市场知识处于老化状态，结果，市场价格形成一定程度的持续离散。

②市场经营过程中销售条件的差别，可以将某些同质商品市场价格的离散部分地归咎于这个方面的原因。商家可以通过提高服务质量，增加信用水平，保障交易安全，树立品牌形象等非价格因素来影响买家购买行为，进一步影响消费者需求，从而维持较高的价格离差。例如，同一种商品在良好购物环境和信誉、允许顾客退货的大商场的价格一般都比小的商店的要高，另外商家的促销活动将导致市场价格的离散。

③商品的异质性，或者说，产品质量之间的差别，往往成为市场价格离散的基础和主导因素。可以推测，商品质量差别的离散程度与相应的市场价格离散程度会呈正相关。

除此之外，国外已经有许多关于价格离散产生原因的理论的分析，主要观点包括：①菜单成本。由于菜单成本的存在，当需求变化出现时，不是所有企业都能够及时调整价格(Fishman，1992)①。②需求的不确定、资金实力和价格策略的差异(Dana，1999)②。市场竞争越激烈，价格越离散。③价格歧视。虽然价格歧视现象通常是在垄断的背景下讨论的，但是 Giulietti (1999)③研究证实了印度杂货品市场存在价格歧视现象，而且发现这个市场转移成本很高；Clemons，Hahn 和 Hitt，1998)④在网上旅游代理市场也存在价格歧视想象。④消费者认识上时间、品牌忠诚度等差异，导致市场在价格离散下的均衡(Wernerfelt，1991)⑤。⑤企业不可测量特征包括服务差异(Brynjolfsson 和 Smith，2000⑥；Sorensen，2000)等，产生同质产品的价格离散。⑥与市场特征相关的影响因素，如竞争者数量和消费者卷入程度(Xing Pan、Ratchford 和 Shankar，2001)⑦。

4.1.3 传统市场与网络市场价格离散程度比较

价格离散是普遍持续存在的，无论是传统市场还是网络市场，但技术的进步能最大限度地使市场交易之间的信息差距缩小，使价格趋向收敛。这一点在 19 世纪末电报、铁路和动力轮船的出现就是最好的例证。1870 年，英国利物浦的小麦价格比美国芝加哥的高 60%，而到 1912 年，这一差距缩小到 15%左右。因此可以认为，对比传统市场，网络市场会逐渐演变为一个“无摩擦的市场”，能够降低搜寻成本和减少信息不对称，从而大大缩小网络企业利用品牌获得高额溢价的空间，导致网络市场价格离散水平逐渐降低

① Fishman Arthur. Search Technology, Staggered Price-Setting, and Price Dispersion [J]. *The American Economic Review*, 1992, 82(1): 287-298.

② Dana James. Equilibrium Price Dispersion Under Demand Uncertainty: The Role of Costly Capacity and Market Structure[J]. *Rand Journal of Economics*, 1999, 30(4): 632-660.

③ Giulietti Monica. Price Discrimination in Grocery Trade: Evidence From Italy[J]. *Applied Economics*, 1999(31): 319-329.

④ Clemons Eric, Il-Horn Hahn, and Lorin Hitt. The Nature of Competition in Electronic Markets: An Empirical Investigation of Online Travel Agent Offerings[D]. The Wharton School of the University of Pennsylvania, 1998.

⑤ Wernerfelt Birger. Brand Loyalty and Market Equilibrium[J]. *Marketing Science*, 1991, 10(3): 229-245.

⑥ Brynjolfsson, Michael Smith. Frictionless Commerce: A Comparison of Internet and Conventional Retailers[J]. *Management Science*, 2000, 46(4): 563-585.

⑦ Pan Xing, Ratchford Brian T., Shankar Venkatesh. The Evolution of Price Dispersion in Internet Retail Market[R].

并且趋同化。

然而，网络市场价格离散的研究存在理论假设与实证检验的矛盾：从理论假设上来说，网络市场价格离散的程度应该比传统市场低；而从实证检验的结果看，网络市场价格离散则出现价格悖论现象。很多学者从网络价格水平和价格离散度两方面对网络市场和传统市场进行了实证对比研究，大量的研究结果显示，网络市场的价格离散却没有如人们预期的变小，甚至比传统市场更高。这就是网络市场价格悖论。

例如，Xing Pan、Ratchford and Shankar(2002)①对 105 个在线零售商(涉及 8 个产品种类、581 条目)进行 6 739 次的价格观测，其结果显示在线价格离散是持续存在的，即使排除了零售商的异质性也是如此。Eric、Hann and Lofin(2002)运用 OTAs(Online Travel Agents)所提供的机票数据，检验了价格离散和产品的差异。他们发现，在很多的给定 OTAs 中，相同的客户要求会得到不同的价格和特色服务。虽然有些变化显示出可能是由于不同的 OTAs 系统的差别造成的，比如，要减少线路的数量和配合起飞和返回的时间等，但是，即使考虑了这些因素，票价的变化幅度依然达到了 OTAs 总数的 18%，其中，往返机票的差异达到了 2.2%~28%。Lee(2000)研究 1999—2000 年的在线药品市场发现，柜台药的在线价格比离线价格更低；Erevelles、Rolland 和 Srinivasan (2001)②研究了维生素的五种零售渠道的定价行为发现，网上零售价格离散度显著高于传统零售商(药店、超市)。

国内学者也有类似的研究，如李满梅③(2006)则针对网络市场较传统市场更有效率的假说，采取统计方法，以国内 Dotcoms 和 MCRs 销售的电子产品 DC、DV 为例，对 B2C 电子商务市场中两类销售商的价格离差研究发现，Dotcoms 的价格离散程度显著高于 MCRs。由此可见，网络市场是非常复杂的，并非如以前的学者所预料的那样是一个无摩擦的高效配置资源的市场。

如在网上购物量交易最大的平台之一——淘宝网上，虽然也在同一个市场，但是同一种商品的售价其差异可以从几元到几百元。截取其中具有代表

① Pan, X., Ratchford, B. T., Shrankar, V.. Can Price Dispersion in Online Markets be Explained by Differences in E-tailer Service Quality? [J]. *Journal of Academy of Marketing Science*, 2002, 30(4): 443-456.

② Erevelles, S., Rolland, E., Srinivasan, S.. Are Prices Really Lower on the Internet?: An Analysis of the Vitamin Industry[D]. University of California, Riverside, 2001.

③ 李满梅. B2C 市场中 Dotcoms 与 MCRs 价格离散的统计分析[J]. 技术经济与市场, 2006(11).

性的几款商品，其售价范围如表4-1所示。在此最高价格和最低价格中间，同一种商品存在着数十至数百的卖家价格均不一致，价格在淘宝网络市场中高度离散。

表4-1　　淘宝网商品价格离散

商品名称(单位1)	最高价(RMB)	最低价(RMB)
ThinkPad E420(1141-A31)笔记本电脑(黑)	4 800	3 259
七匹狼薄棉服(货号111070702922)	799	320
欧珀莱均衡保湿系列均衡补水眼霜20g	165	28

为什么会出现网络市场的价格离散幅度大于传统市场的价格离散幅度现象？最根本的原因在于，网上交易中由于信息非称性所引起的逆向选择问题更为突出。逆向选择强化了网络交易中的价格离散现象。第一，虽然现代网络技术使得在线企业能够轻易地收集消费者偏好的信息，为在线企业实行歧视定价提供了条件。但极低的菜单成本和定制成本，使在线企业能够利用界面来影响不同偏好的消费者所能得到的信息，进一步分割消费者，从而使在线企业的强大价格歧视能力得以实现。第二，销售商出于策略考虑，没有提供相关的全面的信息。第三，从消费者角度看，虽然在网络市场环境下他们可以利用各种Internet的搜寻比较工具，以更低的搜索成本获得更多的价格等产品信息。但Internet在降低了消费者搜索成本的同时，也降低了企业的搜索成本。它具有双重的作用。第四，无论是通过搜索引擎还是价格比较站点得到的信息都是不全面的，仍然不能消除价格离散。第五，产品质量信息难以通过网络传递，为避免逆向选择，买家还要关心商家信誉、他人购物后的评价等因素，这样就降低了买家对于价格的敏感度，企业容易索取价格以外的“声誉租金”。同时，只要是低于实物市场价格，买家都可以获得消费者剩余，都会产生购买行为。这就造就了不同定价的商品都有买家购买。因此众多差别定价的卖家也都能卖出其商品，网络市场价格离散价格更为显著。

4.2　市场信息离散

从狭义说，市场商品价格的离散程度是搜寻的直接原因，因价格离散而产生的搜寻又叫价格搜寻，而市场中之所以会产生搜寻行为，从广义说是由于信息在市场交易者双方的非均衡分布，即使是在线市场，消费者的消费过程仍然处于信息不完全的地位。不对称分布的市场信息不但包括价格信息，还包括产品质量信息、商品或交易评价信息及卖家信息等，将因广义的信息离散而产生的搜寻称为市场搜寻。

4.2.1 产品质量信息

相对于价格信息，产品的质量信息更加隐蔽，虽然 Internet 提供的搜索引擎等技术大大地降低了搜索成本，使得消费者能够比传统市场更轻而易举的货比多家，但是消费者能够掌握的商品信息依然十分有限。即使他们能够通过网络方便地了解到所有销售所需要商品的地点以及各个销售地点的价格，他们还需要进一步比较质量水平的差异。而在很多情况下，质量信息经常被企业隐藏起来，消费者需要具备一定的信息才能够辨别与理解产品间的质量差异。消费者所具备的产品质量信息主要包括三个层次(见图 4-2)①：

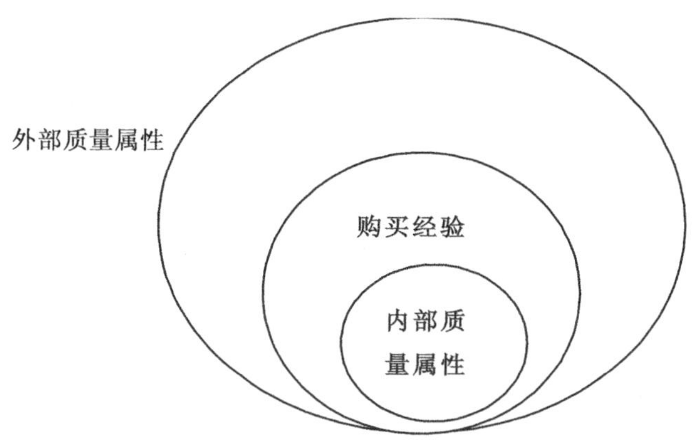

图 4-2 产品的质量信息层次

产品质量的内部属性，即表明产品的内部属性以及判定这些属性的方法，通常是产品自身的组成部分。在很多情况下，消费者可能不知道产品质量内部属性具体表现为哪些内容；即使知道，可能也不知道如何判别，正如许多消费者不知道如何识别沙发的弹性、服装的面料以及手机的芯片等。

购买经验，即消费者通过消费者多次购买可以累积的知识。上一次的购买行为总可以为下一次相同的购买行为积累一些知识和经验，如产品的性价

① 赵冬梅．电子商务市场价格离散问题研究[M]．北京：经济科学出版社，2006.

比、服务水平，使用感受等在消费时才能评定的产品特性。但是对产品外部质量属性的认知程度，即消费者掌握的体现产品质量属性的一些外部暗示信息。

由于商品质量信息的不对称，消费者无法准确判断卖方提供商品的质量。使得消费者往往会搜寻产品的一些外在信息，来帮助对产品质量作出整体的推断。这些外在信息是产品内在质量的替代性信息，如厂商声誉、品牌形象、价格、产地、售后服务等。

4.2.2 交易及商品评价信息

在市场经济中，商品交换是以社会分工为基础的面对面的劳动产品交换，其基本原则为等价交换，交换双方都必须以信用作为守约条件，构成互相信任的经济关系。如果有一方不守信用，等价交换关系就会遭到破坏。由于信息商品的交易可以是虚拟的、匿名的，交易主体的行动和兑现较之诺言和约定是滞后的，言与行、承诺与兑现之间存在着时间差，信任者与被信任者之间存在着“信息不对称”，因此，信息商品的市场交易活动和行为更需要用信用来保障，没有信用便会因信息不对称而造成恶性的欺诈行为，从而使信息商品的交易无法达成。

一方面，大多数消费者都有从众心理。在信息不对称的情况下，消费者对购买决策的自信心会降低，从而提高了其从众倾向的可能性。在他们看来，很多人做出的类似购买决定一定有道理，根据多数人的选择来决定自己的购买行为能减少交易风险。在网络环境下，消费者通过电子邮件、在线论坛、新闻组、即时通信工具、讨论区等网络信息技术进行的关于产品/服务的使用体验、功能等特性和供应商的各种信息的所有在线交流沟通，采用文字、图片、声音、音乐、录影、Flash 等数字化的多媒体形式加以传播。消费者发表的交易及商品评价信息可以是正面或负面的看法，可以是根据自己的亲身体验也可以是他人的经历。这种评价信息对于打算购买相同产品的消费者了解该产品的情况大有帮助。特别对于经验产品，这种评价信息对该产品的潜在购买者更加重要。

另一方面，可信赖的第三方中介机构是网络消费者要搜寻的评价信息的另一个来源。实际上，网络中介机构在网络市场中扮演重要的角色，它可以为降低网络市场中“逆向选择”的程度发挥特别重要的作用。网络中介机构能对一些产品进行评估，所以在买卖双方不能充分解决信息不对称的市场中，以网络中介为基础的市场是更有效率的。在这种市场中，消费者所面临的购物风险更小。另外，我们还可以借助于法律手段来保证这些网络中介提供如实的评价信息。

4.2.3 卖家信息

基于各种原因，卖方不会向消费者传递关于自身情况的全部信息，即使传递了部分信息，也带有卖方强烈的主观性。这种情况加剧了买卖双方的信息不对称性，增强了"逆向选择"的风险。所以消费者为了减少交易风险，有必要搜寻卖方的各种信息，包括其企业规模、企业技术创新能力、卖家声誉，经营能力、售后服务等。

尽管市场信息的传递和查询功能非常强大，但实际上，买方的信息搜索仍需要花费很大代价，运作效率较低。首先，卖方可能隐瞒某些相关的信息；其次，并非所有的信息都可以被买方接收到。因此，对于有限理性的买方来说可能更希望通过独立于卖方的市场中介获得有关信息。从图 4-3 中可以看出，市场中介可以减少买方信息搜寻次数。没有市场中介时买方总的链接次数为 n^2，有市场中介的参与时买方的总链接次数为 n，当 $n>1$ 时，必然有 $n^2>n$。因此，市场中介的参与可以节约信息搜寻时间、降低获取信息的成本，提高信息搜寻的效率。

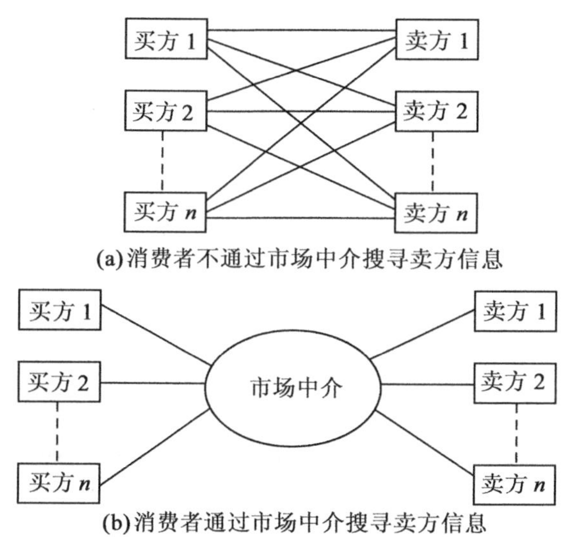

图 4-3

4.3 信息搜寻理论与模型

市场信息的离散产生了三个重要的经济意义：第一，市场信息的离散导致了市场信息的不完备性，也导致了市场代理人之间的信息差别。市场信息的不完备程度或市场代理人的信息差别程度只是市场信息离散程度的一种观察形式。第二，市场信息的离散产生了有利可图的信息搜寻行为(如市场信息的收集、储存、传播、分析和利用等)以及一批专门从事搜集和经营信息或信号的企业和个人(如专业化的信息公司、咨询公司、信息经纪人等)。因此，信息市场的出现可以看做是市场信息离散的最具典型意义的经济后果之一。第三，市场信息的离散诱发了信息搜寻的动机，信息搜寻是消费者解决不确定环境下选择问题的一种极有效的策略，或者说市场信息的离散刺激了信息搜寻行动的出现。

4.3.1 基本理论

(1)信息搜寻行为

Marcia Bates① 认为"信息搜寻行为是指人们在寻找信息时经历的各种活动的总和，它与人们从环境中搜集信息的方式有关，以解决最大的问题为目标。信息查询既可以是主动的，也可以是被动的"。

Krikelas② 认为"当个体想确认某一信息以满足其感性的需求时，从事的任何活动都是信息搜寻行为"。

Engel③ 等人则将信息搜寻行为分为内部搜寻和外部搜寻两种，内部搜寻是指用户激活记忆中相关信息的过程，外部搜寻则指用户从外部环境获得相关信息的过程。

Wilson④ 认为"信息搜寻行为是指用户意识到对某种需求的认知，为满足这种需求而激活记忆里所存储的知识或者在周围环境中有目的的搜寻信息

---

① Marcia Bates. Toward an Integrated Model of Information Seeking[C]. The Fourth International Conference on Information Needs, Seeking and Use, 2002.

② Krikelas, J.. Information Seeking Behavior: Patterns and Concepts [J]. *Drexel Library Quarterly*, 1983(19): 7.

③ Engel, R. D., Blackwell, P. W.. *Consumer Behavior* (Ⅲ) [M]. Dryden Press, 1995.

④ Wilson, T. D.. Human Information Behavior[J]. *Information Science*, 2000, 3(2): 15-26.

的过程”。

信息搜寻理论是一种用于解释人类信息寻找和理解行为的理论途径，此理论假设人总是倾向最大化搜寻活动的获取率，即单位费用上获得的信息量。

(2)信息搜寻的方式

常见的搜寻方式有：

①直接走访。如到商店、市场，作实地调查、了解行情。

②通信查询。如打电话、发传真，用信件或电子邮件进行询问。

③广告。通过广告发送或接收信号以交流信息，是现代人信息搜寻的主要方式。既包括传统媒体广告，也包括新型的网络广告。

④信息资源共享。既包括口碑信息的共享，如向其他购买者打听相关情况，或搜寻在线评价信息，据以作为是否购买的参考，又包括通过基于互联网技术的比较购物模式，获得相对于传统的信道而言更多的有关商品和商家的信息，这些信息包括功能、价格、技术规格等方面，对手消费者理性选择商品具有积极的帮助。

⑤专业或非专业化的信息机构或个体，如信息公司、职业介绍所、专业咨询公司以及信息经纪人。

⑥交易区域化。在现代社会中，交易区域化提高了市场搜寻效率。可以通过参加集市、贸易展销会等定期举办的商务活动来捕捉信息。

⑦网络搜索，点击专业贸易商店或信息中介组织的网站，寻找有关信息，特别是通过搜寻引擎或数据挖掘等技术的运用可大大节省搜寻成本。

(3)搜寻成本与搜寻收益

①搜寻成本。获取信息是有成本的。从消费者角度来看，消费者为了买到更低价格的商品，必须花费搜寻成本既包交通费、电话费等直接成本，也包括因为寻访活动而放弃的其他收益所构成的间接成本，还包括消耗其他资源的成本。在理论上，随着信息搜寻成本的增加(范围的扩大)，消费者获得的最低价格逐渐收敛于市场的最低价格。但是，事实上消费者购物时总是希望自己能得到的价格不高于市场的平均价格，很多消费者按照均值的期望搜寻时，他们可能在搜寻到低于平均价格的时候就停止下来，而并没有考虑成本。

信息搜寻时间是信息搜寻成本的一部分。从研究结果来看，信息搜寻时间能够作为衡量信息搜寻成本的一个有效指标。就度量信息搜寻成本而言，信息搜寻时间比信息搜寻次数更有效、更直接、更明确，而且由于更加量化，增加了信息搜寻成本的可比性。

以搜寻时间作为衡量信息搜寻成本的主要数字指标时，信息搜寻成本曲线的差异主要取决于消费者在相应信息搜寻时间上的机会成本。如果消费者搜寻时间的机会成本大，信息搜寻成本就较高，搜寻时间相应较少；反之，机会成本小，搜寻时间长。此外，信息搜寻成本还取决于收入水平、需求强度、预备知识等。

搜寻成本是边际递增的。其原因在于，如果消费者只进行粗略的市场搜寻，那么时间的机会成本很低；消费者想要进一步搜寻，则不得不挤占部分有安排的时间，单位搜寻的时间成本是递增的；另一方面，随着搜寻范围的不断扩大，消费者将不得不转向那些偏僻或分散的商店，此时交通费用等搜寻成本也是递增的。

②搜寻收益。在信息不完全市场上，每个企业和个人都力图使自己的信息搜寻活动得到最大的效益。借助信息搜寻，市场参与者可以更多地获取和其他主体的私有信息，从而降低了市场参与主体之间的信息不对称，减少了发生逆向选择和道德风险的概率，更容易实现其预期收益。

搜寻收益不是简单地递减，而是在开始的一段搜寻时间内收益递增，然后才开始收益递减。因为在搜寻的初始阶段，消费者获得一定的信息可以大大降低行为不确定性，从而提高消费者剩余，但是，由于信息是有层次性的，且信息的层次越深，单位搜寻成本越大，所以，当搜寻进行到一定阶段之后，搜寻收益便开始递减。追求信息完全对称是不经济的，因为随着信息趋于对称，单位搜寻成本将趋于无穷大。因此容易想到关于消费者搜寻的次数或时间存在一个临界值，在此临界值上消费者剩余实现最大化，多于或少于该临界值的搜寻行为都不是最经济的。

③消费者搜寻成本与搜寻收益的关系。根据前文所述，搜寻成本是随着搜寻次数增大而递增的，边际成本也随之递增；而搜寻收益也随着搜寻次数的增大递增，边际收益却越来越小。根据搜寻成本搜寻收益的特点，以消费者搜寻时间(以次数表示)为横坐标，以边际搜寻成本(收益)为纵坐标，可以画出两方市场中消费的搜寻—边际成本曲线的搜寻—边际收益曲线(见图4-4)。

仍以搜寻时间为横坐标，纵坐标的上半部分为交易价格，下半部分为搜寻成本，可以画出两方市场中消费者的搜寻—总代价曲线(见图4-5)。注意随着搜寻次数的增加，消费者都可以买到更便宜的商品 A，所以交易价格随着搜寻次数的增加而下降，但是当搜寻进行到一定程度的时候通常难以再找到更便宜的商品 A，故交易价格曲线逐渐趋近于市场最低价 P_0；搜寻成本随着搜寻次数的增加而递增，且由于边际搜寻成本是随着搜寻次数的增加而递

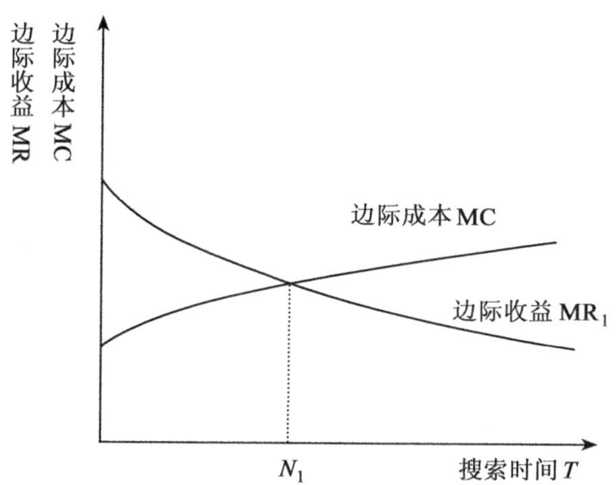

图 4-4　两方市场中消费者的搜寻—边际成本曲线和搜寻—边际收益曲线

增的，所以搜寻成本曲线成加速递增趋势。在 N_1 点成交时，消费者实际付出的总代价应当是购买商品的价格 P_1 加上搜寻成本 C_1。

综合分析图 4-5 和图 4-4，我们不难得出如下推论：a）在不完全信息条件下，消费者并不执意要购买“最佳”的商品（同等质量价格最低或同等价格质量最高），而愿意购买一定程度上“满意”的或“可接受”的商品。消费者的最后购买决策不一定是最优的，但综合成本、收益因素，仍不失为上策。b）消费者以有限的次数终止信息搜寻，部分消费者在购物之前已有一个可接受的价格。经过信息的有限次搜寻，消费者可接受的价格会限定在一个从最低价格到期望价格之间的区间内，在该价格区间内，消费者都能接受，同种商品的价格差异能够持续存在。c）价格越高，差价越大：价格与搜寻成本之比越大，搜寻所得的收益也就越大。这样，购买前消费者对市场信息进行周密调查的积极性就越高。

但是，要想将以上的理论模型演化成可以被实际管理应用的工具，仍然存在不少困难。首先，虽然最佳搜寻次数的确定只与搜寻成本和搜寻收益相关，但是，如何准确地确定搜寻成本和搜寻收益却不是一件容易的事，因为这涉及价格离散幅度、搜寻范围、购买数量、购买商品种类等多种相关因素。其次，由于以上提出的有关最佳搜寻次数模式是建立在一次性购买的条件基础之上的，所以如果购买行动反复进行，基于搜寻的购买量就应当被加以考虑。最后，其他如市场价格正相关等因素也应列入考虑范畴。

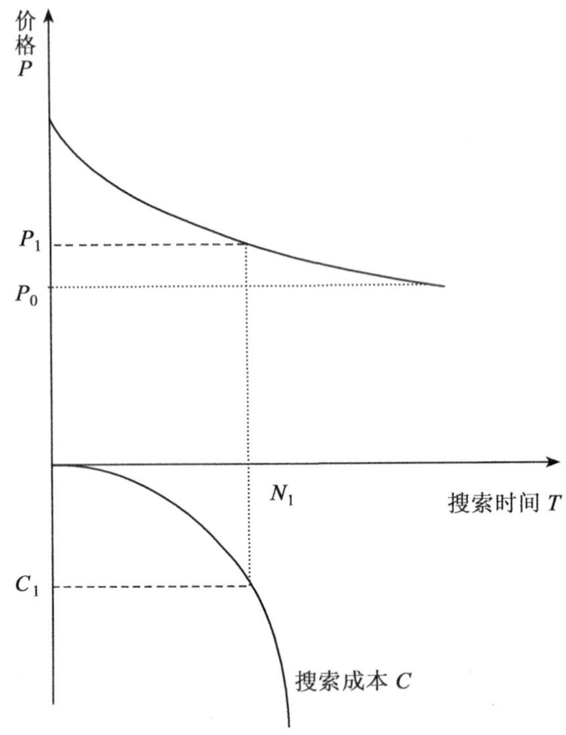

图 4-5　两方市场中消费者的搜寻—总代价曲线

(4)信息搜寻的影响因素

从广义上讲，消费者的每一个购买决策过程都包括信息搜寻这一阶段，只是信息搜寻量多与少的问题。所谓的不进行信息搜集指的是不进行外部信息搜寻，因为消费者有个人经验和以往的不经意的信息收集，这个内部信息资源就足以做出购买决策。因此，我们的信息搜寻模型适合于任何一个购买行为。有很多因素影响消费者是否进行信息搜寻及其搜寻量。影响信息搜寻的因素包括：

①商品价格。商品价格在信息搜寻过程中起着主导作用。因为消费者在购买高价商品时，其信息搜寻量要高于低价商品。如果商品价格差别很大，则消费者进行信息搜集的持续时间就相差很多。商品价格作为影响信息搜集的主要因素是有一定约束条件的，其约束条件为：

$$P_1Q_1+P_2Q_2+\cdots+P_nQ_n\leqslant I$$

式中，P_1，P_2，…，P_n 为商品 1，2…，n 的价格；Q_1，Q_2，…，Q_n 为

商品 1，2，…，n 的消费量；I 为消费者的可支配收入。

因此，商品价格的高与低是相对于消费者的收入来说的。我们认为消费者是根据自己的收入进行购买决策的，并且追求效用最大化，即消费者用有限的货币使自己的需求得到最大限度的满足。商品价格低，消费者的信息搜集量就小，那么他的信息搜集持续时间就短；商品价格高，则消费者就要进行外部信息搜集，这时，就会产生搜寻成本的问题。当然，在消费者获知商品价格的过程中就可能产生搜寻成本，如果产生，我们一并计入搜寻成本。

②信息搜寻成本。信息搜寻成本也是影响信息搜寻的主要因素。信息搜寻成本低，消费者的信息搜寻量就大，其结果是信息搜寻的持续时间长；反之，信息搜寻量及其持续时间就小。但是，搜寻成本是在商品价格高的假设条件下才能够在信息搜集过程中起主要作用。因此，价格是消费者是否进行信息搜寻的先决条件。

③品牌差异及其变化。品牌差异影响消费者的信息搜寻量，如果品牌差异大，消费者的选择性较强，则信息搜寻量就大。即使存在品牌差异，但如果在很长的一段时间内，可供选择的商品品牌保持不变，那么消费者信息搜寻量也将减少。因为消费者对所有的品牌都了如指掌，这时，最可能的情况是消费者根据他自己的购买经验进行习惯性购买。一般情况下，如果商品是知名品牌，则该商品的价格高。因此，如果商品价格高，消费者就会花费时间在品牌之间进行选择，这样，信息搜寻量就会相应增加。

④购物环境。购物环境也是影响消费者进行信息搜寻的因素之一。令人愉快的购物环境将导致顾客更多的惠顾与购买。如果购物场所非常拥挤，并且货物陈列不合理，这时的消费者就有可能不购买，也就不存在外部信息搜寻的可能性了。

⑤时间可获性。时间可获性是指消费者是否有足够的时间进行信息搜寻。如果消费者可用于购买的时间较短，那么他的信息搜寻量就小。例如，公司职员午休时间的匆忙采购就属于这种情况。如果消费者购买商品时有足够的时间可以利用，那么他的信息搜寻量就比较大。

⑥其他因素。如商店的分布情况和消费者的品牌忠诚度也对信息搜寻量产生影响。

4.3.2 信息搜寻的一般模型

假设某市场中有一商品 Q 的正常单价为 p，且在市场 M 中有部分商场对每件商品都给予数量为 d 的折扣。假设不给予折扣的商场比例为 $q(q<1)$，

那么，给予折扣的商场比例则为$(1-q)$。现以减函数$u(x)$表示买者的效用，买者访问商场的成本为c。这样，买者每次搜寻都要承担$u(-c)<0$的负效用。买者走访商场可能出现三种结果：

其一，买者没有做出购买行动。在这种情况下，买者将承担$u(-c)$的负效用。

其二，买者可能无折扣地按价格p购买商品，此时的总体效用为$u(-c)+u(-p)$，这里，由于买者获得商品，故$u(-p)>0$。

其三，买者购买到含有折扣d的商品，这时，买者获得的总体效用为$u(-c)+u(-p+d)$，其中，$u(-p)<u(-p+d)$。

下面，我们给予买者二选一的选择：①无论是否有折扣，买者只走访一家商场并购买商品；②走访一家商场只有在有折扣时才购买商品。否则，走访第二家商场，并且不论第二家商场是否有折扣都买下商品。

这样，买者从选择①中得到的预期效用U_1，必然是走访商场的负效用加上购买商品获得的预期效用。即：

$$U_1=u(-c)+[qu(-p)+(1-p)u(-p+d)] \tag{4-1}$$

买者从选择②中得到的预期效用U_2是买者走访第一家商场的负效用，加上购买含有折扣商品带来的预期效用。如果在第一家商场得不到概率为q的折扣，买者将走访第二家商场，这时，买者将再次承受负效用，但是，买家光顾第二家商场时必将采取购买行动，其预期效用为：

$$qu(-p)+(1-q)q(-p+d) \tag{4-2}$$

因此有①：

如果将P、d和q赋予一定数值，那么，买者采取何种行动将取决于搜寻成本的大小。首先，考虑(4-1)式等于(4-2)式的情况，从中可以找出含有两种选择之间差异的表达式。这里有：

$$(1-q)u(-P)=u(-c)+(1-q)u(-p+d) \tag{4-3}$$

令(4-3)式中的$c=c_0$，如果：

$$(1-q)u(-P)>u(-c)+(1-q)u(-p+d) \tag{4-4}$$

那么，$U_1>U_2$，即第一种选择比第二种选择更好。如果：

$$(1-q)u(-P)<u(-c)+(1-q)u(-p+d) \tag{4-5}$$

那么，$U_1<U_2$，说明后一种选择更好。

由于(4-5)式不同于(4-4)式，当p、d和q都已知时，(4-4)式右边值的

① 乌家培，谢康，王明明．信息经济学[M]．北京：高等教育出版社，2002：91-94.

下降意味着 c 的变化，从而 $u(-c)$ 负效用更高。因此，当 $U_1>U_2$时，$c>c_0$。由(4-5)式可知，当 $U_1<U_2$时，$c<c_0$。U_1、U_2与 c 的关系可用图 4-6 表示。通过对(4-1)式和(4-2)式的计算可知，对于 c 的任意值，U_2 的曲线都要比 U_1 陡。

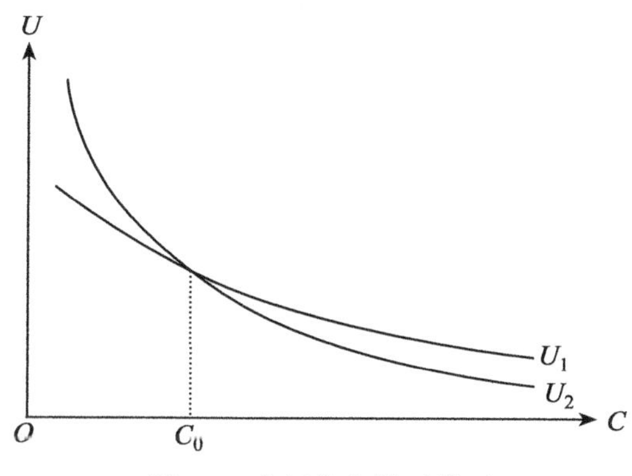

图 4-6　市场信息搜寻模型

如果 $U_1<U_2$，即搜寻成本 c 相对较低，因此信息搜寻是受欢迎的。相反，如果 $U_1>U_2$，即搜寻成本相对较高时，买者更乐意在第一家商场买下商品。

假设市场 M 中 m 家商场，其中，$1/2m$ 家商场对商品 Q 给予折扣 d，开出的价格为 $P_1=12$ 元，$1/2m$ 家商场维持原价为 $p_2=13$ 元。不难看出，随着买者搜寻次数的增加。直至 m 次搜寻，搜寻的最低预期价格将不断地下降，直至最低价格 12 元。如表 4-2，表 4-3 所示。

表 4-2　**按搜寻次数不同所假设的最低价格分布**

搜寻次数	最低价格的概率(元)		预期最低价格(元)
	12.00	13.00	
1	0.5	0.5	12.50
2	0.75	0.25	12.25
3	0.875	0.125	12.125
4	0.9375	0.0625	12.0625
m	1.0	0	12.0

表 4-3　　正态分布的预期最低价格分布

搜寻次数	预期最低价格	搜寻次数	预期最低价格
1	P	6	$P-0.267\sigma$
2	$P-0.564\sigma$	7	$P-0.352\sigma$
3	$P-0.846\sigma$	8	$P-0.423\sigma$
4	$P-029\sigma$	9	$P-0.465\sigma$
5	$P-0.163\sigma$	10	$P-0.539\sigma$

由矩形分布的计算方法相对比较简单，通常将其列为一种搜寻频率的分布形态。假设某市场买者对某商品的要价 p 服从由 0 至 1 的均匀分布。见图 4-7，可以有以下算式：

(1)搜寻 n 次的最低价格分布(密度函数)为 $n(1-p)^{n-1}$；

(2)平均最低价格为$\frac{1}{n+1}$；

(3)平均最低价格的方差为 $\frac{n}{(n+1)^2(n+2)}$。

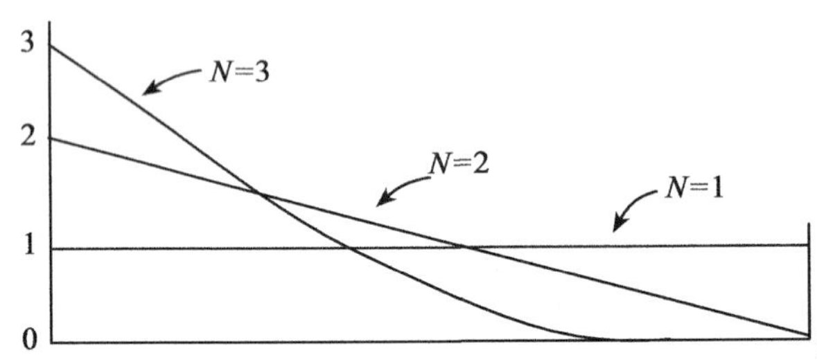

图 4-7　搜寻频率的均匀分布(其中 N 代表搜寻次数)

从买者的角度来看，每次信息搜寻的节省额等于买者准备购买商品的数量 q 乘以作为搜寻结果的价格减少数额，再加上由于价格下降而增加的购买量的平均节省额。由于因价格下降而增加的购买量的平均节省数额较小，所以，在一般计算中对该项数值省略不计。这样，搜寻的节省额就可以近似地表示为：

$$q \cdot \left|\frac{\partial p_{mn}}{\partial n}\right| \tag{4-6}$$

(4-6)式说明了两个问题：

第一，价格离散程度越高，每次搜寻所获得的节省额就越大，有效搜寻次数也就越多。为了说明这一点，我们再回到已经分析的搜寻模型中，如果商场增加给予买者的折扣，这对于买者的二选一选择会产生什么影响呢？在图4-6中，当增加 d 值时，对于每个 c 都有 U_1 和 U_2 的增加。但是，d 的增加对于 U_2 的影响比 U_1，更大些。通过(4-3)式可以算出，这些变化的结果将使 C_0 增大。这说明，当商场给予的折扣增加(即价格离散程度扩大)时，买者的搜寻收益也将有所增加，并且买者停止搜寻做出有利选择时的边际搜寻成本同时也提高了。①

第二，购买商品的数量越多，就越值得进行信息搜寻。因为买者用于商品的开支越高，由信息搜寻所得的节省额也就相应增大，从而又刺激购买欲望而使搜寻次数增加。不过，如果考虑到搜寻成本所带来的负效用，搜寻不可能无限地进行下去。

4.4 最优信息获取量

4.4.1 标准

经济学家认为，信息是人们做出决策的基础。在私人市场上，信息分布是不均匀的，随着社会分工的发展，专业化程度的提高，不同社会成员之间的信息差别越来越大。通过收集信息、传播信息、利用信息等，可降低决策中的不确定性，提高经济效益。然而信息是一种稀缺的商品，经济主体所掌握的初始信息是有限的，因而面临着巨大的不确定性。为了能够在做出最优决策时避免或减少不确定性，就要对有关信息进行搜寻。同时，信息是有代价的，获得信息要付出金钱与时间，这就是寻找信息的成本，称为信息搜寻成本。信息也会带来收益，有更充分的信息可以做出更正确的决策，这种决策会使经济活动的收益更大，这就是信息搜寻收益。在市场交易中，交易者总是力图充分地利用信息，特别是价格信息，为自己谋利。一般来说，价格信息不断变化，作为交易者将面临两种不同的交易策略：一是随机交易，即在市场上随机地与其他交易者进行商品交换，而不进行价格的搜寻；二是在市场中通过与多个交易者接触后，按最优价格交易。从概率上讲，随着搜寻次数增加，消费者会发现更为有利的价格，但一般无法搜寻到最低价格，因为在市场中，即使同质的商品，价格

① 陈瑞华．信息经济学[M]．天津：南开大学出版社，2003：328-332.

也可能是离散的。随着消费者搜寻的继续，会形成一个最低价格的分布，当搜寻次数越多、范围越广，价格会更低。不过当存在搜寻成本时，完全信息不一定是经济或合算的。因此，很多情况下，人们不仅要在有无信息之间做出选择，更要做出信息最优获取量。如在最终确定人生伴侣前要观察多少人？调查问卷的题目数设定为多少才不至于令人生厌又能获得想要的信息？一场口语考试时间设为多长为宜？由于搜寻信息要花费成本，获取完全信息是不可能的，只能进行适度搜寻。所以经济主体不是追求目标最优化，而是目标的适度优化。

信息搜寻的最佳信息获取量如何确定？如果我们把多寻找一点信息所增加的成本称为边际搜寻成本，把获得这点信息所增加的收益称为边际搜寻收益，信息搜寻也存在边际收益递减规律，即随着搜寻次数的增加，每次搜寻的收益递减。寻找信息应该达到边际搜寻成本等于边际搜寻收益，这时就实现了经济学家所说的最大化，于是消费者将停止信息的搜寻。与就是说，最佳的搜寻次数，是信息搜寻收益等于信息搜寻成本时的搜寻次数，即“少一次则嫌少，多一次则嫌多”。

以网络信息检索的最优浏览页面数的确定为例。在进行网络信息检索时，搜索引擎往往会返回多页的搜索结果，并将其按相关度降序排列。假定返回结果页面数极大，且搜索引擎的查全和查准率均为 1，并假设在第一页结果中找到想要的信息的概率是 1/2，第二页是 1/4，第三页是 1/8，依次递减代理人依据签订的契约要求委托人兑现给自己的补偿性报酬，并且报酬是产出函数 y 的一个变量代理人依据签订的契约要求委托人兑现给自己的补偿性报酬，并且报酬是产出函数 y 的一个变量。图 4-8 中堆叠的条柱显示了随着浏览页面的增加，获得需要的信息的边际概率逐渐减小。如图 4-2 所示，边际概率总和为 1。如果浏览页数趋近于返回页面数，那么信息搜索的成功概率(找到所有的相关信息)就是 1。

将搜寻的边际成本和信息的边际价值都用搜寻的时间分钟数来衡量，假设网络信息检索找到全部所需信息收益等价于 5 分钟的时间价值，每浏览一个网页内容用时 1 分钟，即网页浏览的边际成本等值于 1 分钟的时间成本。那么，浏览前三页的期望收益分别是 $5/2=2.5$，$5/4=1.25$，$5/8=0.625$。是否信息搜寻行为会一直进行下去？是否值得为获得完全的信息(等值于 5 分钟的时间价值)而花费大量的时间和精力无休止的点击(信息检索的成功概率将达到 1)？

当然不是。图 4-9 显示这种情况下，最优的决策是仅浏览前两页的结果页面，因为浏览第 2 页的边际收益是 1.25 分钟，大于 1 分钟边际成本，而浏览第 3 页的边际收益小于边际成本，由此确定本例网络信息检索最优浏览页面数为 2。

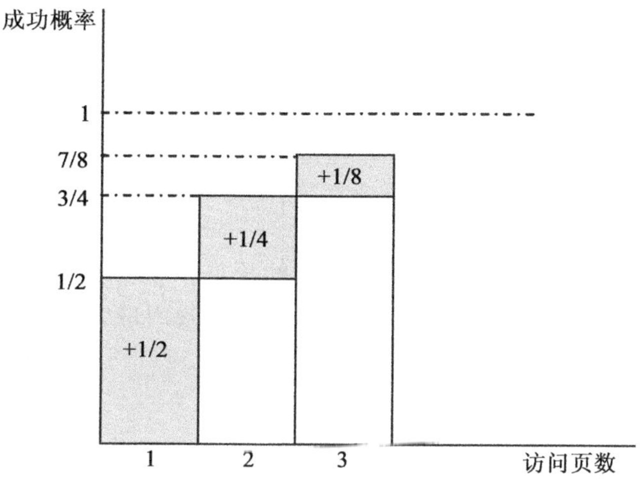

图 4-8　网络信息搜索的边际成功概率

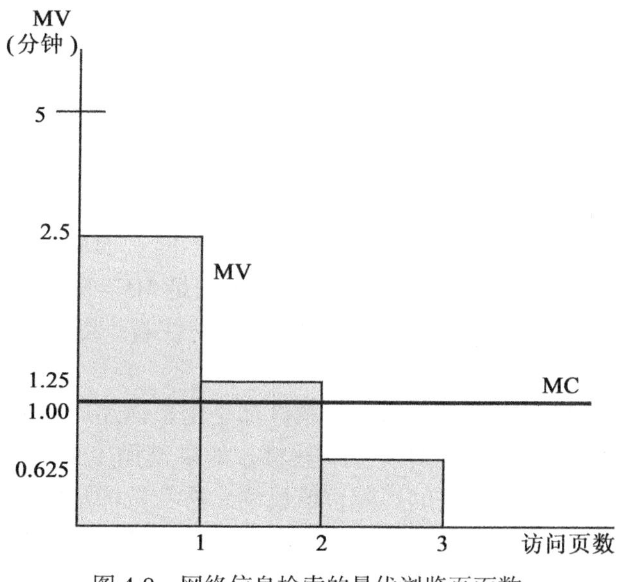

图 4-9　网络信息检索的最优浏览页面数

虽然本例的参数设定是任意的，但仍不失一般意义：现实生活中，人们往往只会关注搜索引擎返回结果的第 1 页，偶尔也会看到第 2 页，但很少会进一步浏览。

推而广之，最优的社会信息搜寻系统，应使全社会信息搜寻的收益减去其总成本后的收益最大的系统。交易集中化、贸易展览会就是最优的社会信息搜寻系统的现实例子。

下面用数学语言来描述上例中使用的信息搜寻最优信息获取量标准。

最优决策与边际变化(Marginal Change)的比较相关联。每一种经济活动的最优解都能用“边际收益=边际成本”这个标准来衡量，最优信息搜寻量也是如此。

令 $v=v(q)$ 表示完备度为 q 的信息的价值，获得该信息的代价为 $c=c(q)$。信息的净效用是：$u=v(q)-c(q)$。当净效用最大时，收益函数和成本函数的一阶导数相等。

$$\partial v/\partial q=\partial c/\partial q \tag{4-7}$$

(4-7)式被称为最优信息获取量的一阶条件。一阶条件是获得效用最大值的必要条件而非充分条件。也就是说，边际收益和边际成本相等时，效用要达到最大值，还需要达到另一个条件：即随着信息搜索行为的进行，获得信息的完备度进一步增长，只有边际收益递减的变化率小于边际成本下降的变化率，即收益函数的二阶导数小于成本函数的二阶导数时，才能确保边际成本等于边际收益处的净效用最大

$$\partial^2 v/\partial q^2<\partial^2 c/\partial q^2 \tag{4-8}$$

(4-8)式被称为最优信息获取量二阶条件。

在上例中，一阶条件和二阶条件同时得到了满足。如图 4-9 所示，在浏览第二页时，存在着横坐标的一个取值(虽说不同页面的浏览是离散变量，但仍可将同一页面内的浏览视为连续型变量)满足 MV=MC=1(分钟)的一阶条件，同时，图 4-3 中表示边际收益的条柱从左往右不断减少，而边际成本始终保持不变。满足二阶条件。

需要说明的是，一阶条件和二阶条件都是用来描述局部最大值，而不是全局最大值。假设一个学生阅读一本教材，如果遵循上面提到的两个标准，他将从头读到他认为某一页的边际价值比读它所花费的边际成本要低的那页为止。事实是他很可能过早地结束了信息搜寻。或许啃完这沉闷难懂的一页后，后面的内容也许非常有趣且具有启发性。所以，适用于刻画局部最优信息搜寻量的标准在进行全局决策时可能并不适用。

4.4.2 案例分析：银行通货膨胀率的预测

中央银行正确预测下一年的通货膨胀率是非常重要的，预测值与真实值之间的偏差将破坏经济运行，假设中央银行衡量这种破坏值为偏差的平方。中央银行的通货膨胀率预测的准确度越高，其信息搜寻成本也越高，比如需要更强大的计算机，更多更好的经济学家，获取更为全面的经济指标数据等等。所以，中央银行需要在准确度和信息搜寻成本之间权衡。

设不受外部政策干预的下一年的通货膨胀率，即经济的真实状态为 s，中央银行的信息搜寻行为为 a（可以理解为这个政策行为下，中央银行预测通货膨胀率将为 a），那么预测的偏差表示为 $a-s$。这种情况下，中央银行从信息搜寻行为 a 中得到的效用为①：

$$u(a)=-(a-s)^2$$

y 是中央银行收到的对状态 s 进行预测的一个信号，设 y 和 s 都是具有零平均值和相等方差的正态分布的随机变量，于是有：

$$E(s)=E(y)=0,$$
$$Var(s)=Var(y)=1.$$

当信号 y 与真实状态 s 关联度高的时候，y 是非常有价值的。设这种关联度为 ρ：

$$Corr(y,\ s)=\rho,\ 且\ 0<\rho<1$$

当 $\rho=0$ 时，信号 y 无意义；$\rho=1$ 时，信号 y 无为完美信号，可见，关联度 ρ 可以用来衡量信号的质量。

设质量为 ρ 的信号的成本为 $C(\rho)$，$C(0)=0$，$C'>0$。

中央银行在信号质量 ρ 和采取行动 a 时最大化预期效用为：

$$\max_{a,\rho}E(u(a,\ \rho))=E(-(a-s)_2-C(\rho)) \tag{4-9}$$

假设中央银行现在观察到了信号与真实情况的关联度为 ρ 的 y，此时最优搜寻行动 $a^*(\rho)$ 为该情况下真实经济状态 s 的期望值：

$$a^*(\rho,\ y)=E(s\mid y)=\rho y$$

s 的预测值（给定信号的价值）可以由 s 对 y 的回归分析得到。由于信号和 s 变量是相等的，y 的回归系数正是这两个变量的相关系数。

当银行对信号 y 做出最优搜寻行为 $a^*=\rho y$ 时，预期的预测错误损失为：

$$E((a^*(\rho,\ y)-s)^2)=E((\rho y-s)^2)$$

---

① Urs Birchler，Monika Butler. *Information Economics*[M]. Routledge，2007：67-69.

$$=E((\rho y)^2+s^2-2\rho ys)$$
$$=\rho^2+1-2\rho \underbrace{Cov(y,\ s)}_{=\rho}=1-\rho^2$$

于是，中央银行预期效用为：

$$Eu(\rho)=\rho^2-1-C(\rho)$$

考虑到中央银行的通货膨胀率预测的准确度越高，其信息搜寻成本越大，所以，最优的搜寻质量满足一阶条件：

$$(Eu(\rho))'=2\rho-C'(\rho)=0$$

如果我们设定信号质量成本为 $C(\rho)=\rho$，那么最优的 ρ 值为：$\rho^*=1/2$

从上面的分析可以看出，中央银行预测下一年的通货膨胀率时，代表最优搜寻量的信号准确度 ρ^*，是通过均衡搜寻成本和收益得出的，而不计成本坚持搜寻直到获得 $\rho^*=1$ 的信息，显然是得不偿失的。

4.4.3 最优信息获取量的变化

(1)价格离散程度对最佳搜寻次数的影响

如图 4-10 所示，伴随价格离散程度提高，同样的一次搜寻所带来的收益增大，新增加一次搜寻带来的收益增大，表现为边际收益曲线从 MR 上抬至 MR′，于是，最佳搜寻次数由 N_0 增加至 N_1。

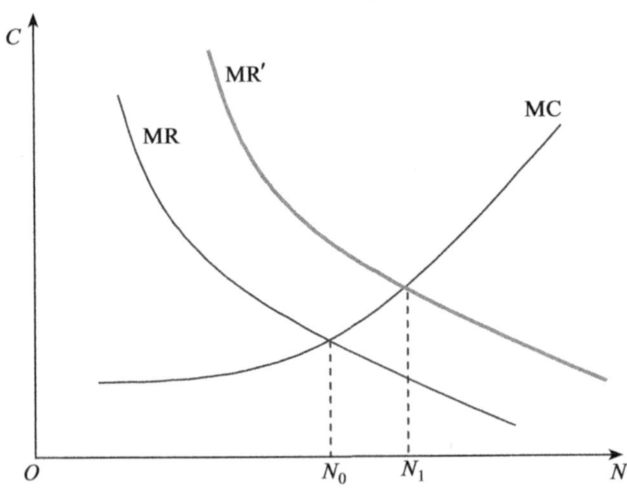

图 4-10　价格离散程度的变化对最佳搜寻次数的影响

(2)搜寻成本对最佳搜寻次数的影响

如图4-11所示，当搜寻成本降低，即MC′位于MC的下方，最佳搜寻次数由 N_0 增加至 N_2，如果边际收益和边际成本都发生变化，都会影响最佳搜寻次数。

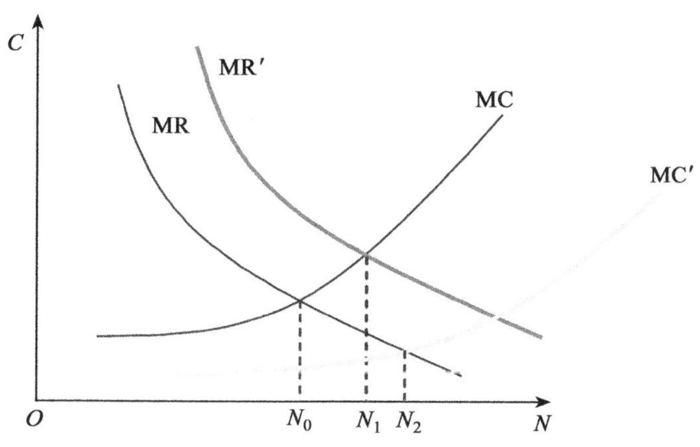

图4-11　搜寻成本的变化对最佳搜寻次数的影响

4.5 最优信息系统的选择

4.5.1 信息系统与决策规则

狭义的信息系统指具体操作的信息系统，广义的信息系统指在某种环境状态下一定领域、方向和时间范围内的信息集合。例如，如果病人听从医生的诊断，那么，对于病人来说，医生就构成他的信息系统；如果企业家在做出重大决策之前向企业智囊团进行咨询，企业智囊团就构成企业家的信息系统。我们所要讨论的是广义信息系统的最优选择问题。

信息系统内的信息可以用来描述各种可能的环境状态，也就是说，每种可能的环境状态都可以由一个信息来描述。设信息系统为 H，且 $h \in H$，有 $H=\{h\}$。每个环境状态 X 都有概率 $P(x)$ 与之相对应，那么，一条信息 h 的概率为：

$$p(h) = \sum_{x \in h} p(X)$$

信息 h 与事件 z 的联合概率为：

$$p(z\cdot h)=\sum_{x\in Z\cap h}p(X)$$

当给定信息 h 时，我们可以得到事件 z 的条件概率或事后概率为：

$$p(z\cdot h)=\frac{p(z,\ h)}{p(h)} \tag{4-10}$$

如果事件 z 已经发生，那么，信息 h 的条件概率 $p(h\mid z)$ 为：

$$p(h\mid z)=\frac{p(z,\ h)}{p(z)}$$

下面具体分析一下决策规则。所谓决策规则(Rule of decision)，就是指某种决策行动的规定性集合。也就是说，一个决策规则是一种决策活动可能发生的行为和发展空间，它决定了对于接收的信息做出何种形式的反应。决策规则是决策系统的核心的内容，在同一信源和信息系统条件下，不同的决策规则将会有不同的决策结果。相反，在不同的信源和信息系统基础上，各不相同的决策规则却可能产生相同的决策结果。与决策规则密切联系的一个重要概念是收益函数。设 $X=\{x\}$ 为所有可能的环境状态集合。$A\{a\}$ 为决策者决策空间的决策或行动集合，$C\{c\}$ 为决策的各种结果集合。这样，对于每个环境状态 x 分配给每项行动 a 以一个 c 的结果，即：

$$a(x)-c$$

如果决策者的效用函数用 u 表示，那么 $u(c)=u(a(x))=w(x,\ a)$ 成立。在决策理论中，给每个行动的后果以实值(效用单位)的效用函数，就称为收益函数。在集合$\{x\}$中，如果有 $\omega(x,\ a_1)\geqslant\omega(x,\ a_2)$，并且至少有一个 x，使 $\omega(x,\ a_1)>\omega(x,\ a_2)$ 成立，那么就有行动 a_1，优于行动 a_2，记为$a_1>a_2$。

如果通过决策则分配给信息系统 H 的每条信息 h，都有一个与收益函数相联系的决策 d 与之相对应，那么，设 σ 为一种这样的决策规则，即：

$$d=\sigma(h)$$

由于事件 z 和与收益相关的决策 d 决定了决策的结果(或效用)，收益函数可以描述为：

$$\omega(z,\ d)>\omega(a,\ a(h))$$

很明显，一个决策结果的效用构成事件 z、信息 h 和决策规则 a 的结果。这样，决策规则 σ 的理想效用期望值，可以用所有信息 h 和事件 z 的收益平均值来表示。所以，最优决策规则就是所有信息 h 和事件 z 的理想效用值达到最大的决策规则。

4.5.2 信息系统成本与价值

最优信息系统并不就是指包含最大信息量的信息系统，它涉及信息系统的成本和价值问题。因为包含大量信息的信息系统的成本往往比包含较少信息的信息系统的成本高得多，所以，最优信息系统应该是信息系统总值减去成本期望值而获得的系统净值最大的信息系统。

一般来说，不同的信息系统，或不同层次、类别、容量的信息系统，有着各不相同的系统成本，而这些系统成本的大小取决于信息系统的构成和系统所获取的信息。这里，我们给出一种严格的成本比较方法。如果信息系统 H 获得的信息比信息系统 H' 的更详细，我们可以通 H 内的数条信息聚集合成 H' 的一条信息而构成 H'。所以，可以预计 H 较 H' 成本要高一些。又由经验可知，包含信息较多的信息系统在传递和检索等方面一般要比包含信息较少的信息系统花费更多的时间和精力，这就相应地扩大了这些信息系统的成本。此外，决策规则的变化也会引起信息系统成本的变化。很明显，在不同决策规则环境状态下，决策者赋予信息系统的功能各不相同，因而信息系统承担的成本费用也就会发生相应的变化。

信息系统的不同成本意味着在一定环境下的某种选择具有不同结果。在一般情况下，结果相等的效用既依赖于事件状态和代理人的决策，也依赖于代理人获得的信息系统和通过该信息系统接收到的信息。于是，如果效用函数是线性的，那么：

$$k(h)=\omega(z,\ d)-u(c)$$

其中，$k(h)$ 代表代理人从信息系统 H 获得信息 h 所需要的成本，$\omega(z,\ d)$ 代表事件 z 发生时代理人采取决策 d 获得的收益，$u(c)$ 代表代理人决策的效用函数。可以推测，信息成本会随着代理人决策规则的变化而变化，因为不同的代理人执行不同决策规则所需要的时间和能力是不同的。

信息系统价值与两方面因素具有密切的联系：第一个因素是决策者从多种决策结果中获得的利益；第二个因素是与决策相关的信息和实际事件之间的统计关系。因此，分析信息系统的价值，需要涉及信息系统总值、净值和一般价值三个概念。

信息系统总值就是能使理想效用期望值达到最大的那个决策规则的收益期望值。如果以 H 表示信息系统，则①：

---

① 陈瑞华．信息经济学[M]．天津：南开大学出版社，2003：328-333.

$$U(H,\ \omega)=\max_{\sigma\in\Delta}\sum_{h\in H}\sum_{z\in Z}\omega[z,\ \sigma(h)]P(z,\ h) \tag{4-11}$$

根据(4-10)式，(4-11)式可以改写为：

$$U(H,\ \omega)=\sum_{h\in H}P(h)\max_{\sigma\in\Delta}\sum_{z\in Z}\omega[z,\ \sigma,\ (h)]P(z/h)$$

其中，$\Delta=\{\sigma\}$代表所有决策规则集合。显然，信息系统的总值是一个已经接收到的信息和对它的最优决策，并通过所有信息 $h\in H$ 来求出的收益期望值。但是，决策结果相同的效用不仅取决于决策行为和事件本身，而且还依赖于决策使用的信息系统和决策过程中接收到的信息 $u(c)=u[d(z),\ h]\equiv\omega(z,\ d,\ h)$。

这样，信息系统的净值为：

$$U'(H,\ \omega)=\max_{\sigma\in\Delta}\sum_{\sigma}\sum_{z}\omega[z,\ \sigma(h)]P(z,\ h)$$

如果使用 $k(h)$ 表示以货币形式表达的从信息系统 H 中获得信息 h 需要的成本，那么就有：

$$\begin{aligned}U'(H,\ \omega)&=U(H,\ \omega)-\sum_{h}k(h)P(h)\\&=U(H,\ \omega)-E[k(h)]\end{aligned}$$

也就是说，信息系统的净值等于信息系统总值 $U(H,\ \omega)$ 减去信息系统的成本期望值 $E[k(h)]$。

在一般情况下，信息系统的价值可以表述为获得信息后的最大目标效用(或收益)E_1与获得信息前的最大目标效用 E_0之差。如果有 V 代表信息系统的一般价值，则有：

$$V=E_1-E_0$$

这里，E_1和 E_0分别为：

$$E_0=\max\sum_{1}\beta(a,\ z_1)\cdot\pi(z_1)$$

$$E_1=\max\sum_{1}\beta(a,\ z_1)\cdot P(z_1\mid y_1)$$

其中，a 代表行动，z 代表事件，y 代表信息系统，$\beta(a,\ z_1)$代表效用的收益函数，$\pi(z_1)$代表先验概率，$P(z_1\mid y_1)$代表后验概率。

我们知道，$P(z_1\mid y_1)$可以根据先验概率 $\pi(z_k)$和似然率 $P(y_1\mid z_k)$，用贝叶斯定理求出，贝叶斯定理的一般形式为：

$$P(A\mid B)=P,\ (B\mid A)\cdot P_r(A)\mid P_r(B)$$

贝叶斯定理也可以用公式表示如下：

$$P(S_k\mid x)=\frac{P(x\mid S_k)P(S_k)}{\sum_{k=1}^{n}P(x\mid S_k)P(S_k)} \tag{4-12}$$

其中，x 为随机变量观察值，它能够对有关环境状态获得补充信息。S_1，S_2，…，S_n表示 n 个环境状态，而 S_k 为其中的第 k 个环境状态；$P(S_k)$ 为 S_k的先验概率，它是收集到补充信息 X 之前就已经由决策者决定的；$P(X \mid S_k)$为给定环境状态 S_k后 X 的条件概率，即已知 S_k为真时观察值 X 出现的概率。

这样，(4-12)式的左边为已知 X 发生时 S_k的后验概率。(4-12)式的右边表示如何确定后验概率，分母称为观察值 X 的无条件概率或边际概率，它是以先验概率 $P(S_k)$ 加权的条件概率 $P(X \mid S_k)$ 的总和，其中，$k = 1, 2, \cdots, n$。由(4-11)式得：

$$P(z_1 \mid y_1) = \frac{P(y_1 \mid z_1) \cdot \pi(z_1)}{P(y_1)} = \frac{P(y_1 \mid z_1) \cdot \pi(z_1)}{\sum_k P(y_1 \mid z_k) \cdot \pi(z_k)}$$

其中 $P(z_1 \mid y_1)$代表似然率，$P(y_2)$代表获得信息 y_2的概率。

以上的分析过程说明，信息系统的信息价值理论是建立在统计决策基础上的一种认识，其根本出发点是将信息价值看做是一种需求价值。也就是说，如果使用信息系统的收益超过获得该信息系统的成本，那么，就有必要获取这个信息系统。然而，在现实经济条件下，情况并非完全如此，信息价值一方面可能受制于需求价值，另一方面又可能依赖于供给价值，而且其他随机因素也会对信息系统的价值产生扰动的影响。

4.5.3 信息系统优劣比较

由上述的分析可知，信息系统的价值通常被认为是一种需求价值。因此，某个信息系统的价值在很大程度上依赖于决策者赋予事件的概率和赋予决策结果的效用。如果信息系统的使用是免费的，那么，人们就可以根据信息系统所含信息价值的高低判断信息系统价值。但是，任何信息系统的开发和利用都需要为此付出成本费用，而且，信息系统开发和利用的实际效用往往与成本费用成正比。这样，一旦出现信息成本问题，所包含的信息具有较高价值的信息系统就未必是最优信息系统。因此，信息系统优劣的比较，实际上是通过对信息系统的收益实值来判断其价值的高低。

最优信息系统就是获取信息的效用与所支付成本之差最大的信息系统，对两个以上信息系统优劣进行比较(或排序)的充分必要条件是：对于一个指定事件集合 Z，如果一个信息系统 H 的理想效用在任何条件下都不小于与其相比较的另外一个信息系统 H'，并且在这里，信息系统使用者的价值观不对信息系统发生任何影响，那么，信息系统 H 就比 H'能够提供更多的信息。根据这一充分必要条件，马尔萨克证明了下面的定理：

假定 Ω 是事件集合 Z 具有相应的收益函数 ω 的集合。根据联合概率 $P(z, h)$，如果对于 Ω 集合的所有 ω，有：

$$U(H, \omega) \geqslant U(H', \omega)$$

那么信息系统 H 优于 H'，即 $H>H'$。

然而，在实际比较中往往会出现如下情况，某些信息系统对于一种收益函数 ω，有：

$$U(H, \omega) \geqslant U(H', \omega)$$

而对于另一种收益函数 ω'，则有：

$$U(H, \omega') \geqslant U(H', \omega')$$

因此，上述定理还不能让我们在更为广泛的条件下将信息系统按其优劣进行排序。

由于不同的收益函数导致信息系统的优劣判断并不一致，因而有必要引入信息系统的模糊性概念。由一般的经验判断可知，系统模糊性越小，信息系统也就越能提供信息。但是，这种情况不能说明模糊性小的信息系统一定比模糊性大的信息系统更有价值。例如，如果模糊性小的信息系统传递的信息对于决策者来说都是无用信息，那么，决策者将宁愿选用那些模糊性大但传递的信息对他有价值的信息系统。

在判断信息系统优劣时引入模糊性标准，意味着在信息系统的比较过程中对于信息系统 H 集合中的每个元素(每条信息)给予相同的价值，并且给予 H 集合中的每个元素的误差以同等的重视，只有在这种前提下，较小的模糊性才成为判断信息系统提供信息能力大小的必要条件，如果对于所有 ω，都有：

$$U(H, \omega) > U(H', \omega)$$

那么，H 的模糊性小于 H'。换句话说，H 的不确定性比 H' 要小。只有在这种判断基础上，才可能得出上述结论：信息系统 H 优于 H'。

可以认为，一个充分信息系统 H' 的价值必然高于其他任何信息系统的价值，如果 H 比 H' 提供的信息更为详细，那么，对于所有在 X 中的 ω 和 P 有：

$$U(H, \omega) \geqslant U(H', \omega)$$

如果 $U(H, \omega) = U(H', \omega)$ 适合于所有比信息系统 H' 更详细的信息系统 H，那么，我们称 H' 为充分信息系统。一般来说，H 的成本费用要比 H' 高一些，但其净值却比 H' 小一些。

以上是在已知联合概念 $P(z, h)$ 和 $P(z, h')$ 条件下对信息系统 H 与 H'

的优劣比较，下面我们讨论在未完全获知联合概率时 H 和 H' 的优劣比较问题。

假设决策者对于联合概率并不了解，那么，可以根据以下两项数据判断 H 和 H' 之间的优劣：

第一，如果决策者掌握事件 z 的事后概率，但不了解每个 h 在 H 中的概率或每个 h' 在 H' 中的概念时，可以使用条件概率分布 $P(z \mid h)$ 和 $P(z \mid h')$ 来对 H 与 H' 进行优劣排序。

第二，如果决策者掌握每则信息对于已知环境状态下的每则信息的概率，但又不希望考虑事件 z 的事前概率，这时，可以使用条件概率分布 $P(z \mid h)$ 和 $P(z \mid h')$ 来对 H 和 H' 进行优劣排序。

由于 $P(z, h) = P(h \mid z)P(z)$，如果 $U(H, \omega) \geq U(H', \omega)$

适用于所有 ω 和所有事前概率 $P(z)$，那么，可以根据似然概率函数 $P(z \mid h)$ 和 $P(z \mid h')$ 得出：H 比 H' 能够提供更多的信息，如果上述条件用公式表示，即：

$$H_{h \mid z} > H'_{h' \mid z}$$

这里，有

$$U(H, \omega) - \sum_h \sum_z \omega[z, \sigma^*(h)]P(z, h)$$

其中，σ^* 表示在获得信息 h 时的最优决策，并且 $\sigma^* \in \sigma$。同时，由于 $P(z, h) = P(z \mid h)P(h)$，如果对于所有 ω 和对于所有在

$$\sum_h P(z \mid h)P(h) = \sum_h P(z \mid h')P(h') = P(z)$$

条件下，以及在与一定事前概率函数 $P(z)$ 相同的边际概率函数 $P(h)$ 和 $P(h')$ 条件下，均有 $U((H, \omega) \geq U(H', \omega)$，那么，根据事后概率函数 $P(z \mid h)$ 和 $P(z \mid h')$，可以认为，H 比 H' 能够提供更多的信息，如果上述条件用公式表示，有 $H_{h \mid z} > H'_{h' \mid z}$。

上述两个条件说明，根据联合概率函数，H 比 H' 能够提供更多的信息。因此，可以按照似然分布对信息系统优劣进行排序，即使在了解事件的事前概率的环境状态下，这种优劣排序等级仍然有效。同时，如果信息系统优劣等级排序根据信息系统的净值，而不是根据信息系统的总值来进行，那么，这种排序方法不是对所有收益函数来说都是可能的。

小　结

由于市场的分散性、差异性和商品的多样性，会使得市场出现价格离

散。价格离散现象已经被证实是普遍存在的，即使在完全竞争的市场环境中也是如此。价格离散的大小不仅对建立厂商和消费者行为模型有重要影响，也是衡量市场效率和竞争力的重要指标之一。价格离散必然导致信息离散，使市场参与者行为具有极大的不确定性，市场参与者要做出最优决策，必须对相关信息进行搜寻，而信息搜寻需要花费成本。

信息搜寻是经济决策活动中的基本内容，经济活动中绝大多数达成的交易都是信息搜寻的结果。搜寻的一般原理包括：当价格离散增加时，个人的边际收益向上递增；搜寻密度越低，价格越离散；价格离散程度越高，每次搜寻所获节省额就越大，有效搜寻次数就越多；购买商品的价格越高，数量越多，越值得搜寻；由于搜寻成本的负效用，搜寻次数有限，最佳搜寻次数就是搜寻边际收益等于边际成本时的搜寻次数。本章从理论分析和模型构建两方面介绍了价格离散、信息搜寻和最优信息系统选择的基本原理，本章介绍的基本原理和思维方式有助于解释和应对现实生活中的搜寻和信息系统选择的问题。

思考与练习

1. 简述价格离散的原因及其经济意义。
2. 结合具体实例比较传统市场与网络市场的价格离散程度。
3. 价格离散率的测度指标有哪些?
4. 常见的信息搜寻方式有哪些?
5. 市场信息离散的内容是什么？并比较市场信息离散和市场价格离散。
6. 试用信息搜寻原理分析“货比三家”的信息经济学原理。
7. 如何确定最佳搜寻次数?
8. 信息搜寻的影响因素有哪些？这些因素对最佳搜寻次数有何影响。
9. 请简单说明为什么讨价还价最激烈的地方是在菜市场，而不是在购买大件耐用消费品的商场上?
10. 试建立并解释信息搜寻的一般化数学模型。
11. 运用最优信息获取量理论分析网络信息检索的最优页面浏览量。
12. 运用最优信息系统理论分析天气预报作为信息系统对经济决策的影响。

5 信息商品的价值分析

在市场经济条件下，出现了多种多样的商品形式，信息作为商品进入社会生产、分配、流通和消费各领域已经是社会经济发展不可或缺的先决条件。本章在探讨信息商品化与信息商品特性的基础上，分析信息商品的价值和使用价值，并重点讨论了信息商品的价格的理论基础以及信息商品的定价策略。

5.1 信息的商品化与信息商品

商品是社会经济发展到一定阶段的产物，而信息商品的出现也具有历史演进的色彩。物质商品在产生之初，其中已经包含有一定的信息成分，只不过信息所占的比重很小。当时人类活动还主要集中在满足生存需要的层面，物质资料的生产成为人类社会发展前期的主要活动，物质商品中所含的信息成分及其意义并未引起人们的重视。进入现代社会以后，随着社会分工的细化，体力劳动和脑力劳动分离，专门从事信息开发利用的行业开始形成，商品中信息的比重逐渐增大。这个时候，信息商品脱离了物质商品，从物质商品的附属成分演变成为一种全新的商品形态。知识产权专利制度的确立是独立于物质商品之外的信息商品正式得到社会承认的标志，现代通信技术和计算机网络技术则扩大了信息商品化的深度和广度，信息商品的地位得到了完全的确立。

从历史发展的宏观角度来看，信息的商品化是现代社会发展的必然趋势。从微观信息经济学的角度来考察，在经济活动中，市场信息的不完全和非对称使得市场信息具有了价值，也使得信息能够作为一种特殊的商品而存在。美国著名经济学家肯尼思·阿罗在其著作《信息经济学》①中提道："人们可以花费人力及财力来改变经济领域(以及社会生活的其他方面)所面临的不确定性，这种改变恰好就是信息的获得。不确定性具有经济成本，因而，不确定性的减少就是一项收益。所以，把信息作为一种经济物品来加以分析，既是可能的，也是非常重要的。"信息通过对不确定性的减少，来降低成本，提高经济效益，并获得了自身的市场价值。而这种信息在本质上是市场参加者私人占有的。因而，市场信息具备了用于交换的商品的条件。

按照马克思主义的观点，商品是用来交换，能满足人们一定需要的劳动产品。因此，某事物要成为商品，必须具备以下三个条件：①是劳动产品，②能满足人们的某种需要，③是用来交换的。商品是一种能满足人们需要的物品，因此，它具有使用价值；商品是劳动产品，在其中凝结着一般的人类劳动，因此，商品又具有价值。从一般意义来说，商品不仅包括有形形态的物品，还包括无形形态的服务。

信息商品是用来交换并满足人们某种需要的信息产品。信息商品具有信息功能，它一定包括某些私人信息，并且能够减少不确定性。信息商品是由赋予该商品外形的某种物质载体和负载于该载体之上的信息内容一起构成的。信息商品的物质载体是其形，而物质载体所负载的信息内容是信息商品的核，是信息商品具有信息功能的原因。

信息商品按照加工的深度不同，可以分为一次信息商品、二次信息商品和三次信息商品。信息商品按照载体可分为两大类：有形的信息商品和无形的信息服务。前者又分为出版物、机读产品、研究报告和声像产品；后者又分为文献服务、检索服务、咨询服务等类型。对于有物质载体的信息商品(如图书、软件、数据库等)，我们比较容易理解，而且关注的也比较多。而信息服务和信息咨询，由于其载体性不明显，我们往往容易忽略。在下面对信息商品进行讨论的过程中，我们也将信息服务纳入其中。

信息商品是非物质产品，具有一系列与物质商品不同的特征。同时，作为一种商品形态，信息商品也体现出商品本身的一些经济特性。正是这些特征使得信息商品在生产、交换和消费表现出不同经济现象和经济规律。

---

① Arrow, K.. *The Economics of Information* [M]. Washington D. C.: Basil Blackwell Limited, 1984.

5.2 信息商品的特性

5.2.1 信息商品的信息特性

(1)非物质性

任何信息都须有其物质载体，没有物质载体，信息就不能存在和传递。信息商品的非物质性是指信息商品的内容(即信息)不能脱离物质载体但独立于物质载体。换句话说，也就是信息商品的内容与载体形式无关，不论何种载体，信息都是等价的。例如，同一首歌曲，可以有磁带、CD、MP3等不同的存储形式，但其歌曲内容都是相同的，并不因载体不同而有所差别。因为人们在消费信息商品时，是对信息内容而不是物质载体进行消费。

(2)消费无损耗性

物质商品在消费和使用中是以自身的消耗和磨损为代价的。人类的消费行为把产品的独立形式毁掉，使之失去原来的使用价值，完成其作为商品的功能。这就是物质商品的消耗性。信息商品在使用和消费中表现为信息内容从一种物质载体转移到另一种物质载体，无论怎样转移，信息商品的使用价值和效用都不会消失，所以信息商品在有效时间内可以多次使用和多次买卖。这就是信息商品的消费无损耗性或称非消耗性。

与非消耗性对立的是信息商品的无形损耗。这种损耗并不是由于对信息商品本身的消费和利用而引起，一方面由于更为先进的同源产品的出现使得原来的信息商品价值下降。科技含量较高，以及时效性较强的信息商品的无形损耗尤为突出。如信息商品失去时效，就失去了使用价值和价值，如果再度流通使用，甚至会造成损失。

(3)非占有性

信息商品的非占有性也称共享性，这是由信息本身的共享性和信息商品的非物质性所决定的。物质商品的消费表现为占有和损耗，一方消费了，其他人就无法消费。信息商品在消费和使用中表现为载体的转换，在转换中商品的信息内容并不会因此而损耗。甲出让自己的信息商品给乙，乙获得了商品，而甲自己也仍然拥有商品中的信息内容。信息商品经过市场交换后，结果不是独占，而是更广范围内的共享。

(4)体验式商品特性

体验式商品是指消费者只通过产品名称和包装等外在信息很难对商品的质量与性能有准确的判断，必须通过自己的亲身体验，信息商品如新闻、电影、音乐、软件等都具有这种体验性商品的特性，只有被体验才能确定其价值。“体验”的过程同时也是信息商品消费的过程，这给信息商品的定价带来两难选择，如果让消费者体验后再付款，则消费者很可能会因为消费过程已经完成而拒绝支付；而如果先付费再消费，则消费者又会因为产品质量和性能的不确定性而不愿意付费。

5.2.2 信息商品的经济特征

(1)外部性

商品的生产和消费不仅给直接消费者和生产者带来了收益和成本，还给其他人带来了收益和成本，这就叫外部效应。负外部效应是指除生产的直接成本外，还“强加”了外部成本给社会其他成员，却未通过价格机制体现出来，从而直接减少了他人的收益，如环境污染、拥挤的街道、过量的宣传邮件等都是负外部效应的典型例子。正外部效应是指除带给直接生产者和消费者收益之外，还增加了社会其他成员的收益，如教育、好消息、传染病的公共预防等。无论是正外部效应还是负外部效应，市场价格都不考虑“强加”给社会其他成员的外部收益或外部成本。因此，消费者和生产者做出的决策无法反映商品和服务的全部社会收益和社会成本，结果是产出的社会效率水平偏离市场均衡状态。

信息商品和信息服务也具有外部效应。当信息商品的消费强加给那些不希望消费该商品的人时，信息商品就产生了负外部效应。例如，电子邮箱中过量的宣传邮件。这些邮件通过自动寻址分发的方式发送到用户的邮箱，不管用户愿意不愿意，他都得接受。大量的宣传邮件不仅占用了邮箱空间，而且给用户带来了额外的成本，包括打开阅读并删除邮件的时间成本，以及产生厌恶情绪的心理成本。此外，一些信息商品和服务也能给间接消费者带来收益，例如一本有教育意义的好书，通过传阅共享，除了书的主人以外的其他消费者也可以从书中获取知识，受到教育，对这些人来说，这显然是一种正外部效应。

下面我们分别对信息商品和信息服务的负外部效应和正外部效应加以讨论。

首先来看信息商品和服务的负外部效应。信息市场中负外部效应的例子有很多，以宣传电子邮件为例。电子邮箱中的宣传邮件大多为一些商家的宣传广告和促销活动通告。这些内容给一些人带来了有用信息，但对于不想花时间来阅读这些邮件的人来说，这无疑是一种负外部效应。宣传电邮的产生和消费给两种人带来了成本。一类是参与生产和分发邮件的人，对于他们来说，成本主要包括邮件地址的收集获取成本，以及发送邮件的成本。在网络环境下，邮件发送的成本是极其微小的，有时仅仅只是时间的成本。另一类是对邮件不感兴趣而不愿花时间去阅读的人，对他们而言，删除邮件所花费的时间以及厌恶情绪的心理成本都是额外的成本。

图 5-1 和图 5-2 表示宣传电子邮件的边际外部成本和社会效率水平。假设每封宣传电邮的生产和发送成本是 0. 30 元，即边际成本（Marginal Cost，MC）为 0. 30 元。同时假定，每一封邮件要花 30 秒钟来打开阅读和删除，而人们时间的平均机会成本的平均价值为 18 元/小时，则每封宣传电邮的边际外部成本（Marginal External Cost，MEC）为 18÷60÷2＝0. 15 元。这时，每封宣传电邮的实际成本，即边际社会成本（Marginal Social Cost，MSC）就等于邮件发送方的边际成本和邮件接收方的边际外部成本之和，即 MSC＝MC+MEC＝0. 30+0. 15+0. 45 元。

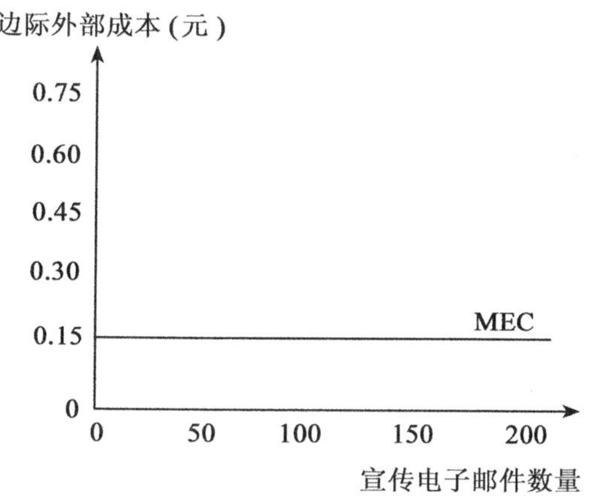

图 5-1　宣传电子邮件的边际外部成本

一般情况下，每一封追加发送的邮件的边际利润是在下降的，因而邮件的边际收益曲线 MB（Marginal Benefit）向下倾斜（见图 5-2）。如果不考虑邮件的边际外部成本，则宣传电邮的均衡产量 Q^* 位于边际成本（供给）曲线 MC 和边际收益（需求）曲线 MB 的交会点。在这点上，邮件发送方可以实现利润最大化。如果考虑邮件的边际外部成本，则每封邮件的边际社会成本应是 0. 45 元（发送成本 0. 30 元+外部成本 0. 15 元）。这时，社会最优的宣传电子邮件数量为 Q，Q 点位于边际社会成本曲线 MSC 和边际收益曲线 MB 的交汇点。很明显，$Q<Q^*$，说明具有负外部效应的信息商品和服务往往会导致过量生产。在数量 Q 和 Q^* 之间发送的邮件的边际社会成本超过邮件发送方的

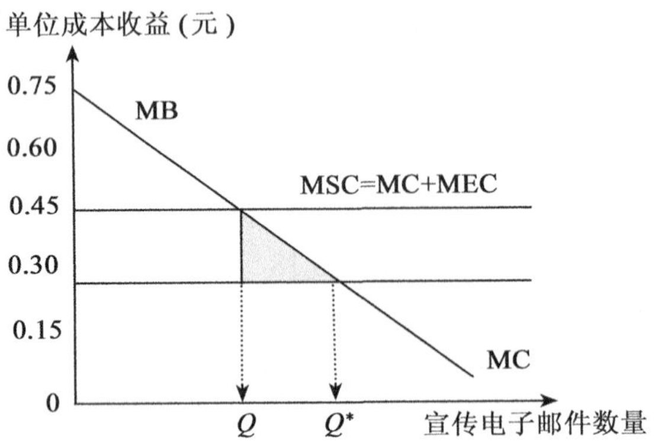

图 5-2　宣传电子邮件的均衡和效率水平

边际收益。图 5-2 中阴影部分代表了社会效率损失。如果在 Q 和 Q^* 之间的邮件不发送，则可以减轻社会所负担的成本。

除了负外部效应之外，信息商品和信息服务还具有正外部效应。我们可以一本优秀的图书为例。假设购买图书要花费 15 元，阅读该书需要 2 个小时，个人平均每小时的收入为 18 元，即时间的平均机会成本的平均价值为 18 元/小时，则阅读图书的边际成本 MC 为买书的费用与阅读图书所花的机会成本之和，表示为 $15+18\times2=51$ 元。再假定阅读该书的边际外部收益 MEB 为 15 元(比如说其他人通过阅读获得了知识，受到了良好的教育)。此时，阅读该书的边际外部收益和社会效率见图 5-3 和图 5-4。

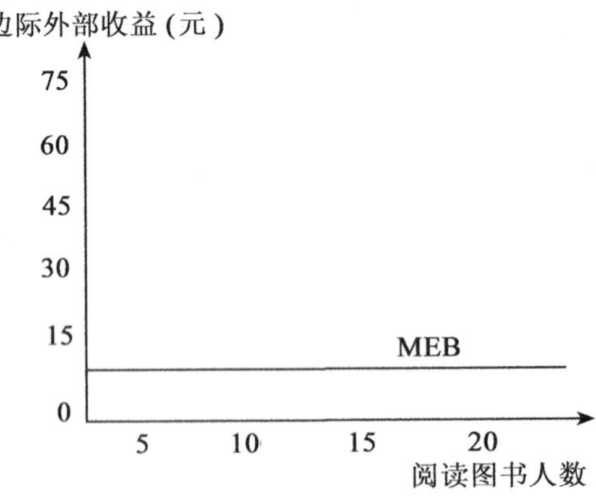

图 5-3　阅读图书的边际外部收益

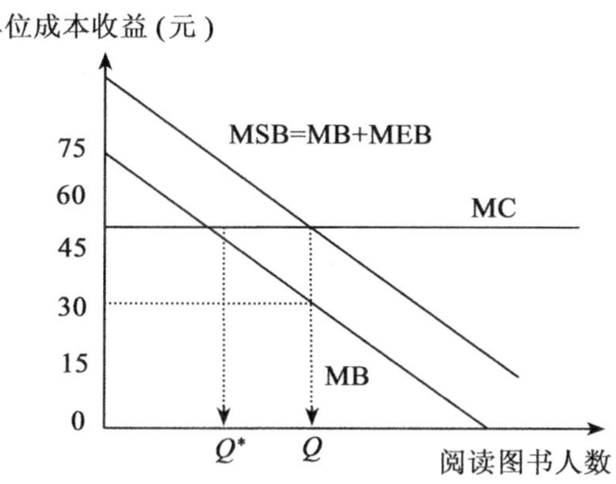

图 5-4 阅读图书的均衡和社会效率

图 5-4 中，边际收益曲线 MB 表示书的主人的直接收益。阅读图书的边际社会收益 MSB 是书的主人的直接收益 MB 加上对其他阅读者的正外部效应 MEB。此时，边际成本曲线 MC 与边际社会收益曲线 MSB 的交点所对应的数量 Q 为社会效率水平，$Q>Q^*$，说明市场均衡阅读规模低于社会效率水平的阅读规模。与负外部效应相反，具有正外部效应的信息商品和信息服务往往会出现生产不足，导致市场均衡数量低于社会最优水平。

以上分别讨论了信息商品和服务所具有的外部性特征。在现实生活中，信息商品和服务一般都是正、负外部效应兼有，对于一些人来说的正外部效应，对另一些人而言却可能是负外部效应。当两种外部效应同时存在时，通常由正、负外部效应的大小对比来分析信息商品和服务的社会效率水平。如果正外部效应大于负外部效应，则产出的社会效率水平高于市场均衡水平，表现为产量不足（见图 5-5(a)）；反之，则产出的社会效率水平低于市场均衡水平，表现为过量生产（见图 5-5(b)）；如果正、负外部效应相等，则产出的社会效率水平等于市场均衡水平（见图 5-5(c)）。

(2) 网络效应

信息商品存在着互联的内在需要，因为人们生产和使用它们的目的就是更好地收集和交流信息。这种需求的满足程度与网络的规模密切相关。只有一名用户的网络是毫无价值的。如果网络中只有少数用户，他们不仅要承担高昂的运营成本，而且只能与数量有限的人交流信息和使用经验。随着用户数量的增加，这种不利于规模经济的情况将不断得到改善，每名用户承担的成本将持续下降，同时信息和经验交流的范围得到扩大，所有用户都可能从

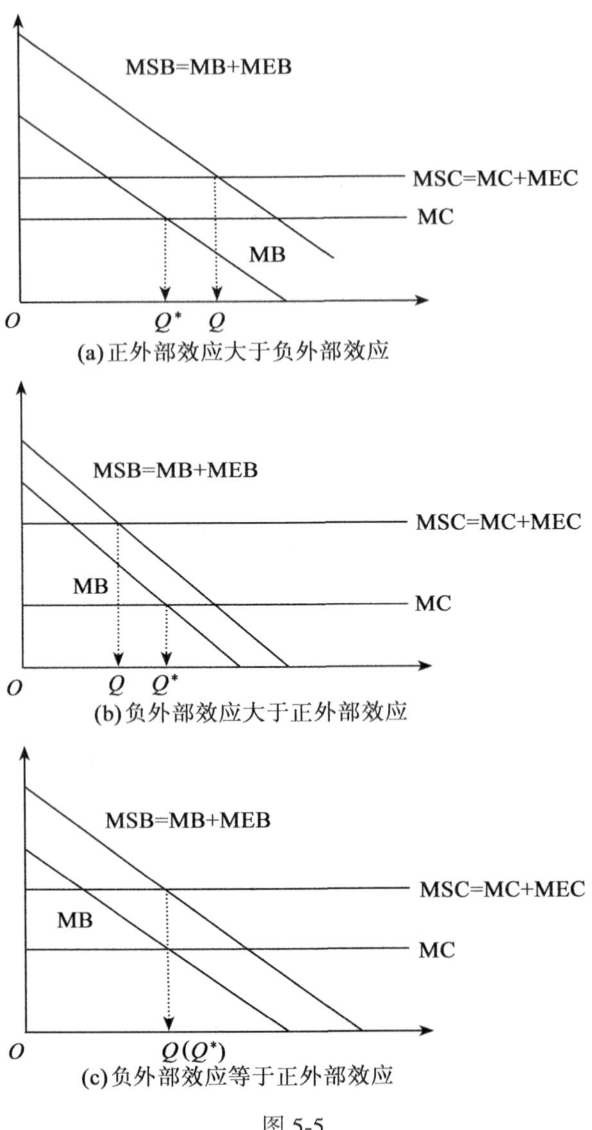

图 5-5

网络规模的扩大中获得了更大的价值。此时，网络的价值呈几何级数增长。在这种情况，即某种产品对一名用户的价值取决于使用该产品的其他用户的数量，在经济学中称为网络外部性(Network Externality)，或称网络效应。

网络效应可以分为“直接网络效应”和“间接网络效应”两种。前者即上述的由互联需求带来的网络效应，而后者则与互补产品有关。例如，某个用户购买的DVD对其他用户的DVD机的价值没有直接影响，然而拥有DVD机的人越多，娱乐业制造的DVD介质产品也会越多，结果所有用户都将从中获益。因此从经济联系的角度来看，该用户购买的DVD机将给其他用户带来额外价值。与直接网络效应不同，间接网络效应是信息产业所特有的。当前最典型的例子包括宽带网络和在网络上提供的服务内容，以及3G通信标准和为该标准设计的服务内容。在这两个例子中，对基础设施的需求取决于在其上面运行的程序的丰富程度。另一方面，规模更大的基础设施将吸引更多的企业来开发运行于其上的服务内容。当前宽带网和新一代无线通信标准发展速度都没有人们预料得那么快，其关键就在于要出现一个运行在上面有市场规模的基本应用偏好。视频点播、交互式电视、移动商务等都是候选方案，不过这背后也隐藏着巨大的风险。

当某种产品的直接网络效应充分体现时，用户可以得到规模经济的好处。这种规模经济被称为买方规模经济，它和前面所讨论的卖方规模经济相对应。在卖方规模经济的条件下，平均成本随着规模的增加而降低，而在买方规模经济的条件下，平均收入(用户获得的价值)随着规模的增加而增加。

网络效应(买方规模经济)带来的最直接影响是正反馈。当某种具有网络效应的产品刚刚投入市场时，从用户的角度考虑，由于要面对前述不利因素，所以用户群必定很小。初期的用户大多数是技术爱好者和高收入者等对价格不敏感的人。此时市场容量的增长是一个相对缓慢的过程。然而，随着用户数的增多，上述障碍将被逐步消除，越来越多的人会从效益、利益示范中发现该产品是值得购买的。当用户数量达到某个临界容量后，该产品将正式进入大众市场，开始超常发展阶段，可见，能否在早期获得更多用户的支持，进入向上的正反馈，对于厂商具有重要的意义。

这一具有网络效应产品的供给与需求的市场过程可用图5-6来表示。

在图5-6中，a表示供给曲线，是一条平行于水平轴的直线，其高度为生产商的边际成本，也是厂商能够承受的价格下限。b表示需求曲线，为峰形曲线，它反映随着产品用户群规模的变化，新用户相应愿意承担的价格，即边际支付意愿。该曲线前半段的上升来自于网络外部性带来的用户边际支付意愿的上升；后半段曲线下降则是由于信息商品在上市之后竞争逐渐加剧，同时产品内含的技术逐渐过时，因此用户的边际支付意愿最终也将下降。图中供给和需求曲线有两个交点M和N，它们代表了用户边际支付意愿等于厂商价格下限的情况，是稳定的。加上O点，即产品完全不被接受的情况，共有3个稳定点。除此之外的情况都是不稳定的，具体

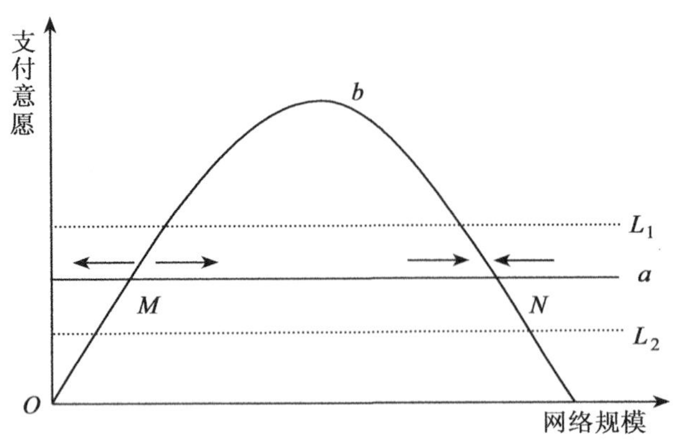

图 5-6　具有网络效应的产品的供给与需求

博弈结构如下。

①在 O 点到 M 点之间，用户的支付意愿小于必须支付的价格，可以说是吃亏的。此时吸引新用户加入相当困难，而老用户随时都有退出的可能。因此这一阶段对于厂商来说是风险最大的。

②在 M 点到 N 点之间，用户的支付意愿大于应付的价格，也就是说从产品的购买中获得了额外收益。此时正反馈将促使越来越多的消费者将踊跃加入用户行列，厂商因此而获得丰厚的回报。

③在 N 点之后，由于竞争的加剧，新产品的出现，用户的支付意愿重新降到价格线以下，购买产品又成为不合算的事。产品市场由此开始萎缩，进入衰退期。图中 M 点所对应的用户规模就是前面提到的“临界点”。如果产品无法突破该临界点，那就只能退回到零供给、零需求的无市场交易点。

从图 5-6 我们还能发现下列问题：

①上述过程实际上可能是动态变化的。例如在某些行业(如传真机行业)产品的价格相当高，但随着时间的推移会逐步降低。如图中的虚线 L_1 所示，临界点将变得越来越低。这样，即使初期用户数量增长并不显著，但是最终可能由于偶然的销售额波动，或者厂商的某次促销活动，用户规模终于超越了临界点。

②在 M、N 之间区段，用户的支付意愿大于现行价格，这给厂商一个机会，提高价格以获取更多利润。此时供给曲线上移到图 12. 6 中的虚线 L_2 位置。用户由于仍能够获得额外收益，所以会继续使用产品，而厂商的利润将获得提高。不过这一行为也存在着潜在风险，因为此时临界点 M 也相应右

移了，倘若价格升幅过猛，那么可能出现用户规模重新低于临界点的情况，这意味着正反馈有可能向反方向转变。

③当存在网络规模经济效应的时候，早期用户对产品的评价要比后期的用户低得多，因此卖方应该向他们提供更低（甚至低于边际成本）的价格作为补偿，这也就是通常所称的“渗透定价”。

④当市场规模突破临界点进入大众市场之后，正反馈效应将为厂商提供重要的竞争优势，在不断吸引新用户的同时，客观上起到削弱竞争对手的作用。这是因为，用户总是尽量规避有风险失败的产品，而选择那些前景明朗的供应商。这样竞争者就更难吸引到足够用户以步入正反馈。

(3)准公共物品性

这里先介绍两个相关概念：排他性和竞争性。排他性是一种可以阻止一个人使用一种物品时该物品的属性，突出的表现就是收费。竞争性是一个人使用一种物品会减少其他人使用时的该物品的特征。根据这两个特征我们可以将物品分为两大类：私人物品和公共物品。

私人物品是既具有排他性又具有竞争性的物品，如苹果和巧克力。这类物品在被消费时，意味着其他人不能同时消费，而且如果一个人消费得多，必然会引起其他人对该物品消费量的减少。

所谓公共物品，是指不被一个人消费的商品，又可分为纯粹的公共物品和准公共物品。其中，纯粹公共物品是既无排他性又无竞争性的物品，如国防、基础研究等。准公共物品根据物品对排他性和竞争性侧重的不同，分为两类：①有竞争性但无排他性的物品，如海洋中的鱼、不收费的道路等。②有排他性但无竞争性的物品，如有线电视、收费的道路等（见表5-1）。

表5-1　**公共物品的例子**

项目	排他性	非排他性
竞争性	私人物品 牛奶、面包、巧克力	准公共物品 海洋中的鱼、放牧的草地
非竞争性	准公共物品 消防、有线电视、收费道路	纯粹公共物品 灯塔、国防、公共道路

信息资源具有许多其他资源无法替代的经济功能，其中共享性和消费无损耗性是信息资源的两个重要特征，这就决定了信息商品和信息服务具有公共物品的非竞争性和非排他性的特点。以图书为例，许多人都可以通过对图

书的阅读而从中受益，而且一部分人的受益并不会明显减少另一部分人的受益。因而，图书在消费过程中具有非竞争性。其他的信息商品也具有这样的特性。

在排他性方面，由于信息商品的生产具有较高的首稿成本(first-copy cost)和较低的边际成本，使得任何一个消费者都可以指望“搭便车”，从信息消费中获得收益而回避为此付费。而且，排斥“免费乘车”行为的成本通常又比较昂贵。因此，信息具有一定的非排他性。但与“灯塔”这种纯粹的公共物品相比，信息商品的使用还可以通过一些手段进行控制。随着科学技术的不断进步，公共物品消费的排他性变得可行，排他的成本也逐渐降低。我们看到，现在的一些信息仍是以免费的方式在提供，如一些公益信息和普通的医疗保健信息。而越来越多的信息商品和信息服务已经开始采取收费方式，即使单纯的“信息”免费，提供方也会在相关的其他方面获益。在这个意义上，信息商品和服务作为公共物品，可以是排他性的，也可以是非排他性的。所以信息并不是一件纯粹的公共物品，而更像是一件“准公共物品”。而在现实生活中，纯粹的公共物品越来越稀少，对于公共物品的判断也越发集中在非竞争性的特征上面，非竞争性的含义也由此得到了扩展，主要包括两个方面：

①边际生产成本为零。这里所说的边际成本，是指每增加一个消费者对供给者带来的边际成本，而非原来所说的产量增加导致的边际成本。

②边际拥挤成本为零。每个消费者的消费都不影响其他消费者的消费数量和质量，这种产品是共同消费的，但不存在消费中的拥挤现象。

根据上面非竞争性含义的扩展，我们按公共物品的特征将部分信息商品及服务进行细分，见表5-2。

表5-2　**信息商品及服务的例子**

项目	边际生产成本=0 边际拥挤成本=0	边际生产成本=0 边际拥挤成本≠0	边际生产成本≠0 边际拥挤成本=0
排他性	电影、音像制品、有线电视、书店的图书、正版软件、咨询报告	黄金时段上公共网	高等教育
非排他性	电视、广播、图书馆阅览、共享软件	学生使用校园网	义务教育

我们知道，商品要用来交换，因而信息商品一般都具有一定的排他性。所以大部分的信息商品和服务属于排他性与非竞争性的准公共物品，对信息商品及服务的经济分析应遵循对公共物品的经济分析。对于这部分内容，我们将在第六章信息商品的流通中具体介绍。

(4)规模经济与自然垄断

信息商品的成本是指信息商品在研发、生产、加工和销售过程中所发生的各种费用。信息商品的成本结构与物质商品相比具有特殊性，即高固定成本，低边际成本。这在软件、数据库等知识型信息商品中表现得尤为突出。这类产品在前期的研发阶段中往往需要投入高额的资金和人力，且大多属于沉没成本，而一旦母本生产出来，再追加生产一个单位产品的边际成本就非常低廉。特别在网络环境下，以数字形式进行商品销售，销售成本呈下降趋势，“首稿成本”在总成本中所占的比例更大。Varian 发现信息商品的首稿成本均超过了总成本的 70%。生产的数量越多，生产的平均成本越低，并不断接近于边际成本。① 图 5-7、图 5-8 分别显示了物质商品和信息商品的平均成本曲线(AC)和边际成本曲线(MC)随产量(Q)的变化而变化的趋势。

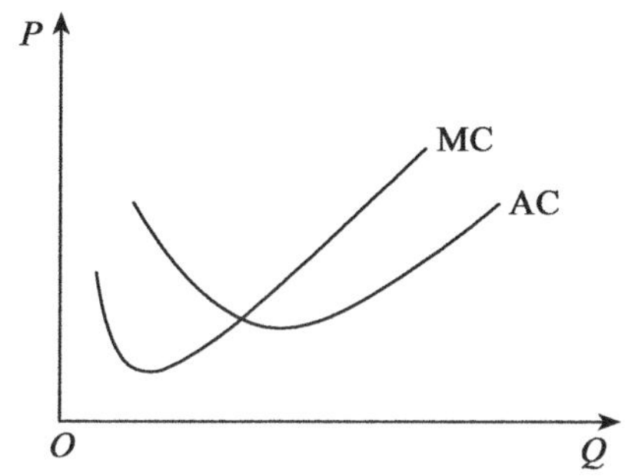

图 5-7 物质商品的边际成本和平均成本

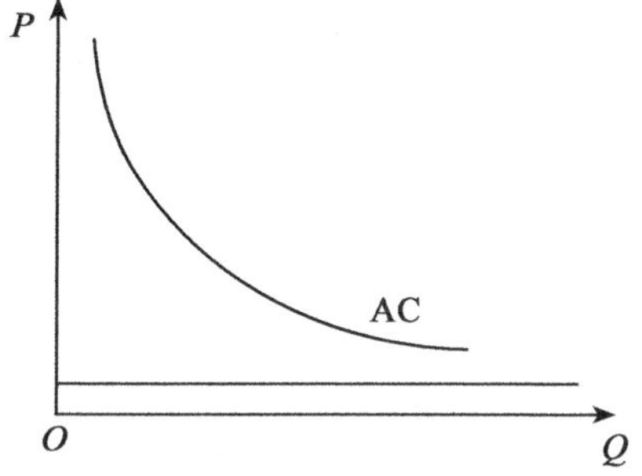

图 5-8 信息商品的边际成本和平均成本

这一特殊的成本结构使信息商品具有规模经济和自然垄断的经济特性。

所谓规模经济是指随着企业或行业生产规模的扩大，产出的增长快于成本的增加，因而，规模经济反映的是企业长期平均成本下降的趋势。由于信息商品的边际成本非常小，有时几乎可以忽略不计，随着产品产量的增加，商品的平均成本 AC 下降，且接近于边际成本。这种特殊的成本结构使厂商具备了无限扩大生产规模的条件，因而，信息商品的生产具有明显的规模效

① Carl Shapiro, Hal R. Varian. *Information Rules: A Strategic Guide to the Network Economy*[M]. Harvard Business Press, 1998.

应，规模越大，产品的平均成本越低，信息商品生产商由此而普遍具有了扩大生产规模的意愿。

尤其是网络信息产品为数字化产品，技术上可以无限复制，增加产量的边际成本可以为零，规模经济在一定范围内甚至可以趋向于无穷大。如果产品是以光盘等物理介质为载体的话，边际成本就是载体本身和包装、物流等成本，而如果产品以网络浏览、下载等方式销售，则不需要任何包装物流成本。在具有零边际成本的同时，网络信息产品生产中的固定成本却很高，该行业中的固定成本主要包括设备和人力资源两部分，较强的资产专用性使得这两部分固定成本的沉没性都很高。

除了规模效应外，信息商品的成本结构还导致了自然垄断的产生。零边际成本的特性使得信息商品可以无限扩大产量以逐渐降低平均成本，而这个产量完全可以满足整个市场的需要，因此信息商品市场存在自然垄断。自然垄断为企业提供了垄断势力，垄断企业既可以制定高于平均成本的价格以尽快收回投资，也可以用低价格来阻止市场后继竞争者的进入。这样，在信息商品生产领域就造成了较高的行业壁垒，先进入的商家可以凭借前期的大量投资和后期规模生产的优势令后继的竞争者望而却步，从而形成自然垄断。

信息商品的垄断性还表现在人为垄断方面，即信息商品具有人为约定性。信息商品的生产主要是知识的生产，生产者要投入较高的时间和精力。而与此同时，较低的边际成本又使得这些具有高首稿成本的信息商品极易被复制，这样必然损害到商品生产者的利益。因而，通过人为约定的法律来保护知识财产，以保障知识信息商品生产者的积极性和创作欲望。在知识产权法律的保护下，信息商品就成为具有非自然垄断特性的商品，知识生产者也由此成为价格的制定者。

无论是自然垄断还是非自然(人为)垄断，信息商品生产者都可以制定无效的高价格，致使垄断的产量小于竞争市场的产量，导致效率损失的出现和社会福利的降低，从而引起信息市场失灵。这部分内容将在后面的章节中具体介绍。

(5)不完全性与非对称性

本章第一节在介绍信息的商品化时曾提到，在经济市场中，信息的不完全性与非对称性在信息市场中是广泛存在的，它使得市场信息具有了价值，也使得信息能够成为一种特殊的商品而存在。可以说，不完全性与非对称性是市场信息与生俱来的特性。

传统的经济理论认为，市场上的所有经济行为者都拥有经济环境状态的全部知识，例如用户完全了解商品的质量，价格行情，而生产商则完全掌握市场的动态以及用户的消费偏好等。在这种完全信息的状态下，市场参加者所做出的决策都是最优的决策。然而，事实并非如此。在实际的经济活动中，信息是不完全、不确定的，完全信息的条件只是一个理想的假设。不完全信息理论的引入打破了传统经济理论的框架，为经济活动和经济行为分析提供了更为现实和完善的视角。

以上所介绍的信息商品的五种特性：公共物品性、外部性、网络效应、垄断性和不完全性，既是信息商品所具有的经济特征，同时也是引发信息市场失灵的主要原因。

5.3 信息商品的价值

马克思主义经济学认为，商品是使用价值和价值的矛盾统一体，信息作为商品也不例外。信息商品的使用价值是指信息商品所包含的信息内容的自然属性，即能够为消费者带来一定的效用或满足程度的性质。例如，图书和期刊能够满足人们阅读并从中获取知识的需要，而计算机软件能够使人们操作计算机并运行相关程序。使用价值是信息商品的自然属性，要在消费中才得到实现。信息商品的价值与物质商品相同，都是指凝结在商品中的抽象的、无差别的一般人类劳动，它是信息商品的社会属性，体现出信息生产者和信息需求者之间劳动交换的关系。

信息商品具有使用价值和价值两种属性，与物质商品一样，是由生产信息商品的劳动两重性引起的。满足人们各种需要的信息产品的使用价值，是由信息生产者的具体劳动创造出来的，这些具体劳动的目的、方式、对象、手段各不相同，正是这些各不相同的具体劳动，生产出信息商品不同的使用价值。另一方面，信息生产者的劳动，不论其具体形态有何不同，差异有多大，但都有一个共同点：它们都是无差别的人类劳动，都是人类劳动力的耗费，都是人的脑力和体力在生产中消耗，即都是抽象劳动。正是这种抽象劳动的凝结，形成了信息商品的价值实体。

物质形态商品的使用价值是由构成该商品物质的属性体现出来的，而信息商品的使用价值是由它的内容和信息量体现的；物质商品的物质属性是客观存在的，信息商品的内容和信息量也是客观存在的。同时，信息的内容和信息量又是人类劳动的产物，其中凝结着一定量的人类劳动，只要信息的内容和信息量一旦形成，信息的使用价值和价值以及两者之间的静态关系也就相应地固定下来了。因此，我们说，信息商品的使用价值是价值的承担者，即信息商品仍然是使用价值和价值的内在统一体。

从商品的角度看，信息商品与其他物质商品之间没有什么本质的区别，都具有商品的基本属性。而从信息的角度看，信息商品与非信息商品不同，它是一种特殊的商品形态，其使用价值和价值都具有其他物质商品所不具备的特性。

5.3.1 信息商品的使用价值

与其他非信息及物质商品相比，信息商品的使用价值具有以下显著特征：

(1)共享性或非对称性

对于物质形态的商品来说，商品体本身就是使用价值，或者准确地说，是对使用价值的限定。商品的使用价值和价值的统一性表现在使用价值是价值的物质承担者，物质商品的这种使用价值和价值之间的静态关系是绝对的、明确的、固定的，因此物质商品的交换是对称的，在商品交换的过程中，卖方出售商品，他在失去商品使用价值的同时得到了商品的价值(表现为买者所支付的货币或其他商品上)；而买方在获取了该商品使用价值的同时失去了等同于该商品的价值。买卖双方在平等的地位上以一手交钱、一手交货的方式进行等价交换，商品交换对于双方是对称的，而使用价值和价值在同一件商品中是统一的，同时又具有排他性。

信息商品与非信息商品在使用价值上的一个显著差别是其使用价值的共享性或非对称性。由于信息商品对其物质载体的独立性，信息商品通常不具备固定的有形外壳，其商品体不代表使用价值，不能对使用价值形成限定。信息商品的使用价值是由信息内容来体现的。在信息商品的交换过程中，卖方在出售信息商品之后，不仅能够获得等同于该信息商品价值量的价值，而且仍拥有该信息商品的使用价值；而买方在得到信息商品的使用价值的同时要支付等同于该信息商品价值量的价值。

物质商品虽然也可能在不同时间为不同的人使用，但其使用价值在同一时间内只能为一个使用者占有。而信息商品由于具有共享性，生产者在通过交易活动实现其价值的同时，仍然可以占有其使用价值，而且还可以多次出售或多次转手从其他购买者那里得到补偿价值。信息商品的这种特性使得传统的经济学分析方法很难解释，甚至因此而否定信息商品的价值和使用价值之间的排他性和对立性。事实上，信息商品价值和使用价值之间的排他性和对立性仍然存在，只不过由于信息商品本身的特殊性使得这种排他性和对立性具有不同的表现形态。

在商品交换中，生产者可以只让渡信息商品的有限度的使用价值，也可以让渡全部的使用价值。如果生产者只让渡了信息商品的一部分使用价值，他从使用者那里得到了相应的价值补偿，同时仍然拥有商品的"版权"，那么，使用者就只能享用信息商品有限度的使用价值，而不得再次转让。如果购买者是以高价购买了信息商品的全部使用价值，生产者得到了全部的价值补偿，但却失去了再次出售该信息商品的权利。这就是信息商品的使用价值和价值的排他性与对立性。与物质商品不同的是，信息商品的使用价值和价值之间的这种对立性和排他性是由法律和人为的约定来保证。

(2)潜在性

一般物质商品的使用价值通常是由它们的具体物质形态直接表现出来的，人们可以直接根据这些外在的表现来判断其效用。而信息商品具有非物质性，其中所包含的信息内容与物质载体形式无关，信息商品的使用价值并不由其载体或外在形式表现。此外，信息商品多属知识型或智能型商品，因而信息商品的使用价值是潜在的，其商品使用价值的实现还依赖于使用者自身的素质和努力程度。

(3)层次性

信息商品的生产与生产者素质和生产方式有关，生产者素质的高低和生产方式的先进程度决定了信息商品使用价值的层次。在信息商品的消费方面，与消费者素质和消费方式有关，消费者素质的高低和消费方式的差异，又使消费者从商品消费中所获得的满足程度有所不同。因而，信息商品的使用价值在生产和消费上表现出非常明显的层次性。

(4)时效性

物质商品的使用价值都较为固定，这些商品的价格会随着供求关系的变化而变化，但其使用价值却是相对不变的。而信息商品与此不同，它的使用价值很大程度上取决于其信息内容对使用者的有用性。信息商品的生产和消费具有累积性和再生性，这意味着信息商品生产劳动的本质就是创新，创新当然存在一定的风险，创新也存在一定的时间区间内。因而信息商品的使用价值具有很强的时效性和不确定性。尤其在当今的信息社会中，这种时效性表现得更为明显。

5.3.2 信息商品的价值及其表现形式

由于信息商品本身及其生产过程在很多方面不同于物质商品，其商品价值的表现形态和内容也更为复杂和特殊。我们可以从以下三个方面来对信息商品的价值进行考察。

(1)效用价值

效用价值是指信息商品货币化的使用价值，即在有信息和无信息两种情况下产生的决策结果在经济上的比较。根据贝叶斯法则，信息存在的意义在于它能“修正”先验信息的概率，减少个体决策的不确定性，有利于最佳的行为的产生，从而增加使用者的预期效用。信息商品的效用价值正好等于该商品所包含的信息量。

最简单的例子是天气预报，这一信息服务的价值在于它可以减少我们在下雨天没带雨伞的可能性，或者减少我们在晴天却累赘地带了雨伞的可能性，从而便于我们做出最佳出行决策。正是因为接收天气预报增加了我们最优行为的效用预期，所以说天气预报是有价值的。我们可以将这个例子数值化。

小王要外出，但是他不知道天气是晴(S)还是雨(R)，如果是雨(R)，小王会选择带一把雨伞(Y)，如果天晴(S)，他将选择不带雨伞(N)。小王在雨天带对伞的效用为1，带错了的伞的效用为-1。在缺少任何其他信息的情况下，S 和 R 的可能性各占一半。小王带对伞(SN，RY)和带错伞(SY，RN)的可能性也各占一半。在没有天气预报可以参考的情况下，小王无论带不带伞出行，他的预期效用 $U_0=0[=(1/2)(1)+(1/2)(-1)]$。如果小王依据天气预报 i 做出行准备，假设天气预报预测下雨的可能性为3/4，用 U_i 表示天气预报 i 为小王带来的效用，此时，$U_i=(3/4)(1)+(1/4)(-1)=0.5$。此时，两种效用水平的差额 $U_i-U_0=0.5-0=0.5$，这就是天气预报的效用价值。

(2)费用价值

与所有商品一样，信息商品的价值形成过程与生产该信息商品的劳动过程密切相关。信息商品的价值仍可表达为下式：

$$W=C+V+M$$

式中，W 为商品的价值，C 为不变资本(也称为转移价值)，V 为可变资本(也称为必要劳动)，M 为剩余价值。与一般物质商品不同，构成信息商品劳动价值的这三部分具有了新的含义，包含了更为复杂的难以计量的内容和成分。其中“C”的部分，应该包括生产信息商品时消耗的全部物化劳动投入，如实验仪器设备，信息处理传输设备的折旧，流动费用的消耗，信息累积价值，社会所提供的全部公用条件(如图书馆、情报资料)费用的分摊，国家所花费的全部培训费用的分摊，知识信息生产者个人支出的全部学习费用的分摊等。这一切的预先投入，为知识生产者进行信息产品的生产创造了客观条件。“V”的部分，考虑到信息生产者劳动消耗的两重性，不仅应包括等同于同类性质的体力劳动者所支出的 V(体)的部分，还应加上他们所支付的具有创造性的脑力劳动的部分，即 V(脑)。一般情况下，V(脑)部分的价值量应远远大于 V(体)部分的价值量。"M"部分是信息生产者贡献给社会的巨大效益和价值。M 部分的测算十分困难，因为我们不知道信息商品有多少次被利用，每次利用创造了多少效益和价值。但从许多技术成果、优秀设计、软件和信息咨询为国家节约或创造的巨额财富来看，信息商品中的"M"部分是远远大于"$C+V$"部分的一块巨大价值。

上述关于信息商品的价值量分析具有一般性，但在具体分析测度时，还必须考虑到不同类型、不同层次的信息商品的性质和特征，才能得出较为正确的结论。

(3)效益价值

信息商品的效益价值是指信息商品的效用与费用的比较。任何信息商品都具有效用，这种效用能给使用者带来收益或经济所得；而生产信息商品也必须耗费一定的费用(成本)支出，如原材料消耗、资金投入、信息要素投入等。把信息商品使用所获得的经济所得与信息商品的生产所支付的成本进行比较，可以得到一个差额或比率，即绝对效益或相对效益，这就是信息商品的效益价值。

信息商品的效益价值除货币的特性外，在量上相当于信息商品劳动价值中的第三部分，即剩余价值"M"部分。但两者的差别在于，效益价值是用来计算信息商品的经济所得，而信息商品劳动价值中的 M 还体现着信息商品生产过程中人与人之间的关系。

信息商品的效益价值和效用价值实质上都是信息商品货币化的使用价值，信息商品的效益价值在绝对量上比信息商品的效用价值小，因为前者扣除了成本，即效益是信息商品在消费中实现的那部分效用，是净效益。

5.3.3 信息的负价值

信息本质上具有正价值，但同时也会产生负价值。概括而言，信息的负价值主要存在以下三种情形①：

(1)公共知识(public knowledge)

当一则信息成为公共知识，即其他人知道某人拥有该信息，这一公共知识很可能具有负价值，从而对个体产生负面影响。如生日前已经提前知道朋友为自己精心准备了礼物，那接受礼物时的惊喜就会大打折扣。也就是说，

① Urs Birchler, Monika Butler. *Information Economics*[M]. Routledge, 2007.

当信息只能通过公共知识的形式来获得的时候，它往往具有负价值。如每个人都想知道自己的健康状况，但不是每个人都希望自己的健康状况“人所共知”，或许他会因此失去健康保险或者工作。

(2)策略忽视(strategic ignorance)

现实生活中，将所有的因素考虑周全常会使人畏缩，而忽视工作的难度及个人能力的局限则往往可以帮我们达成目标。完全信息相对于不完全信息(策略忽视)产生了行为在时间上的不一致，而这种不一致使完全信息同样具有负面价值。经济学家已经开始建立模型去研究类似的有限理性的现象，例如策略忽视。

(3)信息热爱/信息厌恶(information love or information aversion)

信息具有正面或者负面价值取决于它具有正面还是负面的效用功能。如果个体风险厌恶的程度和跨期弹性替代(elasticity of intertemporal substitution)的程度不一致，个体便会成为信息热爱者或信息厌恶者。相应地，信息便具有了正面或是负面的价值。

5.3.4 信息商品的价值实现

信息商品的价值实现是要通过市场交换完成的，即将信息产品投放到市场上，通过交换将其使用价值转换为价值。

信息商品价值的判断标准是多重的。因为信息商品既具有一般产品的商品属性，还具有其他产品所不具有的公益属性。因此信息商品价值实现的评判标准主要有商品经济标准以及公益经济标准。从商品经济角度来看，信息商品价值实现的标准和物质产品价值实现评判标准并无二致，即根据市场需求生产产品，以期实现利润的最大化。因此，在商品经济环境下，通过劳动生产出来的信息商品，要实现其价值，就要使这些产品进入市场进行交换，这样，信息商品就转换为市场经济范畴下的商品。信息商品主要通过直接和间接的市场交换以期达到利润最大化这个商品经济标准的。信息商品价值实现的另外一个评判标准就是公益标准。信息从多个方面满足了现代人类的需求，信息是人类知识增长、经济繁荣的催化剂，信息商品和服务水平是社会整体发展水平的重要标志，是国家发展战略规划不可忽视的重要方面。信息商品不可避免地被赋予了公益属性。从本质上看，这应该是超越任何政党利益、政治利益，以及商业利益的一种资源配置。

信息商品的价值实现包括如下过程：研究发展(R&D)、生产(复制)、分销(营销)和消费。其中，研发实现了商品的使用价值，生产和分销增加了商品的费用价值，消费实现了产品的效用和效益价值。信息商品价值实现的过程就是商品流通的过程，信息在流动过程中出现在量上、质上和价值上的递增变化，进一步实现了信息价值的增值。

要促进信息商品的价值实现和增值，需要采取挖掘消费者的个性化信息需求、要建立以价格差异化为特征的市场价值实现机制、通过立法及优惠政策促进信息商品生产，完善市场机制以解决信息商品交易中的信息不对称等措施，这些措施主要涉及信息商品的定价、信息商品的生产和消费以及信息市场的管理，这些将在后面的章节中一一讨论。

5.3.5 信息商品的价值模型

从前面的分析可知，信息的价值(效用价值)与不同事件发生的概率、每个事件所对应的收益、信息的准确度以及个体的风险偏好都有关系。

为了构建信息商品的价值模型，假定风险中立的投资者承接一个项目，从中获得收益 X 的概率为 $p=Pr[X]$，损失 1 的概率为 $1-p=Pr[-1]$，拒绝该项目则既无收益也无损失。在个体做出投资决策之前，会有咨询公司提供信息给投资者，来预测投资结果是 g(“好”)还是 b(“坏”)，对应着投资成功(收益 X)或者投资失败(损失 1)，投资者接收到正确信号的概率为 $q=Pr[g \mid X]=Pr[b \mid -1]$。那么咨询公司提供的信息究竟价值几何呢？

应该说，投资者更关注正确信号的概率，也就是在观察到“好”信号之后能投资成功或是在观察到“坏”信号之后会投资失败的概率。运用贝叶斯法则，可得：

$$Pr[X \mid g]=\frac{Pr[X]*Pr[g \mid X]}{Pr[g]} \tag{5-1}$$

$$Pr[-1 \mid b]=\frac{Pr[-1]*Pr[b \mid -1]}{Pr[b]} \tag{5-2}$$

“好”的信号在两种情况下出现：投资成功且信号准确，或是投资失败且信号错误。同样的逻辑也适用于“坏”信号出现的可能性。于是，运用全概率公式得出观察到出现好信号和坏信号的概率 $Pr[g]$，代理人依据签订的契约要求委托人兑现给自己的补偿性报酬，并且报酬是产出函数 y 的一个变量，$Pr[g]$ 和 $Pr[b]$ 分别为：

$$Pr[g]=pq+(1-p)(1-q)$$

$$Pr[b]=p(1-q)+(1-p)q$$

把上式代入(5-1)式和(5-2)式中可得：

$$Pr[X \mid g]=\frac{pq}{pq+(1-p)*(1-q)}$$

$$Pr[-1 \mid b]=\frac{(1-p)*q}{p*(1-q)+(1-p)*q}$$

下面我们来讨论不同信号类型下投资者的最优行动(optimal action)。根据投资者接收到的信号的类型，通过投资者的期望收益来决定其采纳的最优行动。

第一种情况，投资者接收到好消息(g)：

那么，
$$\begin{aligned}E^{g}(X)&=Pr[g]\{Pr[X \mid g]X+(1-Pr[X \mid g])*(-1)\}\\&=Pr[g]Pr[X \mid g](X+1)-Pr[g]\\&=Pr[x]Pr[g \mid X](X+1)-Pr[g]\\&=pq(X+1)-\{pq+(1-p)*(1-q)\}\\&=pqX-(1-p)*(1-q)\end{aligned}$$

所以，只有 $X \geqslant \frac{(1-p)*(1-q)}{pq}$，个体才会承接项目。

第二种情况，投资者没有接收到任何消息：

那么，$E^{n}(X)=pX+(1-p)*(-1)=pX-(1-p)$

所以，只有 $X \geqslant \frac{(1-p)}{p}$，投资者才会承接项目。

第三种情况，对于坏消息(b)：

$$\begin{aligned}E^{b}(-1)&=Pr[b]\{(1-Pr[-1 \mid b])X+Pr[-1 \mid b]*(-1)\}\\&=p(1-q)X-(1-p)*q\end{aligned}$$

所以，投资者承接项目的条件是 $X \geqslant \frac{(1-p)*q}{p*(1-q)}$

上面将投资者的最优行动表示为信号的函数，从另一个角度来分析，下面用参数 X 来刻画最优行动。为使分析更加直观，假定 $p=1/2$、$q=3/4$，在图 5-9 中绘制无信号时的收益曲线 E^{n} 以及有信号时的收益曲线 E^{s}。

在图 5-9 中，X 被隔成四个区域：

①$X \leqslant 1/3$ 区域。当 $X<\frac{(1-p)*(1-q)}{pq}$时，拒绝项目，因为尽管有好消息，但预期收益是负的。

②$1/3<X \leqslant 1$ 区域。当$\frac{(1-p)*(1-q)}{pq} \leqslant X<\frac{(1-p)}{p}$时，在好消息的情况下承接项目；在无消息或者坏消息的情况下，拒绝项目。

③$1<X \leqslant 1/3$ 区域。当$\frac{(1-p)}{p} \leqslant X<\frac{(1-p)*q}{p*(1-q)}$时，在好消息和无消息的情况下承接项目，在坏消息的情况下，拒绝项目。

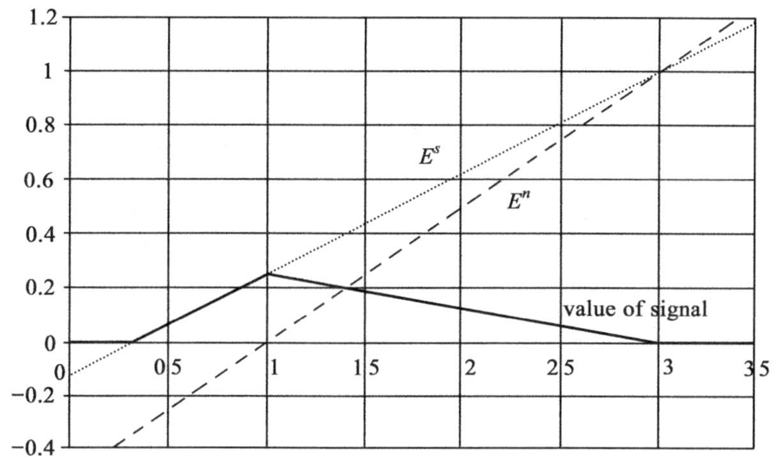

图 5-9 信号价值曲线

④3≤X 区域。当$\frac{(1-p)*q}{p*(1-q)}$≤X 时，总是承接项目而不管有没有信号。

上面的第一种情况和最后一种情况没有进一步分析的价值，因为项目本身过于吸引人或是根本索然无味(因为 X 过大或过小)，无论是好的信号还是坏的信号都改变不了投资者的决策，所以无须过多的讨论。中间两种情形更具研究价值：投资者仅仅在好消息的时候才承接项目以及投资者除了坏消息外都承接项目。

信号的价值在于获得信号能增加个体的预期收益，所以我们要比较投资者采用下面两种策略的预期收益的变化：

策略一：没有获得信号而承接项目。

投资者的预期收益为 $E^n(X)=pX-(1-p)$ 表示为图 5-9 中斜率为 p 直线，它反映了没有获得信号的投资者的预期收益。在 $X>\frac{(1-p)}{p}=1$ 区域，预期收益为正，投资者会承接项目。在 $X=1$ 的左边区域，预期收益为负，投资者会拒绝投资项目。这时投资者作出理性决策的预期收益的最大区间为[0, $E^n(X)$]。

策略二：在获得好的信号的情况下承接项目。

$$E^g(X)=pqX-(1-p)*(1-q),$$

用 $E^n(X)$(在图 5-9 中的虚线表示。在 $X>\frac{(1-p)*(1-q)}{pq}=1/3$ 的区域，

预期收益为正，$E^g(X)E^n(X)$这两条线在 $X=\frac{(1-p)*q}{p*(1-q)}=3$ 处相交；当 $X\geqslant 3$ 时，即使有坏的信号，选择投资仍然是有益的。投资者在接收到好的信号并作出理性决策的预期收益可以表示为最大区间$[0,\ E^g(X)]$。

图 5-9 中的实线部分表示的信号的价值等于两者的差额 $E^g(X)-E^n(X)$，

综上，我们可以得出信号价值的公式：

$$V_I(X)=\max[0,\ \underbrace{\max[0,\ E^g(X)]}_{\text{informed}}-\underbrace{\max[0,\ E^n(X)]}_{\text{unimformed}}]$$

当 $X<1/3$ 或 $X>3$，$V_I=0$，信号对投资者决策不具有价值。当 $1/3\leqslant X<1$，投资者仅仅在好的预见信号的情况下接受投资项目，信息价值线是关于 X 的单调递增函数；随着投资成功的收益的增加，信号的价值逐渐上升，当 $1\leqslant X<3$ 时，投资者仅在出现坏的预见信号的情况下才会拒绝投资项目，这时，信息价值线是关于 X 的单调递减函数，随着收益的增加，信号的价值是逐渐下降的。只有在投资者接受还是拒绝之间举棋不定时，信息具有最大价值，反映在图 5-9 中，在 $x=(1-p)/p=1$ 时，信号价值达到最大值的 1/4。

前面已经分析过，最具研究价值的两种情况：投资者仅仅在好消息的时候才承接项目以及投资者除了坏消息外都承接项目分别对应着 $1/3<X\leqslant 1$ 区域和 $1<X\leqslant 1/3$ 区域。下面集中讨论这两段区域里投资者预期效用的变化：

$$\begin{aligned}V_I^A&=Pr[g]\{Pr[X\mid g]X+(1-Pr[X\mid g])*(-1)\}\\&=pqX-(1-p)*(1-q)\end{aligned}$$

$$\begin{aligned}V_I^B&=Pr[g]\{Pr[X\mid g]X+(1-Pr[X\mid g])*(-1)\}-\{pX-(1-p)\}\\&=Pr[b]\{-Pr[X\mid b]X+(1-Pr[X\mid b])\}\\&=(1-p)*q-p(1-q)*X\end{aligned}$$

V_I^A或是V_I^B就是投资者应该为咨询公司提供的信息支付的价值。

必须说明的是，不失一般性，模型中假定了不同事件收益的不对称性，即收益 X 或损失 1，这与现实情况能更好地契合。但模型中假定个体是风险中性的，如果个体的风险偏好发生变化，即为风险厌恶者或是风险热爱者，那么信息的价值会怎样变化呢？

图 5-10 用灰色实线表示风险中立条件下的信号价值线(*r. n.*)，黑色实线表示风险厌恶下的信号价值线(*r. a.*)。为什么后者位于前者的右边？因为风险中立的投资者会在 $X=(1-p)/p$ 时对接受还是拒绝项目举棋不定，为了让风险厌恶再次对接受和拒绝保持中立，X 必须大于$(1-p)/p$，即信息厌恶者的信息价值曲线的峰点会向右移动。

在黑色实线峰点的右边区域，即只有坏信号才会阻止投资者承接项目的情况下，对于风险厌恶者的信息价值大于风险中立者的信息价值。与此相对，在灰色实线峰点的左边区域，即只有获得好的信号才会投资项目的情况下，风险厌恶者的信息价值小于风险中立者的信息价值。上面两个区域中风险偏好对信息价值产生了确定的影响，而从图 5-10 在两个峰点间的区域两条信号价值线的位置关系可以看出，风险厌恶对信息价值产生的影响是不确定的，需要分阶段来加以分析。

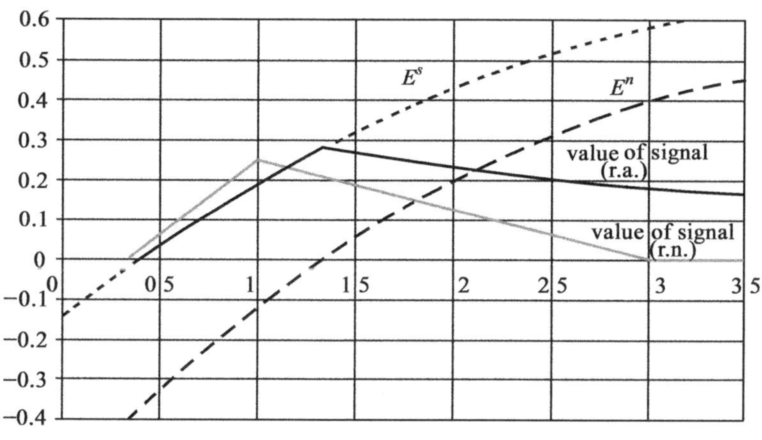

图 5-10 信息价值线(风险中立和风险厌恶)

人们通常会认为风险厌恶增加了信息的价值，通过上面的分析可知，风险偏好(热爱或厌恶)对信息价值会产生影响，但这一影响是复杂的。感兴趣的读者可以自行分析信号之于风险热爱者的价值。

5.4 信息商品的价格

5.4.1 信息商品定价的理论基础

经济学中关于商品价格的理论已经非常丰富，而这些理论大多是以物质商品为讨论对象。作为一种新兴的商品形态，信息商品的特殊性在很大程度上改变了市场的定价基础与供求结构，传统的价格理论和定价策略已不能够完全适应信息市场的发展。信息商品的价格问题成为目前信息商品和信息市场分析的重要内容。

目前关于信息商品价格的讨论在很大程度上仍然借鉴了经济学中的价格

理论，主要集中在以下三个方面。

(1)古典经济学理论

应用古典经济学理论解释信息商品价格的形成，包括效用价格论、供求价格论、生产费用论。

①效用价格论。效用价格论认为信息商品的价格主要由信息使用后可能或实际产生的效用来决定。因为信息商品不存在平均化的社会必要劳动时间，商品中没有一个稳定的价格实体。信息商品的价格高低，主要看它效用的大小，即将使用该信息商品后的预期收益(或损失)与不使用该信息商品的预期收益(或损失)相比，两者之差就是信息价格的最高值。

$$P(I) \leqslant \sum_{i=1}^{n} P_i J_i - \sum_{R=1}^{m} Q_R H_R$$

式中，Q_R是使用信息 I 前事件发生的概率；H_R是使用信息 I 前的可能收益；P_i是使用信息 I 后事件发生的概率；J_i是使用信息 I 后的可能收益。

信息商品的效用是信息商品定价的基础，信息商品效用越大，信息商品的价格就越高，反之则越低。但是由于信息商品是经验型商品，其效用的发挥和实现很大程度上取决于消费者的感受和满意程度。即使同一件信息商品，对于不同的消费者来说，其所产生的效用也可能不相同，因而效用价格理论在实际的定价中存在一定的局限性。

②供求价格理论。供求价格理论认为市场的供求关系决定了信息商品的价格。对于单独的厂商来说，它们没有能力控制市场价格，而只是价格的被动接受者。如图 5-11 所示，S 表示供给曲线，D 表示需求曲线，E 是均衡点，E 所对应的价格 P 是信息商品的供求均衡价格，所对应的数量 Q 是信息商品的均衡需求量。

③生产费用论。生产费用论认为信息商品的价格取决于商品的生产成本与耗散费用，以及利润率。公式表达为：

$$P=C+C*r$$

其中，P 为信息商品价格；C 为生产成本；r 为产品利润率。

从公式中可以看出，信息商品的生产成本越高，其价格越高；企业利润水平越高，信息商品的价格也越高。由于行业平均生产费用在一定时期内是固定的，行业内各企业的生产成本和利润是相近的，因而信息商品价格在一定时期内会表现出一定的相似性。

(2)马克思的劳动价值论

用马克思的劳动价值论解释信息商品的价值和价格。

马克思劳动价值论认为价值量由信息商品生产的社会必要劳动时间决

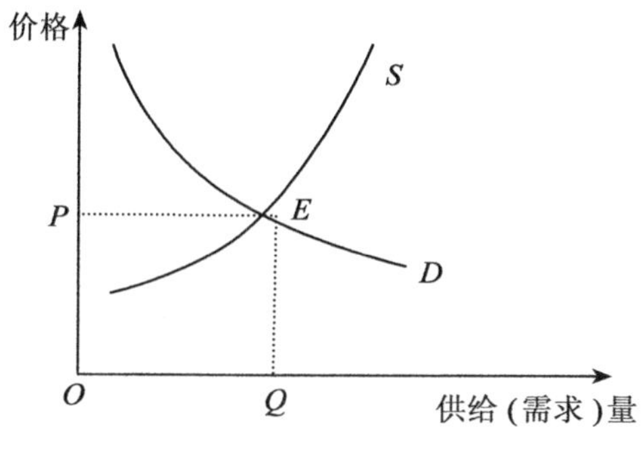

图 5-11 供求均衡价格

定，这一理论沿袭了物质商品的定价理论。由于信息商品本身的特殊性，其价值量的表现形态和内容更具复杂性。

信息商品的价格同样是商品价值的货币表现形式。根据前面的介绍，信息商品的价值可分为劳动价值和效用价值，这些都可以作为信息商品价格形成的基础。由于信息商品价值的不统一性和多维性，使得信息商品的价格在反映价值时也比物质商品要复杂，不同层次的信息商品间也有所差别。一般说来，一次信息商品的价格主要决定于效用或效益价值，二次信息商品以劳动价值为基础形成费用价格，而三次信息商品兼有一次信息商品和二次信息商品的特征，其价格的形成要充分考虑其劳动价值和效用价值。

(3)现代西方经济学关于价格的理论

借助于现代西方经济学关于价格的理论阐述信息商品的价格问题，包括边际成本理论、垄断价格理论和均衡价格理论。

①边际成本理论。边际成本理论是在完全竞争市场的假设前提下，企业为实现自身利润最大化，将再生产一单位产品的边际成本(MC)等于消费者的边际收益(MB)时的价格确定为信息商品的价格。公式表达为：

$$P=\mathrm{MC}=\mathrm{MB}$$

这是不考虑个性化和外部性的社会最优价格，它既实现了企业的规模产量，又实现了社会效率，达到了帕累托最优。但在信息市场中，市场表现出的是垄断与竞争的双重特性，完全竞争的市场状态是不存在的。所以，单纯的边际成本理论难以成为信息商品实际定价的基础。

②垄断价格理论。垄断价格理论以信息商品具有垄断性作为前提，承认信息商品生产商对商品所持有的垄断权力。这种垄断权力源于由行业自身特点形成的自然垄断，也可来源于人为规定的法律和约定，如知识产权法。当

市场处于垄断状态下时，厂商为保证收回投资，实现利润最大化，通常会以高于平均成本的价格定价，形成垄断价格。垄断价格的形成，一方面保证了信息商品生产者的利益，并为其提供了继续生产的激励，另一方面却造成了净损失，降低了社会效率。

可以看出，垄断价格理论是一种与产权相关的信息商品价格理论，信息商品的价格与产权之间存在着一定的关系。无论信息商品表现出的是公共物品属性、私人物品属性，还是垄断特性，只要产权属性不同，商品的价格都会随之改变。

③均衡价格理论。均衡价格理论认为信息商品的价格应该是以生产费用为基础，兼顾一定时期内的市场状况，包括综合考虑供求关系、垄断特征和竞争程度等因素而制定出的均衡价格。这个价格体现了市场上多种因素的作用，既是一个主动价格，也是一个被动价格，它实现个体收益与社会收益的均衡。

不难发现，上述理论都存在着各自的缺陷。如劳动价值论忽视了信息商品生产和消费的特殊性；效用价格论不能回避效用度量的难度和主观性；供求价格论隐含着这样的假设前提：市场信息，尤其是价格信息是充分的、完全的，而且不考虑寻找信息所花费的成本。离开了这些前提，供求价格论很难成立……但不可否认，上述理论同时也有各自值得充分肯定之处。如马克思劳动价值论和效用价值论，主要从信息商品的价值或使用中的期望收益出发，揭示了信息商品价值和价格的实质内涵；供求价格论和垄断价格论，主要从信息商品市场的角度出发，考虑宏观的市场结构和企业实力，有助于解释整个信息商品市场的价格问题；生产费用论和边际价格论，主要从信息商品生产过程本身出发，从微观角度考虑信息商品的价格制约因素，有助于说明不同信息商品的价格差异；均衡价格论则是考虑了多种经济因素交叉作用的解释理论，是综合分析信息商品价格形成过程的基础理论。

5.4.2 信息商品的特点对价格的影响

前面已经分析了信息商品的成本结构对价格的影响，此外，下列特点也对信息商品的价格产生影响。

(1)信息商品的差别性对价格的影响

信息商品的生产多是创造性的劳动，含有很高的智力成分，具有很大的风险性和不确定性。同时由于不同的研究活动所处的环境、所采用的方法和手段各不相同，从而导致研究的结果也不相同。从生产的角度来看，信息商品是一种差别性的商品。

从消费的角度来看，信息商品的效用是从消费者的满意程度中体现出来的，这种效用评价因人而异，带有很浓厚的主观色彩。不同的消费者，对于同样的信息商品的支付意愿有所差别：获益大的、满足程度高的人愿意支付较高的价格，而获益小的、满足程度低的人只愿意支付较低的价格。信息商品的这种差别性为价格歧视提供了可能。厂商可以根据用户的支付能力和支付意愿，在顾客可能接受的最高价格与自己可以接受的最低价格之间，制定一系列有针对性的价格，用多个价格来甄别消费者，实现消费者的细分。这样既可以向支付意愿高的消费者收取其所愿意支付的高价，同时还可以避免将消费意愿较低的消费者排斥在市场之外。

另外，信息商品的差别性还导致了信息商品价格离散现象更加明显。商品同质不同价的现象，称为价格离散。市场的变化分散、商品经营过程中销售条件的差别以及商品的异质性都是造成价格离散的原因。信息商品所具有的差别性使得商品本身的价格离散更为突出，即使是同一件商品，由于对消费者产生的效用不同，也会产生不同的价格。

(2)信息商品的非竞争性消费对价格的影响

信息的可共享性是信息商品非竞争性消费的基础，信息商品的这种特性，使得它可以同时为多人消费，而价值不一定有损耗。这时，信息商品的拥有者就有可能将信息商品进行转售，以此获得价值补偿，而同时商品拥有者本身并不丧失信息商品的使用价值。如果消费者预计到信息商品将可能被转售，而在转售过程中，其价格肯定会逐步降低，则消费者就可能降低对于信息商品的价格预期，使得信息商品在原来的价位上无法售出。

信息商品的可共享性还会引起市场供需结构的改变。多个消费者通过共同购买一件信息商品，分时或同时共享使用。每一个人的消费感受没有因此而受到影响，但总的商品消费量降低了。这种行为降低了市场的需求，造成高价格的出现。如图 5-12、图 5-13 所示，在无共享消费的条件下，商品的总需求为曲线 D，价格水平为 P_1，产量水平为 Q_1；而在有共享消费的条件下，社会对于商品的总需求曲线由 D 移动到了 D'，价格水平降低为 P_2，产量水平也减少到 Q_2。

信息商品本身的特性影响着信息商品及其需求与定价，特别是在网络环境中，这种影响作用更为突出。网络为人们之间的交流与共享提供了便利。对于具有自然垄断特性的信息商品市场而言，网络作为商品的传播和销售渠道，使得商品的产量可以更大，平均价格可以更低，规模效应也更易实现。其次，网络上的信息商品以二进制编码形式存储，因而拷贝和转售的成本更加低廉，边际成本真正接近于零。如果产权约束不严格，信息商品转售的可能性就会大大增加，从而极大影响顾客对信息商品的价格预期和市场供求结构。

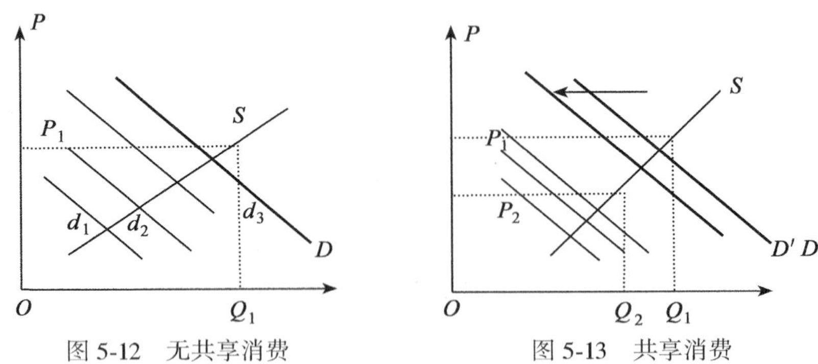

图 5-12　无共享消费　　　图 5-13　共享消费

(3)信息商品的时效性对价格的影响

信息商品的使用价值随时间而变化，一般来说，信息商品的使用价值随时间而呈递减趋势。信息商品首次转让时，其先进性、新颖性强，价格就高。随着时间的推移，信息商品转让的次数增多。其信息内容逐渐扩散或出现了更先进、能替代该信息商品的新产品，其先进性、新颖性便会逐步减弱。价格就必然降低，到一定程度，其商业价值将等于零。此外，时效性对信息商品价格的影响还体现在信息商品在其生命周期的不同阶段价格不同。在初级阶段，刚刚进入市场，没被广泛应用。购买者少，应用后的经济和社会效益还不确定，买方不会出太高的价格购买，采取低价渗透定价策略。在成熟阶段，商品性能日益完善，买者增加，经济和社会效益显现，价格一般较高。在衰退阶段，即处于饱和期和淘汰期的商品，经济效益较低，价格会逐渐下降。

除了信息自身的特点影响信息商品价格，市场、用户、信息商品的成本、质量等因素都会造成信息商品的价格在一定范围内波动。在此波动范围内，各种影响因素共同起作用，在实际的信息商品交易中，并非以上提及的每一种因素都同等地作用于信息商品的价格。一般来说，对于某一具体的信息商品来说，影响它定价的有可能是极少数的几个或是其中的一个因素，也有可能是众多的因素同时起作用，甚至各因素之间也会相互影响，这要结合当时的具体情况加以综合考察。

5.4.3　信息商品的差异化定价

(1)信息商品定价策略的选择

信息商品市场垄断竞争的市场模型和信息商品自身的特点共同成为分析

信息商品定价策略的基础。

首先，观察信息商品市场的商品形态、生产商数量、竞争和垄断状况，可以发现，信息市场是一个垄断竞争市场。由于信息商品生产过程的特殊成本结构带来的自然垄断和消费过程中的法律约定所造成的人为垄断，使得信息商品生产商都具有一定的市场垄断势力。而且信息商品的体验特性带来的产品个性化和顾客感受加大了顾客被锁定的力度，降低了产品之间的替代程度。另一方面，由于技术进步内生性因素的影响，以及高投资和高利润的交叉作用，在信息市场上也存在着多家相互竞争的厂商，而并非"一家独霸"的局面。

其次，信息商品特殊的成本结构导致信息商品生产者必须以不同于传统方式的新定价策略来实现利润。厂商传统的利润最大化定价原则为按边际成本定价，但这一原则对于零边际成本的网络信息产品不再适用，否则便是全部免费提供，需要转变为按消费者的不同支付意愿实行差异化定价。另外，零边际成本使得厂商理论上可以接受任意价格，极大地增强了厂商实行差异化定价的能力和空间。

对于不同的消费者其对信息的预期价格是不同的，一般在其预期价格范围内信息价格需求才是有弹性的，消费者才有购买的可能。信息的差异化定价可以把更多的消费者囊括在销售之列，形成规模经济。而信息的高固定成本、低边际成本特性又决定了在规模经济中，平均成本趋向于边际成本，销售数量的增加可以带来更大的利润。可见，信息商品的生产者运用差异化定价能使其利润最大化，因而差异化定价能成为一种有效的价格策略。图 5-14 和图 5-15 显示了信息商品的差异化定价策略信息差异化定价为生产者带来高额的利润的情况(阴影部分为厂商利润)。

(2)信息商品的差别定价策略

信息商品的差异化定价策略主要包括以下三种：

①个人化定价(Personalized pricing)。个人化定价是指企业根据顾客的地理位置、人口特征、收入特征以及顾客对信息商品的认同程度，为每一顾客制定一种价格，向每一位顾客收取的数字产品价格刚好等于其意愿支付。例如，网上数据供应商几乎对每位顾客的要价都不同，价格取决于组织的大小、使用数据库的时间(白天、晚上)、使用数据库的数量(随量打折)、使用数据库的种类、使用数据库的方式(打印出来或在屏幕上看)等。

当一家垄断厂商能够向每个消费者索取其愿为每单位商品支付的最高价格时，厂商就实现了完全价格歧视或一级价格歧视。每个消费者均需求一单位的信息商品，但他们为这一单位商品所愿支付的金额各不相同，产生了向

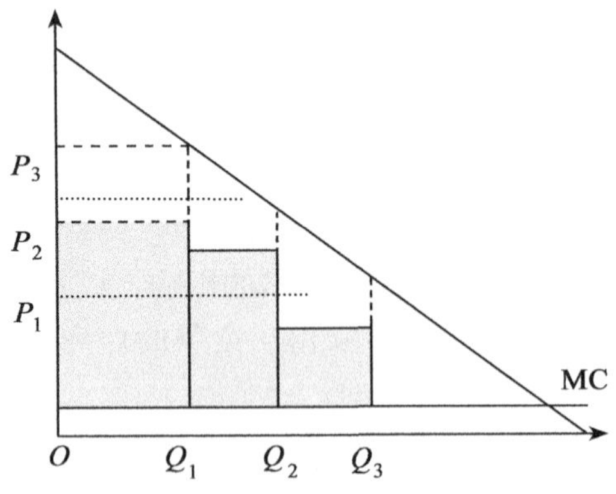

图 5-14　差异化定价时的厂商利润

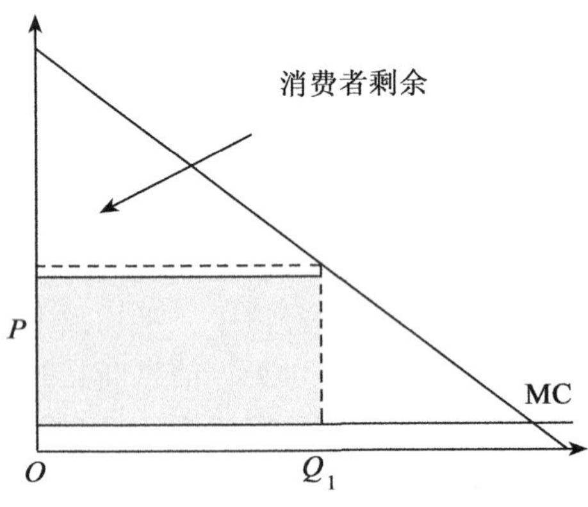

图 5-15　单一定价时的厂商利润

下倾斜的需求曲线。假定厂商知道每个消费者愿意支付的最高金额，能够防止转卖发生，它就可向每个消费者索取其愿支付的最高价格，从而不给消费者留一点消费者剩余。厂商的销售对象是任何一个愿意支付不低于厂商边际成本的价格的消费者。如图 5-16 所示，实施完全价格歧视的垄断厂商的销售量为 q、最后一个边际消费者支付的价格为 p。每位对信息商品评价大于边际成本的顾客都买到了商品，并接受了符合其支付意愿的价格，所有互惠的贸易都进行了，没有无谓的损失，由于消费者的剩余为零，市场的全部剩余以利润的形式归于信息商品提供商。

当信息商品提供商得到消费者偏好的准确信息，就可能推断出每个消费者的消费者剩余，以实施完全的价格歧视。具体而言，就是个人定制加个人

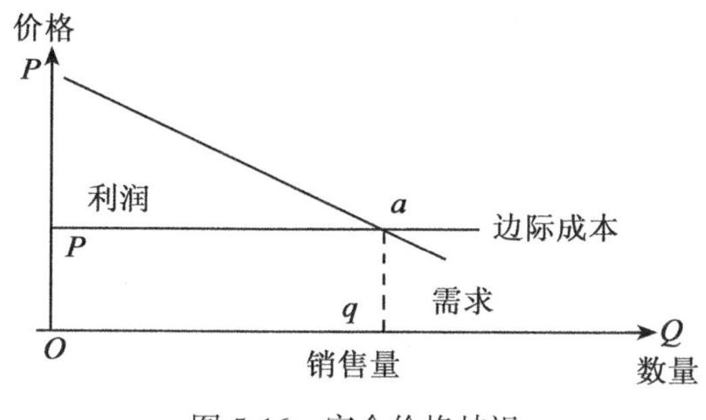

图 5-16 完全价格歧视

定价：首先，信息技术的发展使信息服务的个性化设计或定制服务越来越容易实现，定制服务使信息商品对消费者具有最大的效用；然后，分析出消费者的消费偏好、购买力、累计总额等信息；最后，对价格进行个人化。由于现代通信技术的成熟和良好的交互性，厂商可以一对一地建立智能定价系统，彻底剥夺消费者剩余。

②群体定价(Group pricing)。群体定价是在对消费者群体进行细分的基础上，在不同的群体内部实行个性化定价，是实际操作中经常采用的一种定价模式。

群体定价面向不同类别的消费者群体，而不是直接面向每个消费者的原因有以下四点：

价格敏感：不同群体对待价格的敏感度不同，这一差异可以成为群体定价的依据。如学生、老年人是价格敏感人群，可以制定相应的优惠价格。

网络效应：当信息商品对个体的价值取决于其所属群体中还有多少其他成员使用该商品时，就产生了网络效应。软件公司根据同时使用者的数量、工作站的数量、服务器的数量、购买者所属产业提供一系列不同的授权安排的考虑就是信息商品的网络效应。

锁定：当转移成本非常高昂时，消费者面临着锁定。此时，向消费者提供一定的价格折扣，将会有利于建立长期的顾客忠诚。

共享：信息商品的“共享安排”群体定价产生的一个原因。如学术刊物以高价向图书馆出售，以低价向个人出售的原因是图书馆资源是在许多使用者之间共享使用的，因此图书馆愿意支付高价。

群体定价类型包括两种：基于对象、基于空间。基于对象是指根据用户的身份、收入水平实施差别定价，例如计算机软件的新版本针对商业用户、学术用户和一般用户制定了三种不同的价格，而实际上软件生产的成本是一样的(见图 5-17)。对这三类用户进行价格歧视的前提是用户的细分，商业用户对软件新版本的需求较大，支付能力也较强，因而可以向其收取相对较高的价格；作为学术用户，其资源有限，边际收益较商业用户低，所以向其索取的价格也相应低一些；对一般用户而言，旧版本已能够基本满足需要，其对新版本的需求不是很强烈，因而支付意愿最低。

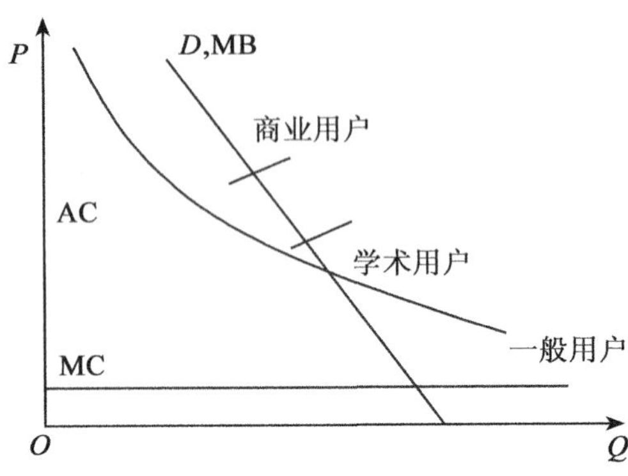

图 5-17　基于对象的群体定价及消费者细分

基于空间是指根据顾客所属国家或地区实施差别定价，例如国际报纸发行商针对一份报纸在不同国家或地区制定不同的发行价格。

乍看之下，这是一种二级价格歧视，但仔细分析一下，实际上是厂商设计了一种隐蔽的自我选择机制，实施了三级价格歧视。厂商通过调查将消费者分为有耐心参加集体竞价、对价格敏感者和没有耐心、时间的机会成本较高、不愿参加集体竞价的价格麻痹者两组。

信息商品较低的边际成本使厂商在集体竞价中即使以低于市场价格成交仍有利可图。互联网的广泛应用使消费者之间交流信息和搜寻信息的成本大大降低，使愿意购买同一信息商品的消费者形成购买集体成为可能，否则在一般市场中要将许多具有相同购买意愿的消费者集合起来，其成本之高昂难以想象。

③版本划分(Versioning)。信息商品生产商对于同一件信息商品通过不同角度进行分割或者组合，赋予不同价格，每个版本的内容、功能、价格不同，以满足不同消费者的需求。每位顾客自行选择最适合自己需求的版本，这样一个完整的商品系列会使信息商品供应商提供的商品的总价值最大化。这种定价模式的优点就是供应商可以不用花费成本去了解消费者的需求特征，而由消费者根据自身的需求主动去选择其认为最合适的产品，这样供应

商既达到了赚取最大化利润的目标，又可以从消费者的购买行为中了解其需求特征，从而为以后新产品的推出积累了第一手资料。目前，很多信息商品的供应商均采取这种定价方式，例如 Microsoft 公司经常将其产品分为家庭版和企业版等，而一些图书出版社则经常推出精装本、平装本和简装本等一系列不同版本的产品。

需要指出的是，上面三种差别定价模式常常容易混淆。实际上个人化定价是群体定价的特例，群体定价是个人化定价的现实模式。二者都是以顾客为核心的定价模式。信息商品的生产商销售的是同样的商品，但不同用户索取不同价格因为不同顾客对同一件信息商品的消费体验不同，从中所获得的收益也不同，因而愿意支付的费用也不同。而版本划分与此不同，它是从产品角度出发的定价模式，信息商品的生产商将一件商品进行版本划分，对不同版本制定不同价格。可见三者是存在差异的。鉴于版本划分的实践操作的复杂性，5.4.5 节将对版本划分做进一步深入的研究。

5.4.4 信息商品的拉姆齐定价

拉姆齐价格是一系列高于边际成本的最优定价，它能资助商品和服务的提供。当某一商品或服务的价格提升所产生的效率损失小于运用额外收入所产生的净收益时，经济效率就提高了。例如，图书馆将复印的价格定在高于边际成本的价位，并运用富余的收入去购买更多更好的图书、期刊以及其他有价值的支出。一些非营利机构通过出售杂志以及其他商品来创收，并将这些收入用来对其他服务给予资助。下面我们以公共有线电视台的电视节目定价为例来对拉姆齐价格进行具体说明。

图 5-18 表示公共有线电视台电视节目市场。假定电视台实施用户付费的成本很小，可以忽略不计。如果已经存在着收看费用，这就是一个合理的假设。简单增加这种费用的数量将对额外收入的成本影响甚微。

如图 5-18 所示，电视节目的经济效率价格为 50 元/年以及 52 万户的接入用户。如果价格上升为 60 元/年，则会使接入用户的数量下降至 51 万户，△ABC 区域所示的效率损失为 5 万元。在这种价格产生效率损失的同时，也产生了高于边际成本的收入。有线电视台的净收入等于价格的差别(60-50)乘以用户的数量(51)万户，净收入等于 510 万元，用图中 BCFE 区域表示。用户总计从价格的提升中损失 515 万元(ABC+BCEF)的消费者剩余。

经济效率是由这些额外收入的使用价值来决定的。额外收入可以用来购买数量更多、质量更好的电视节目，或者改良有线电视线路，提高收看

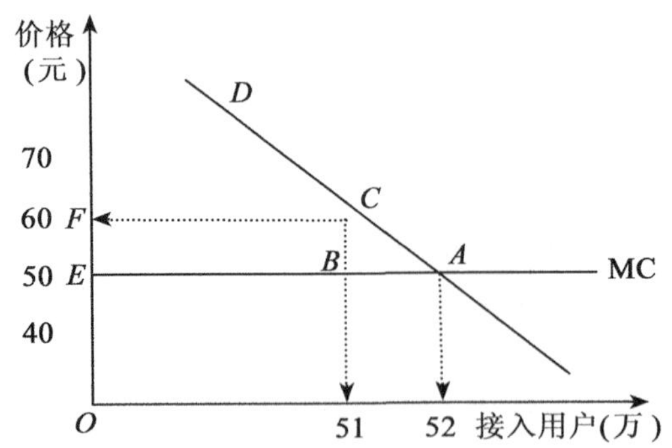

图 5-18　有线电视节目接入定价产生的额外收入

质量，这时所产生的边际收益可能大于提升的接入价格所产生的效率损失。如果电视台用于购买新的节目的成本为 510 万元，而这些节目可以给用户带来 550 万元的观赏收益。这样一来，用户损失了 515 万元的消费者剩余，却从额外的电视节目中得到了 550 万元的收益。也就是说，公共有线电视用户用 5 万元的效率损失从“额外的”电视节目那里“购买”了 40 万元的净收益。在支付“额外的”电视节目导致接入费用上升后，用户从中获得了 35 万元的净收益(见图 5-19)。在这个例子中，60 元的节目接入价格就是拉姆齐价格。

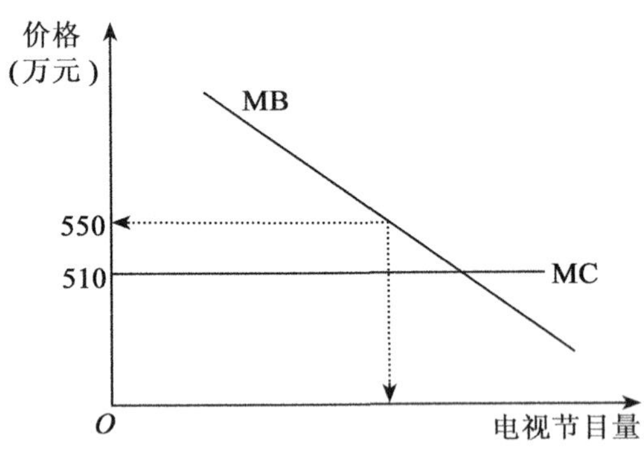

图 5-19　增加电视节目的成本和收益

拉姆齐价格在信息商品市场以及其他信息服务机构是相当普遍的，因为它增加了社会总福利，是一种有效的定价策略。在具体的定价过程中，关键是要在高于边际成本的价格系列中选择最佳的价格，以使净收益与净损失的差值最大，即经济效益最大化。

5.4.5 信息商品的版本划分

信息商品具有高异质性的特点，通过商品的不同版本在价格上体现出不同，以满足不同用户的需求。例如，在计算机软件行业，由于一般企业用户相对于学校用户的购买倾向更高，所以“企业版”软件的售价可以较高，而“学校版”的售价较低。而为了使这两个版本的软件存在差异，软件厂商们故意使“学校版”软件在运算时自动关闭个人电脑的协处理器，人为地使该软件的运算速度大大降低。基于同样的动机，微软公司开发的“视窗”软件总是先推出在美国本土销售的版本，其售价较高；随后该公司又在此基础上开发“中文版”的“视窗”软件在中国销售，其售价较低。可以说，微软公司正是依靠了其各种语言版本的高异质性商品，实现了在世界范围内的市场扩张，充分依靠世界市场的销售来抵消其研究开发的费用。在通信行业，对企业用户和个人用户执行不同的通话收费标准，因为企业用户一般具有较高的购买倾向；长途电话针对通话使用时段实行休息日折扣等。出版业作为传统的信息产业也存在高异质性的特点，各种书商组织的会员制读书会；精装本和平装本、修订本、再版，等等，都是出版商使商品差异化的手段，目的都在于支持其实施差别定价。

(1)信息商品版本划分的必要性及要素

如果没有消费者的积极参与和配合，从而缺乏精确的客户资料，如果同一商品的差别化定价在信息易获得性增加及全球贸易的背景下遭遇失效，此时的解决之道就在于版本划分。信息商品生产商根据不同类型顾客的需求提供不同的版本，为不同版本制定不同价格，为顾客提供一个产品系列，让顾客选择最适合自己的版本。版本划分的原则是：完整的产品系列，为顾客创造的总价值最大；强调顾客差异，从所创造的价值中获取最大的利润。实施版本划分的关键首先要确定消费者对信息商品价值的评价在哪些方面存在差异，版本划分的要素包括顾客对不同信息需求的急迫程度、用户界面与用户的经验、便利性、图像分辨率、操作速度、灵活性、容量、特征和功能、完整性等。具体见表5-3①。

---

① Carl Shapiro, Hal R. Varian. *Information Rules: A Strategic Guide to the Network Economy*[M]. Harvard Business Press, 1998.

表 5-3　　信息商品版本划分的要素

信息商品要素	消费者细分
延迟	耐心的/不耐心的用户
用户界面	偶然的/有经验的用户
方便	商业/家庭用户
图像分辨率	时事通信/精美杂志用户
操作速度	学生/专业用户
特征和功能	偶然/经常用户
完整性	业余/专业用户
技术支持	临时/频繁用户

例如 PAWWS 财经网络公司(www. pawws. com)向客户所提供的有价证券报价信息服务，根据报价信息时滞分为实时用户和延迟用户，前者支付的费用为 50 美元/月，后者支付的费用为 8. 95 美元/月；Microsoft 的 NT 操作系统根据结构性能分为高级服务器版、服务器版、工作站版；263 收费电子邮件根据邮箱容量、安全性能、风格界面及跨终端应用等方面分为阳光系列、彩虹系列、风度系列和钻石系列。这些不同版本的信息商品的性能都不尽相同，并分别赋以不同的价格，由此形成不同类别的版本-定价组合。这种定价策略细分了市场，可以增加厂商利润，锁定用户群，并能获得帕累托改进，提高市场效率。

(2)信息商品版本划分的可行性

信息商品版本划分的可行性来自于产品差异化的成本极低。在传统行业中，当产品完成研发进入生产阶段时，产品差异化的成本很高，对成型产品再做任何改动的成本都很大，因此规模经济下的大批量生产是传统行业的一个显著特点，也是传统行业中大厂商相对于小厂商具有成本优势的重要原因。但对于信息商品而言，产品差异化的成本很低。因为信息商品的生产商往往会先生产出性能优异、功能完善的高端版本，在付出大量成本的高端产品已经提供之后，从中获得低端的“价值抽离”的版本可以说是轻而易举的，所以说信息商品差异化的成本极低。生产者可以很容易地向用户提供差异化的产品，例如电子邮箱的不同容量、软件产品的不同版本、新闻的简要报道和深入报道、音像产品的不同清晰度版本等。

信息商品版本划分的数量多少为宜？版本划分太少无法对市场进行细

分，但版本细分过多又要耗费太多厂商的额外成本，还可能使顾客由于众多的版本而无从选择。回避极端是较好的策略，因为大部分消费者认为选择产品系列的最高端和最低端都是很不适宜的，定位折中的产品会使厂商获得更多的购买者。在产品系列中增加一种高档产品不一定会使该产品本身销量很好，但是，它确实改变了购买者对产品系列中的低价产品的看法，并且影响低端顾客向高端产品靠拢。一般情况下，默认的产品版本数量为三个版本。为避免版本之间的相残，可以采取降低高端产品的价格使其更具市场潜力，降低低端产品的质量使其吸引力更小。

(3)捆绑定价(Bundling pricing)

捆绑不同于集成，捆绑定价是版本划分的一种形式，是指将两种或两种以上的相关产品，捆绑打包出售，并制定一个合理的价格。假设有三位顾客：A、B、C，以及两种商品：学习语言的软件和学习绘画的软件。A 愿意为学习绘画的软件支付 60 美元，而只愿意为学习语言的软件支付 40 美元；C 愿意为学习语言的软件支付 60 美元，而只愿意为学习绘画的软件支付 40 美元；而 B 则愿意为两种软件分别支付 50 美元(见表 5-4)。

表 5-4　　不同顾客愿为不同软件支付的价格比较　　(单位：美元)

商品 顾客	学习语言的软件	学习绘画的软件
A	40	60
B	50	50
C	60	40

假定软件的成本为 40 美元，如果软件销售商将每种软件定价为 50 美元，此时 B 和 C 购买学习语言的软件，而 A 和 B 购买学习绘画的软件，销售商从两种软件中共获利 20×2＝40 美元；如果软件销售商将每种软件定价为 60 美元，此时只有 C 会购买学习语言的软件，而只有 A 会购买学习绘画的软件，销售商从中获取的利润仍为 40 美元；假如销售商将两种软件捆绑出售，定价为 100 美元，那么每位顾客都将购买，并为捆绑软件支付 100 美元，此时销售商的利润为(100−40×2)×3＝60 美元。显然，捆绑定价策略增加了销售商的利润，实现了销售商的收益最大化。通过捆绑销售，还可以降低用户的搜寻成本、使用难度和交易成本等，所以，在面临着“捆绑”和单独销售的版本选择时，消费者往往会选择前者。

(4)免费策略

网上免费的股票报价信息通常都是滞后20分钟或更长时间的报价，如果消费者期望获得实时报价信息，就必须向网站交纳费用。这是基于信息时滞进行的信息商品的版本划分，在理论上完全可行。但实践中那些提供实时股票报价的网站却通常是免费的。之所以会出现这样的“冲突”，是因为版本划分中策略的应用。

免费策略将信息商品划分成收费版本和免费版本。通常有如下两种情形①：

①限制式免费定价策略，指信息商品免费提供，但在某些方面进行了限制。消费者免费对产品进行体验试用，但如果想全面享受到产品的功能则需要付费。限制式免费定价策略有以下几种实施方式：一是功能限制，消费者可以免费使用产品的基本功能，但使用产品的全部功能则必须付费购买，如软件厂商将产品的某些高级功能关闭或去除，只留下基本功能作为“体验版”、数据库厂商免费提供产品的标题、摘要等内容，而全文则需要另行付费；二是性能限制，厂商将产品的所有功能都免费提供，但按不同版本对产品性能进行了差别化限制。以区分不同消费者的支付意愿。例如压缩软件产品厂商将免费版本的压缩率设置为30%。付费版本的则为正常的60%、音像产品低分辨率版本免费提供，高分辨率版本则须收费；三是滞后限制，这一方式集中体现在时效性较强的网络信息产品领域，如新闻媒体网站中最新新闻需付费浏览，一天以前的新闻可以免费浏览；四是期限和次数限制，厂商免费提供产品的全部功能和性能，但消费者只能在一定时间或有限次数内免费使用，超出后则需要付费。这一形式在信息商品中较为普遍，消费者既可以充分对产品的性能质量等进行体验，厂商也可以基于消费者支付意愿来定价获利。

限制式免费策略是从产品本身获得直接利润，这一策略首先通过免费来吸引消费者体验产品，然后通过功能和其他方面的限制来区分不同消费者的支付意愿，按消费者支付意愿定价以获得利润。限制免费以收费为最终目的，免费是为了使消费者形成对该产品的依赖以及网络外部性的增加，当消费者使用该产品一段时间后，此时产品的网络外部性较大，并且消费者对该产品已经形成习惯和依赖性，消费者会要求更多的功能或更高的性能，消费者的支付意愿很强，厂商可以对该产品的更多功能或更高性能进行收费。

---

① 曲创，阴红星．网络信息产品免费定价策略研究[J]．山东社会科学，2010(12)：50-53.

②互补式免费定价策略，指厂商对产品本身实行完全免费，而对该产品的互补产品或相关产品收费，以间接方式获得利润，如海量信息和信息组织就是一对互补产品。以数据库和查询服务为例，数据可以是免费的，但数据库的查询或索引功能则需要另行购买，反之亦然。这些互补产品本身也属于信息商品，同样具有零边际成本、较低的产品差异化成本等技术特性，但由于厂商通常会将这些互补产品设计为信息消费中的必需品，因此消费者对这些互补产品具有较高的支付意愿，厂商可以以高价格从互补产品中获得利润。

显然，上面提到的免费的实时股票报价网站很可能运用了限制式免费定价策略，比如限定了使用时间和使用地点，也可能运用了互补式免费定价策略，浏览全部报价信息需要付费。“天下没有免费的午餐”，只能说信息商品的免费有更深层次的定价机理。

信息商品的免费定价策略与传统行业中的低价竞争行为有本质的区别。它是信息生产者获得利润的一种合理方式，不应简单地将其视为垄断或倾销等不正当竞争行为。信息商品的免费版本能够使消费者以零价格消费产品，同时使厂商获得利润，维持创新动机，双方的福利水平均能够得到最大限度的实现。

小　结

信息商品是用来交换并满足人们某种需要的信息产品。信息商品是非物质产品，具有一系列与物质商品不同的特征。同时，作为一种商品形态，信息商品也表现出商品本身的一些经济特性。正是这些特征使得信息商品在生产、交换和消费具有不同经济现象和经济规律，商品价值的表现形态、内容和实现也更为复杂和特殊。

信息商品的定价受许多因素影响，但影响最大的因素仍然是信息商品本身的特性，这些特性改变了市场的定价基础与供求结构。目前有关信息商品的价格形成虽然考虑到了信息商品的特性及影响，但在很大程度上仍然借鉴了传统经济学中的价格理论。本章在探讨信息商品化与信息商品特性的基础上，分析信息商品的价值和使用价值，并重点讨论了信息商品价格形成的理论基础以及信息商品的定价策略。

思考与练习

1. 简述信息商品的特性。

2. 信息商品的使用价值有何特征？

3. 信息商品的价值有哪些表现形式？

4. 哪些情况下信息商品存在负价值？

5. 风险中立的个体投资项目获得收益的概率为 p。个体在决定是否进行投资的决策前，会有信号来预测投资结果是成功还是失败，对应着是收益 X 还是损失 Y，信号预测正确的概率为 q。试分析预测信号的价值。

6. 比较信息商品定价的理论基础及各自的优缺点。

7. 为什么要进行信息商品的差异化定价？信息商品的差异化定价策略有哪些？

8. 简述信息商品拉姆齐定价原理。

9. 信息商品版本划分的要素有哪些？

10. 举例说明信息商品的捆绑定价策略和免费定价策略。

11. 假设某厂商生产两种不同的应用软件，分别是文字处理软件和电子制表软件。作家等部分用户对文字处理软件的支付意愿较高，而会计等数字处理工作者对电子制表软件的支付意愿较高，科研工作者等用户对两种软件的支付意愿都较高。下表给出了每一类用户对每种软件意愿支付的价格，并列出了每一类用户的人数。

三类用户对每种产品的支付意愿及用户数量统计表

用户类型	用户数量	愿意支付的价格	
		文字处理软件	电子制表软件
作家型消费者	40	50	0
数字处理工作者	40	0	50
科研工作者	20	30	30

根据此表统计数据，应如何确定该厂商的最优定价策略？

6 信息商品的流通

通常情况下，信息商品的生产不是为了满足信息生产者本身的需要，而是为信息消费者提供有价值的信息。因此，信息商品的生产和供给要以用户需求为导向，通过调研预测信息市场和信息用户的需求，从而拟定不同的生产方案，信息生产者根据选定的最优方案来进行信息商品和信息服务的生产并供给信息市场，信息商品的买卖双方在信息市场上交易，信息消费者通过信息消费实现信息商品的使用价值，在物质生产和信息生产的实践中创造新信息，并促进新的信息需求的产生，所有环节环环相扣构成信息商品的流通模式如图 6-1 所示。整个过程实质上是由信息生产者、信息消费者、信息经纪人、信息市场等相互作用、相互联系的要素结合而形成的一个封闭的有机循环的反馈环路。本章将讨论信息商品流通的各环节经济含义和特征，包括信息商品的需求、生产、供给、交易和消费。

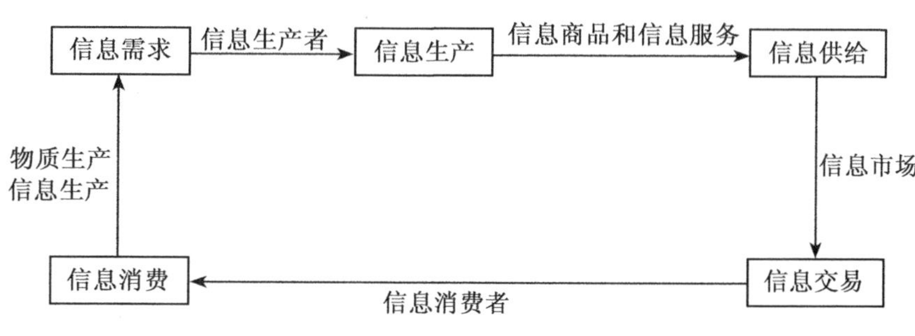

图 6-1　信息商品的流通

6.1 信息商品的需求

6.1.1 信息商品的需求

需求(Demand)是经济分析中经常使用的一个概念，它是指在某一时期内和一定市场内按照某一价格愿意并且能够购买的商品或劳务的数量。信息需求是指信息消费者在一定价格条件下对信息商品的需要，这个概念中隐含有两个条件：①信息消费者愿意购买；②信息消费者有支付能力。在一定时期内，消费者愿意而且能够购买的信息商品的数量，称为这种信息商品的需求量。在一定时期内所有信息商品需求之和，形成信息总需求。

在进行需求分析时，需求表和需求曲线是普遍采用的工具。需求表是表示一种商品价格与需求量之间关系的表格。需求曲线是表示个体消费者的需求量或市场需求量与商品价格之间关系的曲线图形。我们以计算机软件市场为例。表 6-1 描述了某计算机软件的个人需求和市场需求情况，其中市场需求是所有个体消费者需要的软件商品量的总和。根据表 6-1，若每套软件的价格为 90 元，则甲愿意购买 1 套；若软件的价格降低至 80 元时，则甲会购买 2 套软件，而同时乙会购买 1 套软件；如果软件价格再持续下降，则更多的消费者会进行购买。我们看到，随着软件价格的下降，个体消费者的需求量和市场总需求量都会增加。这是因为在影响需求量的其他因素既定不变的条件下，一种商品的价格越低人们愿意购买的数量越多。

表 6-1　　软件市场的个人需求和市场需求

<table>
<tr><th rowspan="3">价　格
(元)</th><th colspan="5">购买数量</th></tr>
<tr><th colspan="4">个人购买量(套)</th><th rowspan="2">市场需求量
(套)</th></tr>
<tr><th>甲</th><th>乙</th><th>丙</th><th>……</th></tr>
<tr><td>90</td><td>1</td><td>0</td><td>0</td><td>……</td><td>11 000</td></tr>
<tr><td>80</td><td>2</td><td>1</td><td>0</td><td>……</td><td>13 000</td></tr>
<tr><td>70</td><td>3</td><td>1</td><td>2</td><td>……</td><td>15 000</td></tr>
<tr><td>60</td><td>4</td><td>2</td><td>3</td><td>……</td><td>17 000</td></tr>
<tr><td>50</td><td>5</td><td>4</td><td>3</td><td>……</td><td>19 000</td></tr>
</table>

图 6-2 和图 6-3 分别是消费者甲和整个市场对计算机软件的需求曲线。图中表明在给定价格下，消费者甲和整个市场都存在特定的软件购买量。运用需求曲线，给定有关软件的平均单价，就可以确定出该年的销售量。

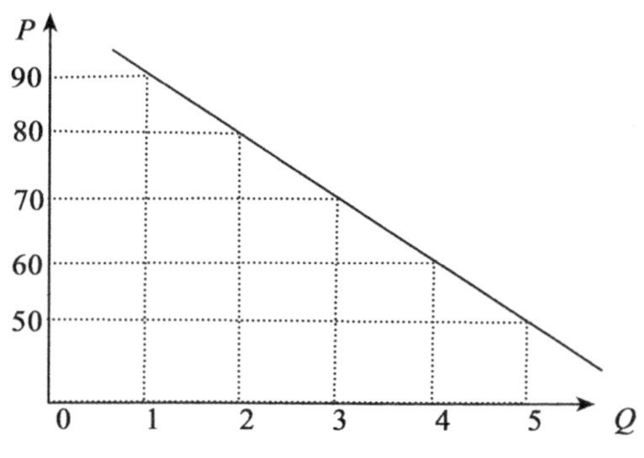

图 6-2 消费者甲对软件的需求曲线

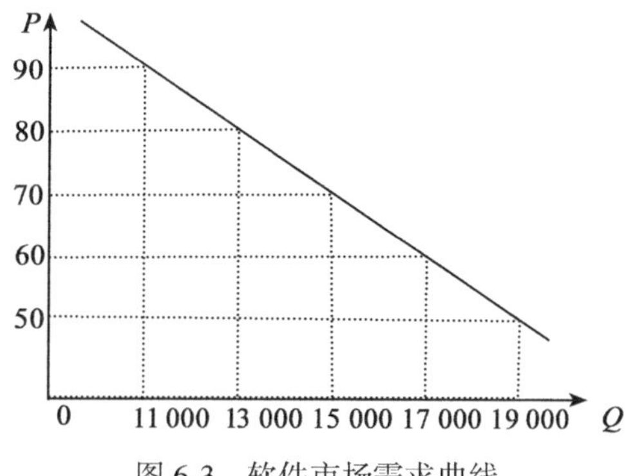

图 6-3 软件市场需求曲线

对任意一种信息商品和服务都可以做出类似的需求曲线。生产、供应者通过深入的分析来确定他们产品的市场需求量，来研究除价格之外的因素对消费者需求的影响。

6.1.2 信息商品需求的影响因素

(1)信息商品的价格

信息商品的价格联结起商品的生产者和消费者，它形成了生产者和消费者交换的机制，同时将有关商品和服务的成本、价值信息提供给生产者和消费者。价格因素是影响信息商品市场需求的直接因素，需求规律是反映商品价格与需求之间关系的规律，它表明在其他因素不变的情况下，商品的价格与需求量之间呈反向变化关系，即如果价格上涨，商品的需求量会减少，反之，需求量会增加。需求规律不仅适用于个体消费者，同时也适用于整个市场。图 6-1 和图 6-2 就集中体现了这种变化。

(2)收入影响

对于大多数商品和服务来说，随着消费者收入的增加，需求量也会增加。这类商品被称为正常商品。从图 6-4 中可以看到，如果计算机软件消费者的年收入由 30 000 元上升到 40 000 元，市场需求曲线将由 D_0右移到 D_1。在 90 元的平均价格下，市场年购买量由 11 000 套增加到 13 000 套。同样，随着收入的增加，个体消费者的需求曲线也会向右移动。

然而对于某些商品，随着人们收入的增加，需求量反而会减少，这些商品称为劣质商品。此类商品一般质量低劣或存在高质量的替代商品，如旧图书、低性能计算机等。在这种情况下，消费者随着收入的增加反而会去购买高质量的商品而放弃低质量的替代品，因而导致这些劣质商品的需求下降，需求曲线由 D_0左移到 D_2。因此，除商品价格以外，市场上消费者的人数和国民收入情况也是影响商品需求的重要因素之一。

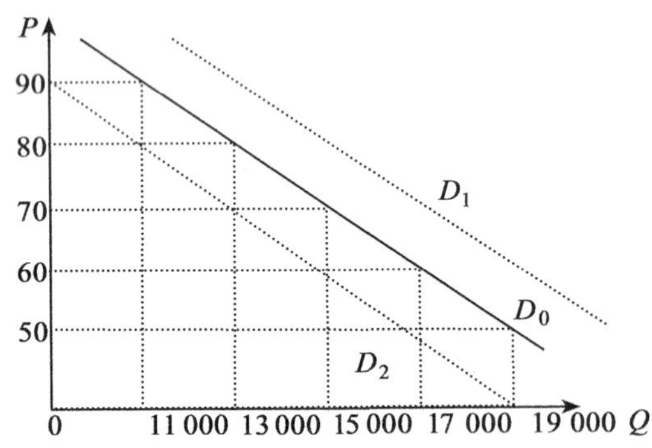

图 6-4　收入变化时市场需求曲线的移动

(3)相关商品和服务的价格

相关商品包括替代商品和互补商品。替代商品是指商品的性能相近，在消费时可以相互替代。例如精装书籍就是相应的平装本的替代商品。替代商品或服务的价格直接影响所替代商品或服务的需求。若精装本书籍的价格下降，则消费者会增加对精装本的需求量，而减少对平装本的购买量。这种现象称为替代效应。互补商品是指几种商品必须结合在一起消费，不能分开。

互补商品价格与原商品的需求呈反向变化。如计算机与打印机互为互补商品，若打印机的平均价格下降，消费者可能会增加对计算机的需求量。

(4)消费者数量、兴趣及偏好

随着消费者数量的增加，计算机软件的需求也会增加。这可能来自于消费者总人数的增加，也可能由于销售商开拓了市场。此外，消费者的兴趣及消费偏好也在一定程度上影响着商品的需求量，特别是对于替代商品之间，消费偏好对其需求的影响更为明显。例如有的人习惯于使用Microsoft的视窗操作系统，而有的人则选择Linux系统或其他的操作系统。人们不同的使用偏好，形成了对于不同操作系统的不同的需求量，从而也造成了厂商之间的激烈竞争。现在的一些商家大打商业广告，就是试图通过向消费者提供宣传商品的信息，影响人们的偏好，从而影响对该商品的需求。因特网使用的日益增多，也是用户日益偏向于从网络上获取信息和信息商品的结果。

除此之外，社会经济的发展、信息商品市场的发育程度，以及信息消费者的素质、信息意识等因素都会对信息商品的需求产生影响。

6.1.3 信息商品的需求价格弹性

除了定性分析以外，对信息商品需求的深入研究需要采用需求价格弹性分析。信息商品的需求价格弹性又称为信息商品的需求弹性，表示信息商品的需求量对价格变动的反应程度或敏感程度，通常以需求价格弹性系数作为反应程度的指标，系数的值等于需求量变动百分比与价格变动百分比的比值，见下面公式表示：

$$E_d=\frac{\text{需求数量变化百分比}}{\text{价格变化百分比}}=\frac{\dfrac{Q_2-Q_1}{(Q_1+Q_2)/2}\times100\%}{\dfrac{P_2-P_1}{(P_1+P_2)/2}\times100\%}$$

式中，P_1表示原来的价格，Q_1表示与P_1相应的需求量；P_2表示变动后的价格，Q_2表示与P_2相应的需求量。

由于当价格上升时，需求量呈下降趋势，所以需求价格弹性是一个负数，负号表示需求量与价格之间呈反向变化关系。而这里我们所运用的是需求价格弹性的绝对值，因此需求价格弹性系数总是用正数来表示。

按照公式，用表6-1中的价格和需求量，计算每一价格范围内的中间价格，我们可以计算出表6-1中软件的需求价格弹性，见表6-2。

表 6-2　　计算机软件的需求价格弹性

价格（元）	需求量（套）	价格变化的百分数 $\Delta P/(P_1+P_2)/2$	需求量变化的百分数 $\Delta Q/(Q_1+Q_2)/2$	需求价格弹性 $\lvert E_d \rvert$
90	11 000			
80	13 000	11.76%	16.67%	1.42
70	15 000	13.51%	14.29%	1.06
60	17 000	15.38%	12.50%	0.81
50	19 000	18.18%	11.11%	0.61

若软件的单价介于 80 元与 90 元之间，需求价格弹性为 1.42，此时表示价格下降 10%，会导致软件销售量上升 14.2%；当软件的单价介于 50 元和 60 元之间时，需求价格弹性为 0.61，说明价格上升 10%，则需求量下降 6.1%。

需要加以说明的是，需求价格弹性所反映的只是需求曲线上某一段区间内需求量对于价格的敏感程度，而不是整条曲线上的情况。从表 6-2 中可以看出，在软件的不同价位区间，其需求价格弹性是不相同。因而，商品的需求价格弹性不是一个恒定的量，而是一个变量，它的值随着时间和商品价格的变化而时刻发生着变化。在瞬息万变的信息商品市场中，信息商品需求弹性的可变性就表现得更为突出。

信息商品的需求价格弹性可以分为五种类型，需求弹性系数的值也由此分为五个范围。

①需求完全无弹性，即 $E_d=0$。在这种情况下，无论价格如何变动，信息商品的需求量不变，即需求量对于价格变化的反应程度几乎为零。某种非常有价值的、重要的或基本的商品或服务就具有完全无弹性曲线，具有这种弹性的需求曲线是一条垂直于数量轴的直线，如图 6-5(a) 中 S_1 所示。无论价格怎么升高，消费者也不会减少购买量。这样的例子包括大学图书馆内的核心学术期刊和关于传染病治疗的有价值的信息等。另外，在生产和销售中存在垄断、无竞争的商品也具有这种特点。

②需求完全有弹性，即 $E_d\to\infty$。在这种情况下，即使价格不变或者极其微小的价格降低，都会引起信息商品的需求量的无限增加。完全有弹性的需求曲线是一条平行于数量轴的直线，如图 6-5(b) 中 S_2 所示。在市场上存在很多竞争者的商品和服务可能面临的需求就是完全富有弹性的。

③单位需求弹性，即 $E_d=1$。此时，需求量变动的幅度等于价格变动的幅度，而二者按同一比例呈反向变动。单位需求弹性的需求曲线是一条正双曲线，如图 6-5(c) 中 S_3 所示。

④需求弹性充足，也称需求富于弹性，即 $1<E_d<\infty$。此时，需求量变动幅度大于信息商品价格变动幅度，反映在图形上是一条斜率较小的直线，如图 6-5(d)中 S_4 所示。

⑤需求弹性不足，也称需求缺乏弹性，即 $0<E_d<1$。这时，需求量变动的幅度小于信息商品价格变动幅度，其需求曲线是一条斜率较大的直线，如图 6-5(e)中 S_5 所示。

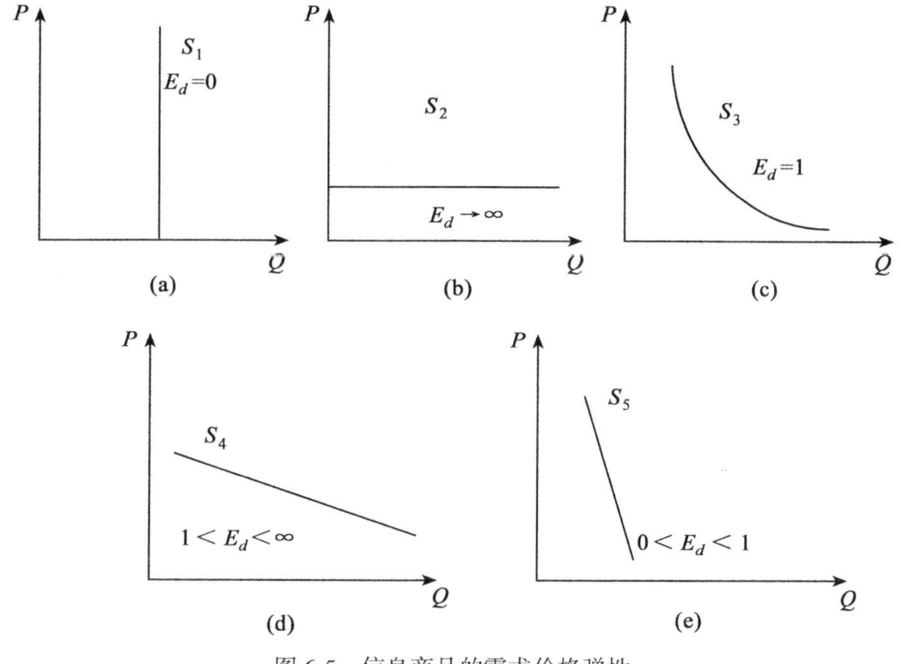

图 6-5　信息商品的需求价格弹性

以上五类需求弹性中，前三种是需求弹性的特例，在实际中不常见，而较为常见的是后两种即需求弹性充足和需求弹性不足。我们可以通过具体例子来加以说明。图书馆内复印的需求弹性较之非图书馆复印的需求弹性值 $|E_d|$ 更小，即更缺乏弹性。因为图书馆内有大量不可外借的图书和期刊，所以要想获取有关资料只能在图书馆内复印，即使价格适当提高，需求量的变化也不会太大。而非图书馆复印则不然，由于这种类型的复印有很多，即存在相当多的替代服务，因而只要复印价格上升，消费者就会去寻求价格更低的复印服务，其需求更富有弹性。

除了需求价格弹性以外，理论上还可以对影响需求的任何因素的需求弹性进行考察，包括需求收入弹性、需求交叉弹性等。

与需求价格弹性相类似，需求收入弹性测度的是需求量对收入变动的反应程度，需求收入弹性系数的值等于需求量变动百分比与收入变动百分比的比值。一般情况下，随着收入的增加，投入到信息商品中的消费数额也会相应增长。因而需求收入弹性系数的值为正数。如我国互联网使用服务的需求收入弹性系数大于 1，因为互联网需求和消费者收入两者之间呈正向变化关系，且需求量变化的幅度远远大于收入增长的幅度。

需求交叉弹性指的是一种商品需求量变动对另外一种商品价格变动的反应程度，指标是需求交叉弹性系数，系数值为一种商品需求量变动比率与另外一种商品价格变动比率的比值。替代商品和互补商品的价格都会影响到与之相关的商品的需求量，需求交叉弹性就主要是分析相关商品之间的这种交叉作用。仍以上面提到的互联网服务为例。作为互联网的互补产品，计算机及网络设备的价格直接影响到互联网的使用需求。根据摩尔定理，随着信息技术的发展，计算机等信息商品的性能将会提高，而其价格将会下降，这种趋势在近年来表现得尤为明显。

互补商品价格的下降，刺激了互联网用户的使用需求，两者之间呈反向变动，需求交叉弹性系数为负值，如图 6-6 所示①。

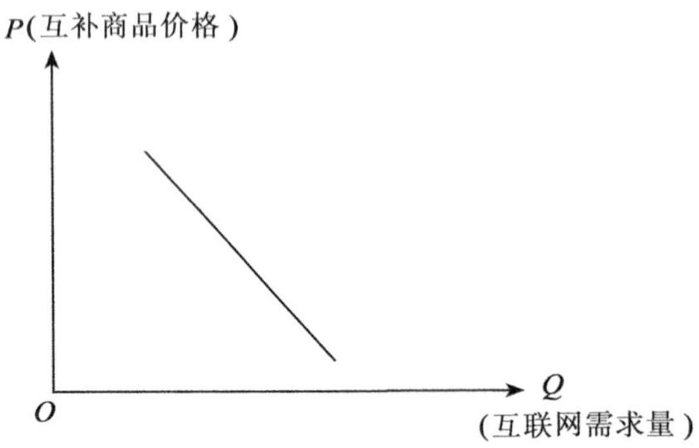

图 6-6　互联网及网络设备的需求交叉弹性

此外，E-mail 作为一项最为普及的互联网应用，其价格(尽管很小)随着互联网资费的下降而降低，因同样满足了消费者之间交流通信的需要，而

① 宋恩梅．我国因特网使用需求的经济分析[J]．情报理论与实践，2003，26(6)：564-565，571.

成为传统信件的替代商品，从而导致了消费者对传统信件需求量的大幅度下降，E-mail 的价格和传统信件的需求量之间呈正向变化，因而两者之间的需求交叉弹性为正值。

6.2 信息商品的生产

6.2.1 信息商品生产不足与公共物品理论

按照西方主流经济学的观点，对于私人物品而言，在竞争的市场中，当市场均衡时，则该物品的配置是最优的。而对于公共物品来说，即使它具有一定的排他性，运用市场机制来配置公共物品时，市场也不会是竞争性的。任何一个消费者消费一单位公共物品的机会成本总为零，也就是说，没有任何人会为消费的公共物品而与他人竞争。消费者在意识到这一点时，就会尽量少支付给生产者以换取对于公共物品的消费权利。基于这样的分析，可以得出的结论将是：市场本身提供的公共物品通常将低于最优数量。

前面已经分析过，信息商品可以纳入公共物品的研究范畴。但是，确切地说信息仅仅是准公共物品，因为信息在一定程度上仅具有公共物品的非排他性。信息的再生产成本很低，一份信息的“所有者”会发现很难或几乎不可能排除他人获取、再生产和传播。即信息在被一个人消耗和使用的时候并不阻碍其他人在同时使用它（比如广播节目）。但是，信息并不必须具有无竞争使用的特性，信息商品市场中的两个竞争者不可能在不降低对方收益的情况下同时使用一项技术革新。尽管如此，信息的非排他性仍然使得信息的私人生产低于社会最优水平。

对信息商品生产者而言，“搭便车”（free-riding）的成本要远远低于生产信息付出的成本，盗版等类似行为便会滋生，减少了信息生产者的收益，从而使信息生产者失去了生产信息的动力。从整个社会的角度来说，市场提供的信息商品将低于社会最优水平。应该说，搭便车者都是信息商品市场的潜在贡献者，随着这类人群数量的增加，公共信息商品供不应求将会加剧。大量潜在贡献者的边际贡献并没有提高公共商品的供给水平，并对真正贡献者施予负的外部性，信息生产的成本上升，于是不论是潜在贡献者还是真正贡献者的生产的激励将进一步削弱。

6.2.2 信息商品生产旺盛与知识产权保护

针对由于信息商品的公共物品特性而导致的信息商品生产不足，一个有效的对策就是构建排他性的机制，但显然，信息的排他性是社会的后退，它阻碍了知识的传播和公共物品的使用效率。一个既能促进信息商品的生产又不至于降低信息商品的使用效率的机制是知识产权保护。知识产权赋予了所有权人对信息的排他性使用的权力，同时还保障了信息的开放性。但另一个问题是，知识产权保护加剧了信息市场的竞争，激烈的竞争使得信息商品的生产者面对着一个“成王败寇”的市场环境，这将导致信息商品的过量生产。一个例子就是中国近年来专利数量的迅猛增长。中国专利制度的建立和实施，极大地激发了全社会发明创造的热情，专利申请数量、质量持续快速增长。对比 1985 年的 1.4 万件和 2008 年的 82.8 万件，年专利申请量增长了 50 余倍。2003—2009 年，中国的专利总量年增长率为 26.1%，而最接近的竞争对手美国的年增长率只有 5.5%，预计中国年度专利总量 2011 年将超越日本美国，将带动全球专利申请总量大幅度攀升。从中可以看出，知识产权保护带来了信息商品市场的生产旺盛，一定程度下，甚至是过量生产。这种情形被形象地描述成“信息生产竞赛”(racing for information)。

与非排他性带来的公共产品供给不足相对应，知识产权保护使每个理性人都按自身利益最大化进行研究开发，从整个社会的角度来说，信息商品将被过量生产。

6.2.3 公共物品型信息商品和公众权力型信息商品

生产还是复制？这是信息生产者面临的两难选择，如果是复制他人信息，终有一天会陷入再无信息可以复制的尴尬境地，如果自行生产信息，同样会面临着在互联网的舞台上，一边上演着知识产权保护法律和技术日臻完善喜剧，一边却上演着互联网是迄今为止最高效的复制机的闹剧。要回答这个问题，我们要界定两类需要区别对待的信息商品：

一类是已被发现信息的库存(Stock of information already discovered)，它是公共可获得的，可以称为公共物品型信息商品；另一类是有待发现的知识的池塘(Pool of information yet to be discovered)，它是公共可贡献的，可以称其为公众权力型信息商品。这个比喻很形象。Hirshleifer 和 Riley(1992)①对知识的池塘这个形象的比喻做了分析解释：如果从池塘中捕获的鱼是公共财产，就不会有多少鱼被捕上来，而如果捕鱼的池塘是公共产品，但捕获的鱼确是私人财产的话，就会有过量的鱼被捕捞。同样，如果生产的信息是公共

① Hirshleifer, J., Riley, J. G.. *The Analytics of Uncertainty and Information* [M]. Cambridge UK: Cambridge University Press, 1992.

财产，将没有私人愿意进行研究生产。如果在一个有限的公共池塘装满了有待被开发的思想，而从中获得的发现或发明具有私人产权，那么从社会水平来说，研究很可能是过量的。

究竟是生产还是复制？下面首先给出信息商品的生产函数，以此作为分析工具，用模型化的方法来比较上面两类信息的个人化最优化生产水平和社会最优化生产水平，为信息商品的生产提供决策依据。

6.2.4 信息商品的生产函数

下面给出一个简洁且通用的信息商品生产函数①，它具有很好的现实解释力。

以 Q 表示信息水平，对应着现有的知识积累。ΔQ 表示开发的新信息的数量，N_R是信息生产的努力程度，可以用研究人员的数量或研究时长来直观表达。信息的生产是由已有的信息水平和现有研究人员的生产研究能力两方面决定的。于是，信息的生产函数 f 如下：

$$\Delta Q=f(Q,\ N_R)$$

为了研究的方便，不失一般性，我们假定一个具体的生产函数可以表示如下：

$$\Delta Q=\gamma N_R^{\lambda}Q^{\varphi}$$

其中，γ，φ 和 λ 都是常量。γ 是比例系数(scaling parameter)，λ 和 φ 具有重要的经济意义：φ 描述了思想存量在信息商品生产中的作用，我们称其为信息存量指数，而 λ 表示研究人员生产力在信息商品生产中的作用。

下面我们对参数 λ 和 φ 进行讨论。

信息存量指数 φ 可以表示三种现实情况：

$\varphi>0$，表明先前的信息存量 Q 越大，信息生产越有效。牛顿说，我总是站在前人的肩膀上，这一暗喻正是说明了信息存量的这种积极的外部作用。

$\varphi<0$，表明先前的信息存量 Q 越大，信息生产越困难。信息生产研究的深入会在积累信息的同时，使得新信息的发现越来越困难。在科学研究中，要想在一个已经取得较多研究成果的领域再实现突破和创新是不容易的，比如发现新的质数越来越困难。这正是说明了信息存量的这种消极的外部作用。

$\varphi=0$，表明信息的生产与信息存量相独立。这种情况可视为上述两种作用的中和，可以完美的抵消彼此。

---

① Urs Birchler，Monika Bütler. *Information Economics*[M]. Routledge，2007：88-93.

研究者的生产力指数 λ 也可以表示三种现实情况：

$\lambda=1$，表明新信息的生产量与研究者人数成正比。

$\lambda>1$，表明了研究者团队合作发挥“整体大于部分之和”的正效应。

$\lambda<1$，表明了研究者团队中“踩脚趾”的负效应。例如网络使用高峰期的堵塞。

实际上，研究过程中研究者数量的作用是动态的。在达到一个合适的数量之前，“三个臭皮匠抵个诸葛亮”，需要研究人员的加入($\lambda>1$)，但在超过这一适当数量之后，“三个和尚没水吃”，研究人员生产效率降低($\lambda<1$)。

我们假设信息存量 Q 既定，并且只能通过在生产新的信息 ΔQ 来增值，而研究者数量 N_R 是可以自由选择的，正好可以通过 N_R 的变动来观察个体是否应该生产信息，个人和社会的最优努力水平如何借此确定。

6.2.5 信息商品的最优生产水平

(1)公共物品型信息商品

下面的模型形象地表示了信息作为公共产品的供给不足。

假设有 N 位研究人员彼此独立从事研究来生产信息，所以 $\lambda=1$，不失一般性，再假设 $\gamma=1$，$\varphi=1$(用以表示信息存量对公共物品型信息商品生产的积极作用)，这种情况下，公共物品型信息商品的生产函数为：

$$\Delta Q=N_R Q$$

如果所有 N 位研究人员都付出同样的努力，我们可以将总努力写为 $N_R=Ne$，即研究人员数量 N 乘以每个人的努力 e。如果每个人的努力程度不一样，那么，总努力就要用 $N_R=\sum e_i$ 表示。

显然，新信息 q(ΔQ 的简写)是对每个人有益的公共物品，所有研究者生产信息的个人收益即为所有人所共享的新信息 q。假设研究者个人努力所付出的成本按照努力的平方增加并按常量 θ 比例变化，那么研究者信息生产的个人效用 U_i(个人收益和个人努力的成本之差)可以表示为：

$$q=\sum_{j=1}^{N} e_j$$

$$U_i=q-\frac{1}{2}\theta e_i^2$$

在上面的信息生产个人效用函数中，正项是知识的总量，比如所有研究人员努力作用的总和，在这里它表示了信息的公共产品特征：无排他性的使所有人受益。负项是仅仅反映个人努力(不包括任何其他人的努力作用)的成本。

现在比较一下公共物品型信息商品生产的社会最优化和个人最优化水平。首先，无论是社会最优化还是个人最优化，其判别的标准都是：最优化的努力水平满足边际收益=边际成本。两者的区别在于社会最优化所选择的努力水平将会在社会规划者站在公众的立场上决策时起作用。私人最优化是个人选择的努力水平，当然其他人也会这样选择他们的最优水平。

①社会最优努力水平。什么样的努力水平是社会规划者选择的呢？社会福利是个人效用的总和。假设每人按照相同的努力水平贡献 $e_i=e$。在该假设下，社会福利的最大化也就意味着个人福利最大化。因此社会规划者选择 e 来最大化每个人的效用 U_S：

$$\max_{e} U_S = Ne - \frac{1}{2}\theta e^2$$

对 e 求导得出求最大值的一阶情况：

$$\frac{\partial U_S}{\partial e} = N - \theta e = 0$$

可以解得社会层面上信息生产努力的最优化水平 e^*：

$$e^* = \frac{N}{\theta}$$

②个人最优努力水平。因为个人最优努力水平代表着所有人同时且独立决策，每个人根据自身效用最大化来确定最优努力水平 e_i，实现个人效用的最大化，于是有：

$$\max_{e_i} U_i = \sum_{j=1}^{N} e_j - \frac{1}{2}\theta e_i^2$$

对 e_i求导得：

$$\frac{\partial U_i}{\partial e_i} = 1 - \theta e = 0$$

个人信息生产最优化努力水平为：

$$e^{**} = \frac{1}{\theta}$$

比较个人最优努力 e^{**} 和社会最优努力 e^*，有：

$$\frac{1}{\theta} = e^{**} \ll e^* = \frac{N}{\theta}$$

可见，公共物品型信息商品的生产规模小于社会最优水平，处于供不应求状态。随着信息生产者数量 N 的增加，个人和社会最优化之间的差距加大。这一结论的现实意义在于：信息市场上“搭便车”的人越多，信息商品的生产的供不应求程度加剧。社会和个人层面的最优信息生产水平产生偏离的原因在于个人只考虑自己从“知识池塘”的贡献(自己可获得)，而社会规划者要考虑所有人对知识池塘的贡献(所有人可得)。

(2)公众权力型信息商品

如前所述，每个人都有权力研究生产信息将导致过量的信息生产。Hirshleifer 和 Riley (1992) 将这一现象形象地称为“耗尽的发明池”(an exhaustible pool of inventions)。充满未被发现的思想的池塘就好像满是鱼的池塘，信息生产好比将池塘里的鱼一条一条捞起来。① 这一形象比喻背后隐藏着被捞起的鱼是私人财产的假设。关键是信息生产研究的成果将受到知识产权的保护，所以无论信息生产者“捞起”了什么新思想，它都将减少其被其他信息生产者占用的可能。

下面用模型来解释公众权力型信息商品的过量生产。

假设有 N 位研究人员彼此独立从事研究来生产信息，所以 $\lambda=1$，不失一般性，再假设 $\gamma=1$，$\varphi=-1$(用以表示信息存量对公众权力型信息商品生产的消极作用)这种情况下，公众权力型信息商品的生产函数为：

$$\Delta Q=N_R Q^{-1}$$

和公共物品型信息商品的生产不同，由于知识产权的保护，公众权力型信息商品生产的成本和收益都是建立在个人基础之上的，知识存量的增长只受益于研究者 i 本人，所以我们将新信息 ΔQ 写为 q_i。进一步，研究努力程度 N_R 为个人努力 e_i，知识存量 Q 等于已有的总努力水平 $\sum e$。于是，公众权力型信息商品的生产函数进一步调整如下：

$$q_i = e_i\left(\sum e_j\right)^{-1} = \frac{e_i}{\sum e_j}$$

假设研究成本也与研究努力线性相关，于是信息生产的效用函数为：

$$U_i = q_i - \theta e_i$$

① 社会最优努力水平。假设在社会最优水平中，社会规划者将最大化每一项资本效用价值：

$$U_s = \frac{e}{\sum e} - \theta e = \frac{e}{Ne} - \theta e = \frac{1}{N} - \theta e$$

很显然，$e=0$ 时，U_s 取最大值。

也就是说，对于公共权力型信息商品，社会最优的努力水平是 0，也就

① Hirshleifer, J., Riley, J. G.. *The Analytics of Uncertainty and Information* [M]. Cambridge UK: Cambridge University Press, 1992.

是不生产。这一努力水平不仅描述了生产的特征，同时也描述了资源重新分配的特征，这也成为了激励个人研究努力的诱因。

② 个人最优努力水平。个人最优努力水平是自身效用最大化：

$$U_i = \frac{e_i}{\sum e_j} - \theta e_i$$

对 e_i 一阶求导得：

$$\frac{\partial U_i}{\partial e_i} = \frac{1}{\sum e_j} - \frac{e_i}{\left(\sum e_j\right)^2} - \theta = 0$$

$e_i = e$ 且 $\sum e_j = Ne$。所以个人最优化努力水平为：

$$e^{**} = \frac{1}{\theta} \frac{N-1}{N^2}$$

从中可知，当信息生产者数量($N > 1$) 增加时，个人最优努力水平将减小，同时，整个社会的损失(用总努力水平 Ne^{**} 来表示) 将增加，则：

$$Ne^{**} = \frac{1}{\theta}\left(1 - \frac{1}{N}\right)$$

这一结论的现实意义在于：信息市场上“信息竞赛”越激烈，信息商品的生产的供大于求程度加剧，由于资源过度消耗所带来的社会损失将上升。

(3) 生产还是复制

通过上面的分析，我们可以很好地解释为什么公共图书馆资源总是捉襟见肘，同时为什么 Web2.0 时代信息海量增长让人无所适从。但我们仍然很难给出一个确定的结论：信息商品是生产不足还是生产过量。在没有得到这个问题的答案之前，我们还是在生产信息还是直接复制信息之间徘徊。

很难说在信息社会里是信息太多还是信息太少。因为在生产与再生产或传播(复制或拷贝)之间存在一种拉力，其结果可能倾向于任何一边。由于信息可以以低成本或零成本再生产，每个单位信息应该仅仅生产一次，然后将这些信息自由的传递分发给其他人。可问题是信息生产者付出一定的成本来为社会谋利的动机何在？如何激励这种动机？问答的答案是，我们可以用知识产权保护或政策倾斜(政府授权、研究奖励以及政府采购和契约的形式(Scotchmer，2004)来保障信息所有权人的利益①。然而，在激励作用下“信息竞赛”或许又会导致过多的研究(以及过少的传播)。但必须承认，生产还

① Scotchmer，S.. *Innovation and Incentives*[M]. Cambridge MA：MIT Press，2004.

是复制(生产还是再生产)的决策很大程度上取决于产权的分配，同时结合本节建立的两种不同类型的信息商品的社会最优生产水平模型，针对具体问题加以分析。

6.3 信息商品的供给

6.3.1 信息商品的供给

从经济意义上说，信息供给是指信息企业、信息营销部门或信息经纪商在一定时期内以一定价格向信息市场提供信息商品。和信息需求一样，信息供给也包含有两个限定：一是信息生产者或销售商愿意出售；二是信息生产者或销售商在一定的价格条件下有能力出售。在一定时期内信息生产商向市场所提供的信息商品之和，形成信息总供给。

在进行供给分析时，供给表和供给曲线也是普遍采用的工具。供给表是表示一种商品价格与供给量之间关系的表格。供给曲线是表示一种商品价格与供给量之间关系的曲线图形。根据供给定理，在其他条件不变的情况下，随着商品价格的上升，该商品的供给量会增加，即供给量是价格的增函数，所以供给曲线是自左向右上方倾斜。

正如市场需求是所有买者需求的总和一样，市场供给也是所有卖者供给的总和。表 6-3 反映了计算机软件在各个价格时的个体供给量和市场供给量。图 6-7 表示计算机软件的市场供给曲线，它表示当软件的单价为 50 元时，没有任何软件厂商愿意提供该软件；若软件的单价定为 60 元时，则该市场各个生产商提供的软件的数量合计为 10 000 套；当软件单价为 90 元时，市场供给量为 19 000 套。

表 6-3　　计算机软件的个体供给与市场供给

价格(元)	供给数量			
	个体供给量(套)			市场供给量(套)
	甲	乙	……	
90	150	100	……	19 000
80	120	80	……	16 000
70	80	40	……	13 000
60	50	20	……	10 000
50	0	0	……	0

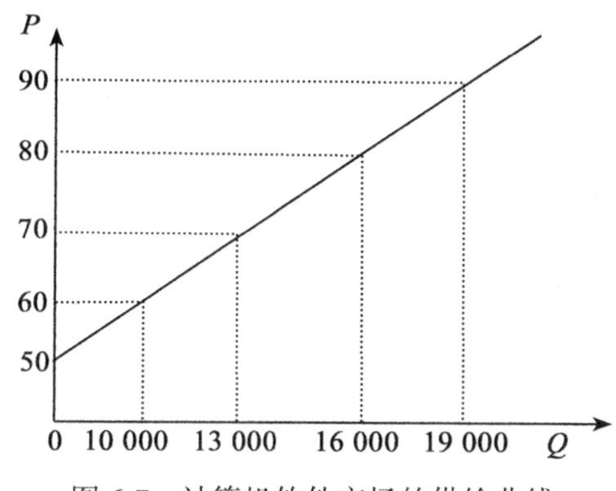

图 6-7 计算机软件市场的供给曲线

6.3.2 影响信息供给的因素

同信息需求一样，信息供给也会受到诸多因素的影响。这些因素包括价格、投入成本、技术要素、卖者数量等。

(1)价格因素

根据供给定理，在其他条件不变的情况下，价格上升，则商品的供给量增加；价格下降，则商品的供给量减少。可以看出，价格对于信息商品供给的影响对于信息商品需求的影响恰好相反。而无论是正向的影响还是反向的影响，供给量和需求量的变化都表现为沿着既定的供给曲线或需求曲线的移动。

(2)投入成本因素

对于信息生产商来说，商品的成本也是影响供给量的重要因素。如果每单位产品的成本下降，在价格不变的情况下，厂商能够以原先同样多的成本生产出数量更多的商品，此时向市场提供的供给量也会增加，供给曲线会向右移动到 S_1 的位置；反之，如果每单位产品的成本下降，则厂商的供给量会减少，供给曲线会向左移动到 S_2 的位置。投入成本对商品供给量的影响可用图 6-8 表示。

(3)技术要素

假如生产技术得到了发展，生产效率提高，结果是单位商品生产所需要的劳动和原材料减少，则在同样的价格条件下商品的供给将会增加，体现在供给曲线图中，是供给曲线由 S 右移到 S'，如图 6-9 所示。

当然，引起信息供给变化的因素还有很多，包括卖者数量、其他商品的

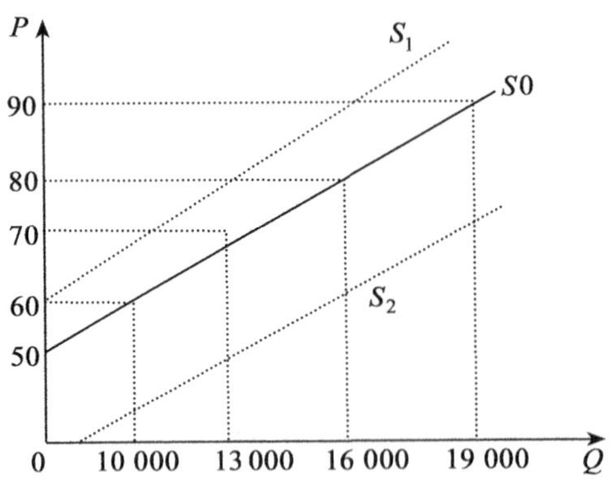

图 6-8　投入成本变化时供给曲线的移动

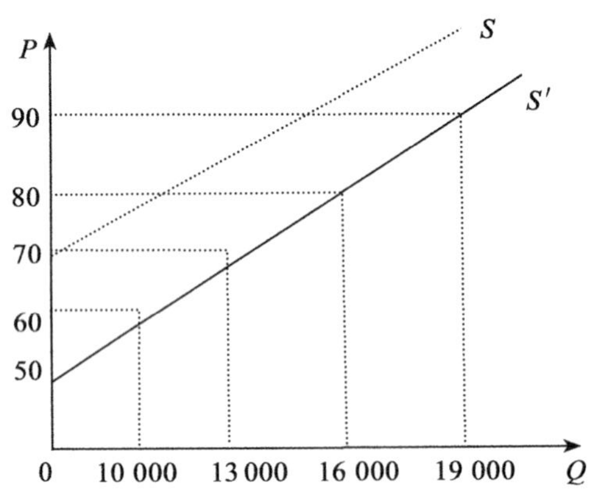

图 6-9　技术变革引起的供给曲线的移动

价格、政府的税收政策等，这里就不再一一分析了。

6.3.3　信息的供给价格弹性

与信息的需求价格弹性相对应，信息的供给价格弹性表示的是信息商品的供给量对价格变动的反应程度或敏感程度，通常以供给价格弹性系数作为反应程度的指标，系数的值等于供给量变动百分比与价格变动百分比的比值。假设 Q_1、Q_2 与 P_1、P_2 分别为供给变化前后的供给量与价格，则信息商品的供给价格弹性系数表示为：

$$E_s=\frac{\text{供给量变动的百分比}}{\text{价格变动的百分比}}=\frac{\dfrac{(Q_2-Q_1)}{(Q_2+Q_1)/2}\times 100\%}{\dfrac{(P_2-P_1)}{(P_2+P_1)/2}\times 100\%}$$

根据供给规律，供给量与价格同方向变化，故供给价格弹性的值是正数。

按照公式，用表 6-4 中的价格和供给量，计算每一价格范围内的中间价格，我们可以计算出表 6-4 中软件的供给价格弹性。当软件的价格位于 70～80 元时，其供给价格弹性为 1.76 时，意味着当市场价格增加 10%时，可以促使生产者将市场供给增加 17.6%。可以看出，在不同的价位区间，软件商品的供给价格弹性不同。这说明了随着商品价格和需求量的变化，信息商品的供给价格弹性也是在变化的。这是在进行供给价格弹性分析时需要特别注意的。

表 6-4　　**计算机软件的供给价格弹性**

价格（元）	供给量（套）	价格变化的百分数 $\Delta P/(P_1+P_2)/2$	需求量变化的百分数 $\Delta Q/(Q_1+Q_2)/2$	需求价格弹性 $\lvert E_S \rvert$
90	19 000	11.11%	17.14%	1.54
80	16 000	11.76%	20.69%	1.76
70	13 000	13.51%	26.09%	1.93
60	10 000	15.38%	100%	6.50
50	0			

信息商品的供给价格弹性也分为五种类型：

①供给完全无弹性，即 $E_S=0$。此时无论信息商品的价格怎么变化，供给量都不变，即供给量对于价格变动的反应程度为零。如图 4-11(a)中 S_1 所示，具有完全无弹性的供给曲线是一条垂直于数量轴的直线。

②供给完全有弹性，即 $E_d\to\infty$。在这种情况下，即使价格不发生变化，供给量都可以无限增加，具有这种弹性的供给曲线平行于数量轴，如图 6-10(b)中 S_2 所示。

③单位供给弹性，即 $E_S=1$。此时信息商品供给量变动的幅度等于价格变动的幅度。具有该弹性的供给曲线是一条通过原点的且斜率为 1 的直线，如图 6-10(c)中 S_3 所示。

④供给弹性充足，也称供给富有弹性，即 $E_S>1$。在这种情况下，供给量变动的幅度大于价格变动的幅度，如图 6-10(d) 中 S_4 所示。

⑤供给弹性不足，也称供给缺乏弹性，即 $0<E_S<1$。此时供给量变动的幅度小于价格变动的幅度，如图 6-10(e) 中的 S_5 所示。

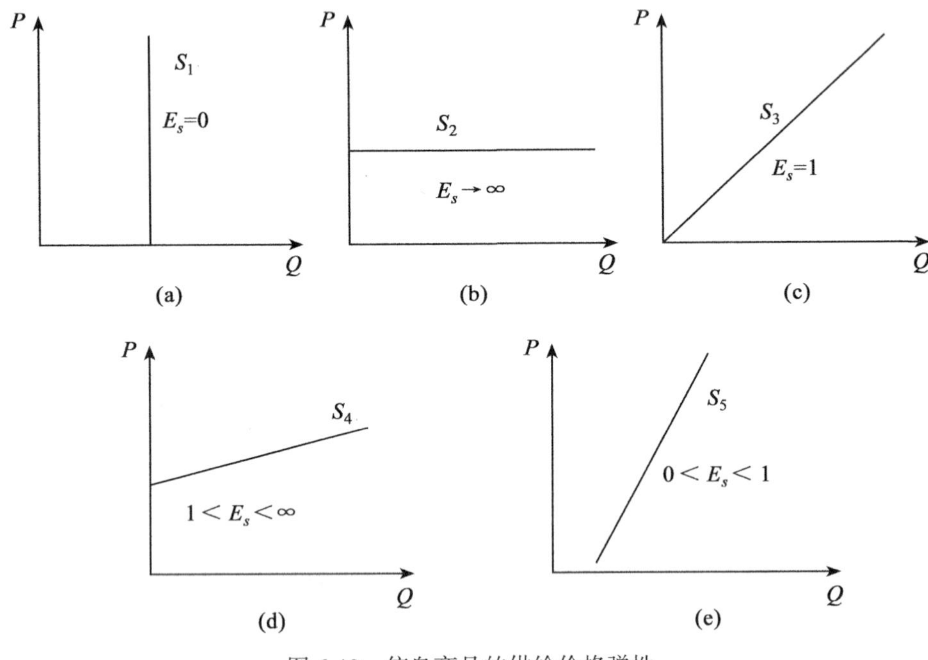

图 6-10 信息商品的供给价格弹性

结合表 6-4 中软件商品的供给价格弹性，可以看出，该软件的供给是富有弹性的。此时，如果软件价格上升，则会引起生产商供给量的大幅度增加。而随着软件价位的逐步升高，该商品的供给价格弹性系数会逐渐减小，说明供给量对价格变动的敏感度在逐渐减弱，因而厂商供给量的增加幅度也会相应减少。

6.3.4 信息的供求均衡与经济效率

(1) 信息的供求函数

信息需求函数是研究信息消费者对各种信息商品的需求规律的一种经济计量模型。前面介绍过，影响信息需求的因素很多，其中最主要的因素是信息商品当前的价格和信息消费者的收入。因此，可以把信息需求函数表示为：

$$D_i=f(P_i, R, r_i)$$

式中，D_i表示信息消费者对第 i 种信息商品或信息服务的需求量，P_i表示第 i 种信息商品的价格；R 表示信息消费者的收入；r_i是随机变量，表示影响信息需求的其他一些因素。在一般情况下，r_i往往省略不计。应用信息需求函数不仅可以研究信息需求的数量和结构，还可以分析信息需求的弹性。

信息供给函数是研究信息市场上信息商品供给规律的一种经济计量模型。信息供给不仅与信息商品的价格有关，而且与信息生产中投入的成本及技术状况有关。信息供给函数可以表示为：

$$S_i=g(P_i, C_i, r_i)$$

式中 S_i表示信息生产经营者对第 i 种信息商品或信息服务的供给量；P_i表示第 i 种信息商品的价格；C_i表示生产第 i 种信息商品所耗费的成本；r_i是随机变量，表示影响信息供给的其他一些因素。在一般情况下，r_i往往省略不计。应用信息供给函数，不仅可以研究信息供给的数量和结构，还可以分析信息供给的弹性。

(2)信息供求曲线

我们以前面所介绍的软件市场为例，图 6-11 表示市场供给曲线 S 与市场需求曲线 D 的结合。两条曲线相交于一点，这点被称为市场的均衡点。此均衡点对应的价格为市场均衡价格，所对应的数量为市场均衡数量。在图中，软件市场的均衡价格约为 78 元，均衡数量约为 13 370 套，这是生产者和消费者都乐于接受的价格水平与市场供给水平。

如果出现不同的价格与市场供给量，供需双方的反应和行为将使市场重归均衡。例如，若该软件的市场价格上升到 90 元，此时生产商愿意向市场提供软件 19 000 套，而消费者的需求总量只是 10 000 套左右，剩下的 9 000 套软件就会造成滞销和积压。这就造成了商品过剩，在现行价格下生产者无法卖出他们想卖的所有商品。为了销出存货，生产商只得降低价格出售，一直下降到 78 元为止。市场供需双方就会重新回到市场均衡状态。

同样，如果软件价格降到 78 元以下，消费者将愿意购买更多的软件，而生产商愿意提供的软件数量在减少。消费者的需求量将大于生产商的供给量，造成市场上软件的短缺，需求者不能按照现行价格买到他们想买的商品。此时生产者会提高价格，而消费者也愿意支付更高的价格来求购有限的软件商品。这样，消费者与生产商之间经过反复的博弈，到最后重新回到 78 元的价格，市场供给量为 13 370 套的市场均衡状态。

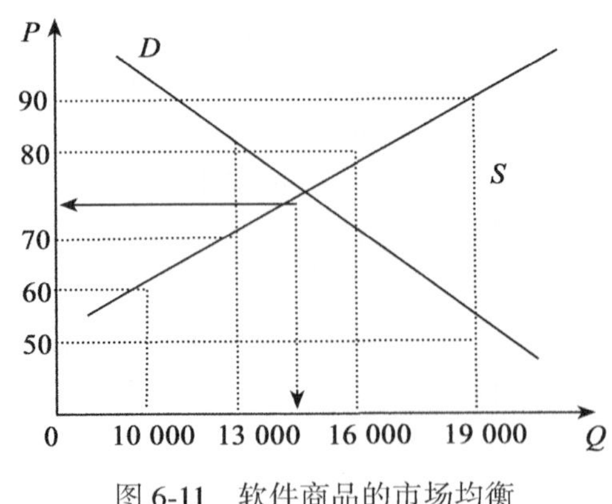

图 6-11　软件商品的市场均衡

因此，许多买者与卖者的活动自发地把市场价格推向均衡价格。一旦市场达到其均衡价格，所有买者和卖者都得到满足，也就不存在价格上升或下降的压力。在不同市场上达到均衡的快慢是不同的，这取决于价格调整的快慢。

(3)信息供求均衡与经济效率

在前面的介绍中，大多是以软件商品作为具体的实例来分析。无论是软件、图书、期刊，还是其他类型的信息商品或信息服务，我们都可以从它们的供求规律中推导出一般信息商品的供求均衡以及所产生的经济效率。

在介绍信息需求和信息供给时，我们把消费者剩余定义为：

消费者剩余=买者的评价-买者的支付量

把生产者剩余定义为：

生产者剩余=卖者得到的量-卖者的成本

而总剩余等于消费者剩余和生产者剩余之和，即：

总剩余=消费者剩余+生产者剩余

=买者的评价-买者的支付量+卖者得到的量-卖者的成本

式中，买者支付的量等于卖者得到的量，所以：

总剩余=买者的评价-卖者的成本

市场的总剩余是用买者支付意愿衡量的买者对物品的总评价减去卖者生产这些物品的成本。如果资源配置使社会所有成员得到的总剩余最大化，这种配置就具有经济效率。

在福利经济学中，生产资源的配置达到的最大效率或最适度(或称最优)的经济状态，通常称为“帕累托最优”，也即社会效率水平。帕累托最优所描述的是这样一种状态，即社会无法进一步组织生产或消费，以增进某人的满足程度，而同时却不会减少其他人的福利。换句话说，就是没有一个人的境遇能在不使别人的境遇变得更糟的情况下变得更好。假定由于市场变化而境况变好的人能够补偿境况变差的人，帕累托最优或者产出的经济效率水平将是总剩余最大化时的生产和消费水平，这时消费者的收益和生产者的成本之差最大。

图 6-12 表示消费者从信息商品的消费中获得的总收益，以及生产者在信息商品的生产中付出的总成本。当信息商品的购买量增加时，总收益增加；当信息商品的生产量增加时，总成本也增加。当随着产出增加，边际收益大于边际成本时，增加的产出将会增加经济效率，直至边际收益等于边际成本时，总收益与总成本之差最大，即净收益最大，这时达到社会效率水平。如图 6-12 中，在由供给和需求两条曲线的最大差异代表的产出水平处，净收益达到最大，即产出量为 Q 时，达到帕累托最优。

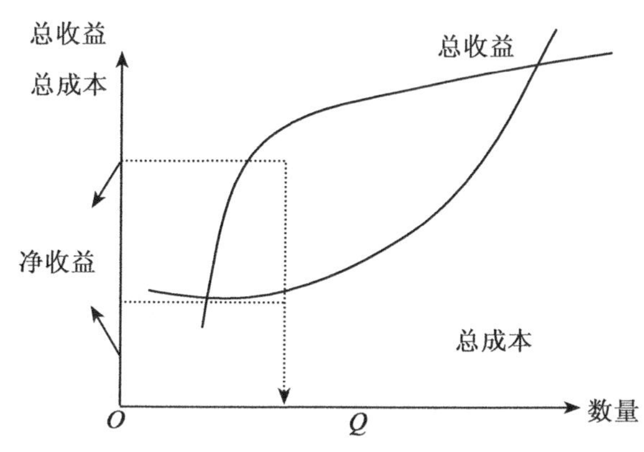

图 6-12　社会有效的资源配置

当信息市场达到供求均衡状态时，需求曲线与供给曲线相交于均衡点，均衡点所对应的价格是均衡价格，所对应的数量是均衡数量，如图 6-13 所示。在低于均衡水平 Q 的数量时，由需求曲线定义的消费的边际收益大于由供给曲线定义的生产的边际成本。在这个范围内，每增加一单位产量，净收益或总剩余都会增加。这种情况要持续到产量达到均衡水平 Q 为止。对于高于均衡水平 Q 的数量而言，边际成本大于边际收益，此时产量的增加会使得净收益减少，社会效率将降低。而在均衡水平时，边际收益等于边际成本，此时总收益和总成本之差最大，即净收益达到最大化。

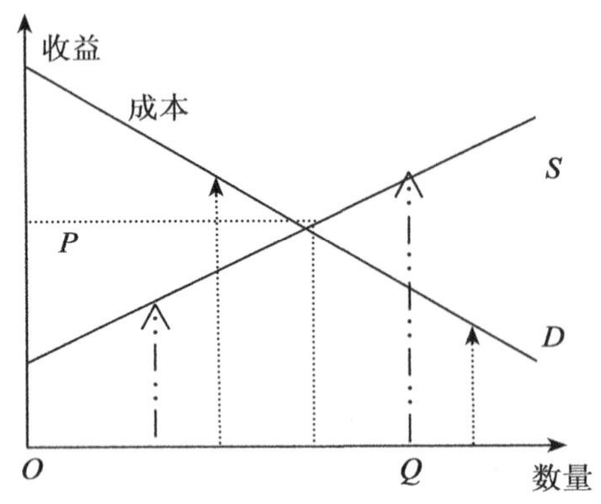

图 6-13　市场均衡的效率

通过上面的分析可以得出，竞争市场均衡不仅产生了均衡价格和均衡总量，而且也产生了生产和消费的社会经济效率水平。在竞争市场上，价格决定了商品的生产和消费，收益大于均衡价格的消费者会购买商品，同时，成本小于均衡价格的生产者才会出售商品。

对于信息市场，我们也认为信息供求均衡具有经济效率。但是，我们必须注意，这一结论的成立是以两个重要的假设为前提的：①信息市场是完全竞争的；②市场结果只与买者和卖者相关。然而，在现实生活中，市场的竞争并不完全，买卖双方的决策有时也会影响到社会的其他成员。我们知道，信息市场存在着垄断的特性，而信息商品也具有明显的外部效应，再加上信息所具有的公共物品性和不完全性，这时供求的力量就无法有效地配置资源，市场均衡产出也无法获得帕累托最优，从而导致信息市场失灵。这时，就需要政府来进行干预，通过税收、法令等手段来提高经济效率。

(4) Internet 对供求均衡的影响

20 世纪 90 年代以来，Internet 迅猛发展，人们的生存状态和生活方式也随之发生了巨大的变化。作为一种信息传递和交流的平台，Internet 加速了生产者和消费者之间的信息流动，改善了市场参与者之间的信息结构，同时也对市场均衡产生了重要的影响。

①Internet 对市场需求曲线的影响。在前面的分析中，我们知道影响信息商品需求的因素主要有商品价格、消费者收入、相关商品价格、消费者数量及偏好。由于消费者收入及相关商品价格在网络上对商品需求的影响与传

统方式的影响相当，所以我们下面主要从商品价格、消费者偏好及数量等方面对 Internet 下的市场均衡进行分析。

- 商品价格

随着网络的发展，网上商城开始大量涌现。有过网上购物经验的人大多有这样的体会：网上的商品通常比平时商店中的商品价格低，而且还会有各式各样的打折商品。这样的价格对于消费者来说，无疑具有强烈的吸引力。当然，除了商品的本身价格外，进行网上购物我们还须支付一定的上网费用，还有订货费、送货费，同时还应包括从订货到拿到商品的时间成本，这些都是购买商品的花费。由于网上购物省去了中间多余的流通环节，使得网上的商品价格比市场价格低很多，即使在考虑了以上所列出的成本之后，大多数情况下还能够享受到实实在在的优惠。特别是一些在线数字商品(如视频、音频、电子图书等)，通过网络的销售和传输，价格更为低廉。因而，对于具备条件的大多数消费者来说，Internet 在一定程度上刺激了他们的需求，引起了需求量的增长。

- 消费者偏好

网络智能技术的发展，使得网络购物越来越能投消费者所“好”。所有在亚马逊网站购买过书或者其他商品的人都知道，当你选择了某本书后，亚马逊会立刻为你推荐其他同类内容的书籍，并告诉你大部分购买了你想买的那本书的人都还同时买了其他的哪些书籍。这种服务能够识别出顾客的爱好和消费倾向，并根据这些信息向顾客提供个性化的服务，这就在很大程度上锁定了顾客，增加了商品需求。

- 潜在消费者数量

Internet 的发展降低了消费者的信息搜寻成本，于是在消费者面前呈现出了一个更加丰富多彩的世界。网上产品包罗万象，只要市面上有的产品，都可以在网上店铺里预定位置，而这个成本几乎为零。另外，有的商家还通过网络与顾客进行交互，根据顾客的要求，为顾客量身定做商品，让顾客享受到独一无二的商品和服务。这种方便快捷的购物方式不仅节省了消费者购物的时间，而且降低了他们的花费，刺激了消费者的购买欲望，使他们的潜在需求转变为现实需求。Internet 将众多的潜在消费者变为了实际的消费者，不难发现，已经有越来越多的人开始接受并融入到网络消费方式当中。

Internet 对于需求的影响是促进了消费者的总体需求。从图 6-14 中，我们可以清楚地看出，需求量由 Q 上升到 Q'，这时市场的均衡价格从 P 也上升到 P'。此时厂商的利润值由 S_{APCB} 变为 $S_{A'P'CB'}$，显然厂商的利润增加了。

同时，消费者剩余的大小也由 $S_{\triangle AEP}$ 改变为 $S_{\triangle A'E'P'}$。因此，需求价格弹性越大的商品，它的消费者剩余增加得越快。

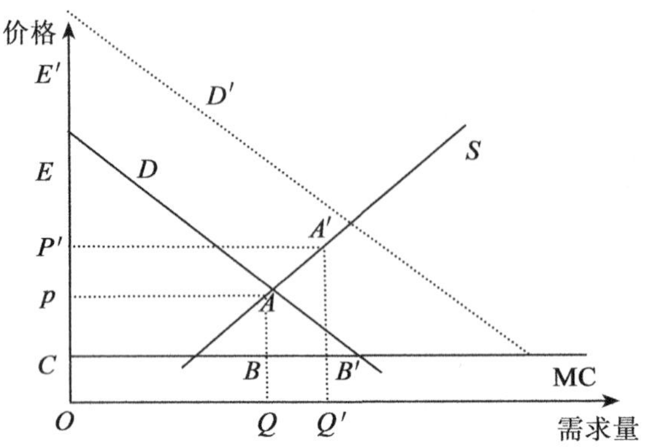

图 6-14　Internet 对市场需求曲线的影响

②Internet 对市场供给曲线的影响。我们知道，市场的供给主要是由商品价格和厂商的成本来决定的。这里我们主要考察 Internet 对厂商成本的影响。

首先是厂商的生产成本。企业使用 Internet 的投入包括购买计算机设备、软件、设备维护、人员培训以及上网费支付几部分。其中，计算机设备和软件的购买对于企业来说，都是一笔数目不小的投入，这笔支出在一定时期内可以看做是不变成本。而设备维护、人员培训和网络使用费会随着产量的增加而改变，是可变成本。可以看出，企业对于 Internet 的投入导致了生产成本的增加。

其次是厂商的交易成本。网络的应用和电子商务的发展大大降低了交易成本，主要表现在：一是最佳期的库存量和库存结构的优化，减少了资金的积压及利息、保管费的支出；二是采购过程在网上实现，改变了“大撒网”式寻求最佳供货商的传统做法，信息流从功能上替代了商流，或者说将商流业务虚拟化，将依靠人工的交易活动转化成数字化的信息传送过程；三是在线销售可以避免有形商场及流通设施的投资，使交易费用进一步降低，价格竞争的空间也随之增大。

因而，Internet 的发展导致了厂商生产成本上升，而交易成本下降。生产成本上升，使得供给曲线 S 有向左移动到 S_1 的趋势，而交易成本的上升又使得供给曲线有向右移动到 S_2 的趋势（如图 6-15 所示）。那么究竟供给曲线是如何移动的？我们可以采用例子来说明。

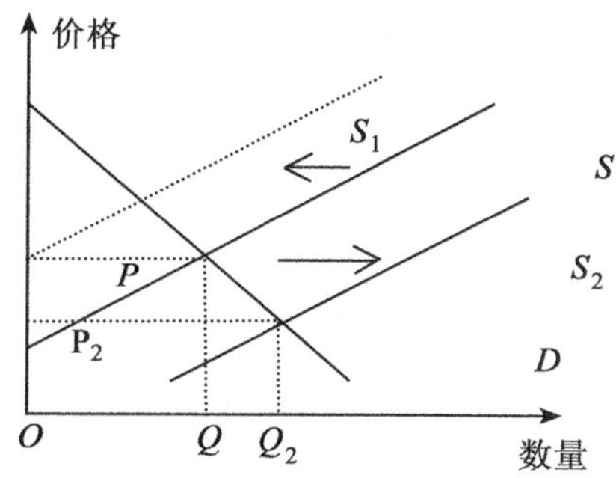

图 6-15　Internet 对市场供给曲线的影响

戴尔(DELL)公司是一家典型的计算机网上零售商，它的一切交易都是在网上进行。公司的业绩非常出色，成为世界上最大的个人电脑制造商和销售商。

沃尔玛是零售百货的佼佼者，它与其他零售业者最大的区别就在于沃尔玛先进的信息技术以及网络技术的充分应用。沃尔玛的产品进入仓库后 24 小时之内就离开仓库货架运往分店，而传统百货店则需要一周左右的时间。信息技术以及电子商务的应用使得交易成本降低，奠定了沃尔玛成为行业老大的地位。

从生产成本来说，不论是戴尔还是沃尔玛都投入非常巨大，尤其是沃尔玛，它甚至拥有自己的卫星，分布在世界各地的分店可通过这套系统将信息反馈到处理中心。但最终我们可以看到，它们都成为行业的佼佼者。可见交易费用的降低可以弥补生产成本的上升，最终供给曲线向右移动。

在对 Internet 进行投入的初期，导致了总成本的迅速上升，供给曲线 S 有向左移动的趋势，但从长期来看，随着电子商务的发展对大大削减交易费用的作用，供给曲线 S 将向右下方移动到 S_2。在需求不变的情况下，市场供给量增加，市场均衡价格降低。

③Internet 的发展对均衡价格的影响。前面分析了 Internet 对市场需求曲线和供给曲线的影响，在此基础上可以对市场均衡价格进行分析。Internet 对市场均衡价格的影响，可以分为三个阶段。①

第一阶段是 Internet 发展初期，这个时期电子商务配套措施还不完善，

① 龙鹜 . Internet 对市场均衡的影响[D]. 武汉大学，2002.

市场还处于培育期，但总会有一些吃“螃蟹”的厂商捷足先登，率先开展电子商务。一些实力雄厚的厂商能够享受到交易成本下降的益处，供给较之需求增长更快，出现供大于求的情况。如图 6-16 所示，第一阶段的市场价格下降，而产量增加。

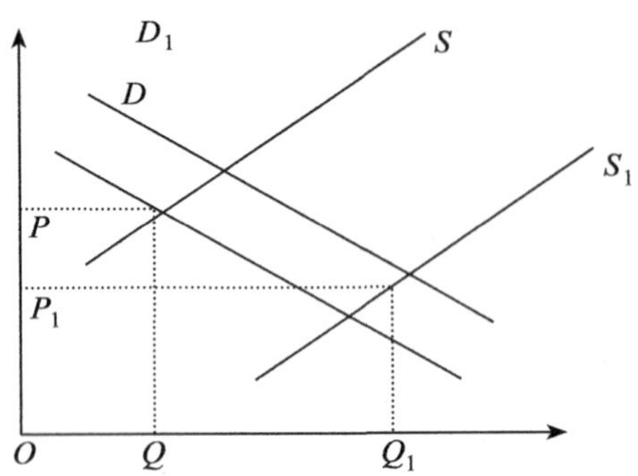

图 6-16　第一阶段市场均衡价格的变化

第二阶段是 Internet 的高速成长期，这一阶段电子商务逐步实现，信息搜寻成本的降低使得进行网上交易的消费者数量迅速增加。由于消费者进入网络交易的准备阶段相对厂商而言要容易得多，大多数厂商此时还处于观望后的准备阶段，还来不及及时反应，所以需求增长率高于供给增长率。如图 6-17 所示，这一阶段的市场价格较之前一阶段上升，但不会超出传统阶段价格，而产量继续增加。

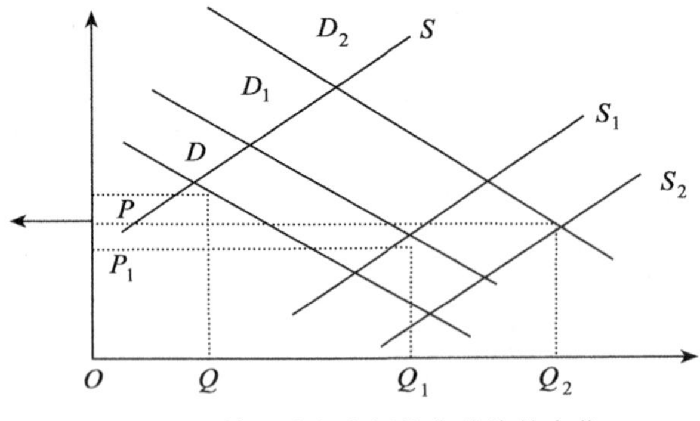

图 6-17　第二阶段市场均衡价格的变化

第三阶段是 Internet 发展的成熟期，电子商务解决了发展的瓶颈问题，具有了完善的物流配送体系和网上支付手段，绝大部分交易都可通过网络进行，个性化的市场需求与“按需定产”的供给，使得社会物质产品极大丰富，并促进了“市场出清”的一般均衡状态出现。此时总需求小幅度增加，大部分的传统供给厂商完全进入电子市场领域，实现“零库存”，供给水平大大提高。但由于市场竞争激烈，一般厂商将获得“零利润”，也即获得社会平均利润。如图 6-18 所示，这一阶段的市场价格比第一阶段更低，接近边际成本定价，产量增加。

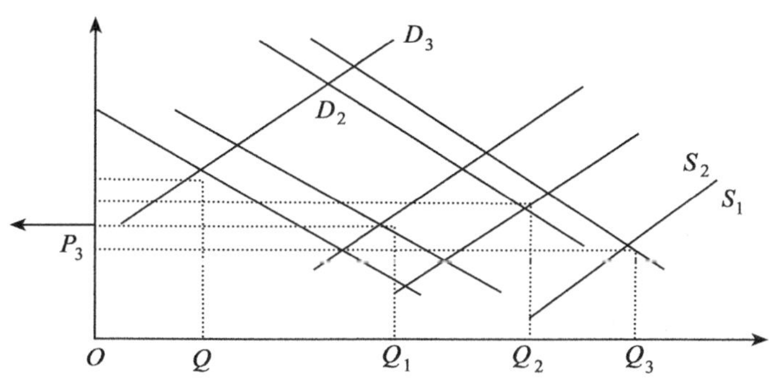

图 6-18　第四阶段市场均衡价格的变化

④Internet 对社会福利的影响。Internet 对社会福利的影响分析，我们仍然按照上面的三个阶段来进行。

第一阶段是市场价格下降，产量增加，从图 6-16 中可以明显地看到消费者剩余增加。另一方面，生产者的利润 $r=$（市场价格－边际成本）×产量，所以，生产者的利润究竟是增加了还是减少了，不同的商品有不同的特点。对于需求价格弹性或供给价格弹性越大的商品，厂商越容易获得利润的增加。

第二阶段是市场价格上升，产量增加，此时生产者利润显著增加，但消费者剩余的变化要根据价格变化率与产量的变化率来决定。但对于一般商品而言，价格的变化量要比产量的变化量小得多，所以在此阶段消费者剩余也应该增加。

第三阶段是市场价格下降，产量增加，此时消费者剩余增加，由于市场价格接近边际成本定价，所以生产者的利润下降，消费者得到最大的福利。

6.4 信息商品的交易

6.4.1 信息商品的交易成本

信息商品的交易成本是指“买卖双方完成信息商交换所付出的费用”，是除信息商品生产过程中消耗的信息材料、物质材料和投入的劳动力成本之外的一切费用。信息商品的交易成本与传统商品的交易成本没有本质的区别，仍然包括供需双方搜寻信息的成本、协商谈判费用、契约签订费用、契约监督费用、契约执行费用、维护交易秩序费用、售后保障费用、转换成本等，对于卖方来说通常还包括信息商品的广告费用。

(1)信息商品交易前的交易成本

在交易之前，因为信息不对称，信息商品的交易双方都需要进行信息搜索，以找到合适的交易对象。而随着全球一体化的发展、世界市场的形成，信息商品在交易之前所发生的成本在整个交易成本中占的比重越来越大。

①信息商品供需双方的市场准入费。信息商品市场准入，是有关国家、政府或机构准许公民和法人进入信息市场或获得某种权益，从事信息商品生产经营活动的条件和程序规则的最低限制要求。获得市场准入资格是需要付出成本的，由此就产生了市场准入费。信息商品供需双方的市场准入费包括供需双方进入信息市场的费用和针对会员形式的准入费。信息博览会的展位费、会员费也属此类。

②信息商品供需双方发布和搜寻信息的成本。信息发布的成本是信息商品供需双方为了减少信息不对称、创造潜在交易机会所付出的成本。这些费用包括信息商品的广告费、信息发布人员的人工费、宣传费等，其中信息商品的广告费比重较大。搜寻成本是信息商品的供需双方，为了在一定区域范围内寻找适合的交易对象，查询对方所提供或需求的信息商品与信息服务所需要支付的成本。

(2)信息商品交易中的交易成本

在信息商品供需双方完成市场准入和信息搜寻之后，便开始接触，进行交易条款的协商，到最后达成交易契约，这个过程涉及的交易成本包括协商与决策的成本和契约成本。

①协商与决策成本。信息商品交易中的协商与决策的成本是交易双方为达成交易所做的议价、协商、谈判并做出决策所产生的成本。信息商品供需双方在交易动机的驱使下，开始尝试信息的相互交换。在交换信息时，交易

者可能会考察个体所处的交易环境，并评估交易的必要性以确定进一步的行动策略。一般来说，由于交易双方的不信任及有限理性，常须耗费大量协商与谈判成本。例如信息商品供应方通过传真、视频电话、邮件、IM 工具等向需求方展示产品性能、销售记录，提供折让信息都需要花费一定的费用。

②信息商品交易中的契约成本。信息商品供需双方完成了交易条款的协商，达成了交易意向之后，则开始订立契约。供需双方须进一步对下列情况做出明确表述：某一价格下，信息商品的品质和数量的检验，律师的聘请与咨询，合同的起草与修改，保证条款的规定，信息商品的转移与交易的登记，对违约行为的处罚规定等。因为签约行为受到未来预期对交易双方的影响，因此契约条款必须充分反映双方利益的权衡，且签订的契约内容需反复修改多次，延长了签约时间。这其中就包括完成签约过程的沟通成本、签约所需的设备和材料成本、完成签约所需的服务性成本以及人工成本等。

(3)信息商品交易后的交易成本

在交易双方完成契约签订之后，交易者要实施其契约条款和内容，以实现信息商品的价值转移和空间位移，这其中包括契约的执行成本、契约的监督成本和转换成本等。

①信息商品交易后的执行成本。交易后的执行成本是在契约订定之后，交易双方相互进行必要的检验以确定对方确实遵守契约，当对方违背契约时，强制对方履行契约所产生的成本。信息商品的执行成本主要包括信息商品的物流成本(有形信息商品的物流成本)、取货成本、售后服务成本。

②信息商品交易后的监督成本和转换成本。监督成本是交易双方订定契约之后，为了预防对方由于“投机主义”产生违背契约的行为而相互监督所产生的成本。信息商品的监督成本体现在对信息商品的物流过程、完整性、有效性进行的监督，对信息商品售后服务的监督以及对方违约时提出起诉发生的诉讼成本等。信息商品的转换成本是指当信息商品需求方从一个供应商转向另一个供应商时所发生的一次性成本，如对新供应商的评估成本、掌握新产品使用方法的学习成本等。

6.4.2 信息商品的交易模式

信息商品的交易存在多种模式。首先，信息商品的特殊性致使信息商品呈现出独特的消费特性，这些消费特性比如商品本身的时效性和消费者的自身素质等都会影响信息商品的交易，因此信息商品最终发挥的效用是不确定的，效用价值也是不确定的，这种未来收益的不确定性以及由此出现的价值风险使买方往往希望或愿意与卖方共同承担经济风险，因此也就使交易出现了一次交易、多次交易和捆绑交易等多种模式。

①一次交易是信息的使用价值进行一次性转移，风险也一次性转移的模式，包括购买、拍卖、投标、价格协商。一次交易的买方可以是唯一一方，即买方买断，也可以是卖方同时拥有多家买方。

②多次交易是信息商品的风险和利润分担的持续交易模式，即多次让渡交易模式。卖方以一定的方式(如按比例或提成)分享买方的预期利润，并在此期间承担相应的风险责任，包括出租、价格分割、订金和风险分担。多次交易是多次或无限次分割信息商品的交易价格。捆绑交易和多次交易正好相反是指不同功能的信息商品捆绑在一起一次性出售。

另外，信息市场交易模式按照交易主体之间交易合作方式和市场地位的不同分成三类：分别是直接交易模式、平台交易模式和中间商交易模式。①

①直接交易模式中信息商品生产者开发出的信息商品通过自有服务平台出售给用户，其产品的所有营销及传输、下载或拷贝服务都是由一家企业封闭式完成的，同时还控制着整个信息服务商品的资金流。直接交易模式所容纳的信息商品生产者是有限的，其封闭性不利于调动整个产业链，因此所聚集的用户也是有限的。

②平台交易模式下的参与者除了包括数字信息商品供应商和消费者之外，还包括平台提供商。平台提供商作为一个独立主体存在，它不直接参与供应商和消费者的交易活动，而是提供一个媒体和场所，为消费者发布产品和消费的信息，为供应商发布需求信息，高效促成消费者和供应商交易的实现。在这种模式下交易控制权由供应商所有，平台仅是提供供应商和消费者双方交易的匹配空间。

③中间商交易模式是指信息中介服务平台通过有效地组织信息商品的信息流、资金流和“物流”，实现自身的盈利，同时也实现了专业化分工，使得信息商品生产者可以更加专一的关注于数字信息商品的生产与研发，这种模式比较适合开发成本较低，而且时效性不强，销售量大的信息产品。

6.4.3 信息商品具体的交易方式

就具体的交易方式而言，尽管存在着拍卖、授权、出售、出租等多种方式，但交易模式从本质上分析只有两种：一是出售的商品让消费者独立使用，二是出售的商品让消费者共享使用，或者简单地说一是售(独立使用)，

---

① 陈洁．数字信息商品市场微观结构研究[D]．北京邮电大学，2008.

二是租(共享使用)。① 售和租都是从信息商品的销售者角度来说的，下面从卖方入手分析这两种模式的交易方式。

(1)售——独立使用

信息商品的卖方采取售这一交易模式可以实现买方对信息商品的独立使用，即买方不必依赖卖方而完成对信息商品的使用，但这种使用并不意味着绝对的排他性。买方对信息商品是否拥有唯一的使用权，要视双方所采用的具体交易方式和交易合同而定。

卖方的售可以根据实际需要采用上文中任何一种交易方式实现。下面就结合信息商品的类型和具体的三种交易方式谈谈这一交易模式：

①一次交易。卖方将信息商品的使用权一次性交付买方，也存在两种情况：一种是买方完全买断使用权，卖方不能再次将信息商品的使用权出售给任何第三方，即卖方丧失对信息商品的所有权。如传统信息商品中对专利的买卖多数属于此类交易方式。另一种是买方通过购买仅仅获得信息商品的使用权，卖方可以不断将信息商品的使用权继续出售给任何需要的买方，即卖方仍然拥有对信息商品的所有权，如对计算机软件电子书籍等新型信息商品的买卖就属于此类交易方式。

②多次交易。卖方将信息商品的使用权分成几次交付买方，计算机软件或数据库等新型信息商品的交易多采用这种方式。这同样存在完全买断和非完全买断两种情况，不过完全买断的情况较少，一般只有软件的委托开发才会采用这种交易方式。由于计算机软件需要不断升级，数据库也要不断充实完善，所以卖方多采取多次交易的方式与买方共同承担信息商品的成本和风险。多次交易是信息商品交易的特殊方式，是由信息商品的特殊性决定的。它不同于传统物质商品的分期付款，信息商品的多次交易不但是资金的分次到位，而且商品也是分次交付的。

③捆绑交易。卖方在销售某一信息商品时将另外的信息商品一同交付买方使用。这种交易方式表面上是为买方提供免费软件，但实际上却是对买方的锁定，容易导致垄断的产生。因为在上章中已经从信息商品定价的角度分析过信息商品的捆绑，所以这里不再赘述。

(2)租——共享使用

信息商品卖方如果采用租这一交易模式，那么买方仅仅在某一时段获得对信息商品的使用权，对买方而言这是一种比较经济的使用方式。从卖方角度分析主要采用一次交易和捆绑交易两种方式。

---

① 周文波．信息产品的市场交易分析[J]．价格月刊，2007(9)：56-57.

①一次交易。最初出现于图书馆的传统型信息商品，实际是一种租用的共享方式，但是由于图书馆本身的公益性，其使用者不必直接对所使用的信息产品交纳租金。在信息产品商品化之后，图书馆为了拥有足够的资金为读者提供更加优质的服务，往往会向租用其信息产品的读者用户收取一定的租金。

信息市场中出现的最典型的一次交易就是对音像制品的租用。对买方而言，音像制品在第一次使用时的使用价值最高，但是之后的使用价值急剧降低甚至为零。因此，对这类信息商品买方就倾向于能通过租用的方式实现对音像制品使用权的暂时拥有，一旦享用完毕则归还。卖方这里其实是租方，而租方就可以永远占有这类信息商品的信息部分和载体部分。其实多数情况是，租方只是拥有信息商品中信息部分的使用权和载体部分的所有权，而信息商品中信息部分的所有权仍然归其开发者拥有，如唱片公司拥有唱片的所有权，软件开发商拥有对软件的所有权等。

②捆绑交易。在信息商品的租用中并不多见，但伴随着租用中的一次交易，它也偶尔出现。例如买方在获得某一音像制品的暂时使用权时需要用某一播放软件实现其使用价值，这时就可以将播放软件捆绑在音像制品中，只要拿到音像制品就可以找到播放它的软件实现它的使用价值，因此在这种意义上捆绑交易出现在租用中只是协助实现信息商品的使用价值，虽然不是必不可少，但在某些情形下却又不可或缺。

(3)售还是租——信息商品交易方式的选择

信息商品的生产者和消费者会根据商品所处的不同市场阶段及消费者的需求情况“自行选择”合适的交易方式。这里将消费者分为两大类：高消费者(更高消费欲望)和低消费者(更低消费欲望)，把信息商品的市场分为三个阶段：商品投放市场初期、成熟期、衰退期。

①在市场的初期，生产者不宜生产和售出过多的产品，一是任何信息商品生产商对自己的首批产品看得较为贵重，制作得也较为精致，不愿轻易地让很多消费者立刻拥有；二是生产者也会担心一旦让很多消费者拥有，将可能出现很多复制、盗版品，不利于本产品将来的市场交易。其实，在市场的第一阶段也不可能有很多消费者购买本产品，一是产品性能、质量对广大消费者来说不确定，消费者不会轻易迈出这一步；二是价格高，即使对本产品有信任感的消费者也可能会因其昂贵的价格而放弃；三是市场替代品也多，即使没有，随着时间推移，消费者宁愿等到其复制品出来后再买或租借，所以在市场的第一阶段多数是单位消费，少数是个人消费。该阶段的特点很明显地制约着市场中的生产者和消费者达到“自我选择”。

②在市场的成熟期，生产者为了尽可能创造最大利润，同时尽可能多地满足不同种类消费者的要求，会采取各种不同的策略，如对不同种类的消费者采取质量档次拉开实行不同的定价。捆绑销售，利于消费者，也利于自己，尤其对一些单位购买者，像图书馆等实行该方式特别有益。对部分产品和部分消费者有时采取出租方式也能获取丰厚利润，尤其是一些一次性用途的产品，如一些图书、音像制品等，因为消费者对本产品用途取舍千差万别，采取出租和买卖并存，可吸纳更多的消费者。消费者在这一阶段也会作自己的最优选择，对价格考虑多的消费者可能会选择质量稍低的产品，以质量考虑多的消费者可能会选择质量好价格更贵的产品，对服务便利考虑多或者要购买成套产品的消费者会选择捆绑式定购，对产品用途考虑不是很多的消费者可能会选择租用的方式。在这一阶段，生产者和消费者能够达到局部利益最优，实现市场的“自我选择”。

③在市场的衰退期，高端消费者会退出该市场，消费对象主要是一些低端消费者，产品价格不高，对生产者和消费者都难于达到“自我选择”。

信息商品尽管再生产成本不高，但生产者也不会把其价格确定在再生产成本之下，所以不管怎样，信息商品价格对有些消费者来说还是会有些贵，另外有些信息商品对于消费者来说可能只有一次性用途，消费者就会考虑买它是否值得。针对以上两种情形，生产者发展出租业作为补充，实为明智之举，通过合适的定价，或买或租，让消费者自行选择。

6.4.4 信息商品交易的障碍因素分析

信息商品的非对称性挫伤了生产者和消费者交易的积极性，市场运作的效率十分低下，甚至根本就无法运作，为信息商品的交易设置了天然的障碍，此外，信息商品的质量、服务水平等因素也会影响信息商品的市场交易：

(1)信息商品交易的非对称性

①生产厂商的信息不对称。首先，信息商品的规模需求难以预测。例如对软件开发商而言，通常只是对需求的种类有一个模糊的概念，而对软件的规模需求、深层次需求、需求的主次与分布、消费者主观价值估计、需求的变化趋势、细分市场的需求等一些非常重要的信息，都不可能在软件开发前完全搞清楚，而只能通过开发、使用、反馈、升级等不断的信息交互过程逐步接近消费者的需求实际。其次，信息商品是知识密集型产品，其价值不仅取决于商品本身的水平，还取决于消费者的使用水平和使用方式，这在不同的消费者中呈现出很大的差异。因此厂家在做信息商品营销时，如何识别具

有不同能力的消费者，以便采取针对性的销售策略非常困难。最后，信息商品的公共物品特性不能轻易地排除其他人的消费(复制、盗版等)，信息商品的不可破坏性和可共享性，使得它可以同时为多人消费，而价值不一定有损耗，也就是说，信息产品没有耐用和不耐用之分，从厂家那里买到的产品和二手货没有区别。在产权保护不健全或者监测成本高昂时，消费者会放弃购买愿望搭便车，这种行为的发生具有普遍性，且不易察觉。

②消费者的信息不对称。与信息商品厂商比较，消费者所存在的由于产品的质量不确定引发的信息不对称不仅存在，而且更加严重，这不仅可能影响到消费者自身的利益，而且也可能影响其购买决策和厂商的利益。首先，在商品购买前，对于商品性能，厂家与消费者之间存在一个基本的信息不对称。信息商品是经验产品，又称为效用后验性，可以解释为消费者对信息商品质量信息了解的滞后性和不确定性。消费者必须在使用信息商品后才可以知道它是否适合自己需要。面对信息商品的后验效用，消费者要么加大其信息搜寻的成本以减少产品质量的不确定性，要么暂缓交易以回避交易风险。另外，由于信息方面的劣势，消费者在购买到商品后，可能会面临产品生命周期过短的风险。由于信息产品不像其他物质产品那样出现有形磨损，所以信息产品一经创造产生就可以永远地存在下去。因此生产商通常采取一种蓄意过时和频繁升级的销售策略，使得消费者每次购买到信息商品后，用不多久又要有偿升级，即使没有竞争者也是如此。

信息商品的非对称性使得生产者没有动力提供信息商品，它同时会挫伤经营者和购买者参与到市场交易中的积极性。

(2)信息商品及服务因素

①信息商品的定价。信息商品的定价问题十分复杂，如果一种商品没有一个公认的较为准确的定价标准，就会造成该交易市场的不稳定，甚至混乱，对这样的市场，无论是买方还是卖方，在市场参与上都会持保守态度。

②信息商品的质量。信息商品质量就是信息商品通过其客观性能满足一定消费条件下某种信息需要的程度。信息商品的类型不同，则其出现的质量问题也不同。对于服务类的信息商品，其质量指能否迅速快捷地提供切合用户实际需求的信息服务。对于内容性的信息商品，尤其是数字产品，其质量是指商品是否经过了必要的过滤和质量控制，是否达到内容相关性高，组织有序、操作方便等标准。信息商品质量低劣将用户带来很大的不便，也大大降低了用户的消费信心。

③信息商品交易的服务。信息商品的交易需要好的服务支持。服务项目不健全，技术帮助和支持不到位，客户关系管理不能有效实施，服务人员素

质不高和效率低下，都不能很好地满足消费者的需求，难以培养忠诚性客户，即使能够接收信息商品的价格并信任其质量，也会在下次交易时，犹豫颇多。

④信息商品交易的支付方式及安全。支付是完成商品交易的重要环节，与其他商品交易相比，信息商品尤其是网络信息商品交易存在着更大的支付风险。同时，安全问题也不容忽视。这一点涉及商家身份的确定、网上支付安全、个人信息的安全等方面。出于对交易支付、安全、商家信用等诸多问题的考虑，网络信息商品的交易遭遇了瓶颈。

因此，有必要进一步完善信息商品的定价机制，制定健全的法律法规，加强信息商品交易市场的管理，加快金融认证体系建设，健全金融法规、运用安全控制技术、建立企业信用评价体系。这些措施都将有效地活跃信息商品的市场交易行为。

6.5 信息商品的消费

信息流通始于信息需求，终于信息消费。信息消费始于信息需求，信息需求是引发信息消费的原动力。信息需求的本质是人们对信息的使用价值的欲望和要求，信息的价值决定了人们要获得信息必须以等值的商品或货币作为交换，而信息流通则最终导致了信息商品使用价值和价值的实现，从而形成了信息的消费。信息消费的过程是一个信息不断创新和增值的过程。

6.5.1 信息消费的界定

(1)从商品交换角度考察定义

信息消费是指购买和使用的信息商品和服务的总和，是信息消费主体将自身的信息需求诉诸信息市场来寻求满足的特定方式。信息消费包括对信息产品消费、信息劳务消费、信息设备的消费等内容。信息产品消费包括购买的电子版书刊报纸、光盘、软盘、磁带等。主要指含信息内容的电子出版物。信息劳务包括信息咨询、信息检索、委托查询、网络利用等信息服务消费。信息设备包括电视、电话、传真、电脑、网络、摄录像等设备。

(2)从消费者行为角度考察定义

信息消费是指在生产、生活中，消费主体(包括自然人和法人)在信息需求的引导下消费信息产品及服务的行为。具体形式包括以商品交换形式获取和利用信息，也包括以非商品交换形式进行的信息获取和利用活动。信息消费的日的是最大限度地获得信息商品的使用价值，满足消费者的效用需求。它缓解或解决信息的不对称问题，从而实现信息资源的优化配置，促进经济和社会的发展，促进个人进步。①

(3)从信息产品生产与流通的过程定义

信息消费是社会信息生产和通流过程的延续，是信息商品和信息服务的最终归宿，是信息消费者获取信息、认知信息内容和再生信息等基本环节所构成的社会活动。信息消费连接两个从生产到流通的信息循环过程，是前一个循环的最终环节，同时也是下一轮信息生产和交换过程的起点。

(4)对信息消费范围的界定

①广义信息消费。我们认为信息消费是相对宽泛的概念，涵盖的领域十分广泛，渗透在社会消费的方方面面，也就是广义的信息消费。广义信息消费范围包含文化消费、媒介消费、教育消费等。

②狭义信息消费。我们将狭义的信息消费范围界定在以信息产业提供的信息产品和服务为消费对象的消费，集中在通信等消费和互联网络服务类消费。

这里从经济学角度界定信息消费概念，所涉及的信息消费只限于信息商品的消费，它是一种市场行为，信息商品是指进入流通领域的作为商品出售的信息，是指信息生产人员广泛地搜集信息资源，经过分析研究、处理加工后，通过科学程序生产出的能够满足人们特定信息需求的商品。用于消费的信息主要有三种：自产自用信息、免费方式获得的信息以及以市场交易的付费方式获得的信息。虽然前两者都对消费者产生效用，但都没有经过商品交换，不属于信息消费范畴。只有通过市场交易的付费方式获得的信息属于信息消费。作为信息资源的市场配置方式，信息消费为社会创造财富(经济效益)，同时增加了社会福利(社会效益)。

6.5.2 信息商品的消费机理分析

信息消费就是信息商品对消费者发挥其效用的过程。信息商品的消费机理非常复杂，下面从信息消费函数、信息商品效用实现的阶段和特点来分析信息商品的消费机理。

(1)信息消费函数

信息消费支出属于宏观范畴，是全体消费者购买信息的价值总和。影响它的因素主要有：可支配收入、预期收入、消费者的财产水平、价格水平、信息偏好、生命阶段和社会活动量等。在这些因素中，最重要的是可支配收

① 沈小玲. 关于信息消费的理论探讨[J]. 图书情报知识，2006(9).

入决定了消费者的财产水平、信息偏好及社会活动量。假定其他条件不变，信息消费支出唯一地由可支配收入决定，并随之变动而变动。这种依存关系的函数表达就是信息消费函数，为 $C_1=f(Y_d)$，其中，C_1代表信息消费支出，Y_d代表可支配收入。

N 是 45’收入支出线，表明收入等于支出，其导数是恒等于 1 的水平线。MPC 为一般商品的边际消费倾向，MPC_1 为信息消费的边际消费倾向，它指的是每增加一单位可支配收入 Y_d，居民信息消费支出 C_1的增加量。表述为 $MPC_1=\lim(\Delta C_1/\Delta Y_d)=dC_1/dY_d$。信息消费函数如图 6-19 所示①：

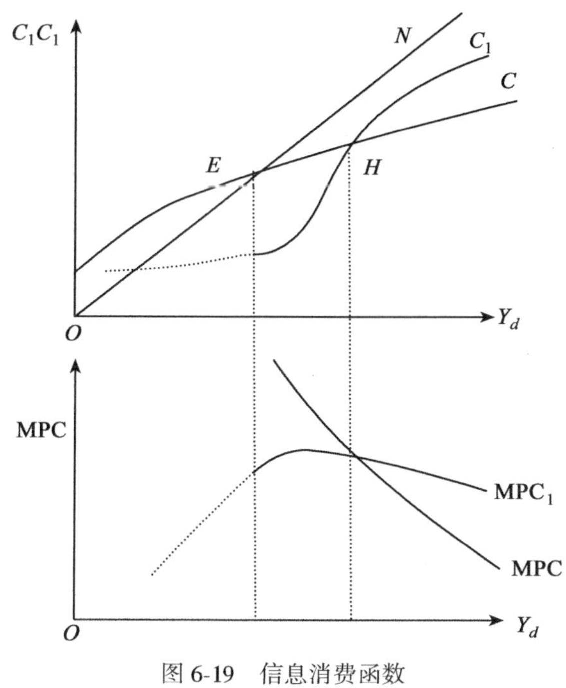

图 6-19 信息消费函数

①在 E 点左边，可支配收入小于总支出，消费者举债消费，为解决温饱，消费者无钱购买信息商品，信息消费等于零，但仍然通过其他方式消费信息，如自己收集或免费获得，因而 MPC_1，C_1用虚线表达，即有消费信息却无信息消费，得出：

$$Y_d<C,\ MPC_1+MPC<1,\ 0=MPC_1<MPC<1\Rightarrow 0=C_1<C$$

① 徐德云，徐海俊．论信息消费及其函数决定[J]．生产力研究，2003(1)．

②在 E 点、H 点之间，$Y_d>C$，消费者的基本物质需要得到了满足，转移一部分收入用于信息消费，二者都在递增。这一阶段，虽然信息消费的总量、边际倾向小于一般商品的总量和边际倾向，但信息消费的增加速度要大于一般商品消费的增加速度，即 C_1 的二阶导数大于 C 的二阶导数，得出：

$$Y_d>C_1+C \quad \mathrm{MPC}_1+\mathrm{MPC}<1$$

$$0<\mathrm{MPC}_1<\mathrm{MPC}<1\Rightarrow C>C_1>0$$

$$\partial^2 C_1/\partial^2 Y_d>\partial^2 C/\partial Y_d^2$$

③在 H 点右边，虽然存在边际递减现象，但信息消费的总量、边际倾向均大于一般商品的总量和边际倾向，于是有：

$$Y_d>C_1+C，\mathrm{MPC}_1+\mathrm{MPC}<1，0<\mathrm{MPC}<\mathrm{MPC}_1<1\rightarrow C_1>C>0$$

其中，MPC 为单调递减，说明随着收入无限增加，物质性消费增加越来越少，显得不是很重要，所占份额越来越少，而对于 $\mathrm{MPC}_1>\mathrm{MPC}$，表明随着收入增加，信息消费必定高于物质消费，显得更为重要。

综上所述，信息消费函数是递增的，其边际消费倾向先递增后递减，曲线是倒 U 形的，它们都起始于收入等于支出点 E。

对于信息商品消费的边际收益递增，这里要加以说明。西方经济学的传统理论把边际收益递减作为其理论分析的基本假设。然而，边际收益递减的假设在信息商品消费时受到了严峻的挑战，出现了边际效用递增规律。一是因为信息商品具有累积增值传递效应。随着知识量的增加，人们对信息的理解程度逐步加深，信息所起的作用越来越大。因为知识本身是系统的、可以增值的，一个人拥有的信息越多，每增加一条信息对这个人的效用就越大。二是因为信息商品消费具有显著的网络外部效应。消费者对信息商品的需求量随着其他人购买数量的增加而增加，这种网络效应不仅来自消费者的竞争性消费，而且更多地来自信息商品的互补性。

此外，信息消费函数与一般消费函数的位置与状态可以反映一国富裕程度，在 E 点左边，经济社会处于贫困之中，少量的收入全部用来满足基本生活的物质需要，无钱进行信息消费。所以，利用的信息是非市场方式获得的。在 E 与 H 点之间，是温饱水平转向小康水平。温饱问题基本解决，消费者开始注重精神方面的信息消费。在 H 点右边，经济社会已达富裕水平，物质性需要已完全解决，消费者更注重精神消费。

信息消费函数所具备的特征对我们有着很好的启示。信息消费的边际消费倾向是高于一般商品的边际消费倾向。可见，促进信息消费能有效地拉动内需，特别是拉动高收入人群的消费支出。

(2)信息商品的消费与效用实现

消费者在信息商品供应商营销、同行推荐、个人兴趣引导入门，产生购买欲望之后，会通过购买、租借、共享或许可等方式进行信息商品初次交易以获得某种使用权，甚至会有重复交易。卡尔·夏皮罗将信息商品效用发挥的过程细分为以下四个阶段，如图 6-20 所示。

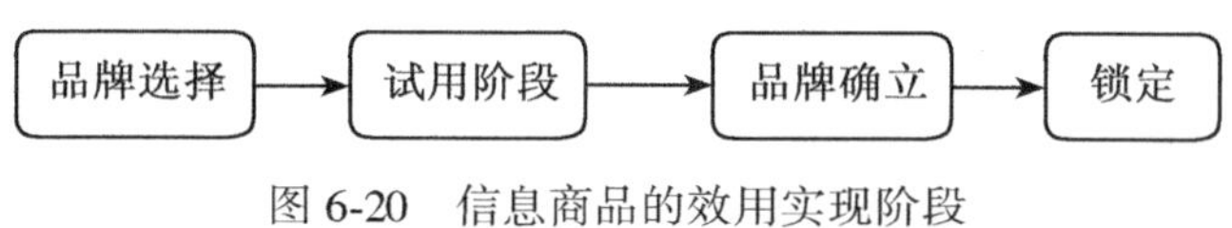

图 6-20　信息商品的效用实现阶段

第一阶段，品牌选择。在品牌选择阶段，消费者的选择通常会受到外界因素的影响，如信息商品供应商的促销活动，他人购买体验，及所获得的产品信息；

第二阶段，试用阶段。在新品牌学习使用阶段，发挥消费过程中主观能动，获得某种效用，形成消费体验；

第三阶段，品牌确立。经过试用，一部分消费者习惯了这种新品牌，获得高等级效用，并对其产生了偏好；

第四阶段，锁定。被锁定的顾客成为企业的重复购买者，不转向其他品牌。

(3)信息商品的效用

从经济学的角度考察信息商品的效用，可以概括为以下两项功能：

①效益功能。信息消费的效益功能是指信息的消费具有提高消费效率的作用，使同量消费资料的消费能获得更大的消费效果。信息作为最重要的生产力软要素，可通过强化和提高其他各种要素的功能或禀赋和素质，以及通过对其他一切要素，有序组织和总体协调提高劳动生产率，提高消费和劳动生产的效益。

②福利功能。信息消费的福利功能指信息商品和服务的消费具有满足人的生活需要，提高生活质量，增进人的快乐、健康和幸福的作用，具体表现在：扩大消费规模，信息消费能促进物质和能量的有效利用，使人们创造出更多的物质财富，从而间接地促进了消费规模的提高；提高消费质量，信息作为生产活动的一种基本资源，能提高产品的美观、轻巧、质量等软指标，以生产消费的形式间接地促进消费质量的提高。而且信息又是人类重要的精神消费品，它促进了消费层次的提高，从而直接提高了消费质量。

信息商品效用实现表现为人与信息的相互作用过程，这一过程表现出以下特点：

①信息商品效用的实现过程实质上是用户在利用信息时，通过听、读、写、思考等方式接受和理解信息内容，并将接收到的信息内容作用于自身的思想和行动的过程。过程最终表现为一个可以观察到的结果，例如，产生一个新的决策方案、研制出一种新的产品、提高了市场占有率等，这一结果可以通过数据进行评价计算。

②信息商品的效用在信息被利用前后分别表现为潜在和显在两种状态。潜在效用是信息未被利用时隐含于信息产品中而未显现出的形态；显在效用是信息被利用后显现出来的形态，是用户获得的现实效用。

③信息商品效用的实现过程还表现为信息内容从一种物质载体转移到另一种物质载体。信息商品的使用价值虽然不是商品本身，但任何信息商品当其未被利用时，使用价值必然依附于一定的物质载体。当信息被利用后，其使用价值虽未消失，但用户从中获得的实际效用却发生了转移，转移到用户的消费行为及其消费结果中。

④信息商品的效用在实现过程中呈现出多样性和复杂性。从多样性上看，信息效用是一个复合量，它可以是正值，也可以是零值，甚至可能是负值。正值效用表明它符合用户需求，且对人的决策、选择和行动具有积极有效的作用。零值信息效用表示信息与用户特定需求无关。负值信息效用表示给人们带来的是错误的决策、选择和行动。

从复杂性上看，信息效用的实现具有相对性，即受用户本身的条件和环境影响，同时也受用户主观因素约束，因而同一信息商品对不同的用户来说，效用的实现是有差别的，且实现的程度带有很强的主观色彩。

6.5.3 信息商品效用的测度

效用是指信息商品使用价值的表现形式，指货币化的使用价值，即利用信息和不利用信息两种情况下产生的决策后果在经济所得上的比较。用 U_i 表示信息商品 i 为使用者带来的效用，用 U_m 表示货币 m 为持有者带来的效用，I_i、M_m 表示信息量和货币量，则有：

$$U_i=f(I_i)$$

$$U_m=g(M_m)$$

式中，f、g 均是单调函数。假定上述效用是同质的，则可以推出：

$$M_m=h(I_i)$$

式中，h 也是单调函数。因此，信息量 I_i 的效用价值为 M_m。

(1)信息量表达的效用指标

信息量可以说是信息产品最重要、最基本的特性指标，信息量本身就可以描述信息商品效用的大小。如果一件信息商品所含的信息量大，它就能提供较多的信息，为人们提供更准确的依据，减少决策过程的不确定性。所以，在有些条件下，我们可以把信息量作为信息商品效用价值的测度指标。

有关信息量的测度最有代表性的是申农的统计信息量和约维兹的决策状态信息量。

①统计信息量与信息效用。

设从某对象(信源)输出 k 事件 E_1，E_2，…，E_k，它们出现的概率分别为 p_1，p_2，…，p_k，那么该信源的平均信息量可表示为：

$$I_H = -\sum p_i \log p_i$$

I_H 被称为信息熵，熵是不确定性和无知状态的尺度，熵最大时，认识不确定性最大，但会随着信息的输入而减少，因此可以将熵的减少定义为信息的效用。

当 $p_1 = p_2 = \cdots = p_k = 1/k$ 时，$I_H = \log k$

该对象的信息熵达到最大值，称为最大熵。此时，熵的减少量为：

$$V = \log k - \sum p_i \log 1/p_i$$

这就是该对象所传递的信息的效用。

信息熵是从信息的语法形式上考虑信息效用的测度，仅考虑了信息商品信息量的效用。除了信息量(语法)之外，还有信息的质(语义信息、语用信息)等，作为信息商品的组成部分，它们也有自己相应的使用价值或效用价值。其测度或计算，可根据具体情况建立数学模型(如经验公式)来进行。

②决策信息量与信息效用。

在这一领域，以美国学者 M·约维兹(M. Yovits)为典型代表，他引入广义信息系统，定义信息是人们决策时有价值的数据。为了测度信息量和信息使用效用，他利用人类的决策程序和决策模型来考查人们接收到信息前后的决策状态。①

选择和决策是人类最普遍的行为，人们在作决策时，总是根据获得的信息和自己的经验来选择行动路径(Course of Act，COA)或方案，预测可能的结果。由于人类的选择和决策十分复杂，要受到不确定性的影响，为使问题

① Yovits，M.，Ernst，R. L. *Generalized Information Systems*：*Consequences for Information System* M. H. P. *Pepinsky*[M]，New York：Pergamon，1969：3-31.

简化，在一种自然态下，不考虑目标不确定性，约维兹利用动态概率矩阵来模拟决策者利用信息在不确定性条件下的决策行为，从而将决策者的决策状态直观化，如图 6-21 所示。

		结果				
		O_1	O_2	…	…	O_n
行	a_1	W_{11}	W_{12}	…	…	W_{1n}
动	a_2	W_{21}	W_{22}	…	…	W_{2n}
路	⋮	⋮	⋮	⋮	⋮	
径	⋮	⋮	⋮	⋮	⋮	
(COA)	a_m	W_{m1}	W_{m2}	…	…	W_{mn}

W：各行动路径所产生的结果的概率矩阵

		结果				
		O_1	O_2	…	…	O_n
行	a_1	V_{11}	V_{12}	…	…	V_{1n}
动	a_2	V_{21}	V_{22}	…	…	V_{2n}
路	⋮	⋮	⋮	⋮	⋮	
径	⋮	⋮	⋮	⋮	⋮	
(COA)	a_m	V_{m1}	V_{m2}	…	…	V_{mn}

V：各种选择所产生的结果的概率矩阵

图 6-21　决策模型的概率矩阵

在 W 矩阵中，W_{ij}表示决策者执行第 i 个行动路径产生第 j 个结果的主观概率。在 V 矩阵中，V_{ij}表示决策者执行第 i 个行动路径产生第 j 个结果的估计值。V 矩阵是 W 矩阵的相伴矩阵。但是 W 矩阵和 V 矩阵仅表示在特定时间决策者对于决策状态的主观模型。在实际决策时，存在决策状态的实际模型，它独立于决策者的主观估计，表示实际的决策情形。如果用 W^* 和 V^* 表示实际模型，则 W_{ij}^* 表示执行第 i 个行动路径产生第 j 个结果的实际概率，V_{ij}^* 表示执行第 i 个行动路径产生第 j 个结果的实际值。不考虑决策过程的目标不定性，则 V_{ij}与 V_{ij}^* 相同。

利用决策矩阵可以明确决策期望值。一般来说，决策期望值比矩阵中的实际元素更为重要，更引起决策者关注，而且更方便应用和处理。

决策者在时刻 t 对第 i 个行动路径(coa_i)的估计值为：

$$E\ V_I(t) = \sum W_{ij} V_{ij}$$

对每个行动路径的实际期望值为：

$$E\ V_I^*(t) = \sum W_{ij}^* V_{ij}$$

实际期望值是决策者多次执行第 i 个行动路径出现的平均值，决策者起初并不知道这个值，他对该值的估计是 $E\ V_I$。对于一个合理的决策过程，无论决策者最初对期望值的估计如何，终将在做了多次决策之后，获得 $E\ V_I^*$。亦即：

$$E\ V_i(t) \qquad E\ V_i^*(\ t \to \infty\ )$$

做决策时，决策者选择某一行动路径(coa_i)的概率 $P(a_i)$ 由决策期望值确定：

$$P(a_i) = (E\ V_I)^c / \sum (E\ V_k)^c$$

式中，c 表示决策者对自己决策状态的置信程度。此式表明，某一行动路径的期望值越大，选择它的概率就越大。

有了上述基本概念，就可以确定信息量和信息效用。约维兹定义信息量的基本单位为 BCUs(Binary Choice Units)，即对于只有两种可能选择的情况，选择的结果即为 1BCUs 的信息量。在确定信息量的基本测度时，要考虑信息与决策状态的相互作用，把信息与决策时选择恰当的行动路径(coa)所具有的不定性和随机性联系起来。如果决策者对于他选择哪一个行动路径完全不定，那么决策状态信息量为零，反之，则信息量最大。因此约维兹将决策者选择某一行动路径的概率的均方差作为信息量的基本测度。在完全随机选择的情况下，均方差为零，亦即信息量为零。另一方面，对于某一行动路径(coa_i)，如果 $P(a_i) = 1$，对于所有其他的 coa_k，$P(a_i) = 0$，这时均方差最大，亦即信息量最大。这两种极端情形表明决策完全不定和完全确定。于是可以定义时刻 t 决策状态的信息量基本测度为：

$$I(t) = \text{概率均方差}/[\text{概率均值}]^2$$

因为概率的均值正好是 $1/m$，则有：

$$I(t) = m \sum P(a_i)^2 - 1$$

显然，这里的 $I(t)$ 的范围是：

$$0 \leqslant I(t) \leqslant (m-1)$$

由上可见，约维兹定义的信息量基本测度实际上描述的是决策者接收信息后，其决策和选择状态对概率均值的离散程度，它在某种程度上形象地反映了决策过程中信息的作用机制。

有了信息量的基本测度，信息量可以定义为决策者在接收到信息后决策状态的变化。即：

$$QI=I(t)-I(t_0)$$

这个量可能是正值，可能是负值，也可能是零值。如果选择行动路径的概率使方差增加，QI 为正；如果决策者对于决策情形判断不正确，QI 可能是负值；如果信息过多，选择结果不变，QI 为零。

利用选择概率 $P(a_i)$ 和期望值 $E\ V_i$，约维兹定义并计算了下列重要的量。

决策者平均决策效益：

$$DMB = \sum P(a_i)E\ V_i^*$$

决策效果为平均决策效益与最大期望值之比：

$$DME = \sum P(a_i)E\ V_i^* / (E\ V_k^*)_{max}$$

且有：$0\leqslant DME\leqslant 1$

在给定时刻 t 和给定数据集合 D，定义信息价值为决策者寄售到这些数据(信息)后决策者平均决策效益的改变，表示为：

$$VI(D,\ t)=DMB(t)-DMB(t_0)$$

这个量与 V 矩阵中的元素具有相同的量纲，这可以使我们把信息价值和决策效益的具体量联系起来。事实上，这里的信息价值 VI 就是我们要求的信息效用。

用最大期望值$(E\ V_k^*)_{max}$除以上式的两端，可求得信息效用：

$$EI(D,\ t)=DME(t)-DME(t_0)$$

当 V 矩阵中的值以货币数值出现时，信息效用(VI)就是相应的货币数量，可以认为是信息作用于决策创造的收益，据此可以直接确定信息商品的价格。如果 V 矩阵中的元素是其他量时，也可以通过转换表示为货币单位，对人力和时间的节约都可以间接转换。

(2)信息需求角度的信息商品效用测度

阿罗从信息需求的角度将信息(商品)的效用定义为有信息和无信息两种情况下拥有一定资产的决策者进行优化决策时所得到的最大期望效用之差值。

决策者在没有得到信息时的最大期望效用为：

$$U_E^* = \sum P_i \log P_i + \sum P_i \log x_i$$

式中，P_i为某事件中任一状态发生的概率，x_i为任一状态出现时，决策者单位投入所获得的收入。

阿罗用信息论对上式作了进一步解释，得到的结论是，$\sum P_i \log P_i$ 为对信息的需求价值。

阿罗认为，假设决策者设立了一个容量为 $H=-P_i \log P_i$的信道，用以获得关于某事件的信息。如果决策者借此信道获知任一状态发生的信息，那么决策者就会把所有的资金投入到这一状态上，从而获得收入 x_i，则决策者获得的效用为 $\log x_i$。这样，在有信道的情况下，决策者的最大期望效用为：

$$U^* = \sum P_i \log x_i$$

所以，决策者在有信息和无信息两种不同情况下的最大期望效用的差值为

$$U^* - U_E^* = -\sum P_i \log P_i$$

可以认为 $-\sum P_i \log P_i$ 是信息为决策者提供的期望效用增量，而 $\sum P_i \log P_i$ 为决策者对信息商品的期望效用，也可以认为是决策者对信息的需求价值。阿罗还证明了信息需求价值与单位投入产出量 $x=(x_1, x_2, \cdots, x_n)$ 无关的充要条件是效用函数具有对数形式，即：

$$U(a_i x_i) = \log(a_i x_i)$$

式中，a_i 为决策者拟定在某事件任一状态出现时所投入的资金份额，因而有 $\sum a_i = 1$。

在上述效用函数假设条件下，阿罗还证明了信息商品的效用就是该信息商品所含的信息量。

6.5.4 锁定

锁定是信息商品消费中表现较为突出的一种现象。锁定是一种持续的交易关系，它是经济实体为了特定目的，在特定交易领域，通过提高顾客转换成本的方式，对交易伙伴所形成的排他性稳定状态。

锁定产生的主要原因在于信息的不对称和转换成本的出现。然而，信息的不对称，造成交易者无法准确获知所有信息，只能在现有信息的基础上进行判断选择，由此造成的搜索成本、风险成本等，进一步影响到转换成本的大小，所以说，转换成本直接对策略造成影响。

(1)转换成本

转换成本，顾名思义，是指顾客因更换产品或服务的供应商而引发的成本。转换成本的存在，对信息消费行为产生了很大的影响。早于1974年，Schmalensee便将心理成本因素加入顾客转换成本的研究中，他指出，消费者对产品质量的不确定也是一种转换成本，尤其对于信息商品，消费者因对新品牌(指消费者从未消费过的商品品牌)质量信息不了解而不愿转移。

转换成本分为以下两类：

第一类，硬转换成本包括：学习成本、交易成本、搜索成本等由供应商的技术优势或垄断地位引发的成本。它是指利用供应商自身的优势(如技术)或垄断地位强制锁定顾客，利用过高的硬转换成本，将顾客锁定，使顾客处于一种无奈的境地，但顾客能明显感觉到。顾客这种被硬锁定的情形，称为技术锁定。

第二类，软转换成本包括：心理成本、损失绩效成本、转换后行为和认知成本等由顾客对供应商或品牌的信服、依赖而产生的成本。它是指利用企业和顾客之间的情感联系、对顾客尊重、企业(或产品)品牌形象、良好的服务、良好的口碑、经营的产品种类、优质低价、提供给顾客的信息等，企业尽可能提供给顾客最大化的顾客让渡价值，培养忠诚度较高的顾客，顾客也能察觉到企业提供的价值存在，便不会轻易更换供应商，这种顾客被软锁定的情形，本书称之为人为锁定。

(2)信息商品的用户锁定

信息商品具有很强的用户锁定效应，这是信息商品区别于传统的工业制成品的又一项显著特性。信息商品形成高转移成本的主要原因有以下几种：

①由于传统的工业制成品往往是较为独立的产品，而信息商品则与之相反，信息从存储、运算到传输是一项系统工程，其中每一个模块不能单独成立。用户一旦选择其中的一项产品，则不得不采用一系列可以与之相适应的硬件和软件。

②用户本身存在与外界的数据或文本等信息交换的需求，由于这种信息交换往往采用同一种格式，从而使得任何一个用户都不能轻易地转换到另一种必须采用的新文本格式上去。例如微软公司的办公室自动化软件，包括Word、Excel和PowerPoint，这些软件都必须使用微软为其制定的相适应的文本格式，而用户如果改成其他办公自动化软件则无法和其他用户进行信息交换。

发达国家的生产商能非常有效地利用信息商品的这一特性来锁定用户。其运用的方式主要有以下几种类型：

①设备报价非常低，但是附加有要求用户承诺将使用该生产商的维修保养服务的条件。

②使用其拥有独立知识产权的软件，操作系统。由于许多国家和国际组织都承诺保护知识产权，使得用户无法对其购买的具有知识产权保护的产品进行修改，如果用户想要对设备进行改造，就只能通过该公司进行，用户想要在现有系统上搭载新的功能，也必须通过该公司。

③不断地对现有系统进行升级，如果用户已经安装了生产商原先提供的信息产品，那么生产商就会以系统升级为由，迫使用户不断地追加投资。微软的办公室自动化软件就是一个很好的例子，从 Office2003 到 Office2007，软件的性能并无多大改善，但是由于用户为了和外界进行文件交换，就不得不进行软件升级，因为旧版本的软件无法兼容新版本的文件。可以说，软件行业之所以推陈出新的速度极快，很大程度上是因为通过不断地升级，可以向被锁定的用户销售更多的商品。

(3)信息商品的锁定策略

具体而言，对应着不同的转移成本，锁定策略也可分为技术锁定和人为锁定。其中，针对特定品牌的培训、耐用品的购买、信息格式和搜索成本属于技术锁定，而合同、专门供应商以及忠诚客户计划属于人为锁定。

表 6-5　　**常见的锁定策略及其相应转移成本①**

锁定类型	转移成本
合约	补偿或毁约损失
耐用品的购买	设备更新，随着设备折旧而降低
针对特定品牌的培训	学习成本，既包括直接成本，也包括生产率的降低
信息和数据库	将数据转换为新格式，随着数据的积累上升
专门供应商	如果功能很难得到/维持，会与时俱增
搜寻成本	买卖双方都有搜寻成本
忠诚顾客计划	丧失原供应商的优惠条件，可能需重新累积消费额度

①合同锁定。它指信息商品供应商通过合同锁定顾客。由于违反合同中

① 卡尔·夏皮罗，哈尔·瓦里安．信息规则：网络经济的策略指导[M]．张帆，译．北京：中国人民大学出版社，2000.

的某项条款，顾客若更换供应商，则将面临索赔。合同锁定经常表现为：特殊的价格锁定、服务质量锁定、服务期限和产品生命周期的不对称、合同的自动延续等。

②硬件锁定(耐用品购买)。它指顾客购买昂贵、耐用的设备，又高价购买互补产品的锁定。硬件锁定的主要表现是：售后市场是否厂商的最大利润来源、设备折旧率的高低、二手设备市场是否存在以及配套和互补设备是否存在不同的使用周期等。很多 IT 设备如电脑、打印机、复印机、手机等都存在这种情况的锁定。

③学习锁定(针对特定品牌的培训)。它指用户对特定品牌的软件产品有深度依赖，产生了固定的使用习惯。经常表现为：针对特定品牌产品的培训、特殊用户界面和协议、用户使用软件非常熟练、用户使用时间长、用户管理系统非常方便等。一旦某项技术率先被采用并赢得了大批顾客，它就赢得了先导优势，即使该技术的效率并非最优，它也会因为转移困难而继续使用。所以，创新的产品能否被接受不仅依赖于自身的质量，而且受到客户规模及其与现有技术兼容性的影响，它要想获得成功，必须首先帮助顾客克服相应的转移成本。

④信息格式锁定。信息商品都是由“0”和“1”代码所组成，固定和特殊的排列格式会产生锁定。表现为以下三种情形：第一，异种数据兼容性。软件是否提供对其他常用数据格式的支持。例如办公软件是否支持常用的 DOC、WPS 等文件格式，支持的程度如何，即可否完全正确地读出这些格式的文件。第二，异构数据库兼容性。现在很多软件尤其是 MIS，ERP，CRM 等软件都需要数据库系统的支持，对这类软件要考虑其对不同数据库平台的支持能力，如从 ORACLE 平台替换到 SYBASE 平台，软件是否可直接挂接，或者提供相关的转换工具。第三，新旧数据转换。软件是否提供新旧数据转换的功能。当软件升级后可能定义了新的数据格式或文件格式，涉及对原来格式的支持及更新，原来用户的记录要能继承，在新的格式下依然可用，这里还要考虑转换过程中数据的完整性与正确性。

⑤专门供应商锁定。它指顾客更换信息商品供应商所产生的锁定，经常表现为：顾客的心理习惯成本、鉴定新供应商所花费的时间和精力以及选择新供应商所带来的风险等。在系统集成行业中，经常会出现这样的情况，集成商在招标前后“从奴隶到将军”的过程，就是锁定的典型例子。这种锁定的结果是留住了顾客：假如顾客在 T1 阶段购买了 A 厂商的产品，那么在 T2 阶段，由于转移成本等因素，顾客将“被迫”继续购买 A 厂商的产品。

⑥搜寻成本锁定。顾客决策是一个搜寻、比较和选择的过程。顾客在进

行决策之前首先会展开信息搜寻活动，但是当信息的获取或知识的获取需要付出代价时，人们信息的获取是有“节制”的，而信息的掌握程度又直接决定了顾客选择，有限的信息导致顾客的习惯性购买行为。同时，顾客的信息不对称和习惯性购买行为增加了新厂商进入市场的难度，使顾客的选择更加有限。

⑦奖励锁定(忠诚客户计划)。它指信息商品供应商通过制定销售策略，对老顾客进行积分奖励并由此带来的锁定。经常表现为：数量折扣、顾客积分奖励优惠(优先服务)、多种供应商联合互补优惠、顾客的推荐奖励等。

小　结

信息商品的流通始于信息需求，终于信息消费，同时包括信息商品生产和供给等环节。信息商品需求是指信息消费者在一定价格条件下对信息商品的需要，信息消费是指消费主体在信息需求的引导下消费信息商品和服务的行为，目的是最大限度地获得信息商品的使用价值，满足消费者的效用需求。

由于信息商品的公共物品特性，使得信息商品的消费普遍存在搭便车行为，会影响到信息生产和供给的效率，为此需要采用知识产权来保护信息生产者的合法权益。平衡保护和使用的不同策略，使信息生产和供给达到最优社会效率。同时也需要采用不同的交易模式，提高信息商品的流通效率和消费水平。

本章讨论信息商品流通的各环节，包括信息商品的需求、生产、供给、交易和消费的特征、经济意义、影响因素、行为策略等。

思考与练习

1. 试分析互联网对信息商品需求的影响。
2. 辨析信息商品需求价格弹性、需求收入弹性与需求交叉弹性。
3. 为什么信息商品生产是边际效益递增?
4. 试述公共物品属性对信息商品生产的影响。
5. 为什么说信息商品会生产不足也会生产过量?
6. 如何理解公共物品型信息商品和公众权力型信息商品。
7. 在过去的数年里，开源软件项目(open source software projects)迅速的发展。大量的程序员参与到这些项目中来，他们开发出来的软件被广为使用。例如Linux操作系统，Apache服务器软件，Perl脚本语言等。那么为什么这种开源软件运动能取得成功？这是否公共物品供应不足的反例？

8. 在 Web2.0 中，草根都参与到知识的贡献与创造中来，而本书作者认为“唯一的问题是专家可能没有任何动机去花费一定的成本来为社会谋利”的观点是否矛盾的？或者 Web2.0 集群智慧的成功到底蕴含着什么样的经济学启示？

9. 信息商品最优生产水平如何确定？

10. 试分析互联网对信息商品供求均衡的影响。

11. 试分析网上订票的交易成本。

12. 举例说明信息商品的平台交易模式。

13. 如何选择信息商品的交易方式？

14. 如何定义信息商品的消费？

15. 试述信息商品的消费与效用实现之间的关系。

16. 如何从信息需求的角度测度信息商品的效用。

17. 信息商品的锁定有哪些类型？试分析不同类型锁定中的转移成本的特点。

7 信息市场

在市场经济条件下，许多信息成为商品，进入整个商品的生产、分配、流通和消费的各个环节或过程中去。信息商品化的规模在扩大，信息商品的数量在增加，信息商品在社会、经济生活中所起的作用比以往任何时期更为巨大。当代信息商品化趋势必然形成大规模的信息市场。

从狭义上说，信息市场是进行信息商品交换的场所。也就是说，信息市场是把信息商品纳入整个经济活动中，使之同其他商品一样进行流通、交换。实际上，信息市场不仅涉及信息商品、信息商品交换场所，还涉及信息生产者、经营者、用户及其经济活动和经济关系。因此，从广义上说，信息市场不仅指信息商品交换的场所，而且还包括购买信息商品的用户及其与信息生产者、经营者之间的经济关系。即信息商品从生产到消费之间的整个流通过程和领域，是信息商品供求关系的总和，这里所指的商品既包括信息本身，也包括信息服务和信息流通。

本章主要讨论信息市场的结构与特征以及信息市场的运行机制、信息市场失灵理论，并进一步分析信息市场管理的主要方法、手段、职能与模式。

7.1 信息市场概述

7.1.1 信息市场的结构

关于信息市场的结构，人们依据不同的标准可以有不同的划分方法。这里主要从市场的主体、客体、时间动态、空间分布诸方面分析市场的结构。

(1)信息市场的主体结构

一般认为信息市场结构是由信息商品供给方、需求方、中介方和管理方四个方面组成的。

信息市场的主体是指监护信息商品这一客体进入市场，并使之发生市场交易关系的当事人。信息市场的主体包括信息商品的供给方、需求方、中介方(经纪人)和管理方。这四个方面都应看做监护客体进入市场的当事人。

供给方是信息商品的生产者和提供者；需求方是信息商品的消费者；中介方是信息市场中的经纪人；管理方是信息市场的监督者和执法者。这四个方面缺一不可，而且它们之间只有保持合理的结构和一定的稳定性、层次性，才能保证信息市场正常运行和充分发挥其功能。所谓稳定性是指信息市场这四方之间，从时间上、空间上必须保持较稳定的联系；所谓层次性，是指信息市场四方之间，在相同或不同的等级上应保持较稳定的联系。

信息市场的这四个方面缺一不可，否则不仅交换关系不可能发生，而且会陷入混乱。这四个方面还必须有一个合理的结构才能保证信息市场正常运行，充分发挥其功能。一般来说，合理的、优化的信息市场结构应该具有稳定性和层次性。所谓稳定性，是指信息市场的供、需、中介、管理四方之间，从时间上、空间上保持着稳定联系；所谓层次性，是指在信息市场的四方之间，在相同的等级上和不同的等级上保持着稳定联系。

对于信息市场来说，中介方和管理方比物质市场具有更为重要的作用和意义。中介方的活动可以克服供需双方在空间和时间上的障碍，在较大范围和较长时间内排列组合相应的供求渠道，提高信息商品交易的成功率。管理方的活动则以法律手段、行政手段、经济手段和科学方法维护交易各方的合法权益。由此可见，中介方和管理方的活动保证了信息市场具有较高的稳定性和合理的层次性。

(2)信息市场的客体结构

信息市场的客体是指各类不同的信息商品和信息服务。它是信息当事人之间发生法权让渡的媒介物，是信息交换关系的客观载体。没有这种载体，市场主体的意志就无法体现，从而也不存在市场关系。实际上，信息市场当事人的经济关系隐藏在客体运动后面，通过客体的运动表现出来，展现在我们面前的信息市场首先是客体的运动。

作为信息市场客体的信息商品，主要包括有形物的信息产品和无形物的信息服务。对于信息产品，我们通常从信息的内容、信息与物质载体的关系、信息的加工层次等角度去划分。这里需要强调的是信息服务，这是一种以活劳动形式存在的使用价值。在信息经济活动中乃至整个人类的信息活动中，信息产品和信息服务总是密不可分的，在许多情况下都是结合着发挥作用的。离开信息产品，信息服务好像无米之炊、无源之水，难以维持和展开；没有信息服务，信息资源无法开发利用，信息产品不能从生产领域进入消费领域。随着科学技术和经济的发展，信息获取难度越来越大，用户对信息服务需求将更加迫切，无论通过哪一种渠道去获取信息，信息服务都不是可有可无，而是不可缺少，这就为当代信息服务市场的发展提供了条件。

信息服务比信息商品更复杂，因为它是由人的活劳动携带以活动形式存在的使用价值，这种使用价值是无形的，与服务生产行为不可分离，生产和消费在时间、空间上存在于同一过程，信息服务在许多场合都是由服务活动与信息产品结合着展开的，服务劳动的结果无论是无形物(如咨询活动)还是有形物(如信息检索)，其实质都是一样的，都是以活动形式存在的使用价值，而不是活动过程的活劳动本身或提供的信息产品的价值。信息服务是信息生产者利用自己的主观知识向消费者提供使用价值，一般不生产新的信息产品，但信息服务同样是复杂劳动。这种劳动消耗既包含脑力劳动又包含体力劳动，脑力劳动支出是服务过程的主要内容，体力劳动支出是服务过程得以实现的条件。

(3)信息市场的时间结构

市场的时间结构是指市场主体支配交换客体的运行轨迹的量度，这种量度总是表现为交换过程的连续性和间断性的有机统一。在实际的市场活动中，市场主体之间的权利让渡与交换客体的位置移动，可以有不同的结合方式，从而形成了市场运行的不同轨迹。

由于信息市场交易的复杂性和多样性，因而在时间上就留下了多样化的运动轨迹。具体说来，主要有三种：一种是各种现存的信息产品和信息服务，如果信息消费者愿意以一定的价格购买，即当面成交、银货两清，便形成信息商品现货市场；二是某种信息产品和信息服务还有待于生产，信息生产者根据信息消费者的要求和自身的生产能力确定是否接受某种信息商品(或信息服务)的生产任务，先达成交易契约，然后在未来的某一日期实现银货授受的交易，这种成交在先、交割在后的交易方式，即形成信息商品的期货市场；三是信息商品贷款市场，通过借贷形式所进行的商品交换领域。这种信息商品交换形式具有借贷性质，包括借贷关系，在市场经济条件下是广泛被采用的。只有上述三种信息商品供求形式同时存在，才能使“以产定销”和“以销定产”两种信息市场经营方式得以相互补充，使信息供给者和信息经纪商在信息市场上始终处于主动地位，以满足信息消费者多样化、多元化的信息需求。否则，单一的信息市场时间结构导致的将是信息市场上的某类信息商品供不应求或另一类商品供过于求，其最终结果还是信息消费者所需要的信息商品“无货供应”。

(4)信息市场的空间结构

市场空间是指市场主体支配交换客体的活动范围。市场空间因其扩散和吸引作用大小，分为不同的范围等级，市场空间结构就是指各种市场活动范围等级所占的比重及相互关系。信息市场和其他市场一样，是地方市场、全国性市场和世界市场结合而成的分级性一体化市场结构。

地方信息市场是指信息交易以地区为活动空间范围的信息市场，反映了市场支配客体运动空间的局部性。地方信息市场一般以地方行政区划为基础，信息产品和信息服务注重地方特点，针对地方需求，具有明显的地方适用性，市场效益以地方利益极大化为标志。

全国性信息市场是指信息商品和信息服务以全国范围为活动空间的市场。这一活动范围反映了市场主体支配客体的空间活动的广泛性。全国性信息市场形成和发展的基本条件是必须要以先进的通信技术作为信息传输手段，以突破地理障碍。全国性信息市场一般是以中心城市为依托进行辐射，与许多信息节点相连而成。

世界信息市场是指信息商品交换以世界范围为活动空间的信息市场，反映了市场主体支配客体的空间运动的无限性(相对前两种市场空间而言)。世界信息市场的形成是与当代经济全球化、国际化分不开的，这是其发展的动力，而现代大规模高速信息传输网络的建立则是世界信息市场发展的基础条件。世界信息市场是建立在国际信息贸易基础之上的，国际信息贸易构成了国际信息市场的主要内容，国际信息贸易又以跨国界的信息传输技术作保证。

一个完整的市场空间结构是一个分级性市场的一体化结构，所以我们既要发展地方信息市场，又要发展国内统一信息市场，还要开拓世界信息市场，增强我国信息业的国际竞争力。

7.1.2 信息市场的特征

无论信息市场中流通的商品以何种形式出现，其实质都是知识信息，信息商品的特殊性决定了信息市场具有特殊性质。

(1)信息市场形态的多样性和复杂性

信息商品的形式不仅包括信息产品，而且包括信息服务，每种信息商品形式都可以从不同角度和层次出发，加之供求具有较强的个性，其结果导致信息交换范围广，经营形式多种多样，供求关系复杂，信息市场的管理和协调控制十分困难。

(2)信息市场形态的隐蔽性

由于信息商品的实质是知识和信息，在很多情况下并不能像物质商品一样在货架上出售，交易形式往往不是简单"货物"易手，而是信息传递，甚至在商品未生产出来的情况下就已确定交换关系，而当商品生产出来并易手后，其交换关系并未结束，要到用户对信息商品使用、开发以后，创造收益的同时向供方支付费用，由于信息商品交易的特殊性，有时需要运用法律手段、行政手段和经济手段来实现正常交换。这些因素都会使信息市场的形态表现得不明显。

(3)信息市场交易的广域性

由于信息市场主要经营信息产品，因而可借助现代化通信技术跨越时空使供需双方之间实现商品交换和转让。信息市场已超越了"场所"的狭义范围，而具有"流通"的含义。

(4)信息市场具有双重性

信息市场既是满足消费需求的、独立的最终产品市场，是信息商品交换的具体场所，又是满足生产需求的、寓于其他市场中的、无形的要素市场，体现着商品的交换关系。因此信息市场基于其他市场又高于其他市场，具有双重特性。由此导致信息市场的高风险性和高投机性。

(5)信息市场垄断因素的主导性

这对于一次信息市场尤为突出，由于这类信息商品生产的非重复性，因而商品的独占性决定了垄断因素在信息市场中的主导地位。信息商品经营者可凭借其垄断地位欺行霸市，哄抬物价，因此信息市场的管理尤为重要。

(6)信息市场供求关系具有扩张性

信息市场不同于物质市场，它不为经营者提供物质条件，也不为社会提供最终物质产品，但其运行对其他市场的价格和供求关系产生连带影响，可以看做类似普通商品市场中价格一样配置资源效应，引起物质商品供求关系的扩张。

(7)信息市场的发展需要科学管理

由于信息商品承袭了信息的许多特征，如共享性、易复制性、依附性、时效性等，信息商品的交换必须有合理的价格制度和较强的法制系统作为保证。这就是说，信息市场的发育和发展，需要有严格的科学管理，由于信息商品有其物质载体，信息商品的交换往往连同其他非信息的物质商品交换结合进行，这往往会导致定价不合理、交易行为紊乱。由于信息商品具有共享性，它常常容易被没有支付费用的使用者无偿使用。对某些信息商品实行专利价格制度就是为了对信息商品的生产者和使用者都确保各自的利益所得。

由于信息商品具有时效性，它在一定时间内可能价格较高，而过一段时间有可能降价。鉴于上述种种情况，需要用一定的法规条例来维护信息商品的交换秩序和保护信息商品买卖双方的利益。

作为网络环境下信息市场的表现形式，网络信息市场在具有一般商品市场共性的同时，还具有其本身的特点，主要体现为：①开放性。网络信息市场与传统的信息市场具有很大的不同点，其没有固定的交易场所和交易时间，所有的市场参与者都必须借助于网络来完成信息商品的交易。网络信息市场参与者的来源更加广泛，他们数量众多、身份复杂、需求各异，但他们又同是网络信息商品市场潜在的信息客户。网络信息市场上，无论是信息商品交易的种类，还是信息商品的表现形式都将更加丰富和多样化。同时，网络信息市场的交易时间更具开放性。②高技术支持下的方便快捷性。网络信息市场交易双方可以足不出户地进行信息商品的交易，并且交易的过程更加简便，交易的节奏更加快捷。双方的沟通交流也更加频繁有效。同时，信息商品的生产和发布速度更快，且新旧产品的更新频率更加快速。③市场主体间的相互依存性越来越强。信息商品的高知识、高技术特点，使得用户往往需要一个较长的时间来进行消化和吸收，客户在信息商品生产者的帮助下认识和开发利用信息商品而获得收益，信息生产者也在指导客户开发利用信息商品的过程中，直接获得信息客户的意见反馈，从而加深信息商品生产者对自身商品优缺点的认知，为今后的改进与开发新产品创造条件。信息生产者与客户之间的这种交流互动将伴随信息商品的整个开发利用过程。

7.1.3 信息市场的功能

信息市场是有别于其他商品市场的特殊市场。它既是一个独立的有形的市场，又可寓于其他市场中，成为无形的市场。以信息市场的最本质的特征——信息交换的媒介为基础，信息市场概括起来，具有以下四个功能：

①信息媒介功能：信息市场是通过信息商品的货币交换形式组织信息产品与信息服务交易的媒介。信息的市场化，不仅能加速信息的流通，而且能克服信息生产与服务的盲目性，进而提供社会的信息生产能力。

②检验、评价、监督功能。尽管任何信息都是客观世界的反映，但由于人们的世界观不同，价值趋向也有差异，将信息生产与消费纳入市场轨道可以检验信息商品的新颖性、先进性、科学性、可靠性以及对信息商品的经济效益、社会效益进行定性评价、定量评价。

③价值实现功能。信息时常是联系信息商品供给方、中介方、消费方和管理方的纽带，也是联系社会各界和各专业市场的桥梁。信息市场通过充分

利用经济手段和媒介网进行信息商品的促销，对信息商品进行存储和整序，有助于加速信息商品的潜在价值转化为应用价值并进行价值增值，使得信息商品成为发展社会生产力的重要智力支持。

④社会导向功能：不论是市场信息、管理信息还是科技文化信息，一旦进入市场，必将对消费者产生一定的引导作用，并将促进社会信息需要的增加。因此，信息市场的健康发展，将变革信息的消费方式，促进社会的繁荣与科技的进步。

7.2 信息市场运行机制

所谓信息市场的运行机制是信息商品价值规律发挥作用的形式，是由信息商品经济决定的，是信息市场体系的传导机制。

从狭义上说，信息市场的运行机制是指信息市场上信息商品供求关系和信息价格变动时对信息商品的交换，从而对信息商品的生产和消费所发生的刺激或抑制作用。广义上说，信息市场的运行机制可表述为：信息商品经济运行的内在规律，它是商品经济规律(包括价值规律、竞争规律、货币流通规律)互相作用形成的对经济过程的有机制约功能。具体表现为信息商品交易关系中的价格、供求、信贷、利率等要素间相互制约、相互联系的关系。通过信息商品供求的变化、自由竞争、价格波动实现社会劳动在各信息部门之间按比例的分配。

对上述信息市场运行机制的概念分析之后，可以这样理解它：信息市场的运行机制是一个具有动力、传动、变应、调节、效应的系统综合机制。其内在动力是物质利益的差别，它的传动器是由各种经济信息的传动、经营服务而决定的。其变应器是由信息商品价格、税收、利息及财政补贴等组成；其效果是市场机制运行所表现出信息商品在生产、交换、消费、利益分配等过程中各项经济变动的结果。

根据对信息市场运行机制作用的分析，我们可以将其运行机制具体分为供求机制、价格机制、竞争机制、激励机制、风险机制、利润机制、控制机制等。

7.2.1 信息市场的供求机制

信息供给与信息需求，是信息市场上相互联系和相互对立的两种概念。信息供给要求有信息需求实施，而信息需求又要由信息供给来满足。供给制约需求又必须适应需求，需求依赖了供给又给予供给以出路。供给与需求都要求对方与之相适应。如果相互适应了，供求就平衡了、协调了。

信息市场的供求矛盾由于实际情况的变化和差异可以表现为三种形态，即供过于求，供不应求，供求平衡。由于信息具有非消耗性和共享性，某种信息商品一旦生产出来，就可以在不同时间、不同地点进行多次转让，从而满足多次的、反复的消费需求。所以在信息市场中一般不存在长期供不应求或供过于求的情况，有些需求得不到满足，只可能因为无货供应。

7.2.2 信息市场的价格机制

价格机制是指价格变动与市场供求变动之间相互制约的作用和联系，价格机制对信息市场运行的作用是多方面的，在不同的作用层次上价格机制有不同的功能。价格机制对生产同种商品的企业来说是竞争的工具，因为生产同种商品的企业为了在市场上占据更多的有利地位，必须在保证质量的前提下尽量压低价格，以商品的价廉物美取胜。价格机制对生产不同商品的企业来说，是调整生产方向和生产规模的信号，从而促使信息生产各部门大体地按比例地协调发展。

运用价格机制，不但要考虑商品的供求关系，还要考虑商品的需求弹性。需求弹性提供了衡量价格下降或上升一定比率所引起的需求增加或减少比率之间关系的数据。对不同商品来说，价格变动所引起的需求量变动幅度是不同的。信息商品的需求弹性较小，其价格与总收益成同方向变化，即价格上升，总收益增加；价格下降，总收益减少。

7.2.3 信息市场的竞争机制

商品经济的特征之一就是竞争。没有商品竞争，就没有商品社会的高效率、高效益、快节奏。竞争是一种有效的动力机制，是信息经济发展的重要推动力量。引入竞争机制就加快了信息资源的开发利用和传递速度，使信息资源尽快转化为生产力，从而缩短了信息资源的物化过程，否则将会贻误时机，丧失竞争优势。

信息市场竞争可以使信息产品生产者和经营者的生产、经营活动经常保持相对的局部平衡。这种平衡是通过信息市场竞争的自我选择机制实现的。信息市场竞争所形成的优胜劣汰，是商品经济运行的一种最重要的强制力量，它要求信息产品的生产者和经营者依据用户的需求动态来调节自己的生产、经营，这种信息市场竞争的自我选择机制，不断地扩张或收缩着某些类型的信息产品的生产、经营，从而保证信息产品生产与消费的统一，促进着信息产品生产者与消费者的自我协调。

价格竞争是指企业运用价格手段，通过价格的提高、维持或降低，以及对竞争者定价或变价的灵活反应，来与竞争者争夺市场份额的一种竞争方式。长期以来，价格竞争一直深受商品生产者、经营者重视。

非价格竞争是指在产品的价格以外或者销售价格不变的情况下，借助于产品创新和个性化、服务、广告宣传及建立市场战略联盟等手段来提高信息商品竞争力的一种竞争形式。信息市场的非价格竞争所涉及的方面更为广泛，层次更为深入，对生产者的技术、知识，信息及其管理水平方面都提出了更高的要求。它具有广泛的市场针对性和适应性、具有更大的竞争空间、更突出了竞争的公平性和兼容性，所以说信息市场的非价格竞争是一种能够适应信息经济不断发展的要求，并代表着信息市场营销竞争大趋势的竞争方式。

7.2.4 信息市场的激励机制

随着我国信息市场的逐步建立和完善，信息市场范围必将日益扩大，奖勤罚懒、奖“活”罚“死”的激励作用也将日益显著。在现阶段，我国既有公办、民办信息机构，也有各种各样的个体信息经营者，由于民办、个体性质的信息经纪人与瞬息万变的信息市场紧密联系，在信息市场经营中处于主动地位，从而使其自身的发展表现出更大活力。这说明信息市场的激励功能已经开始显现出来。

与信息市场相适应的激励机制，在系统结构的层次上主要有以下三个方面的内容：

(1)需求约束型的总量波动机制

它是指在一个中长期的时间序列中，宏观经济总量在需求小于供给的态势中波动，并给生产者的进步以现实的压力。简单地说，是宏观上的买方市场的波动对生产者进步的影响作用。显然，它是生产者进步的宏观市场环境。这种环境对生产者进步的推动作用主要表现在以下几个方面：

①在需求收缩时期，生产者之间争夺有限市场的竞争加剧，低质量、低效用企业的产品生存下去的唯一途径，便是改变方向、提高效率。

②在市场成长的繁荣阶段，资产调整的主要方向是趋向于增加产量的变革，以最大限度地抓住市场机遇和获取利润。需求约束型的总量波动与生产者进步之间的关系分析说明，市场经济中的周期波动，是促进企业技术进步和更新产业素质、调整产业结构的有效机制。

(2)产业市场的自由进入或退出机制

这是激励企业进步的中观机制，任何一个特定的信息企业，总是在某一或某些特定的信息市场中活动的，就某一特定的信息市场来说，信息产业内所有企业之间的竞争和垄断关系，构成了某一企业进步的中观市场环境。在经济增长中，中观层次的进步机制，必须在大规模生产和市场的竞争之间寻求适度的平衡模式，而这一模式的形成则以产业市场的自由进入或退出为前提。

①某一信息产业市场的自由进入，意味着该市场中不存在行政壁垒，而只有与经济效率有关的经济性壁垒。任何一家企业，只要它具有潜在的经济优势，都可以随意进入该产业。这种进入自由，一方面对现有产业中的企业来说是一种潜在的竞争威胁，促使其提高效率、提高质量，加快进步的步伐，以建起更高的竞争壁垒；另一方面也有利于生产集中和大规模生产。因为无论对产业中的现有企业来说，还是对新进入企业来说，都必须使自身趋向于最大最佳规模，才有可能取得经济效率上的优势地位，否则就有被挤垮的危险。

②与产业市场的自由进入一样，自由退出某一产业也是企业进步机制完善和健全的表现。主要体现在：自由退出某产业，可以使仍滞留在该产业中的企业提高市场集中度，自由退出某产业，是资源投向上的效率改善和企业进步的集中体现。

(3) 利益激励机制

产权市场、经理市场、劳动力市场三位一体的利益激励机制是促进企业进步的微观动力和机制。产权市场对所有者行为的约束，经理市场对经营者行为的约束，劳动力市场对劳动者行为的约束，分别从不同的角度形成相互制约的利益机制。其市场的健全程度，直接关系到具体企业的进步方向及速度。

①作为企业资产的所有者，其行为目标函数不外乎是追求自身资产的不断增殖。在产权市场的竞争约束下，资产所有者只有不断地加强对资产使用效率的监督和管理，才有可能保证自身资产的增殖和安全。

②作为企业内部的劳动者，其行为目标不外乎是取得劳动收入最大化。劳动收入最大化的要求，在一定时期内并不是无限制的，它会受到许多社会因素和经济因素的制约。其中一个重要方面，是劳动力市场的约束存在，追求劳动收入极大化的目标会受到劳动力市场供给的明显制约。

③资产收益最大化目标与劳动收入最大化目标之间存在此消彼长的矛盾。在其他条件不变的前提下，资产收益扩大有利于积累和技术进步。但要超过一定限度，则会损害劳动者利益，反而造成企业发展不稳定；劳动收入扩大有利于从分配上调动劳动者积极性，但超过一定限度，则会损害企业积

累和技术进步。目前在现代市场经济中，劳资双方的这种矛盾，是由企业经营者在协调的。大量实证研究表明，经营者的具体行为标准，是沿着“资本价格/劳动价格的比率”进行选择的。当资本市场中的资本价格上涨率持续地超过劳动价格上涨率时，经营者倾向于用劳动力来代替机器；当后者持续地大于前者时，经营者会毫不犹豫地用机器生产代替劳动力。这样，劳资双方的基本矛盾就得以解决。

7.2.5 信息市场的风险机制

一般来讲，信息产品是智力劳动的产物，它不像一般物质产品那样可直接用于消费，需要经过一定的物化过程，才能产生后的收益，才能评价出最终的效果。因此生产者在生产、经营、销售以及用户在利用、开发信息产品的时候，都在承担一定的风险，这也就直接影响到信息在市场中的交换，以及在交换中的交换价格等。下面将分别论述信息生产者、经营者及用户所要承担的风险。

(1)信息生产者承担的风险

信息生产者由于以下三个方面的原因，会使生产出的信息有一定的误差：

①信息商品本身不能直接体现效用。信息商品的需求与社会经济发展水平密切相关，对它的需求一般都是潜在的、间接的，因此这就给信息生产者对市场的预测带来障碍，往往影响预测的准确性。预测失准对产品销售将产生三种不同影响。第一是预测完全错误，也就是市场对该信息产品需求几乎为零，这将可能导致生产者严重亏损甚至破产；第二是预测过低，包括需求量过低和产品档次过低，这都将使市场需求得不到满足，生产者也无法得到最大利润；第三是预测过高，包括需求数量过高和产品档次过高。由于信息商品可以经过多次转让，所以需求数量过高不会影响生产者，而产品档次过高会使产品价格昂贵，从而影响产品销售数量，导致产品积压，使生产者资金无法正常周转。由此可见，市场预测作用大，风险也大。

②信息研究方法本身的误差。信息工作最基本的功能在于从已知信息推测未来的发展，从而为决策提供必要的依据。但是任何预测都不可能是百分之百可靠的。从技术上说，任何的预测手段都是有条件的、有误差的。如有的预测方法需要大量的、完备的、准确的基础数据，也有的方法，特别是数理统计诸方法本身就规定了其误差范围，也就是说其准确度只能保持在某个范围内。

③由信息生产者工作失误造成。工作失误的类型很多，如选用方法不

当、数据不准确、提供报告迟于要求而造成损失等。

(2)信息经营者承担的风险

经营者在信息市场中起到疏通营销渠道，将信息交易活动由现实可能性转化为必然性。中介人的利益与交易成交额息息相关。因此，他们在经济活动中承担风险。中介方承担的风险来自供给方和需求方。

中介方在供求双方之间既要为供给方负责、也要为需求方负责。在对需求方负责的时候，风险是由供给方带来的。因需求方从中介方购得信息商品以期发挥作用，如因质量不高、效益不好，将会使需求方追究中介方责任，这就要求中介方有较高的知识水平和良好的职业道德，才能使自己在交易中保持不败。

在对供给方负责时，风险是由需求方带来的。因需求方不一定将信息商品使用费一次付清，而是在该信息商品发挥效用、取得经济效益之后才付清。因此，当需求方因某种原因不能从信息商品中取得预期效益，或无资金，往往拒付费用，使中介方不能及时回收资金，也就不能向供给方付款。信息商品转让与使用是受一定法律约束的。中介方也可能要承担一定的法律责任。这样看来，中介人的风险是与其参与的交易活动的交易额成正比的。

(3)信息用户承担的风险

一般需求者都追求最大效用，但效用大的信息商品价格也高。这就使购买信息商品给需求方带来风险。风险因素包括：信息商品本身质量，即效用；需求者本身能否吸收利用该信息商品；需求者对某信息商品的垄断性。

如前所述，信息商品的效用是隐形存在的。这就要求需求者自身具有较高的专业知识水平，能够判断该信息商品对于自己的效用大小。也就是说，如果需求者没有相应的素质和水平，可能对信息商品内涵中所涉及的高技术内容不能理解和运用，致使该信息商品不能完全、甚至根本不能发挥作用，或者因资金不足，会使效用延缓发挥或发挥不充分，这些都将给需求方带来损失。生产者对自己产品的估价也可能有一定程度的误差，所以价格高的产品其效用不一定大，甚至有些重复开发的产品同样也会以高价出售，这就要求需求方有较强的鉴别能力，在鱼龙混杂的情况下购买真正高效用的产品，否则将造成损失。

信息商品具有共享性，这与需求者要求的使用权的垄断是矛盾的。这就形成了同一信息商品在不同需求者之间取得使用权后，在发挥其效用方面进行竞争，竞争总有失败者，这就给需求者带来风险。需求者应尽快实现信息商品的效用，尽可能保持自身的垄断性。

上面探讨了信息市场各方需要承担的风险，表 7-1 列出了决定各方风险的因素，并定性地反映出其影响的趋势。

表 7-1　　　　影响各方风险的因素

各方风险影响因素	买方风险	中介方风险	卖方风险
产品投资额 市场需求量 产品开发周期 供方集团规模	↗ ↘ ↗ ↘		
产品质量 需方支付能力		↘ ↘	
商品质量 商品效用 需求方本身吸收利用能力 该商品的垄断性			↘ ↘ ↘ ↘

7.2.6　信息市场的利润机制

利润不仅是企业从事生产经营的动机，也是企业评价生产经营的标准，不仅影响整个社会的信息资源利用，也影响到整个社会的收入分配。正是由于预期利润的刺激，才使企业从事创新和冒险促进总投资和总产量，这对社会是有利的。

利润机制是信息经济的动力源。利润机制是指利润变动与生产者经济利益变动之间的相互制约的联系和作用。

在社会主义信息市场经济中，平均利润率规律在起作用，不同的生产部门投入等量的资金要取得等量的利润。这个规律是通过部门之间的竞争，使资金由利润率低的部门转移到利润率高的部门而实现的，也就是通过资金的转移，最终使得各个部门高低不同的利润率平均化。运用利润机制可以实现生产者生产规模的最优化，即实现利润最大化的生产规模。生产者追求自身经济利益，是立足于总收益的绝对值最大，还是立足于利润的绝对值最大，或者利润率最高，关键取决于对利润机制的灵活运用。

由于利润是构成价格必不可少的一部分，所以利润势必影响价格，从而影响供求双方，下面的图 7-1 曲线即反映了利润对供需双方的影响。

利润增加，刺激生产者的生产积极性，同时利润增加引起的价格升高必

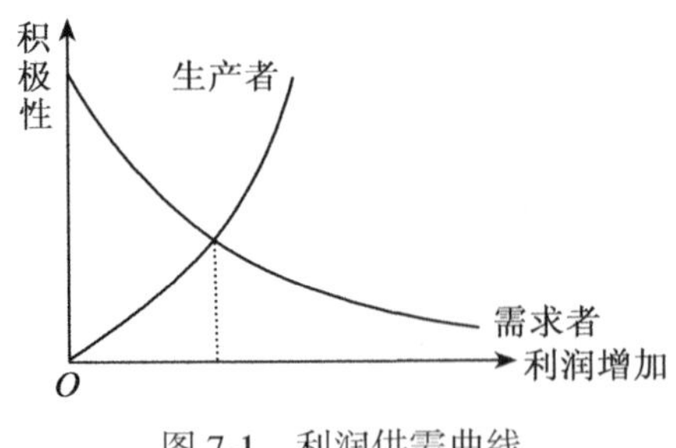

图 7-1　利润供需曲线

然限制需求，所以其趋势如图 7-1 所示。在两曲线相交处，供需双方达成一种平衡，这时成交的可能性最大。

7.2.7　信息市场的控制机制

信息市场控制是指查核交易行为的发生是否和已采用的计划、原先的指标和原有的原则一致。它的主要目的为指出弱点和错误以便加以改正和避免重蹈覆辙。

把信息市场看成一个控制系统，它主要包含以下三个要素：

①目标与标准。根据经营的目标，设立适当的标准，是计划程序中的第一个步骤。标准设定的目的在于对信息交易中将来与实际的行动互相比较，以作为将来是否要管制及如何予以管理的基础。

②衡量、比较与评价。通常标准的设立必须相当的明确，而且是可以衡量与比较的。实际上顾及成本的因素，控制工作不可能对每一件工作、每一个进度都作周密详细的衡量，所以通常都选择几个重点(即重要的参数)，予以定期及不定期的确认。比较与评价的目的，在于将原来的计划数值与实际结果数值予以相减，再将此差异作为检讨与采取校正行动的基准。由于计划数值与实际数值间完全相等的可能性是少之又少的，一般均设立一个允许误差，只要差异值在此允许误差范围之内，我们均承认其是合理的，而只对那些超过允许误差的参数，予以特别的检讨与控制。

③校正行动的控制决策。信息经营者就如同船长一样，比较自己的航向与标准间的差距，然后深入分析差异产生的原因，并对症下药，提出改正的行动，并予以实施校正。就整个控制程序而言，前述的设立标准、衡量、比较与评价等，只是发现偏差之所在，提供我们一个问题的信号，而只在采取校正行动后，才能真正显示控制程序的价值。在采取任何校正行动前，必须

先要深入探求偏差发生的原因，研究一下，到底是当初计划的不正确、方法不适当、组织的不合理，或是人为因素所造成的问题，才不致盲目地从事行动。原因一经确定，我们便须迅速采取校正性的调整措施，有时甚至要事先预期问题可能产生的方向，从而在事先予以补救。校正行动的优劣，可由比较其所花费的成本与校正结果的功效判断，两者予以比较，以决定选用最高效率者。

7.3 信息市场失灵

不论处于什么样的交易平台，信息的特殊性都必然导致市场失灵现象。也就是说，信息市场在借助于其自身内在的运行机制配置信息资源、维持市场正常运行的同时，经常会出现资源配置和市场运行偏离预期结果的情况。当产出的社会效率水平偏离竞争市场均衡时，市场失灵(Market Failures)就出现了。这时，成本和收益无法用需求和供给曲线来表示，市场也不能达到所谓的竞争市场均衡。

本节讨论由信息商品和信息服务的外部性、公共物品属性、垄断性、非对称信息与不完全信息引起的市场失灵。

7.3.1 外部效应与信息市场失灵

外部效应是指商品在生产或消费时对其他组织或个人产生附带的成本或收益。当外部效应发生时，成本或收益被附加于经济行为者之外的其他组织或个人身上，而这种影响的施加者却没有付出相应的代价，甚至对所发生的这些效应无所察觉。

外部效应分为负外部效应和正外部效应。当负外部效应存在时，除了生产者承担的直接成本以外，还“强加”了边际外部成本给社会其他成员，使得边际社会成本增加，从而导致产出的经济效率水平低于均衡水平，主要表现为生产过量。当正外部效应存在时，除了带给直接生产者和消费者收益之外，社会其他成员还获得了额外的边际外部收益，使得边际社会收益增加，此时产出的经济效率水平高于均衡水平，主要表现为生产不足。关于正负外部效应对于信息市场均衡的影响，在第五章第二节中已有详细介绍，这里就不再赘述。

外部效应的存在破坏了完全竞争市场资源配置的优越性，那应该如何降低和消除外部效应所带来的效率损失呢？在纠正外部效应的问题上，主要有两种方法：一种是由市场机制本身来解决，如外部效应内部化、明确界定产权、社会道德制裁等方式；另一种是政府干预的方法，如税收、补贴、罚款、制定法令等。

(1)外部效应内部化

如果能够通过某种方式，如扩大企业规模，组织一个足够大的经济实体来将外部成本或收益内部化，从而使市场决策者本身承担或享受外部效应，他们就会纠正决策，改善配置。例如，造纸厂在生产时向渔场排放大量污水，严重影响了渔场的生态和产量，造成了负外部效应。如果将造纸厂和渔场归属于同一公司或业主，为了实现最大化总利润，公司必须考虑外部效应，协调造纸和养鱼的两项业务决策，这种协调必然带来帕累托改善。信息市场也同样如此。由于企业经济信息的收集和分析具有明显的正外部效应，所以不少大型企业都在企业内部设立自己的情报资料部门，对与企业相关的竞争情报加以收集、加工、整理，为企业决策提供咨询参考。

(2)产权界定

产权通常是指某种资源的所有权、使用权以及自由转让权等。1991 年诺贝尔经济学奖获得者美国经济学家罗纳德·科斯(Ronald H. Coase)认为①，产权不明是外部效应的根源。如果产权是明确定义的，且协商是毫无成本的，那么在有外部效应的市场上，交易双方总能通过协商达到某一帕累托最优配置，而不管产权划归哪一方。这就是著名的科斯定理。

但在现实世界里，协商谈判不会没有成本。谈判本身很花费时间，谈判中提出的证据要花精力去收集，而谈判所达成的协定要动员人力、物力去监督执行。这使得科斯定理很难在所有场合都奏效。尽管科斯定理有一定的局限性，但它指出了产权界定与外部效应的关系，指导人们通过明确界定产权来促进资源配置的“帕累托最优”。在图书市场，由于图书具有明显的“效果外溢”，所以版权制度较好地界定和保护了知识产权，促进了图书市场的出版效率。

(3)罚款和征税

政府的政策能够解决由外部效应而导致的市场失灵问题。在负外部效应存在的情况下，如果政府向有关企业或个人课以相当于他所造成的边际成本的罚款或税收，外部成本就成了有关当事人的内部成本，他们在决策时就会考虑到这些成本，避免效率损失。以盗版软件市场为例，由于盗版软件强加了外部成本给正版软件厂商，于是产生了负外部效应。政府对盗版软件生产

① Coase, R. H. *The Firm, the Market and the Law*[M]. The University of Chicago Press, 1988.

商实行没收或高额罚款。这使得盗版软件供给曲线左移到 S_1，从而减少盗版软件生产的市场均衡产量，如图 7-2 所示。

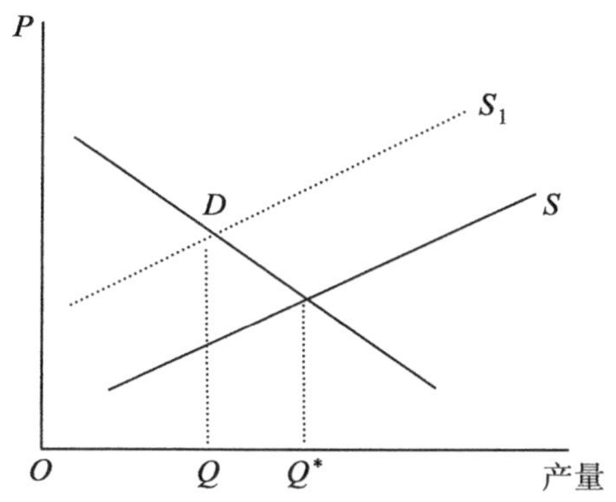

图 7-2　对负外部效应的纠正——罚款或征税

（4）补贴

在正外部效应存在的情况下，为了扩大实际消费量，政府一方面可以直接提供准公共物品，另一方面可以给私人企业提供补贴，降低企业的边际生产成本，从而使企业在一定的价格下扩大供给量，达到纠正市场失灵的目的。如图 7-3 所示，由于政府采取补贴措施，使得企业生产成本降低，引起供给量的增加，供给曲线右移到 S_1，市场均衡数量达到帕累托最优的 Q 点。

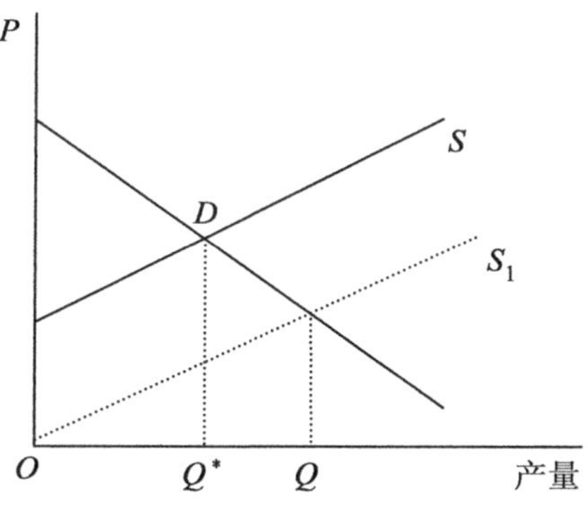

图 7-3　对正外部效应的纠正——补贴

7.3.2 公共物品与信息市场失灵

公共物品是相对于私人物品而言的，其典型特点是在消费时存在非竞争性和非排他性。公共物品与外部效应有着密切的关系。在某种意义上，公共物品不过是带来外部效应的产品的一种极端情况，其产生的外部成本或收益遍及所有社会成员。正是由于公共物品产生外部效应，所以公共物品的属性会扰乱市场机制的功能，导致市场失灵。

作为非排他性公共物品的信息商品，如公益广告、一般医疗保健信息，其不具有排他性，应该是人人都能获取。但由于种种原因造成分配不公以及市场运行的低效率，从而导致市场失灵。作为排他性公共物品的信息商品，如计算机软件、图书，由于商品本身易复制、易扩散，且价格低廉，也会致使盗版商品猖獗，而正版商品滞销，造成市场失灵。

在信息市场中，由于信息商品和服务具有公共物品的属性，所以在进行信息供求均衡分析和经济效率评价时应遵循公共物品的分析方法。下面我们将通过对私人物品供给的特征和公共物品供给的特征的比较，来说明作为公共物品的信息的市场均衡与经济效率。

图 7-4 表示的是私人物品的供给与经济效率。假设社会上只有 A、B 两个人，D_A 和 D_B 分别代表两人对某私人物品的需求曲线。A、B 需求曲线差异主要是由各自收入不同引起的。对这一物品在不同价格下的市场需求量，可通过该价格水平下两人各自的需求量加和得到，这样市场需求曲线 D 就是 A、B 两人需求曲线的水平相加，即 $D=D_A+D_B$。D 之所以在 G 处出现拐点，是因为当价格超出 P_1 时，$D=D_B$。

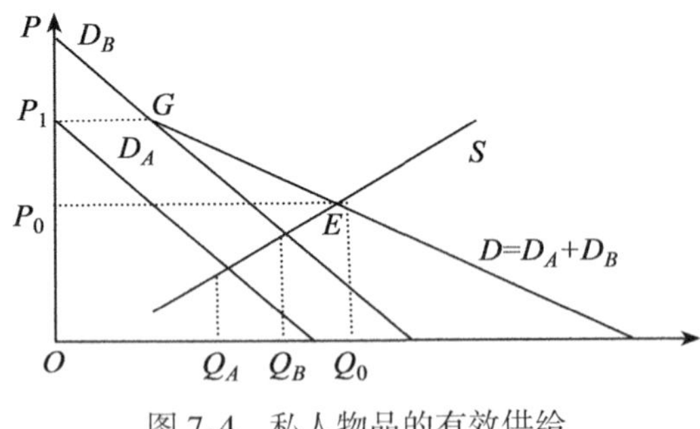

图 7-4 私人物品的有效供给

如果生产者边际成本决定的该产品的供给曲线为 S，则 S 与 D 的交点 E

为市场均衡点，所对应的价格 P_0 为市场均衡价格，所对应的产量 Q_0 为市场均衡产量。Q_0 是所有消费者消费量的总和，其中 Q_A 为 A 的消费量，Q_B 为 B 的消费量，$Q_A+Q_B=Q_0$。

图 7-5 表示的公共物品的供给与经济效率。D_A 和 D_B 代表两人对某公共物品的需求曲线，这与他们消费公共物品所获得的边际效用相一致。此时，A、B 对于公共物品的消费量相同，而愿意支付的价格却不同。公共物品的市场需求曲线 D 就是 A、B 两人需求曲线的垂直相加，即 $D=D_A+D_B$。D 之所以在 G 处出现拐点，是因为当供给量超出 Q_1 时，$D=D_B$。

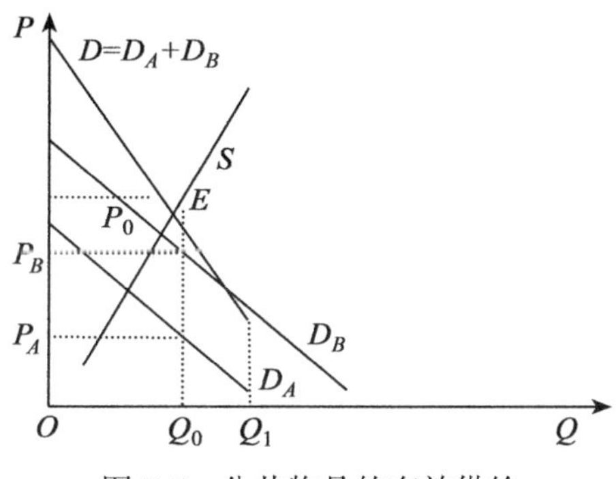

图 7-5　公共物品的有效供给

如果与公共物品边际成本相一致的供给曲线为 S，则 D 与 S 的交点 E 为市场均衡点，所对应的产量 Q_0 为市场均衡产量，这是任何消费者都要接受的消费量。E 点所对应的价格 P_0 为市场均衡价格，是所有消费者对于该物品愿意支付的价格总和，$P_0=P_A+P_B$。

通过以上分析，我们可以知道，私人物品的提供，价格是相同的，而不同消费者的消费量不同。全社会私人物品的消费量是所有个体消费者消费量的总和。对于公共物品，只要物品一被提供，所有人都可以消费它，因而不同的个人对物品的消费是相同的。但每个人从公共物品消费中所获得的边际效用不同，这决定了每个人愿意支付的价格也不相同。全社会对一定数量的公共物品愿意支付的价格应由不同个人愿意支付的价格相加得出。

简单地说，私人物品与公共物品的差别在于：私人物品的价格是相同的，而消费量不同；公共物品的消费量是相同的，而价格却不同（至少支付的意愿不同）。

根据传统经济学的一般均衡理论，要达到竞争性的均衡，生产的总量必须在消费者之间进行分配，使个人消费的总量等于生产的总量，需求等于供给。这种均衡分析是以私人物品为基础，因而对私人物品是完全适用的。但是，公共物品的生产和需求并不满足这一要求。因为单个生产就可以满足全部的消费，或者说，单个消费就意味着全部的生产。在信息市场运行中，由于存在信息这样的准公共物品，传统经济学理论的均衡就遭到破坏，这时就需要建立一种新的均衡。瑞典经济学家林达尔(E. Lindahl)就针对公共物品的有效供给，提出了一种类似于私人物品竞争均衡的公共物品均衡的理论模型，西方经济学家称为“林达尔均衡”(Lindahl Equilibrium)。

在“林达尔均衡”中，不是所有消费者面临一个相同的公共价格，而是全部消费者有一个公共的数量；不是总产量在全体消费者中分配，而是总成本在消费者之间分摊。因此，要尽量使每个消费者面临的价格符合其对公共物品的真实评价。这样就使得消费者愿意支付的价格总和正好等于公共物品的总成本。在图5-13中，E点就为均衡点，公共物品的总价格P_0等于各个消费者愿意支付的价格之和(P_A+P_B)。但在实际中，想要针对不同消费者对公共物品的真实评价收取不同的价格，却存在较大的难度。因为无法切实保证每个消费者都如实地报出自己对于公共物品的评价，这就不可避免地会出现有的消费者少付费，甚至不付费搭便车。这也说明了在理论上可行的林达尔均衡在实际运用中所存在的局限性。如何设计出有效的排他制度来克服这一问题，这是公共物品理论的重要课题之一，同时也成为解决由公共物品引起的市场失灵的关键。

作为准公共物品，信息市场中的信息商品及服务的有效供给依赖于消费者对公共物品的真实评价；同时，信息商品及服务所具有的外部效应性也经常导致其供给的不足。为了解决这两个问题，信息商品和服务必然要采用多种筹资方式。

对于排他性的信息商品，用户只要花费某一合理的成本，就可排除其他人对该信息的消费或受益，这一特性使信息商品部分或全部地由用户付费加以支撑。例如，观看电影就主要是通过对观众收取费用来资助电影的供给。而报纸则通过直接售卖和刊登广告的“双重收费”方式来收回成本。高等教育具有明显的正外部效应，但国家没有能力为所有人支付教育费用，因此形成了个人付费、捐赠及政府资助的联合融资方式。

对于非排他性的信息商品，人们很难排除其他人从中受益，或者排他需要花费很大的成本，例如公共电视节目。收视者无须向电视台交纳费用，确切地说，是电视台难以有效地向收视者收取费用，所以目前公共电视节目既不是用户付费，也不是主要由政府资助，而是以广告收入作为主要的经济来源，这是一种有效的间接收费方式。

因此，将信息商品和服务看做公共物品并不意味着政府资助是支付该商品的最有效方式。同时，信息商品和服务具有的私人物品的排他性也并不意味着用户付费是筹集资金的最有效方式。不同的信息商品及服务在不同情况下可以采取不同的筹资方式。这样做的目的都是为了尽可能达到公共物品的“林达尔均衡”，并对外部效应进行纠正，从而使产出达到社会效率水平。

7.3.3 垄断与信息市场失灵

资源配置达到帕累托最优状态是以信息市场的完全竞争假设为前提。而在实际的信息商品交易过程中，商品的价格和数量往往不是通过市场竞争决定的，而是由某一个或几个提供商或消费者所控制。不论是由信息商品的特殊成本结构所导致的自然垄断，还是由人为的法律保护所造成的非自然垄断，经济行为者之间的不平衡都会阻止市场达到产出的社会效率水平，从而造成信息市场失灵。

我们通过前面的介绍可以了解到，完全竞争市场的需求曲线是一条自左向右倾斜的曲线，如图 5-14 中的曲线 D。竞争企业在市场价格水平时可以销售它想销售的数量，当它增加一单位产量时，它再次得到单位产量时的市场价格，而且，这并不减少从前面已经销售的数量中得到的收益。也就是说，由于竞争企业是价格的接受者，它的边际收益等于其物品的价格。因此需求曲线 D 也就是边际收益曲线 MB。但对于垄断企业就不同了，为了增加销售量，一个垄断企业必须降低其物品的售价，于是这种价格下降就减少了它已经卖出的各单位的收益，结果垄断者的边际收益小于价格。假设垄断企业的市场需求曲线也可以表示为图 7-6 中的曲线 D，那么其边际收益曲线为 MB′，位于曲线 D 的下方。

不论是竞争市场还是垄断市场，只有边际收益等于边际成本的时候才能获得最大利润。在竞争市场中，我们将根据边际收益 MB 等于边际成本 MC 来确定市场均衡产量和市场价格。在图 7-6 中对应着均衡产量 Q^* 和均衡价格 P^*，此时达到社会效率水平。但在垄断市场中，边际收益为 MB′，对应的垄断产量和垄断价格分别为 Q' 和 P'。

可以看出，$O'<O^*$，$P'>P^*$，即垄断的产量小于竞争市场的产量，而垄断的价格高于竞争市场的价格。与此同时，消费者剩余将由 $S_{\triangle PP^*C}$ 减少到 $S_{\triangle PP'B}$，厂商利润则增加了 $S_{ABP'P^*}$。更重要的是，垄断导致了净损失的出现。$S_{\triangle ABC}$ 既不属于消费者剩余，也不属于企业利润，它是一种净损失，这种净损失造成了社会福利的降低，引起了市场失灵。

与竞争市场相比，垄断没有有效地配置资源，于是政府会尽量采取一些

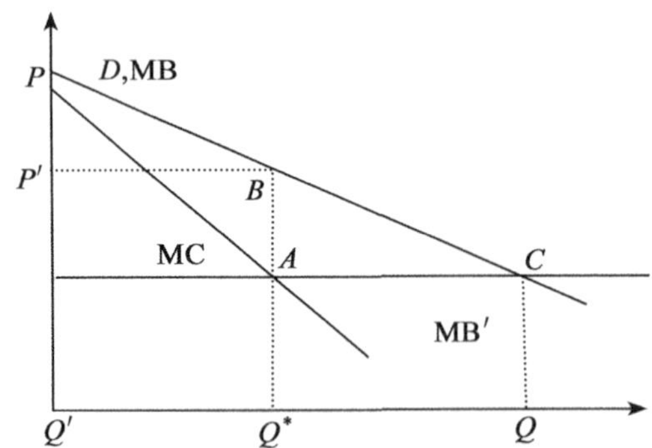

图 7-6　竞争市场以及垄断者的需求和边际收益曲线

政策来对垄断实行控制，将垄断的危害降低。政府解决垄断问题的方法主要包括以下三种：第一种方法是使用法律来遏制垄断，如反托拉斯法。反托拉斯法为政府提供了促进竞争的各种方法，它们允许政府阻止合并，也允许政府分拆公司。第二种方法是管制垄断者的行为，在自然垄断的情况下，政府机构对垄断者的价格实行管制，监督其在合理的范围内进行定价。第三种方法是政策的公有制。也就是说，政府不是管制由私人企业经营的自然垄断，而是自己经营自然垄断本身。

在信息市场的垄断现象中，知识产权是一种人为垄断的典型表现。下面我们以知识产权法为例，对这种人为垄断形式的经济效率进行简单的分析。

由于大多数的信息商品具有高首稿成本和低边际成本的特点，使得信息商品极易以低成本进行复制和扩散。在这种情况下，知识产权法可以有效地保护知识产品生产者的知识产权和进行再创作的积极性。但是，在保护知识产权的同时，这些法律也产生了对知识产权的垄断。从图 7-7 中可以看到，知识产权的保护可以使得知识产品生产者获得垄断性利润，促进创作的欲望，但与此同时却造成了社会净损失 $S_{\triangle SE'C}$。

在图 7-8 中，MC 代表知识产品生产者的边际成本，随着创造性时间的增加，难度增大，边际成本也随之增大。生产者的边际收益用 MB 表示。由于知识产品具有正外部效应，所以在市场上存在边际外部收益，MSB 就为边际社会收益，等于边际收益与边际外部收益之和。在没有知识产权保护的情况下，市场的社会效率水平为 Q^*，而市场的均衡点为 C，均衡产量为 Q，$Q<Q^*$。由于外部性的存在，造成的净损失为 $S_{\triangle ABC}$。当采取了知识产权后，知识产品生产者的边际收益增加；相应地，边际收益曲线由 MB 移动到

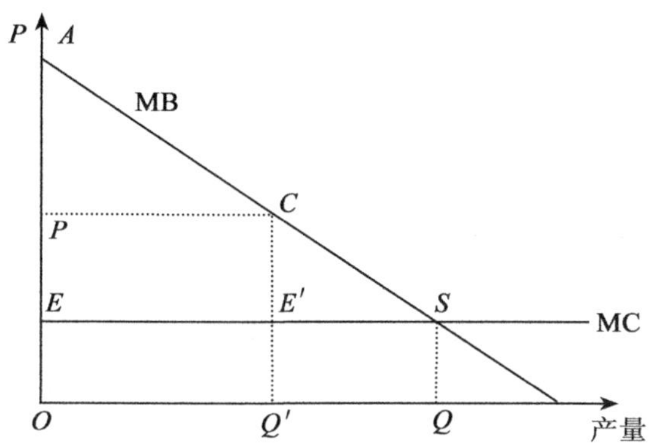

图 7-7　知识产品市场中的垄断

MB'。此时，市场的均衡点为 C'，净损失由原来的 $S_{\triangle ABC}$减少为 $S_{\triangle AB'C'}$。

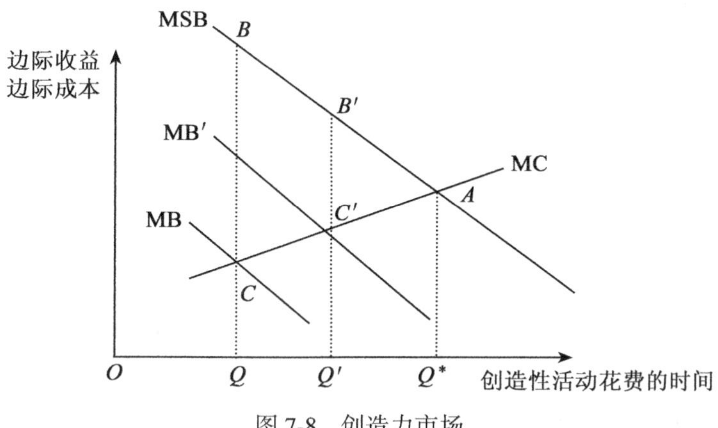

图 7-8　创造力市场

结合图 7-7 和图 7-8，可以看出，从增加创造者收益这个角度分析，知识产权保护是有益的；而从消费者方面来看，知识产权保护则减少了消费者的获益，并产生了社会净损失。那么是否应该采用知识产权保护呢？从理论上我们可以比较 $S_{\triangle SE'C}$与（$S_{\triangle ABC}-S_{\triangle AB'C'}$）的大小。当（$S_{\triangle ABC}-S_{\triangle AB'C'}$）$>S_{\triangle SE'C}$时，认为知识产权的保护有利于社会福利的改进，反之则无效。最合适的知识产权法是一种能够对知识产品生产者的补偿和消费者的获益进行有效平衡的制度安排，如何寻求二者之间的最佳平衡点，成为目前知识产权研究的重点。

7.3.4 不完全信息与信息失灵

在现实的经济活动中，由于信息传递需要花费成本代价，而信息商品的非物质性、市场通信系统的局限性以及经济行为者有意或无意制造出来的市场噪音等因素，都会严重阻碍信息的有效传递。因此，信息市场在运行过程中，大量充斥着不完全信息和非对称信息。不完全信息或非对称信息导致的信息差别都是市场失灵的主要原因之一。

信息不完全和不对称导致的经济现象我们已在第三章从理论上进行了详尽的分析，这里具体地讨论市场失灵所引起的经济现象和经济后果。

(1)劣货驱逐良货

在市场信息是对称的情况下，消费者能够辨清真货与假货、优品与次品，价廉物美的商品是完全能够赢得市场的。但在交易者无力分辨真货与假货、优品与次品的情况下，即信息不对称的情况下，好的商品并不能赢得市场。因为如果真货与假货、优品与次品价格相同，由于真货、优品的生产花费的成本高于假货、次品，因此生产者得到的盈利就会少于假货、次品，甚至毫无盈利。在这种情况下，生产真货、优品显然处于劣势。真货、优品的生产就会减少，甚至消失。因此，若无外力约束，在消费者无力辨别真货与假货、优品与次品的市场上，将会出现劣货驱逐良货的现象。

(2)缩小或使市场不存在

由于在市场交易中，对于交易物，买方拥有的信息一般总是要少于卖方，买方为了获取最大化的经济利益或为了最大限度地减少损失，对某类商品在无力辨别真货与假货、优品与次品的情况下，会对所有商品采取拒买行为，其结果会使这类商品的交易市场消失或不存在。如在英国发生“疯牛病”后，就曾使许多国家在许多地区牛肉市场消失，因为消费者分不清到底哪些牛肉不带病菌，从而只能拒买所有牛肉。在现实中，很多质量很好的产品却不能形成市场，原因之一就在于消费者缺乏对这种产品的信息，不知道产品的性能究竟如何。

另一种可能的也是经常出现的经济后果就是消费者因担心买到假货、次品，而尽可能地减少购买量，其结果是商品市场得不到应有的扩张，或导致市场的萎缩。例如 1998 年初山西出现假白酒，使大多数地区的白酒市场萎缩。在我国经济中，很多新产品刚一问世，就有大量的假冒产品涌入市场，使新产品的真正生产者难以扩大产品销售，先期投入的研究与开发成本不能收回，打击了企业技术创新、产品创新的积极性，这也是造成我国企业产品创新不足的重要原因之一。

(3)造成需求缺口与供给过剩并存

在信息不对称的市场中，由于市场参与者对交易双方资信等的信息缺乏，就往往会减少交易量，其结果是造成一些产品和服务的需求得不到满足，而另一些产品则又会出现供给过剩。例如在信贷市场上，由于贷款人对贷款申请人的品德、能力、未来收入等的真实情况难以准确判定，就会采取对许多贷款申请人采取拒绝贷款或减少贷款的行为，这样就会出现一方面社会贷款需求得不到满足，而另一方面银行体系又存在大量的过剩资金。

(4)造成不公平交易和不公平竞争

信息对称是公平交易和公平竞争的前提条件之一。在市场交易中，如果交易双方的信息不对称，信息优势方就会利用其信息优势欺诈对方，实行不公平交易行为，损害对方的经济利益。而信息的劣势方则会因信息劣势而做出不合理的经济决策。在信息严重不对称的经济环境中，买方之间和卖方之间是不可能有公平竞争的。如在产品市场上，在消费者对所有产品采取拒买或少买的行为时，真货、优品的生产者在竞争中显然处于不利地位。再如在劳动力市场上，在假文凭泛滥的情况下，由于用人单位对招工采取过分谨慎的态度，使得有真文凭、真正具有真才实学的求职者在劳动力市场的竞争中处于不利地位。公平交易与公平竞争是经济资源得到最优配置的必要条件，信息不对称会导致不公平交易，不公平竞争，从而也就不能使经济资源得到最优配置。

(5)造成消费者和生产者行为扭曲或不能合理决策

企业提高生产率的内在动力是获取最大化的利润。在信息对称的市场上，消费者可以做出最优的消费决策，选择价廉物美或价高质优的产品，从而给生产者技术创新、产品创新，提高管理水平，提高产品质量、降低成本提供正面激励。但在信息严重不对称的市场上，消费者却可能因为缺乏信息而选择质次价高的假冒产品和劣质产品。产品价格太低，消费者会担心其为假货、次品而不敢购买，即使其确实是真货、优品；价格太高，消费者也不敢购买，因为价格高的产品可能是真正的优品、真货，但也有可能是假货、次品。这样，消费者的购买可能会出现扭曲，继而在市场上形成劣货驱逐良货、不公平交易和竞争等现象。消费者的理性选择行为却给企业提高生产率提供的是负的激励，生产者的投资、生产、销售等决策也会变得无所适从，因为争先创优不一定就能赢得市场和利润，从而将会损害企业提高生产效率的积极性，甚至在某些情况下，会导致生产劣货的竞争。因为在不对称信息市场中，生产假货、次品越早、越多，获利越大，刺激了生产者大量生产假货、次品。不仅损害了真货、优品的生产者，而且损害了消费者的利益，并导致经济资源配置的严重扭曲。

7.3.5 政府纠正信息市场失灵的主要手段

信息市场失灵说明市场的手段并不是万能的，它在借助于自身内在的运行机制配置信息资源的同时，由于上述因素的影响，经常会产生资源配置和市场运行偏离预期结果的情况。实践证明，即使是完善的市场机制也不可能完全避免市场失灵。信息市场的失灵导致了对外部力量——政府干预的要求。

政府是一种非常独特的机构，在人力的作用下，它可以在很多方面出人意料地担当起重任。美国康乃狄格大学经济教授 W. A. McEachern 曾从一般市场的角度将政府在纠正市场失灵方面所扮演的角色归结为 7 个方面①：建立和实施经济活动的“游戏规则”；促进竞争；管制自然垄断行为；提供公共物品；处理外部效应；在收入分配上提供更多的公平；通过财政政策促进充分就业、物价稳定和适当的经济增长速度：政府的上述角色同样可以在信息市场中扮演。

为了消除或减少信息市场运行中的干扰因素，纠正信息市场失灵，政府机构常常会使用公共管制、税收、直接补贴或投资、教育、法律、舆论和道德宣传等手段出面对信息市场施加影响(见表 7-2)。

表 7-2　　　　政府纠正信息市场失灵的主要手段

<table>
<tr><th colspan="2">失灵情况</th><th>典型案例</th><th>主要纠正手段</th></tr>
<tr><td rowspan="2">外部效应</td><td>负</td><td>计算机病毒的网上传播</td><td>公共管制、税收、教育</td></tr>
<tr><td>正</td><td>公司 R&D 信息</td><td>直接投资或补贴</td></tr>
<tr><td rowspan="2">公共物品</td><td>排他性</td><td>治疗艾滋病的医学 R&D 信息</td><td>知识产权法、税收、直接投资或补贴</td></tr>
<tr><td>非排他性</td><td>公益广告信息</td><td>直接投资或补贴</td></tr>
<tr><td rowspan="2">垄断性</td><td>自然</td><td>电话信息服务</td><td>公共管制</td></tr>
<tr><td>非自然</td><td>文学、艺术或科学作品信息</td><td>知识产权法</td></tr>
<tr><td colspan="2">不完全信息和非对称信息</td><td>计算机软件商品质量、效用及消费者信誉信息</td><td>宣传、公共管制、法律</td></tr>
</table>

① McEachem, W. A.. *Microeconomics: A Contemporary Introduction* [M]. Ohio: South-Western Publishing Co., 1994.

政府在弥补信息市场缺陷方面具有得天独厚的作用，但这并不意味着政府干预比市场本身的自组织更加有效。在市场“看不见的手”无法使私人的不良行为变为符合公共利益的行为的地方，可能也很难构造“看得见的手”来实现这一任务。政府在干预信息经济活动方面存在的缺陷还表现在它在弥补一种市场缺陷的同时，往往会导致另一种市场缺陷的产生或加重。由此可见，政府在纠正信息市场失灵方面所起的作用是有限的，而且从本质上看，由于政府行为归根结底是一种人的行为，具有主观性，是不可能使信息资源的配置达到帕累托最适度的。

7.4 信息市场管理

7.4.1 信息市场管理的概念与内容

(1)信息市场管理的概念

信息市场管理是指由国家政权机构依靠经济组织、行政组织和法律组织以及消费者群众，按照客观经济规律的要求，运用科学的方法对在市场上从事信息交换活动的单位和个人，在商品、价格、合同、税收、利润、场地等各个方面所进行的计划、组织、调节和监督。其目的是为了维护信息市场的正常秩序，保障供方、需方、中介方的合法权益，使信息市场更加稳定、繁荣。信息市场是一种新型的市场结构，同物质商品市场相比，它的管理要复杂得多，有效的管理将对信息市场的发展起重大的作用。

第一，由于单个信息生产者或信息机构往往只掌握局部信息，如市场商品、需求、价格资源等信息，特别是往往容易偏向于单纯地追求经济效益而忽视商品的社会效益，忽略社会信息总需求以及需求的各个层面，往往使某些信息需求得不到满足，这就需要国家行政机关从总体上予以客观的指导和干预，使信息市场的商品生产适应社会信息需求各个层面的范围，并通过信息市场的控制和管理促使其健康合理的发展。同时，随着生产力的发展，社会分工的不断细化使信息市场也不断扩大，这使得信息市场管理也必须加强。

第二，我国信息市场交换对象、范围随着商品流通的不断扩大而有明显扩大的趋势，其结果必然是信息商品化程度日益提高，而这与我国当前信息有偿服务与无偿服务并存的信息政策显然有较尖锐的矛盾。这必然导致信息供需关系以及信息经济活动的复杂化，这就需要国家主管部门适时进行管理、限制和诱导信息商品的范围和市场结构。

第三，社会需求的信息产品项目品种繁多，而且同一信息产品因为信息流通渠道和信息产业分布等原因往往有可能多个信息机构同时进行生产，这必然造成人力、财力、物力的浪费。因此，为了避免重复生产和有效分工协作，需要对信息生产项目进行协调组织。特别是对于国家或地方重点科研项目、生产项目所必需的信息产品生产，客观上也需要国家进行统一的协调、组织和管理。

第四，它可以维护良好的市场秩序。众所周知，在信息市场中，市场主体是一个个独立的实体，它们都有自己的目的和动机，都希望获得最大限度的利润。信息商品提供者之间，信息商品生产者与信息商品消费者之间，既存在着协作关系，又存在相互对立的矛盾。为了维护信息市场秩序，国家管理部门必须运用各种管理手段，协调生产者、经营者、消费者之间的关系，维护正常权益，保护合法经营，同时对一些危害性行为做出限制，惩治违法行为。

第五，它可以有效地沟通供求。信息市场管理是对信息商品生产和流通各个环节进行的管理，它通过对信息用户的需求进行调查、研究来消除供求双方之间的障碍，并指导信息商品生产者生产出更多适销对路的信息产品，从而最大限度地发挥信息市场的作用。

(2)信息市场管理的内容

信息市场管理的内容很广泛，其中心内容是：管理信息流转总量和主要信息流转量的供需平衡，管理信息流通渠道、调整信息流通结构、制定信息购销政策、颁布并实施有关市场管理的规章制度和经济法令等。其具体内容如下：

①对信息经营者的管理。对在市场上从事信息交换活动的一切团体和个体的管理，是信息市场管理的首要内容。对信息经营者进行管理，有利于统筹兼顾、综合平衡、通盘考虑和合理安排产业布局，购销渠道和网点建设，防止可能出现的盲目性。对信息经营者的管理，有利于保持合法经营，制止非法活动。

对信息经营者的管理，主要包括三个方面，即进行经营者登记注册的管理，对经营者经营范围、经营手段的监督检查和对信息经济效益的评价。

进行经营者登记注册，是指凡是参加信息市场交换活动的一切企业，无论是国有、集体、私营企业，还是中外合资企业，都必须经过主管部门批准，再到政府有关信息市场管理部门进行登记，经允许后，方可开业。企业登记注册的主要条件是：有营业场地、购销渠道畅通等。进行企业登记后，还要继续加强对企业经常性的管理和监督，只有这样，才能真正达到登记发证的目的。

信息市场管理部门要对企业的经营范围、经营手段进行监督检查，防止企业经营非法产品或以不正当的手段牟取利润，引导企业以优质的产品、周到的服务赢得用户，从而使信息经营沿着健康的轨道发展。

进行经济效益评价，是指对信息经营产生的社会效益、经济效益进行评价，一方面可以把评价结果提供给经营者，为经营者的经营内容、方式的选择，企业发展方向（或增加投资、发展壮大，或减少投资、转产）的选择等提供依据，另一方面还可以根据评价的结果，督促经营者上缴利税。

②对信息商品进行管理。因为信息市场实际上就是信息买卖，所以信息商品管理就是信息市场管理的基本内容，进行信息商品管理，可以满足科研、生产、行政决策等各方面的需要，可以保证信息市场稳定，促进信息商品流通的有计划发展，并使信息市场繁荣兴旺。

对信息市场的商品管理，包括对非保密信息的正常流通管理和对保密信息的限制流通管理。作为商品的信息具有非消耗性和共享性，可以进行多次转让，信息市场管理部门应采取必要的手段，保证信息的正常流通，防止个别经营者或用户对某种信息商品的垄断，以便充分发挥信息的作用，促进科技和生产的发展。

③对信息合同进行管理。在信息商品流通过程中，合同是一种经济上的契约，是由买卖关系的双方，为了实现信息商品交换而签订的书面协议。为了保证信息商品流通的顺利进行，为了维护信息经营者的经济利益，为了巩固交易双方的经济联系，有经济联系的各方是要签订合同的。信息合同对于发展信息生产和信息流通，保证信息市场商品供应，改善生产者经营管理，实现信息流转计划有着重要意义。

加强合同管理就要在签订合同时，坚持各方在经济上的平等地位和自愿原则；在合同的内容上要具体详尽，文字解释清楚；最后在合同的执行过程中，要严肃认真，重合同，守信用。对不执行合同者要区别情况，承担法律责任和赔偿经济损失。

④对信息商品的价格进行管理。价格问题是信息市场管理中的重要问题，加强信息市场价格管理主要包括三方面的内容：对价格制定的管理、对价格调整的管理和对市场价格的监督与检查。由于价格的制定与调整在前面已有论述，所以这里着重讲一下市场价格的监督与检查。对市场价格的监督与管理首先要监督各类商品价格的执行情况。尤其是一些重要信息商品的价格必须坚决执行，不得随意涨价。其次，要建立和健全各种物价管理制度；

健全责任制，明确价格管理部门和价格管理人员的职责；建立价格台账制，登记价格的执行情况；建立自上而下的物价检索和自下而上的群众监督制度，及时发现和纠正物价执行中的差错。

⑤对专利进行管理。专利是指发明者对自己研究成果所享有的权利。在信息市场管理中，在竞争存在的条件下，为了保护发明创造者的权利，一方面要鼓励其积极发明创造、推动科学研究发展。另一方面又能使其研究成果得到广泛的推广和应用。为此，就必须加强专利管理。加强专利管理主要是指：第一，对发明创造者的奖励。即凡是具有一定发明创造的，经过有关部门鉴定，国家要予以表彰和奖励。第二，其他单位和个人需要使用其研究成果时，必须给予一定的报酬，不得无偿使用。第三，对于那些不经允许，通过不正当途径获取专利者，市场管理部门应予以制止，以保护发明者对研究成果的专用权。

总之，我国信息市场管理的内容是十分广泛的，它涉及信息流通的各个方面。明确市场管理的主要内容，从不同的方面采取相应的措施，有利于保证信息市场的稳定，并促进信息市场的繁荣。

7.4.2 信息市场管理的方法与手段

(1)信息市场管理的主要方法

为了加强对信息市场的管理，除了认识信息市场的必要性，明确市场管理的主要内容外，还要掌握市场管理的方法。信息市场管理的方法主要有以下几种：

①用经济办法管理信息市场。用经济办法管理信息市场，是指国家依靠经济组织，运用经济手段和经济利益来指导、调节和发展信息流通。

用经济办法管理信息市场具有十分重要的意义。它可以促进信息经营，改善企业经营管理。由于他们经营信息商品的目的是为了用一定的劳动耗费取得较大的经济效果，因而用经济办法管理信息市场，必然能促进企业加强调查研究，扩大信息经营，降低费用水平，提高劳动效率，改善服务态度，增加服务项目，以实现更多的信息流转，获得更多的物质利益。

用经济办法管理信息市场，首先要发挥经济杠杆的作用。因为，经济杠杆是连接经济利益的纽带，是调节经济利益的基本工具。信息市场管理中的经济杠杆主要有以下几种：

- 价格。在信息市场管理中，利用价格可以鼓励生产，从而为增加信息市场供应提供基础。利用价格工具就是利用价格的稳定与浮动，促进信息经营活动，实现信息市场的统一与繁荣。

• 税收。税收所以能成为信息市场管理的重要经济杠杆，是因为税收可以配合价格制定，调节生产者的利润水平，指导经营，促进信息流通发展。税收可以改善生产者管理，排除因经营分工和产品价格与价值背离幅度不同等客观因素对信息生产者利润的影响，使生产者纳税后的利润真正反映其经营的好坏。

• 资金。随着信息机构体制改革的进一步深入，信息制度进一步完善，信息机构成为完全经济独立形式之后，信息机构资金将大部分由银行贷款。因而在信息市场管理中，为了促进信息流通的发展，就可能通过贷与不贷，多贷与少贷，期限长短和不同的利率等手段控制资金，指导和调节信息流通，从而鼓励先进，带动中间，鞭策落后，提高资金使用效果。

• 利润。在信息商品流通中，利用利润手段就是利用利润在国家和企业之间的合理分配，来调动企业的积极性。因为任何企业都担负着为国家积累资金的任务。因此，它的经营成果应该一部分以税收的形式上缴国库，同时企业也应该得到一部分利润。因此，对企业的经营成果既不能全部上缴国家，也不能全部留给企业，而必须在国家和企业之间进行合理分配，才能发挥两方面的积极性。这就是说，企业实现的利润越大，它分成的利润越多，这也是利用利润手段鼓励信息生产者、经营者的意义所在。

②用行政办法管理信息市场。用行政办法管理信息市场是信息商品流通的客观要求。为了统一计划、综合平衡协调各方面关系，有关领导部门要对信息市场实行统一的行政管理。没有这种集中统一的行政管理，没有严格的纪律，就不能协调再生产过程中产、供、销关系和信息流通领域内购、销、调、存之间关系。

用行政办法管理市场，也是发挥信息经营者主观能动性的需要。信息市场是由分工协作的商业企业等经济组织构成的有机整体。为了使各经营企业在国家统一领导下，充分发挥其业务活动的主观能动性。客观上也需要通过政策、指令、办法，以确定它们的经营范围，业务活动的原则，权利和义务关系以及物质利益调节等。

由此可见，用行政办法管理信息市场是完全必要的。要用行政办法管理信息市场，就必须做到：

要进行深入细致的调查研究。要用行政办法管理市场，发挥行政领导的权威，就要进行深入细致的调查研究。这样才能为下达指示、命令提供科学依据，防止主观主义、防止产生盲目性、避免对市场活动造成不良影响。在信息市场管理中，进行深入细致的调查研究，就要通过普遍的、个别的或专门的调查，运用经验的、统计的或数学的方法，掌握大量第一手材料，然后经过深入研究分析，去粗取精，去伪存真，由此及彼，由表及里，最后做出准确的判断，形成正确的决议，下达后付诸实施。这样就能使行政办法具有科学性，也使行政命令具有严肃性。

要赏罚分明。这就是说，在市场活动中，凡是执行政策、完成计划、保证质量、文明经商、为国家提供积累多的企业或个人，都必须进行精神和物质的奖励。反之，凡是违背国家政策规定，不执行国家指示、命令和计划，扰乱信息流通的正常经济秩序，损害人民群众经济利益，给国家财产造成一定损失的企业和个人，都要进行批评教育或经济处罚以至法律制裁。

在用行政办法管理市场中，坚持有赏有罚、赏罚分明，这是搞好行政管理的重要保证。对于促进信息企业改善经营管理，促进信息流通、执行国家政策，都起着非常重要的作用。

③发挥经济法在信息市场管理中的作用。经济法就是在社会经济中比较成熟稳定的原则、制度和方法，由国家以经济法律的形式固定下来，作为调整国家、地方、企业和个人经济关系的法律规范，并由国家来强制实施。

信息商品流通作为信息经济的重要组成部分，同样每天重复着信息质量、信息价格、购销合同、计划、商业企业等经济现象，这些现象有其运动的客观规律。把这些客观规律用一个共同的条例固定下来，要求人们去遵守，这是信息流通发展的客观需要，也是信息市场管理中经济法产生的客观必然性。

信息市场管理中经济法的本质在于以平等、等价和有偿为原则。就是说在调整信息流通经济关系时，要维护交易双方的正当权益。对于那些以种种手段损害他人利益的行为，要以法律形式追究经济责任，赔偿经济损失。

在信息市场管理中，发挥经济法的作用，是因为它比行政办法更成熟、更稳定，因而能在一个很长的时间内发挥作用。同时，因为奉行在法律面前人人平等的原则，因此，无论对任何经济纠纷，都可以得出公正而准确的判决。所以在信息市场管理中除了用经济办法和行政办法外，还要发挥经济法在信息市场管理中的作用。

要发挥经济法在市场管理中的作用，首先要进行关于信息市场管理的经济立法，其次还要加强经济司法。

④发挥用户对信息活动的监督作用。

• 用户监督信息市场活动的目的和任务。发挥用户对信息市场活动的监督作用是十分重要的。要发挥信息用户对市场活动的监督作用，首先必须明确用户监督的目的和任务。

信息用户监督市场活动的根本目的就在于维护自身的物质利益，保护用户的经济权利，真正实现其在交换关系中的平等地位。

要明确信息用户监督的任务。首先，接受用户来信和接待用户来访，通过各种形式搜集广大用户的意见和要求，并作为用户利益的真正代表，将这些意见、建议和合理要求通过一定的渠道反映给经营单位或相关部门。其次，以法人的地位对那些给用户利益造成损失的企业进行监督教育和批评，以至于向司法部门起诉，通过和有关部门的相互配合，使用户的利益真正得到保护。最后，制订有关保护用户利益的具体政策规定，约束生产经营单位的不法经营活动，同时也作为信息用户监督活动的法律依据。

• 建立专门的信息用户监督组织。要发挥信息用户在市场活动中的监督作用，就必须建立专门的用户监督组织。可以通过各级信息领导部门来保证用户监督；也可以通过报纸、杂志、广播、电视来保证信息用户监督；还可以通过用户的自发组织来保护信息用户利益。

为了保证信息用户监督的实施，还必须制订用户利益保证法，使供应一方和使用一方以及各级用户协会有章可循，有法可依，依法办事。

⑤开发国际信息市场。开发国际信息市场主要包括两方面的内容：

首先，向世界各国信息业开放市场，在不影响我国国家利益的前提下，允许中外合资或外国投资在我国兴办咨询产业。

其次，我国的信息产业和产品应力争打入国际市场，建立我国咨询公司在国外的分公司并承担国外用户的咨询等业务。

(2)信息市场管理手段

根据我国的实际，信息市场管理者在对市场进行计划、组织、监督、调控的过程中，一般采用经济的、行政的、法律的等管理手段实现对信息市场的管理。

①政策与法律手段。政策手段是指以经济利益为内容而以行政强制为形式的信息市场政策，如信息市场价格政策、税收政策、关税政策等。法律手段是指以经济规范为内容、法律强制为形式的信息市场法规，如信息市场管理法、信息市场竞争法等，同时也包括版权法、专利法、商标法、合同法等法规。当前的问题是要适应信息市场发展的需要，制定尽可能完善、健全、系统的信息市场政策与法规。

②行政手段。行政手段主要是通过国家和地区颁布的有关政令、命令、条例、制度、办法、措施等对信息市场实施管理。主要内容包括：a)通过签证的方式监督和检查合同，即管理机构对信息商品交换中签订的合同的主要条款的合法性、事实的真实性和履行的可能性进行检查，保证符合要求的合同进入市场交换，取消和纠正不符合要求的合同；b)查处违犯法律的合

同；c)调解和仲裁合同纠纷；d)对信息商品的经营活动进行检查和监督；e)对信息商品的经营机构实行经常性的监督管理。行政管理是一种具有明显强制性的调节与控制手段。

③经济手段。经济管理手段遵循市场经济的客观规律，充分考虑到信息商品本身的特点，运用经济杠杆、经济责任、经济计划对信息市场进行组织、协调、控制、引导和监督。主要内容包括：a)控制发放贷款，以防止那些不成熟、不可靠的信息商品进入交换领域和消费领域，促成那些成熟的、先进的、可靠的、使用价值大的商品尽快进入市场交换和消费，取得收益；b)对交易双方的支付和结算进行监督管理，制止无偿使用或拖延、拒付现象；c)对消费者的经济活动进行监督，促使其履行合同；d)利用税收杠杆扶持或限制信息商品的交换和消费，使其与其他经济活动相互协调等。银行可以通过信贷、结算和现金管理业务，对信息市场经营活动中所需要的信贷资金及信息市场运行中的货币流通情况进行管理和监督，实现对信息市场的管理和监督。

与普通商品市场相比，信息市场确实要复杂得多。尽管目前已为建立信息市场的正常秩序制定了相应的法律和一整套管理措施，并且这些法律和管理措施在实践中不断得到发展和完善，取得了良好的效果，但仍然不能排除信息市场中的某些混乱现象和不合理现象。这一方面是由于参与交换的人们违反有关法律和管理制度造成的；另一方面，也可能是主要的一方面，是由于信息商品自身的特性不可避免地造成的。法律和各种管理制度对信息市场的管理，可以使一些混乱现象和不合理因素减少到最低限度，但不能完全克服和消除。然而，从实践出发，只要我们在信息市场管理中既重视信息商品的特殊性及其交换和消费的规律，又严格地使用法律、经济、行政等手段，就完全能够维护信息市场的正常秩序。

7.4.3 信息市场管理的职能

信息市场的管理职能是指管理机构执行与其主要目标相关联的、有一定程序的活动的特殊职责。其目的是认识信息市场，制订和实行保证它们按照社会规定的目标运动的措施。信息市场管理的职能表现了管理的实质、内容、目标和任务，它是合理建立管理组织结构的依据，是确定管理机构职能范围和隶属关系的基础。而管理职能也只有借助于与其相符的管理组织结构才能实现相应的信息市场管理任务，管理机构则是为执行一定的职能而存在的。

信息市场的管理职能包括计划、组织、调节、核算、监督、教育等方面的内容，各项职能相互联系、相互作用，从而达到管理目的。

在市场经济条件下，信息市场的计划管理必须自觉地遵循国民经济按比例发展的规律，认识信息市场的客观规律和运行机制，明确市场的具体条件和要求，确定目标、任务和计划拟定达到的水平并确定实现的手段。其内容包括信息市场发展纲要，即总体构思、长期规划、年度计划以及实现战略目标而采取的政策、策略和技术途径等。在现阶段，我国信息市场计划管理应具备以下特点：指令性计划逐步缩小，指导性计划不断加强；以经济手段为主，行政手段为辅；以市场调节为主，以计划指导为辅。市场实现资源配置，通过价格调节生产与需求，使得计划管理的价值规律和经济效益得以发挥。因此计划应具有一定的动态性，目标与市场需求紧密联系。

组织职能同计划职能一样在信息市场管理中占有重要地位，因为只有建立起稳定同时又是灵活的市场组织结构并不断地完善它，才能把市场的各种要素有效地结合起来，才能合理地利用系统资源。组织职能的实现是有效地组织市场要素分布的条件，它是借助于适合被组织对象的手段，特别是标准的制定，包括规则、命令以及其他标准行为来实现的，其行为应以客观要求和现实条件为依据。

如果说计划职能和组织职能是确定目标、拟定任务和选择完成任务的方法，调节职能则是对信息市场的直接管理，通过对信息市场各要素、信息市场行为和信息市场有序状态的维持，保证信息市场正常运行。

信息市场与任何系统一样，其内部各要素的作用都必然产生两种相反的趋势——受有目的行为保障的系统稳定状态和偏离目的而导致的混乱状态。调节的任务便是以可能性和具体情况为转移，及时地中和外来干扰或内部干扰，使信息市场这一系统回到最小熵的动态平衡。目前，调节职能采取的主要方式有：各种强制性的命令、限制和规划；经济手段、行政手段和法律手段；提高社会信息意识、利用社会道德舆论宣传等。

核算职能与调节职能一样服务于计划和组织职能。其目的在于对信息市场活动结果(中间和最终结果)进行数量上的测量、登记和分类。缺乏核算信息，管理机构就无法掌握信息市场的状况及管理实施的结果，无法实施定量化管理。目前我国信息市场由于产业和产品的分类标准未确定，导致信息市场核算中指标难以确定、统计材料难以计量，解决这些问题是管理面临的重要任务。

监督职能的发挥实质上是以管理信息为依据，检查信息市场管理实施的情况，削弱监督职能就意味着减少管理的责任。监督所需的信息来源于调查和核算，它与核算都是系统的参数，通过信息反馈，保证管理者在系统参数偏离预定目标的情况下能够及时干预，并保证管理系统有条不紊地发挥职能。

监督职能的发挥应该建立在高度的原则性和实事求是基础上。监督从形式上可分为：内部监督和外在监督，自我监督和互相监督，自上而下的监督和自下而上的监督等；又可分为事先监督、业务监督和事后监督。其中，事先监督是评价提出的任务和选择完成任务的手段和依据；业务监督是通过运用组织措施和技术措施系统地评价管理状况并对它们进行控制；事后监督是最流行、最普通的监督形式，通过评价管理结果，接收反馈信息，改进管理质量。

对信息市场组织结构体系中的各层次进行监督可以使管理者借此评估活动结果，并采取有效措施预防错误发生，有助于积累经验，改善管理方法。监督不同于对错失的登记和补救，不能把对管理活动的积极检查当做是听取管理汇报和了解情况，应克服监督的重复性、矛盾性，有效地做好管理监督。

教育职能是对所有信息市场参与者进行道德、法律、业务等方面的教育和培训，以便提高其业务水平，适应环境及工作的要求和约束，以熟练的工作技能完成市场运行的目标和任务，这是促进信息市场健康发展的必要条件。

以上各职能相互联系、相互作用，缺一不可，共同组成信息市场管理的职能体系，据此可以构建信息市场管理的组织结构。

7.4.4 信息市场管理的模式

信息市场管理是根据市场各种经济运行规律的要求，运用经济、行政及法律手段对信息市场各方及各项活动进行协调、监督、保护等，从而使信息市场健康、稳定地发展。对信息市场无论怎样划分，都可以抽象出其中的共同结构，那就是包括信息商品的供给方、需求方、中介方和管理方。供给方是信息商品的生产者和提供者，需求方是信息商品的消费者，中介方是信息市场的经纪人，管理方是信息市场的监督者和执法者。这四个方面都是不可缺少的，而且还必须有一个合理的结构才能保证信息市场正常运行，充分发挥其功能。

我们知道，信息市场管理的具体实施，是通过管理方对信息产品供需双方及中介方通过经济、行政、法律手段进行协调、监督和保护。信息市场管理模式将建立在从信息市场管理方对市场其他各方以及对信息产品从生产到消费整个过程的管理这一角度上，其目的不仅为了体现运用各种手段对信息市场各方的管理，而且还要突出在整个市场运行过程中管理的作用。

正如前面已经论述过的，此模式是以管理方采用经济、行政、法律手段对信息市场各方及各项活动进行管理为出发点的。

信息市场管理模式图 7-9 由表示信息市场各方——供给方、中介方、需求方和市场管理方的职能的功能框和表示经济、行政、法律手段的功能框组成。

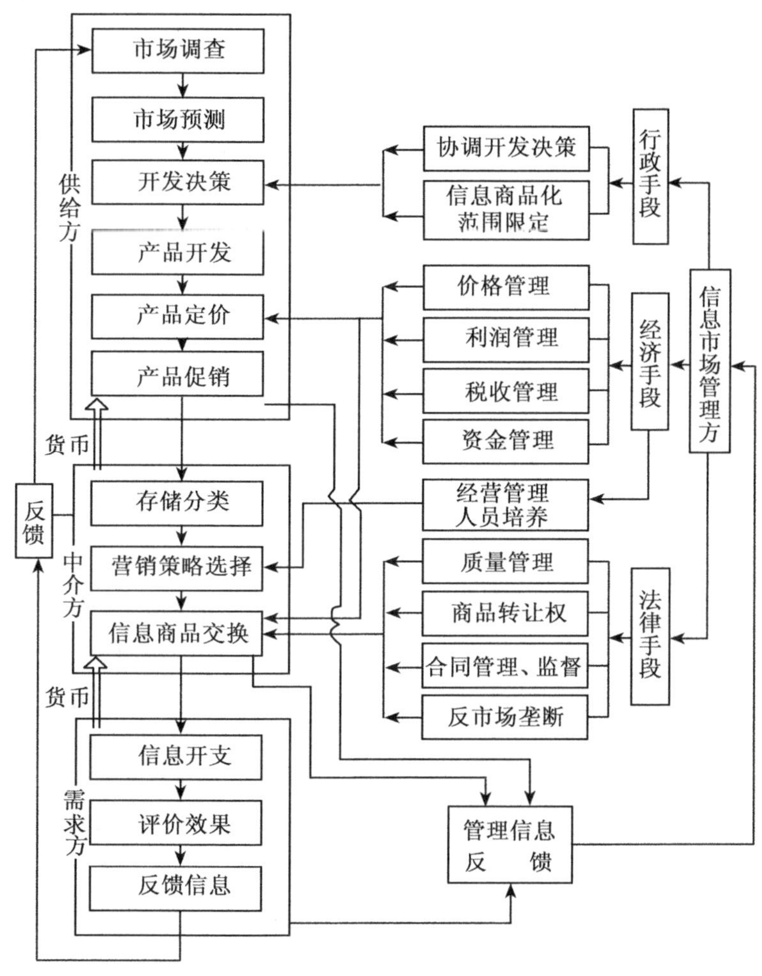

图 7-9　信息市场管理模式图

(1)信息市场管理方

管理方主要通过行政手段、经济手段和法律手段对市场各方及各项经济活动进行管理。管理方对整个过程的管理作用渗透到各个环节，其管理的对象包括人、财、物、时间、信息本身等诸要素在内的信息市场整体系统。管理的目的是要实现从确定目标，到制订计划、组织实施、时调控制各个环节在内的整个过程总体目标最优，提高效率，最大限度地增加经济效益和社会效益。

在供给方完成市场调查和市场预测，准备进行开发决策的时候，管理方通过自己掌握的各种产品的生产信息，对生产同类产品的不同部门进行协调，从而避免不同部门开发同类产品所造成的人、财、物的浪费，同时管理方还应根据有关政策条例，督促供给方遵守关于信息商品范围的限制。在供给方进行信息产品定价过程中，管理方对其制定的价格进行监督、检查，防止乱收费现象的发生，指导供给方按适当的比例获取利润和计划依法纳税等。

管理方要负责对经营管理人员的培训，以使中介方的营销活动更为积极、活跃、灵活。在信息商品交换的过程中，管理方必须采用法律手段，保障产品的质量，保护开发者与消费者的产权利益。还应创造公平竞争的环境，限制垄断，鼓励公平竞争。合同是供给方、中介方、需求方三方利益的最有效保障，管理方要依据有关法律，保证合同的正确执行。交换结束后，管理方还要加强对中介方、需求方的利润、资金、税收的管理，以防资金分配不合理或偷税、漏税。

(2)信息市场供给方

供给方要想生产、开发某种信息产品，首先必须进行市场调查，以便了解和掌握市场对该产品的需求程度；然后根据所掌握的情况，对市场的未来趋势做出预测；根据预测的结果，遵守国家有关条例对信息商品的限制，并注意到生产同类产品的部门间的相互协调，对某产品的开发做出决策；决定开发某产品以后，生产者组织人力，引进设备对该产品进行开发；根据该产品的成本，按照一定的定价方法，并与中介方协商，制订出该产品的价格；考虑到信息产品的效用往往不能在商品的物质载体上直接体现出来，用户往往对其效用持怀疑态度，因此，产品生产者要采用广告、公关等积极的促销策略使用户了解信息产品，这是使商品占领市场的有效手段。

(3)信息市场中介方

首先要对信息产品进行存储、分类，然后根据信息产品的特点，运用传统的产品策略、价格策略、销售渠道策略、促销策略以及更适合信息商品的直销策略促成信息商品的交换。

(4)信息市场需求方

信息商品到达需求方以后，被直接利用或经过进一步的开发，可以转化为物质利益。需求方于是对使用信息商品后产生的效果进行评价，然后把评价的效果反馈给信息供给方和信息中介方。

需求方的需求信息、中介方的营销信息、供给方的供应信息都应反馈给信息市场管理方，以便统一管理、协调。需求方还应充分发挥对市场的监督作用，协助管理方管理信息市场。

从供给方到需求方的功能流向，就是信息产品从生产到消费的全过程。而从需求方到供给方双层箭头的流向则是货币从需求方到供给方的流动。

以上是对信息市场管理模式的理论上的阐述，具有一定的普遍意义。但实际上，信息产品从生产者到达需求者的流通过程中往往不需要经过中介方，而是供需双方直接见面，共同协商，通过合同来约束双方。

小　结

信息市场不仅指信息商品交换的场所，还包括购买信息商品的用户及其与信息生产者、经营者之间的经济关系即信息商品从生产到消费之间的整个流通过程和领域，是信息商品供求关系的总和。广义的信息市场包括参与主体、交易客体及时间空间分布。信息市场是有别于其他商品市场的特殊市场。它既是一个独立的有形的市场，又可寓于其他市场中，成为无形的市场，具有信息媒介和商品交易两种主要功能。

信息市场的运行机制具体表现为信息商品交易关系中的价格、供求、信贷、利率等要素间相互制约、相互联系的关系，是一个具有动力、传动、变应、调节、效应的系统综合机制。信息商品的外部性、公共物品性、垄断性和交易中的信息差别容易导致信息市场失灵，需要通过市场运行管理和政府干预加以纠正。本章主要讨论信息市场的结构与特征以及信息市场的运行机制、信息市场失灵理论，并进一步分析信息市场管理的主要方法、手段、职能与模式。

思考与练习

1. 分析信息市场的结构体系。
2. 简述信息市场的特征和功能。
3. 分析比较信息市场的几种运行机制。

4. 分析信息市场的激励机制。
5. 分析信息市场的风险机制。
6. 导致市场失灵有哪些原因，试举例说明。
7. 如何纠正外部效应导致的信息市场失灵?
8. 不完全信息导致的信息市场失灵将带来哪些经济后果?
9. 结合典型案例，分析政府纠正信息市场失灵的主要手段。
10. 简述信息市场管理的内容。
11. 简述信息市场管理的方法和手段。
12. 简述信息市场管理的主要模式。

8 信息资源的经济功能

在传统的经济理论中，生产取决于所用生产要素的数量，特别是劳动、资本、设备等物质资源，信息被视为外部要素，而不是生产函数的完整组成部分。20世纪90年代以来，以知识为基础的经济发展极为迅猛，对传统的制造业经济和农业经济形成了巨大的冲击，人们逐渐认识到，现代经济的增长更多地和更直接地取决于信息要素，取决于知识的生产、传递和利用。因此，研究信息资源对当代经济的作用机制和作用规律具有重要意义。

本章介绍信息资源的概念、类型、特征、功能、作用，信息成为资源的条件及信息资源的开发利用等方面的内容。

8.1 信息资源的概念

8.1.1 信息资源内涵

就一般意义而言，资源是指自然界和人类社会生活中的一种可以用以创造物质财富和精神财富的具有一定量的积累和客观存在形态，如土地资源、矿产资源、森林资源、海洋资源、石油资源、人力资源等。资源一般可以分为经济资源和非经济资源两大类。本书所研究的主要是经济意义上的资源，它具有使用价值，可以经济活动的某种形式为人类开发利用。

目前，人们常从两种角度理解信息资源的概念：一是狭义的理解，认为信息资源是指人类社会经济活动中经过加工处理有序化并大量积累起来的有用信息的集合，如科技信息、政策法规信息、社会发展信息、市场信息、金融信息等，都是信息资源的重要构成要素；另一是广义的理解，认为信息资源是人类社会信息活动中积累起来的信息、信息生产者、信息技术等信息活动要素的集合。也就是说，信息资源包括下述几个部分：①人类社会经济活动中经过加工处理有序化并大量积累起来的有用信息的集合；②为某种目的而生产信息的信息生产者的集合；③加工、处理和传递信息的信息技术的集合；④其他信息活动要素(如信息设备、设施、信息活动经费等)的集合。这种理解把信息活动的各种要素都纳入信息资源的范畴，相对来说，更有助于全面、系统地把握信息资源的内涵。其原因很简单，因为信息资源的社会价值虽然主要体现在信息要素上，但信息要素价值的实现却离不开信息生产者、信息技术等信息活动要素的综合作用。我们只有坚持系统论的观点，把各信息活动要素按一定的原则加以配置并组成一个信息系统，信息要素的价值才能真正得到实现，信息资源才能真正谈得上开发和利用。事实上，信息系统和信息网络也正是当代信息资源存在的主要方式。相比较而言，狭义的观点忽视了“系统”，但却突出了信息要素这一信息资源的核心和实质。信息资源之所以是一种经济资源，主要是因为其中所蕴含的信息具有十分重要的经济功能，而信息生产者、信息技术等信息活动要素只不过是信息这种资源开发利用的必备条件(当然，没有这些条件，信息就得不到开发利用)。没有信息要素的存在，其他信息活动要素都没有存在的意义。

本章中，我们对信息资源持广义的理解，但又不否认信息活动中信息要素的核心地位。以此为指导思想，我们给出如下定义：所谓信息资源，就是指人类社会信息活动中积累起来的以信息为核心的各类信息活动要素(信息技术、设备、设施、信息生产者等)的集合。这里的信息活动包括围绕信息的搜集、整理、提供和利用而开展的一系列社会经济活动。由于信息要素是信息资源的核心，为了探讨方便，本章许多地方仍然以狭义的信息要素资源为研究对象。

这里需要特别介绍的是与信息资源关系密切而又容易引起混淆的另一个概念——“信息源”(information sources)。

信息源亦即信息的来源，它的含义很广泛，在不同的学科领域有不同的内涵。在通信领域，信息源被简称为信源。研究者认为：“信源也就是消息的来源，可以是人、机器、自然界的物体等”，也可以是一个事件；在传播领域，研究者认为：“传播的来源是指生成、制作和发送信息的源头或起点。传播的来源可以是个体——即某个具体的制作、传递信息的人，也可以是群体——指发生信息的部门或机构”；在图书情报领域，研究者认为，信息源是“人们在科研活动、生产经营活动和其他一切活动中所产生的成果和各种原始记录，以及对这些成果和原始记录加工整理得到的成品”；信息源可分为非文献信息源(包括口头信息源、实物信息源等)和文献信息源两大类型等。比较而言，上述各领域对信息源的认识互有区别，各有侧重，但可以肯定，它们所论述的都是一类信息源。深入地分析，信息源概念是与信息概念紧密联系在一起的，信息有不同的层次和类别，信息源也有不同的层次和类别。

依据信息源的层次及其加工和集约程度，信息源可分为四次信息源：一次信息源也称本体论信息源，所有物质均为一次信息源，从一次信息源中提取信息是信息资源生产者的任务，信息资源管理者一般不直接从一次信息源中采集信息；二次信息源也称感知信息源，人的大脑所储藏的潜在信息资源是最主要的二次信息源，传播、信息咨询、决策等领域所研究的也主要是二次信息源，对于信息资源管理者而言，二次信息源既是最重要的信息来源之一又是最主要的开发对象之一；三次信息源也称再生信息源，主要包括口头信息源、体语信息源、文献信息源和实物信息源四大类型，其中又以文献信息源(包括印刷型文献信息源和电子文献信息源)最为重要；四次信息源也称集约信息源，是文献信息源或实物信息源的集约化，前者如档案馆、图书馆、数据库等，后者如各类博物馆、标本室等，它们是现代社会人们获取信息的最主要的源泉。

依据信息源的内容类别，信息源可分为五类信息源：①自然信息源，自然界是最主要的自然信息源，举凡大自然的延展分布和进化变迁等信息均可从大自然中获取；②社会信息源，民间是最主要的社会信息源，我们可从民间获取社会的组成结构、功能变化和发展态势等方面的信息；③经济信息源，产业界是最主要的经济信息源，我们可从产业界获取产业结构、支柱产业、商品贸易和国民收入等方面的信息；④科技信息源，学界是最主要的科技信息源，我们可从学界获取科研力量及其分布、科研成果的积累与应用、科技与学术的发展走向等方面的信息；⑤控制信息源，政界是主要的控制信息源，我们可以从政界获取政党、军队、政体、政策和法律等方面的信息。

依据信息源的运动方式，信息源还可分为静态信息源和动态信息源两大类。静态信息源包括文献信息源、实物信息源和集约信息源，它们一经产生便固定下来，若无人的参与便不再自发地产生新的信息；在信息运动过程中，它们也只能被动地等待人们的采集与获取，因此又称为被动信息源。动态信息源主要包括本体论信息源和感知信息源，它们均处于持续的变化之中，能够自发地产生新的信息，但本体论信息只能自我更新而不能主动传播，感知信息由于人具有目的性和信息能力，不仅能自我更新，也能主动寻找吸收源(即用户)。

信息源还可套用信息分类标准进行多种划分，但无论哪一种信息源都具有积累信息的功能。由于信息源可以积累信息，在它与吸收源之间就形成了信息位差，这种位差也称信息势。

信息势的存在是信息流和信息交流活动产生的前提。需要指出的是，信息源不等于信息资源，信息源是蕴含信息的一切事物，信息资源则是可利用的信息的集合；信息资源可以是一种高质量高纯度的信息源，但信息源不全是信息资源。对于信息资源管理者而言，他们所研究和管理的对象主要是集约信息源、文献信息源、实物信息源及部分感知信息源。

根据我们前面讨论的信息资源的含义，可以对两者进行比较。在时间序列上，信息源是信息资源的源，是先于信息资源的。从信息的开发利用上，信息源可以不断地转化为信息资源。从信息来源上，信息资源包括一切信息的来源。从信息本体论意义来讲，信息是系统状态的表征，而客观事物系统又是永恒运动着的，伴随着流变而源源不断地发出信息，因此信息资源包括一切信息源已经发出、正在发出和将要发出的所有信息，其范畴包括已经保存下来的历史信息、现实信息和潜在信息。信息与它所表征的物质客体的这种可分离性，具有极为重要的意义。由于这种可分离性，事物的过去、现在、未来被联系在一起，人们能够立足于现在回顾过去、展望未来。信息这种物质属性是其他物质属性不可比拟的，也造成信息资源存在方式的复杂多样。同时，信息资源又不单单是这些历史信息、现实信息和潜在信息的集合，而是指经过加工处理有序化并大量积累起来的有用信息的集合。

从上面的分析我们可以看出信息源和信息资源是两个既有联系又有区别的概念。信息源不等于信息资源，信息源是蕴含信息的一切事物，信息资源则是可利用的信息的集合；信息资源可以是一种高质量高纯度的信息源，但信息源不全是信息资源。

在以往的研究中，人们较为深入地研究了信息源的分布及其规律，这些内容对于信息资源来讲基本上是适用的。

8.1.2 信息成为资源的背景和条件

信息，作为事物存在和运动的状态、方式以及关于这些状态和方式的广义知识，在其他信息活动要素的支持下，通过一系列的流通、加工、存储和转换过程作用于用户时，就可以为人类创造出更好的物质财富和精神财富。因此它也是人类和人类社会发展所必需的资源。

信息的管理、开发和利用自古就有。古人“结绳记事”实质上就是用“结绳”来存储和传递信息。但信息的利用在早期并不像物质和能源那样普遍和广泛，信息往往依附于物质资源和能源资源，并借助于物质资源和能源资源的利用而发挥作用。因此，信息在早期并不是资源。

信息资源化，既有其社会经济发展的大背景，也是随之而来的人类认识演变和深化的结果。

信息的地位和作用随着社会经济的发展日益重要。现代社会经济的发展为信息的生成、传递、存储和积累提供了用武之地，以计算机为核心的现代信息技术又为信息的广泛应用提供了前所未有的技术基础和条件。因此，进入现代社会以来，各种形态的信息以指数形式增长并迅速积累起来，很快就达到了一个非常庞大的基数。据统计，20 世纪 40 年代以来所生产和累积的信息量超过了在这之前人类创造的所有信息量之和。近年增长速度更快，20 世纪 60 年代信息总量约为 72 万亿字符，80 年代信息总量就超过了 500 万亿字符，而 2010 年的信息总量是 1980 年的 5000 倍。巨大的信息量由磁介质、光介质记录存储，信息流动达到光速，以电磁波、光波在全球范围内传播。这样，自 20 世纪 60 年代以来，人们在经济活动实践中便逐渐认识到，资源不仅有各种物质形态，也包括知识、经验、技术等非物质的信息形态。前者包括物质资源和能源资源，后者即是信息资源，它是一种无形的资源或无形的社会财富、是信息社会十分重要的资源。目前，信息资源与物质资源和能源资源一起，已经成为现代社会经济发展的三大支柱。如果说物质向人类提供材料，能源向人类提供动力，那么信息向人类提供的便是知识和智慧。有人把这三者比作一个人的体质(材料)、体力(能量)和智力(信息)，只有体质、体力和智力都同时发展的人，才是一个真正健康的人。这三方面无论是对于一个有“目的性”的微观系统还是对于整个人类社会都具有同样的功能。

与此同时，人类自身的认识也随着社会经济的发展而不断深化，价值观在不断演变。任何一种价值观都是当时社会生产力发展水平及其经济状况的客观反映。在古代生产力时期，人们认为只有金银、货币和农业劳动才具有价值，才能创造财富，其主要代表人物是英国富商托马斯·魁奈。以此为据，他们提出了一整套利用现在资源发展一国经济的策略和措施。在近代生产力时期，人类的认识水平有所提高，亚当·斯密提出了物质劳动创造价值的观点，李斯特则认为，一个国家的生产能力(包括科学、法律、政治、宗教和艺术等)决定着该国的繁荣和昌盛。对应于不同的价值观，人们对资源和财富的认识与追求也截然不同，同时还带来了不同的行为偏好、价值取向、社会形态及目标等。一般来说，在农业时代，人们把土地和矿产视为最重要的资源，谁占有了土地、矿山，谁就得到了荣誉、地位和权力；在工业时代，人们把股份视为最有价值的财富和资源，一只股票就是一个象征，它包含着原材料、组装线、建筑物以至整个工厂等物质资源。

进入信息时代以来，社会生产力的发展出现了质的飞跃，形成了以创造型信息劳动者为主体，以电子计算机等新型工具体系为基本劳动手段，以再生性信息为主要劳动对象，以高技术型中小企业为骨干，以信息产业为主导产业的新一代信息生产力。在这种生产力条件下，产品中的信息成分，总财富中所包含的信息财富比重都在不断上升。信息自然成为一种重要的资源在现代经济活动中扮演着越来越重要的角色。

在以质能转换为主体的传统经济中，人们对资源的争夺主要表现在占有土地、矿产和石油，而今天，信息资源日益成为争夺的重点。在科学技术与经济发展水平比较接近的国家之间，掌握信息的竞争是十分激烈的。谁能掌握和利用更多的信息，谁就能取得主动权，从而在国际竞争中取胜。为此，世界上一些工业发达国家都把占有、开发和利用信息资源作为一项基本国策。在历史上，英国、德国、美国先后都是靠充分开发、利用信息资源而促进了本国经济的起飞。日本战后经济的恢复和发展，更突出说明了开发利用信息资源的意义。作为一个自然资源严重匮乏的岛国，日本的重要经验之一是推行“信息资源化政策”，加强教育和信息工作，在开发人类智力资源的基础上创造性地建立适合本国国情需要的技术体系，从而成功地弥补了地薄人密的先天不足，创造了经济起飞的奇迹。

目前，各新兴工业化国家和地区以及许多发展中国家，也纷纷认识到开发利用信息资源的战略意义，并加入到这场新的世界性竞争中去。它们提出，要建立世界信息新秩序，制止信息帝国主义的信息侵略和信息掠夺，反对造成新的“信息殖民地”。我国从 20 世纪 80 年代开始重视信息资源的开发利用。1984 年 5 月，邓小平同志在为《经济参考》题词时，明确提出要“开发信息资源，服务四化建设”，从而促进了我国信息事业的快速发展。随后，1992 年，中共中央又做出了两项影响深远的重大决策：一个是《关于加快发展第三产业的决定》；另一个是确立了建设社会主义市场经济新体制的宏伟目标。前者明确提出信息(服务)业是加快发展第三产业的重点，信息资源作为信息(服务)业发展的基础性资源，自然也得到了重视；后者是经济体制方面的一项重大改革，其结果必然会把信息资源推向广阔的市场，使信息资源真正得到有效开发和利用。这两项重大决策的实施使信息资源得到了前所未有的重视，信息资源已成为推动当代中国社会经济发展的重要力量。

8.2 信息资源的类型及划分

信息资源的分类对应于信息的分类，我们可以按前节关于信息的分类从不同角度对信息资源进行划分，划分的目的是为了认识信息资源的特征，对信息资源进行管理、开发和利用，无论从什么样的角度划分，不同种类信息资源之间并没有绝对的界限，彼此间有交叉重叠。例如，当一份政治信息或科技信息对一个国家或一个企业的海外市场开拓决策产生决定影响时，它就是一份重要的经济信息。

信息资源究竟应该按照何种方式来划分，没有固定的标准，主要取决于人们分析问题的不同需要。如果从便于对信息资源进行管理的角度出发，我们通常将信息资源划分为记录型信息资源、实物型信息资源、智力型信息资源和零次信息资源。

8.2.1 记录型信息资源

记录型信息资源是信息资源存在的基本形式，也是信息资源的主体。它包括由传统介质(如：纸张、竹、帛)和各种现代介质(如：磁盘、光盘、缩微胶片)记录和存储的知识信息，如：图书、期刊、数据库、网络等。信息活动中所称的具有固定的形式和较稳定的传播渠道的一次信息、二次信息和三次信息均为这类信息资源。信息资源的开发和管理也主要是针对这类信息资源而言的。

由于记录型信息资源外延广阔，所以，有很多书籍专门探讨记录型信息资源的管理。例如：里克斯(B. R. Ricks)在《信息资源管理》一书中称管理这类信息资源的系统为“记录管理系统”(records management system)，全书围绕“记录管理系统”的规划、组织、控制及人员配备展开讨论。

为了更好的研究这类重要的信息资源，我们有必要对记录型信息资源作进一步的分类。从便于对记录型信息资源进行管理的角度，我们对记录型信息资源作如图 8-1 所示的划分：

- 记录型信息资源
  - 非数字化信息资源
    - 传统文献型信息
    - 传统缩微声像型
  - 数字化信息资源
    - 网络信息资源
    - 单机信息资源

图 8-1 记录型信息资源分类

非数字化的记录型信息资源主要包括传统文献型信息资源以及传统缩微和声像型信息资源。

传统文献型信息资源主要是指印刷型信息资源，这类信息资源数量极为庞大，它们通过印刷技术传播各种信息。这类信息资源包括出版社、杂志社、报社等生产这类信息的组织机构，以及图书馆、信息中心等收藏的大量印刷型信息的文献信息部门。这类信息资源主要包括图书、期刊、报告、学位论文、会议录、专利说明书、技术标准、产品样本等。

传统缩微型声像信息资源是指通过缩微技术、磁技术或者光技术制作成的大量的缩微胶片、平片、磁带、录像带和照片等。缩微胶片提供的信息需通过缩微阅读机才能获得，规模较大的图书馆、档案馆和科技信息中心都提供这类信息。磁带和录像带以及相片往往是对组织内部或外部活动的真实记录，相对可靠。例如：一家生产企业不同时期生产的主要产品的照片，反映某产品生产全过程的录像带等。

数字化的信息资源提供的信息来源于计算机存储设备。这些存储设备包括计算机的内存、外存(如：软盘、硬盘、光盘)等。数字化信息资源涉及人类生产、生活、娱乐以及其他社会活动的各个方面，是随着人类社会实践的不断发展而不断累积起来的。我们根据计算机网络的发展，进一步将它分为网络信息资源和单机信息资源。

网络信息资源是指一切投入网络的数字化的信息资源的统称。这里的网络包括局域网、城域网、广域网。Internet 信息资源和联机信息资源是其中最重要的两类广域网信息资源。我们可以对网络信息资源作进一步的划分。如按照信息交流方式，可划分为正式、非正式和半正式三种类型；按照信息组织方式，可划分为文件、数据库、主题目录和超媒体四种类型等。与传统非数字化信息资源相比，数字化信息资源类型相对更加丰富，常见的有联机目录、网上参考工具书、网上全文资料、数据库、电子邮件等。

单机信息资源是指一切本地的数字化信息资源的统称。它与网络信息资源的区别就在于它们存储的空间范围，随着计算机存储设备容量的不断扩大以及计算机网络技术的不断发展，计算机间的透明访问越来越多，这两类信息资源的差别也越来越小。当然我们也可以对单机信息资源作进一步的划分。比如说按照信息交流方式，按照信息内容等。单机信息资源也有很多种类型，常见的有本地文件系统、本地光盘系统、本地数据库等。

对于有些数据和信息，如关于生产及事务处理的详细信息通过计算机更易于存储处理和提供利用。因此，人们一般将它们通过一定的方式存入计算机，形成数字化信息资源。对于组织的不同管理层次来说，不同的管理层的人员对数字化信息资源的依赖程度不同，如高层管理人员所需信息来自于内部信息系统的有15%~20%，中层管理人员约有30%~40%，而基层管理人员对其依赖程度最高，为55%~75%。当然，由于近年来能为组织提供大量外部信息的Internet等网络系统的出现和迅速普及，人们对数字化信息资源的依赖程度不断增强，然而我们不应忽视数字污染的存在，要具有一定的分辨能力，排除虚假和错误信息的干扰，有效地获取有用信息，服务于组织的各项活动。

尽管我们处在一个计算机大显神通的时代，但非数字化的信息资源对我们来说依然具有重要意义。在组织内部，高层管理人员10%~15%的信息取自非数字化信息资源，中层管理人员的非数字化信息为15%~20%，而基层人员的非数字化信息为25%~45%。因此，在信息社会里，我们依然要重视对非数字化信息资源的管理和开发利用。

8.2.2 实物型信息资源

这是由实物本身来存储和表现的知识信息，如某种样品、样机，它本身就代表一种技术信息。许多技术信息是通过实物本身来传递和保存的，在技术引进、技术开发和产品开发中发挥重要作用，是反求工程的基础。例如通过对实物材质、造型、规格、色彩、传动原理、运动规律等方面的分析研究，利用反求工程，人们可以猜度出研制、加工者原先的构思和加工制作方法，达到仿制或在其基础上进一步改进的目的。这类信息资源不能直接进入信息系统，要对其进行管理，必须先将它转换成记录型信息。

除技术信息之外，有的信息本身就是用实物来表现的，如工艺美术信息，一尊雕像、一幅绘画既是艺术品，又是作者的创作思想，艺术流派、艺术传统等重要信息的载体和传递者，是重要的信息资源，这类信息资源即使采用传统的或数字化的方式记录下来，也完全不等同于原来的信息。

实物型信息资源虽然不能直接进入信息系统进行管理，但为了对其进行保存、管理和开发利用，必要时还必须对其进行转换、处理和记录，否则它携带的信息就可能随着实物载体的损毁而永远地消失。数字化手段为这类信息的处理、转换和记录提供了支持。

8.2.3 智力型信息资源

这类信息资源主要表现为人脑存储未编码的知识信息，包括人们掌握的诀窍、技能和经验，又称为隐性知识(tacit knowledge)。它由人的活动携带，难以记录和保存，甚至无法言传。

这类信息资源分布极为广泛，可以说，只要有人和人的活动，就有这类信息资源存在，它可能是管理者一生积累的管理艺术和经验，可能是科学家和工程师头脑中的创造设计灵感，也可能是企业员工掌握的某种技能等。这类信息资源的量非常庞大，而且富有价值，是知识经济社会的重要资源。但由于这类信息资源未经编码，难以表达和记录，对其进行管理具有相当大的难度，开发利用亦不容易，致使这类信息资源的价值没有得到充分发挥。

对智力型信息资源的管理、开发和利用可以通过政策、法规进行组织、协调，也可借鉴和吸收人力资源管理的理论方法和实践成果，调动人的积极性，发掘人的潜能，最大限度地贡献自己的聪明才智，同时也可采用信息技术，将隐性知识数字化，复制到机器和其他物质载体上。

8.2.4 零次信息资源

这类信息资源是指各种渠道中由人的口头传播的信息。显然这是对应于记录型的一次信息、二次信息、三次信息而提出的新概念。这一概念在日本企业信息活动中广泛使用。我国近十年来也十分关注零次信息，对其特性和作用进行了研究。

零次信息是人们通过直接交流获得的信息，是信息客体的内容直接作用于人的感觉(包括听、视、嗅、味、触觉)的结果。而不是像一次、二次、三次信息和实物型信息那样通过某种物质载体的记录形式发生作用。因此，零次信息具有直接性、及时性、新颖性、随机性、非存储检索等典型特征。

零次信息对于科技活动和经济活动具有不可忽视的作用。第一，科学技术日新月异，新知识、新概念、新术语、新数据层出不穷，而且常常通过非正式渠道以零次信息的形式传播，获取零次信息可以补充记录信息和正规渠道的不足。第二，如果组织机构信息系统不健全，信息工作者水平低，不能提供有价值的信息，或者信息渠道不畅，也可以通过捕捉零次信息加以弥补。第三，在市场环境中，零次信息占有较大比例，它们反映着市场供求、价格、竞争状态的变化，是市场调查和分析的重要依据。第四，在现代咨询服务中，零次信息具有特殊意义，用户的需求通过零次信息反映出来，咨询人员所提供的知识经验正是他们携带的零次信息。第五，随着网络的兴起和普及，零次信息的传递超越了时空限制，传播量、速度和影响面越来越大。

零次信息的存在形式、传播渠道具有较大的随机性，难以存储和系统积累，给这类信息资源的管理带来了很大困难，需要采用特殊的方法搜集、记录、整理和存储。

以上四类不同的信息资源，大体概括和包含作为经济资源的信息的各种类型和各个层次，它们各具有不同的特点，对信息资源进行管理和开发利用时，应遵循不同的原则，采用不同的方法。

8.3 信息资源的特征与功能

信息资源的特征和功能不仅影响着信息资源的分布、传播，同时也影响着信息资源的效用实现过程，因此研究信息资源的特征和功能不仅可以为信息资源的管理提供科学依据，而且可为信息资源价值的有效开发利用提供理论方法，具有十分重要的意义。

8.3.1 信息资源的一般特征

我们可以从两个角度分析信息资源的特征：一个角度是把信息资源作为一般的经济资源，另一个角度是将信息资源与物质资源和能源资源进行比较。

信息资源作为经济资源，与物质资源和能源资源一样，具有经济资源的一般特征。这些特征包括：

(1)作为生产要素的人类需求性

人类从事经济活动离不开必要的生产要素(即各种生产性资源)的投入。传统的物质经济活动主要依赖于物质原料、劳动工具、劳动力等物质资源和能源资源的投入，现代信息经济则主要依赖信息、信息技术、信息劳动力等信息资源的投入。人类之所以把信息当做一种生产要素来需求，主要是因为各种形式(文字、声音、图像等)的信息不仅本身就是一种重要的生产要素，可以通过生产使之增值，而且是一种重要的非信息生产要素的“促进剂”，可以通过与这些非信息生产要素的相互作用，使其价值倍增。例如，人们可以根据有关的信息使荒漠成为“绿洲”；不太熟练的劳动力通过接受教育，可以变成熟练的、高工作效率的社会劳动者；闲置的资本加上信息变成有用的投资等。

(2)稀缺性

稀缺性是经济资源最基本的特征。在既定的技术和资源条件下，物质资源和能源资源都是有限的、不能自由取用的，某人利用多了，其他人就只能少利用甚至不利用。如果一种资源具有生产有用性，但不稀缺，可以取之不尽、用之不竭，则不属于经济资源讨论的范围。以前，一些经济学家认为清新的空气是人类生产不可缺少的经济资源，但由于其在大自然“储量”无限丰富，因而人类可以自由取用，不存在稀缺性。今天，这种论断再也站不住脚了，随着现代工业生产的盲目发展以及由此而引起的大气污染的不断加剧，人类开始认识到，即使是清新的空气，也不是取之不尽、用之不竭的。

信息资源同样具有稀缺性，其原因主要有两方面。原因之一是，信息资源的开发需要相应的成本(包括各种稀缺性的经济资源)投入，经济活动行为者要拥有信息资源，就必须付出相应的代价。因此，在既定的时间、空间及其他条件约束下，某一特定的经济活动行为者因其人力、物力、财力等方面的限制，其信息资源拥有量总是有限的。如果信息资源具有经济意义，但不稀缺，就不存在投入人力、物力、财力进行开发和利用的问题。原因之二是，在既定的技术和资源条件下，任何信息资源都有一固定的不变的总效用(即使用价值)，当它每次被投入到经济活动中去时，资源使用者总可以得到总效用中的一部分(也可能是全部)，并获取一定的利益，随着被使用次数的增多，这个总效用会逐渐衰减。当衰减到零时，该信息资源就会被“磨损”掉，不再具有经济意义。这一点，与物质资源和能源资源因资源总量随着利用次数的增多而减少所表现出来的资源稀缺性相比，虽然在表现形态上有所不同，但在本质上却是非常相似的。

(3)使用方向的可选择性

信息资源与经济活动相结合，使信息资源具有很强的渗透性，可以广泛地渗透到经济活动的方方面面。同一信息资源可以作用于不同的作用对象上，并产生多种不同的作用效果。经济活动行为者可以根据这些不同的作用对象所产生的不同的作用效果对信息资源的使用方向做出选择。信息资源的有效配置问题就是由此特征导致的。

8.3.2 信息资源的特殊性

信息资源与物质资源和能源资源相比较，又有诸多的特殊性。正是这些特殊性，使信息资源具有许多其他经济资源所无法替代的经济功能。这些特殊性包括：

(1)共享性

物质资源和能源资源的利用表现为占有和消耗。当物质资源或能源资源量一定时，各利用者在资源利用上总是存在着明显的竞争关系，即“你多我就少”，或者说，在对某一数量的物质资源或能源资源加以利用时，一部分人利用多了，其他人就只能少利用甚至不利用。信息资源的利用不存在上述的竞争关系。例如，某人阅读了一本书，他从这本书中获取的知识内容(或称信息量)并不会因为其他人已经阅读而受到影响，也不会对将要阅读这本书的其他人产生影响。再如，当个人计算机的应用软件包被开发出来后，生产者可以将其制成拷贝转让给甲利用者，甲利用者获得了组成软件包的信息，而生产者失去的仅仅是承载这些信息内容的物质载体(如软盘)，他仍然掌握着组成软件包的信息，因而可以在这些信息的寿命周期内再次拷贝转让给乙利用者，如此可以反复多次。这里，乙利用者利用组成软件包的信息并不以甲利用者少利用或不利用该信息为前提，即两者在利用上不存在竞争关系，可以同等程度地共享某一份信息资源。

显然，这种共享性是信息资源的一种天然特性(或称本质特性)，是就信息资源的利用不受人为干扰而言的。随着市场和政府作用的不断增强，这种天然的共享性已在相当程度上增添了人为色彩。其典型的例子是专利信息资源的利用。随着各国专利制度的建立和健全，人们对诸如技术发明之类的专利信息资源不再像以前那样可以随意“共享”，而是要为之付出相应的代价。只有在这些专利信息资源超过专利权的保护期限(如我国2000年新修订的《中华人民共和国专利法》规定，发明专利的保护期限为20年)之后，人们才不再需要付出“共享”的代价。此时，所谓的“共享”实质上是相对的。这种相对共享性也很好地解释了信息资源的稀缺性这一基本事实。

(2)时效性

信息资源比其他任何资源都更具有时效性。一条及时的信息可能价值连城，使濒临倒闭的企业扭亏为盈，成为行业巨头；一条过时的信息则可能分文不值，甚至使企业丧失难得的发展机遇，酿成灾难性的后果。这样的例子不胜枚举。

信息资源具有时效性并不意味着开发出来的信息资源越早投入利用就越好，这中间并没有必然的前因后果关系。早投入利用固然可能易于实现其使用价值，但相反的情况亦屡见不鲜。随着时间的推移，某些信息资源是可以像陈年老酒一样不断增值的。这就要求信息资源的利用者要善于把握时机，只有时机适宜，才能发挥效益。

(3)生产和使用中的不可分性

首先，作为一种资源的信息在生产中是不可分的，信息生产者为一个用户生产一组信息与为许多用户生产同一组信息比起来，两者所花费的努力(费用、难度)几乎没有什么差别。仍以个人计算机的应用软件包为例，当应用软件包被开发出来后，生产一个拷贝与生产多个拷贝在工作量及费用上的差别是微不足道的。生产的主要费用是生产组成软件包的信息时所需要的费用。正因如此，应用软件包生产者不仅在主观上有出售尽可能多的软件包拷贝以补偿其信息生产费用的强烈动机，而且在客观上有实现这种动机的可能。从这种角度上说，作为一种资源的信息生产在理论上具有潜在的、无限大的规模经济。

其次，作为一种资源的信息在使用中也具有不可分性，即信息资源不能像多少吨煤或多少吨水泥那样任意地计量。例如，虽然一半数量的铝合金是一种可用的资源，但制造该合金的配方的一半却没有直接的使用价值(相对于该合金的制造这一具体目标而言)。有时，即使信息在交换中是可分的，某一组信息的一部分也具有市场价值，但对于特定的具体目标而言，如果整个信息集合都是必需的、不能任意减少的，则只有整个的信息集合都付诸使用，其使用价值才能得到最直接的发挥。以计算机信息检索为例，对于一个信息检索系统来说，数据库是进行计算机信息检索的先导和基础，而信息检索软件则是一种必不可少的“驱动力”。没有信息检索软件，最完善的数据库资源也是一堆“死”资源，是没有直接的价值的。但在实际交换中，数据库和信息检索软件往往又分属于不同的生产厂家，它们从各自不同的生产厂家出发，经各自不同的流通渠道传递到信息市场并进行交易，因而具有各自不同的市场价值。但就计算机信息检索而言，只有当它们汇聚于某一信息检索系统经营者手中并以完整的信息集合形式付诸使用(如发行的光盘)时，其使用价值才能得到最直接的发挥。

(4) 不同一性

作为一种资源的信息必定是完全不相同的。这一点最早由美国的经济学家保尔丁格(K. E. Boulding)教授在1966年提出。仍以铝合金为例。对于给定种类的铝合金，当我们提出需要更多的铝合金时，意味着需要更多数量而种类、质量、化学组成都相同的同一铝合金资源。但对信息资源而言，当我们提出需要更多的铝合金配方信息时，则意味着需要更详细的、不同的信息，对原来的信息集合提供更多的拷贝是不能满足上述需要的。因此，对于既定的信息资源而言，它必定是不同内容的信息的集合，集合中的每一信息都具有独特的性质。

(5) 驾驭性

即信息资源具有开发和驾驭其他资源的能力，不论是物质资源还是能源资源，其开发和利用都有赖于信息的支持。例如一台机器，若不具备使用方面的信息，它将是一堆废铁；一块油田，若不具备开采方面的信息，它将永远只能沉睡于地底，不能为人类所利用。信息资源的这一特性意义最为重要，它使信息在人类认识和实践中扮演着特殊的作用。人的认识和实践过程基本上是信息过程，在这个过程中，虽然每一个环节都离不开物质和能量，但是始终贯穿全过程、统帅全局和支配一切的，却是信息。实际上，具体的物质和能量的形式都只是支持信息过程的手段，只有信息才是主导的、不可取代的。

一般说来，人类利用信息资源开发和驾驭其他资源的能力受科技发展水平和社会信息化程度的影响。科技越发展，社会信息化程度越高，人类利用信息资源开发和驾驭其他资源的能力越强。例如煤的利用，最初，当科技发展水平不高、社会信息化程度低时，人类仅能掌握简单的燃烧技术，因而煤仅能通过燃烧而简单地用于煮饭、烧水、做菜、取暖、照明等低级目的；今天，随着更高级的煤提炼技术的出现，煤资源获得了更加有效的开发和利用，其社会用途日趋广泛，如提炼各种高价值的化学制品等。这里，作为一种资源的信息起到了举足轻重的作用。

(6)累积性与再生性

物质资源和能源资源是可消耗的，在消费和使用中最终消灭其独立的物体形式和使用价值，因此物质资源和能源资源不会在使用中再生，也不会表现为任何方式的积累。

信息资源具有非消耗性，信息资源一旦产生，不仅可以满足同时期人类的需要，而且可以通过信息的保存、积累、传递达到时间点上的延续，满足后代人们的需要。每一代信息生产者都不是白手起家，他们在继承前人成果的基础上开展自己的工作，他们的产品和前人的成果一起又构成后人生产的基础和条件，这就是信息资源的累积性。

与累积性密切相关的是再生性。信息资源在满足社会需求和利用的同时，不仅不会被消耗掉，还会生产出新的信息资源，而且信息资源利用得越多越广，其效用发挥就越充分，创造出的新信息就越多。这说明信息资源利用的结果是再生新信息。因此对信息资源应当鼓励消费、鼓励利用。

显然，信息资源的累积性和再生性是由信息的非消耗性决定的。建立在信息资源基础之上的信息经济与物质经济完全不同，物质经济以大量消耗物质、能源为代价。社会高度工业化的结果，使物质和能源消耗殆尽，人们的眼光转向信息。在投入现代经济的劳动、资本、能源、物质和信息等成分中，只有信息资源是不可消耗的，而且是可以再生的，因此在物质经济和物质产品中不断增加信息成分已成为当代经济发展必须考虑的重大课题。

8.3.3 信息资源的功能

研究信息资源的功能，需要全面地考察信息在社会经济活动中的功效和作用。一般来说，“功能”的含义比“作用”的含义要广泛得多，因为功能一词除了包含已有的、正在发挥的作用外，还包括潜在的、未来的作用和能力。因此，讨论信息资源的功能比讨论信息资源的作用更有意义、更有价值。

根据信息资源在社会经济活动中利用的过程和发挥作用的特点，我们可以把信息资源的主要功能归纳如下：

(1)生产力功能

信息作为重要的经济资源，它本身就具有经济功能。信息资源的经济功能表现在多个方面，在经济活动中发挥不同的作用，其中最重要的是它本身就是社会生产力要素并对社会生产力系统产生系统性作用。

现代理论认为，除了劳动者、劳动工具和劳动对象这三个要素外，信息也是社会生产力的重要构成要素。信息作为生产力要素具有特殊性：它一方面是一种有形的独立要素，与劳动者、劳动工具、劳动对象一起，共同构成现代生产力的基础；另一方面又是一种无形的、寓于其他要素之中的非独立要素，通过优化其他要素的结构和配置、改进生产关系及上层建筑的素质与协调性来施加其对生产力的影响。

信息要素的注入有助于提高生产力系统中劳动者的素质，缩短劳动主体对客体的认识及熟练过程，使各生产要素以较快较佳的状态进入生产运行体系，从生产过程的时效性上表现与发挥其生产力功能。信息要素通过与生产力系统中的不同决策管理层的相互作用，可以实现生产要素的最佳组合，增强管理层与管理对象之间的可知度和透明度，提高生产力系统运行的有序度，从而提高生产力。信息要素的投入还有助于引发对生产过程、生产工具、操作方法和工艺技术等的革新与创新，提高生产力系统的质量与效率。

信息资源的生产力功能是在信息要素和信息技术要素(两者同是信息资源的重要因素)有机结合的条件下实现的。在信息技术的支持下，信息可以有效地改善其对生产力各要素影响的条件，它给社会生产力带来的变化不是一般意义上的效率提高和功能的改善，而是从量到质的深刻变革。我们可以通过分析以信息技术要素为核心的生产力模型来证实这一结论(如图8-2所示)。在现代生产力系统中，劳动者通过感测技术获得劳动对象的信息，通过通信技术把这些信息传到“指挥中心”，在这里通过计算机-人工智能技术进行处理分析后形成改造劳动对象的策略信息，再通过通信技术把这些策略信息送到控制系统，后者把这些策略信息(通过动力工具)反作用于劳动对象。整个劳动的过程是在信息技术的支持下和信息的指挥下运行，是一个完全自动化、智能化的系统。劳动者不再是生产过程的一部分，而是站在生产过程的旁边，对生产过程进行管理和监督，使人类得以从大部分简单的生产过程中解放出来，去从事更富有创造意义的劳动和学习，从而创造和发展更高水平的社会生产力。

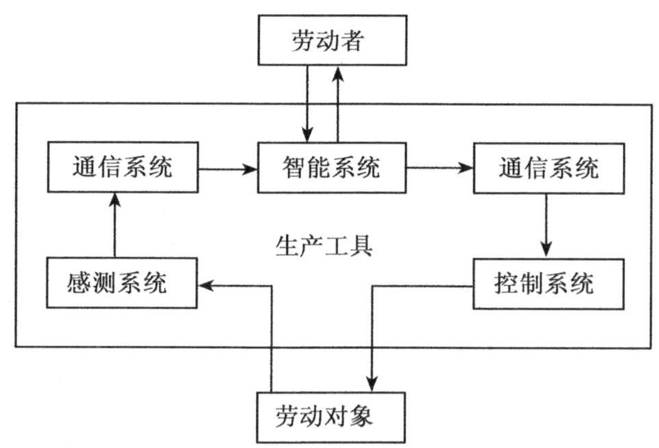

图 8-2 信息化社会的生产力系统

由以上分析可知，信息资源对社会生产力系统具有举足轻重的作用。信息资源开发利用的程度是衡量现代国家信息化和社会生产力水平高低的重要标志。一般说来，一个国家信息资源开发利用的水平越高，信息力就越大，生产力就越发展；反之，一个国家的生产力水平越高，信息力也就越大，那么这个国家对信息资源的开发和利用水平也越高。据前苏联科学家研究，一个国家总的信息流的平均增长同其工业潜力的平方成正比，而信息流量恰巧是一国信息生产和利用水平的标志。

信息资源还具有直接创造财富，实现经济效益放大的功能。信息不但本身就是财富的象征和源泉，而且可以通过流通和利用直接创造财富。其主要途径可以归纳为：①运用信息可以使非资源转化为资源创造财富；②使用信息取代劳动力、资金、材料等资源创造财富，实现经济效益倍增；③直接让信息作为商品在市场流通中创造财富；④通过现代信息技术缩短信息流动时间实现财富增值；⑤通过运用信息资源扩大财富增值空间创造财富；⑥通过信息自身的积累、增值创造财富；⑦通过信息进行科学决策、减少失误创造财富。

由于信息资源具有经济功能，当代围绕信息的生产、开发和利用已经形成一个巨大的产业，即信息产业，该产业必将成为 21 世纪的主导产业。

(2) 管理与协调功能

在人类社会中，物质和能源不断从生产者“流”向使用者，这种客观存在的物质流和能源流的运动表现为相应的文献和信号的运动(由各种物质和能量携带)，其总汇便构成信息流。信息流反映物质和能源的运动，社会正是借助信息流来控制和管理物质能源流的运动，左右其运动方向，进行合理配置，发挥最大效益。

具体到一个企业，信息的管理与协调功能主要表现为协调和控制企业的五种基本资源以实现企业的目标。这五种资源包括人、财、物、设备和管理方法(即所谓的“5M”)，它们都是通过有关这些资源的信息(如记录在图纸、账单、订货单、统计表上的数据)来协调和控制的。例如，在企业活动中，伴随着材料和能源的输入(即物质流和能源流的定向运动)，反映上述“5M”资源的信息流就会以相互联系的方式扩散和运动，并最终作用于物质流和能源流协调和控制其运动，从而导致优质、高产的产品或服务输出。由此可见，信息的管理与协调功能在企业活动中的作用主要体现在：①传递整个企业系统的运行目的，有效管理“5M”资源；②调节和控制物质流与能源流的数量、方向和速度；③传递外界对系统的作用，保持企业系统的内部环境稳定。

(3)选择与决策功能

选择与决策是人类最基本、最普遍的活动。信息的这种功能广泛作用于人类选择与决策活动的各个环节，并优化其选择与决策行为，实现预期目标。信息的这种功能体现在两个方面：没有信息就无任何选择和决策可言；没有信息的反馈，选择和决策就无优化可言。一个典型的选择(或决策)遵循这样的程序：针对某一目标，考虑所受的条件限制和其他约束，从几种可能的方案中做出一种选择。选择单元中的目标、限制条件、多种方案都必须依赖信息的支持。而当一次选择成功之后，还必须依赖反馈信息不断修正，才能达到选择和决策结果的优化。

信息在人类的选择与决策活动中还发挥预见性功能。信息是人类认识未来环境的依据，是人类适应未来环境的手段，是通向未来的桥梁。人类的选择与决策活动实际上就是处在不断利用信息并对未来进行预测之中的。预测不是先知先觉，更不是胡思乱想，而是在深入调查、周密研究、系统占有信息的基础上，对客观事物发展规律的认识。信息反映了事物演变的历史和现状，隐含着事物的发展趋势。因此，充分利用信息，结合人们的经验，运用科学方法，经过推理和逻辑判断，可以把被研究的对象的不确定性极小化，从而对其未来发展的必然趋势和可能性做出预计、推断和设想。

(4)研究与开发功能

信息的这种功能实际上是信息的科学功能的具体体现，即在人类科学研究和技术创新活动中，信息具有活化知识、生产新知识的功能。

科学研究和技术开发，是在前人已经取得相应成果的基础上进行的，因此，在人类从事科学研究和技术开发的各个阶段，都需要获取和利用相关信息，掌握方向、开阔视野、启迪思维，生产出新知识、新技术和新产品。发挥这一功能的信息基本上是科学技术信息。

以上我们仅仅是在一般意义上讨论了信息资源的基本功能。在不同的场合，这些功能有不同的表现形式和实现方式，并发挥不同的作用，因此给人的印象是信息的功能千差万别、变化无常。其实，它们都是信息的基本功能在不同情况下的具体表现形式，只是人们从不同角度采用了不同的提法而已。

8.3.4 信息资源对社会经济发展的作用与贡献

当今世界正处于信息时代，社会经济的发展越来越依赖更多的信息投入，信息资源作为一种具有特殊内涵和特殊配置形式的社会资源，已被视作现代社会重要的战略资源，信息资源发展水平也已成为生产力、竞争力、综合国力及社会经济发展的关键因素和重要推动力。

信息资源的科学内涵和重要特点，决定了它的价值功能。而信息资源的重要价值功能又决定了它在社会经济发展中的作用。根据信息资源的功能特点及其在影响社会经济发展的主要因素中所发挥的作用，我们将其对社会经济发展的作用与贡献归纳如下：

(1)促进社会生产力发展的作用

如前所述，信息具有经济功能，在社会经济发展中发挥着重要作用。其中最重要的一个方面是：作为现代社会生产力中最活跃的因素，它具有优化生产力中其他要素，促进社会生产力发展的作用。社会生产力是社会经济乃至整个社会发展的最终决定力量，一个社会进步与发展的程度，尤其是现代化发展的水平，突出地体现在社会生产力发展的水平上。社会生产力的发展取决于多种因素，这些因素的划分与作用也是随着社会经济发展阶段的推移而变化的。除自然条件外，最早仅仅强调劳动工具和使用它的劳动者，随后扩大到劳动对象，再后又突出了科技在其中的革命性作用，现在，人们更进一步认识到了信息对于发展生产力的巨大作用。按照现代“生产力多因素”理论，生产力要素不仅包括劳动者、劳动工具和劳动对象三个硬要素，还包括科技、教育、管理、信息四个软要素。

如前所述，信息资源在信息要素与信息技术要素的有机结合下实现了其生产力功能，信息要素与信息技术要素作用于社会生产力系统中生产力要素、决策群、管理者，使得生产力各要素均有不同层面的改进，从而使各个层面的生产力发展都依托灵敏、畅通、高效的信息资源来产生更大的效益，发展了生产力，并由此提高经济效益，从而推动整个社会经济的发展。

信息资源不仅对生产力中硬要素产生影响，它也对改进生产力中四个软要素发挥了重要作用。科学技术的提高依赖于认识、实践和理论的不断进步，而人们认识水平的提高、实践经验的进步、理论水平的升华又离不开信息资源的利用，所以信息资源的利用能通过发展科学技术水平而推进经济高速发展，发挥以上作用的信息主要是科技信息；教育通过信息传播、信息利用生产人力资本，为经济发展创造主体力量，所以从这一点上说，信息资源是经济发展不可或缺的关键因素。从管理要素来看，管理过程本身是信息资源利用的过程，信息资源的占有是管理的首要条件，信息资源分析是管理成败的主要因素，信息资源消费是管理的主要手段，所以信息资源利用是减小管理失误、缩小劳动成本、快速发展经济的首要条件；同时信息资源利用是获得信息、占有信息、利用信息的重要手段，信息资源的利用可以充分发挥生产力中信息要素的作用。

由于信息资源在全面提高生产力中发挥了重要作用，各国开始投入大量资金于信息基础设施建设，注重通过信息资源利用的畅通无阻来保障经济发展目标的顺利实现。

(2) 变革社会化生产关系的作用

由于信息资源可以借助于各类媒介，如网络、电视、电话、印刷品、声像、电子信息、数据库等广泛向社会传播，在这个传播与交流过程中，信息资源的价值得以实现，同时对社会成员产生潜移默化的影响，从而也对社会化生产关系产生了深远的影响。生产关系是生产中人与人之间的关系，信息资源对生产力的推动，离不开一定形式的生产关系的作用。社会生产力能否充分地依托和吸纳信息资源取决于生产关系是否拥有吸纳、转化信息资源的空间。

信息的交流与传播打破了故步自封的狭隘的生产关系，沟通了人与人之间的联系，拓展了人们相互之间的交往。因此在现代社会，生产关系的变革及其对社会生产力的促进作用，是与信息传播渠道的不断畅通以及信息资源转化力度的不断加大紧密联系在一起的。因此，信息传播渠道的建设成为现代经济社会发展的重要组成部分。

从一定意义上说，现代市场经济就是信息经济，是信息资源集聚、交流、竞争、转化的过程。因此要使生产关系更好地适应生产力的发展，充分重视信息革命的作用，充分发挥信息资源的优势，是最为简便而重要的途径。

在网络技术不断发展的今天，可以充分利用网络媒介和层出不穷、取之不尽的信息资源，改造生产方式、变革生产关系，促进社会经济的快速发展。

(3)影响社会生活关系的作用

信息资源区别于物质资源的很重要的一点是，它具有人文社会功能，不仅对社会生产力和生产关系具有重大的促进作用，而且对社会生活方式的变革产生直接的影响。社会关系是人们在社会生产和其他社会活动中结成的更为广泛的社会交往，对生产力的发展以及生产关系的变革产生反作用。因此生产力的发展和生产关系的进步，需要建立在和谐、文明的社会关系的基础之上。

社会关系的发展决定于人的素质状况。因此，提高人的素质，实现人的全面发展，就成为推进社会发展与社会现代化的重要目标。信息资源对人的发展起到至关重要的作用。信息资源在社会中的利用与开发，首先是对作为社会主体的人发生直接影响，通过人对信息资源的理解、消化、运用，提高人的自身素质。现代科技革命的发生，以网络技术为纽带的新型传播媒体的出现，大大加快了各类信息资源传播速度，使信息资源更广泛更深刻地转化为加强人自身素质培养的动力和源泉。

综上所述，信息资源在社会经济发展的各方面均发挥了巨大的作用。在经济生活中，利用信息资源、占有信息资源已成为越来越多的管理者和市场主体追求的目标，同时也是各国政府大力发展信息基础设施的目的。

8.4 信息资源开发

8.4.1 信息资源开发的内涵

人类在5000年以前就开始了信息资源的早期开发，欧洲一些学者甚至认为，早在4万多年前西班牙卡斯蒂洛洞穴中的岩画就是信息记录和传递的源头；公元前4000年的美索布达米亚楔形文字和公元前3000年左右的埃及象形文字则开创了正式信息记录和利用的先河——图画、文字以及相关有意义的符号的出现即意味着朴素信息资源开发的诞生。而随着社会生产力的逐渐提高，人类对自然和社会认知能力也逐渐加强，可积累的知识文化财富也越来越丰富。古犹太人在4000年前的沙漠中就拥有了200只骆驼规模的羊皮卷(《圣经》中记载)，而公元前400年的亚历山大图书馆羊皮卷和地图册就达到50万卷，中国的皇家典籍更是达到百万之巨。所以，自古以来，信息资源的开发就作为人类社会生活中的一部分而存在；只是信息资源的存在形式在计算机出现以前一直以典籍、记录、信符、卷册、书籍以及铭文、甲骨文、碑刻等“硬载体记录”为主。

到了20世纪60年代，人类开始应用计算机从事信息资源开发和管理工作，信息资源的开发利用工作日趋便利，而信息资源在日常生活中的应用日趋频繁，其作用也日趋明显。人类也逐渐从信息资源开发的小众化、分散化和自发性活动，发展为专业机构组织、面向大众服务、自觉参与的大规模信息资源开发。然而，具体到信息资源开发的内涵，由于在“信息资源”本身概念上的差异，我们还没有确切的“信息资源开发”的概念。

(1)狭义信息资源开发

从狭义上说，信息资源开发仅仅是指对信息本体的开发，主要包括信息的生产、表示、搜集、整序、组织、存储、检索、重组、转化、传播、评价、应用等。通过这些环节不仅增加了信息资源数量和类型，更重要的是提升了信息资源的质量、完善了信息服务、方便了信息资源利用。它挖掘信息资源的潜在价值和显在价值。在实现信息资源自身的经济价值(信息服务和信息商品的价值)的同时，也通过信息资源的开发而降低其他资源的消耗，进而实现其他资源的升值，增加社会总收益(见图8-3)。

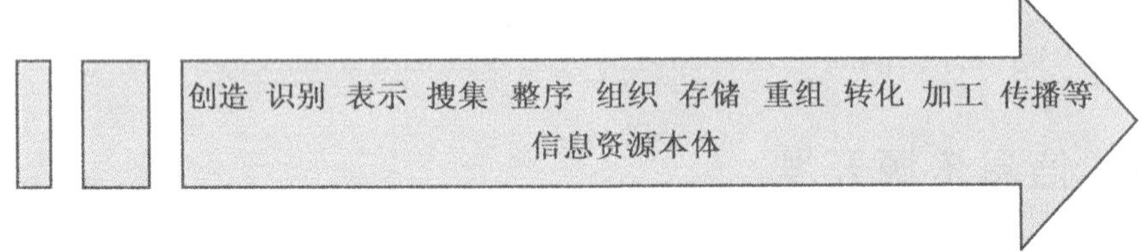

图8-3 狭义的信息资源开发

(2)广义信息资源开发

从广义上说，信息资源开发包括信息本体开发、信息技术研究、信息系统建设、信息设备的制造，以及信息机构建立、信息规则设定、信息环境维护、信息人员培养等活动。这种定义系统考虑了与以信息资源为核心的开发活动及其联系紧密的其他社会行为，能够揭示信息资源开发过程的系统性、复杂性和交叉性，如图8-4所示。

广义的信息资源开发包括了狭义的信息资源开发的一切相关内容和定义。总的来说，从系统角度考虑信息资源开发，我们倾向于较为宽泛的信息资源开发概念，即人类通过对信息的搜集、组织、加工、传递使信息价值增

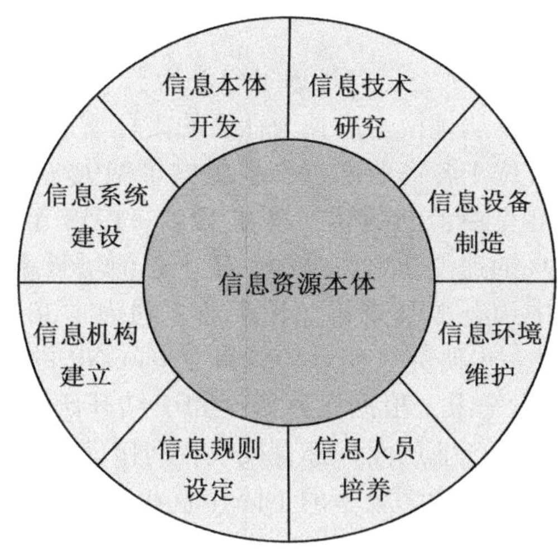

图 8-4　广义信息资源开发

值的活动和为了使这一活动得以有效进行而开展的信息系统建设、信息环境维护等活动。

8.4.2　信息资源开发的目标

信息资源开发活动是我国实施“以信息化带动工业化，实现后发优势”国家发展战略的核心内容。战略资源蕴含量和战略资源开发水平决定着一个国家的生产力水平和综合国力。因而，信息资源开发如同工业社会中开发石油资源一样，是重要的战略资源开发，是提升其他资源效益的促进剂和催化剂。因而，信息资源开发的根本目标是提升信息资源的自身价值和其他资源的配置效益，即发现信息资源的价值，获取信息资源的价值，提升信息资源的自身价值和社会收益。

具体而言，信息资源开发的目标表现在信息资源开发的质量保障、效果评估、推广应用以及在各行各业的渗透和应用，促进信息资源的再次开发或其他资源的有效利用。该目标可由以下目标愿景构成：

(1)为国家发展提供战略资源

目前世界各国已经普遍认识到，信息资源是国家的战略资源，开发信息资源可以减少其他物质和能源资源的消耗，加快国家综合国力的提升，所以应该从国家的战略高度认识整个国家的信息资源开发。特别是全球网络信息资源的迅速膨胀，开发和利用信息资源不仅是加快国家经济的发展速度，提高国家经济竞争力的必要，也是防止文化侵略和意识渗透、保护民族文化的战略举措。

(2)为社会提供商业机会，促进国家经济增长

世界信息产业不仅从规模上成长为社会的支柱型产业，而且其增长速度和经济带动效应一直位于各产业之首，也提供了绝大多数的新增就业机会。根据美国经济学家马克卢普的测算，早在1947—1958年期间，美国知识产业平均每年以10.6%的速度递增，是国民生产总值增长率的2倍；1958年，美国国民生产总值中约有29%来自知识产业，约为1 364.36亿美元。波拉特(Marc U. Porat)进一步研究表明，1967年美国GNP的46%是由信息活动创造的。尤其在20世纪末，根据秦海博士和李红升研究员的搜集研究，不管在企业层面，还是在产业层面，都直接或者间接证明了信息经济的巨大影响力：生产率的提升、通货膨胀率的下降、就业率的提升和GDP的直接贡献加速增长。尤其在美国商务部2003年的《再度崛起的数字经济》报告中，第一次观测到经济衰退中信息经济的表现，IT产业在整个美国经济恢复中的作用显著。根据约根森(Jorgenson)2001年的测算，1973—1990年ICT(信息通信技术)对经济增长的贡献约为16%，20世纪90年代前半期为24.2%，后半期则达到28.9%。2005年我国电子信息产业工业增加值也占到全国工业增加值的13.6%，增速超出全国工业平均水平11.8个百分点，对其增长的贡献率达到20.8%。

所以，开发信息资源也相应发展与它相关的产业，这就等同于要运输货物必须首先修路一样，而在修路过程中就蕴含和造就了无数的商业机会和成功企业。

(3)增加就业机会，提高劳动力素质

开发信息资源无疑会增加就业机会，在信息资源开发过程中不仅会扩大现有的各种与信息开发过程相关的工作岗位的数目，从而增加人员需求，而且，在此过程中还会产生新型的工作岗位和职业类别，从而更加细分劳动力市场，扩大就业机会，最终在职业市场反映出来就是减缓国家就业压力，提高就业率。比如1967年美国信息劳动者人数已占就业总人数的45%，但信息劳动者总收入占就业者总收入的53.52%；1996—2001年的美国数字经济的新增就业贡献率超过40%。而且，事实上，信息资源开发过程中使用到仪器和技术普遍要求从事人员有较高的文化素质，所以，信息资源开发活动还促进了劳动力文化素质技能的提高。

(4)促进国家产业结构优化

从世界发展趋势来看，发展高科技信息产业是世界上大多数发达国家的

国家战略，事实上，这些国家从20世纪70年代就已经开始了产业结构的升级换代，重点发展科技含量较高、污染较少、社会收益较大的信息产业、数据库生产业、知识产业、生物产业等“朝阳产业”，而逐步淘汰了一些传统的经济附加值低的“夕阳产业”。在信息资源开发活动中产生的新型产业，例如咨询产业、数据调查产业、信息评估产业、互联网服务产业都是附加值高、社会收益巨大的新型产业，这些产业的发展无疑可以替代部分传统产业，实现国家产业结构升级优化，并增强国家的国际经济竞争力。

(5)放大其他资源的价值

信息资源区别于其他资源的特殊价值，就是它的效用价值。这种价值需要和其他资源相结合才可以发挥，而且信息资源的这种价值放大了与之相结合的资源的价值。换句话说，就是其他资源通过信息资源带来的附加价值，而发挥出更大的价值，而在这个过程中，信息资源的价值也得到体现。例如在大学科研领域，研究学者通过使用国际联机检索系统可以发现国际最新的研究成果，从而避免重复研究；在钢铁冶炼领域，销售人员通过检索国际钢材价格差异，抓住市场时机，在其他国家开拓新兴市场，从而在产量不变的情况下，提高利润水平。

(6)服务大众的工作和生活

信息资源开发活动的最终目标是为了日常生活、工作或者娱乐过程中的使用，因此开发过程和开发战略必须以方便人们使用为原则，不管开发活动由公司进行还是由政府机构承担，最后的受益者都是社会大众。例如政府信息资源的网络开发，包括网络信息发布、网络办公、网络交流可以大大地增加政府机构工作的透明度，方便人们的工作和生活，提升政府形象和效率，同时也可以改善人们的生活质量。

8.4.3 信息资源开发的原则

(1)经济性原则

经济性原则就是在一切信息资源开发活动中，充分发挥市场机制和社会需求对信息资源开发的导向和带动作用，尊重市场规律，按照市场需求决定生产的产品和规模。在市场框架范围内，应用“看不见的手”即市场本身自动调节开发活动的进程，也就是利用市场的优胜劣汰机制，在一定的市场原则条件下，促使信息资源开发者要从经济效益和社会效益出发，同时考虑两者的收益水平，努力使二者都趋于最大，并在一定范围内获得一种平衡。该原则具体包括三层意思：

①信息资源开发者角度。从信息资源开发者角度出发，在开发信息资源

前期，运用传统经济学的投入产出模型和信息经济学的原理来衡量评价信息资源的价值大小，以及开发信息资源能够带来的预期经济收益。如果信息资源开发价值很大，开发活动必须努力提高开发的“产出/投入”比，提高信息资源开发者的净收益。

②社会利用角度。从社会利用角度来说，开发信息资源还必须考虑其社会效益。就是在保证开发信息资源能够获得经济收益的同时，还要提高资源开发活动的社会总收益，社会收益有时不能用经济效益衡量，它是多种社会效应的综合收益。因此，信息资源的开发活动要有利于提高用户的直接收益，也有利于降低用户获得、利用信息并使之发挥最大经济与社会效益时的非物质性(如时间)消耗。

③社会经济角度。从社会经济角度看，信息资源开发要努力实现经济效益与社会效益相平衡、相统一。一般说来，由于信息资源自身的可共享特性，信息资源开发成果具有公共物品特性或者准公共物品特性，这使得信息产品的正外部经济性较显著。根据经济学基本原理可知，具有正外部性的商品，一般由私人提供不足，为了保证信息产品的充足供应，实现开发者私人经济效益和社会总效益的平衡和统一，政府应该大力支持和鼓励信息资源开发活动，并给予一定的资助。

(2)全局性原则

信息资源作为价值巨大的社会资源，对它的开发活动必须从国家战略高度进行全局考虑，一方面要引入市场竞争机制，优胜劣汰，用市场的力量达到资源的最佳配置，另一方面还要动用政府的权威，进行宏观调控，避免开发过程中的低层次重复和各自为政，造成社会资源的浪费。

从信息资源开发涉及的各类行业来看，全局性原则包含两大方面：开发内容的全局性和开发过程的全局性。

①开发内容的全局性。由于信息资源涵义的广泛性，信息资源开发工作也具有多样性。这里的所谓全局性原则就是要求信息资源开发过程涉及的各种软件和硬件的开发工作及各种层次、类型的工作同时进行，不可偏废。以图书馆书目数据库开发为例，数据库系统结构设计、数据库内容搜集是书目信息资源开发过程中同等重要的两个独立行为，两者缺一不可，还要全面考虑，如书目编辑过程中的编目结构与数据库字段对应问题，用户检索习惯与交互界面规划问题等。

②开发过程的全局性。开发过程的全局性包括各时期、各地区、各单位开发过程中的标准统一、互联互通、相互兼容等问题。如开发前应作详细的调查，包括信息资源性质、存储格式、开发目标、相关开发者、相关开发成

果、有关开发标准等；开发过程中的各行业、各单位、各部门之间的协调问题等。一般说来，信息资源使用者越多、用户面越大，牵涉的机构和个人也越多，信息资源共享过程中的协调问题也就越突出，为了达到最大的共享效率，使信息能够平滑地在多个不同内部组织结构的系统间流动，或者用户能够方便地在多个异构系统间无摩擦地穿梭，各个独立的信息资源开发者必须协调设计和行动。特别是对于信息基础网络建设，无论是公用通信、专用通信和广播电视传输网络，都应该统筹规划，联合建设，互联互通，防止出现不必要的重复建设。

(3)实用性原则

所谓的实用性原则就是立足现实、从实际需求出发开发信息资源，避免开发工作和开发成果的浪费。这是我们开发信息资源的指导思想。立足现实就是要根据国家、地区、系统以及各个机构的信息资源的实际情况，再考虑具有的人力、物力、财力、技术、设施、政策、环境等可能条件，采取各种方式方法，最大限度地开发现有的信息资源，使其得到充分的利用。这个过程是一个循序渐进的过程，在条件限制的情况下，必须从最实用的角度考虑问题。

主张立足现实的进行开发还包括两个方面：一是被开发的信息资源是有价值的，预期开发成果具有较大的现实意义；二是信息资源开发成果是能够被利用的，如果开发方法和开发成果都很先进，但在使用中无法发挥作用，也是不可取的。例如政府信息资源网上开发就具有极大的现实意义。然而在某些企业，在其整个管理水平和效率还相当落后的时候就急于采用最新的技术和设备开发某些信息资源，其结果往往适得其反，资源浪费闲置情况严重。当然，立足现实并不是安于现状，疏于创新，恰恰相反，立足现实要求我们立足现在，着眼未来，根据时代要求和社会情况，在一定的条件范围内，积极引进新的技术和方法，加快信息资源开发的速度，扩大开发规模，提高开发层次，促进开发工作的良性循环。

(4)用户导向原则

用户导向原则是市场经济环境内一切以用户为目标的经济活动的关键思想，也是信息资源开发成功与失败的决定因素。一般说来，该原则包含3层意思：

①从用户最迫切、最急需的领域做起。信息资源开发应从用户最迫切、最急需的领域做起，这是立足现实原则所要求的。信息需求规律告诉我们，大量用户的信息需求重复出现在一部分常用的信息资源中；少量用户的信息需求较少重复出现在一部分不太常用的信息资源中；还有极少量用户的信息

需求出现在一部分偶然使用的信息资源中。这就要求我们，既要优先开发和提供多数用户需要的常用信息资源，同时兼顾少数用户需求的不常用信息资源的开发。

②信息产品要有针对性。开发的方式、方法、层次乃至开发出的信息产品要有针对性，要考虑不同层次、不同类型的用户的差异，并且能够从多角度满足用户的需求。

③便于用户使用。开发的信息资源对用户有使用价值，便于用户使用，并且价值突出。情报学中的 Mooers 定律告诉我们："一个信息检索系统，如果对顾客来说，他取得信息比他不取得信息更伤脑筋和麻烦的话，这个系统就不会得到利用。"这一定律同样适用于一切信息资源开发活动。也就是说开发出来的信息产品，提供的信息服务，不仅在内容、功能、能力等符合用户的需求，还要具有易用性和简便性。这就要求开发者必须主动地从多角度考虑用户特征、用户要求、用户习惯等，才能开发出有价值的、实用的信息产品或信息服务。

(5)持续发展原则

同社会发展原则一样，开发信息资源也需要考虑历史问题、遗留问题、锁定问题、发展战略、技术方向等。这就是说，不管从社会整体的宏观角度还是从单一个体的微观角度来看开发信息资源的问题，都要有长远眼光，平衡近期利益和远期利益，考虑当前技术热点和未来技术方向，在制度上避免出现频繁波动和无法继承的尴尬和浪费，在技术上避免出现无法兼容和被老技术锁定，无法升级的情况。

这一原则也包含三层意思：

①优先开发特色信息资源。一般说来，经过多年的积累和建设，信息机构在信息资源的收藏和加工上逐渐形成了自己的独特风格。这些独特风格可能是行业特色，可能是专业特色，可能是类型特色，可能是文种特色等。对这些资源优势和特色要优先开发，发挥其突出作用。

②坚持开发重点。在开发项目的选择上不能胡子眉毛一把抓，而坚持有所为有所不为，对自己的重点和特色，并尽快实现开发的标准化、规范化、制度化。如上海图书馆的《全国报刊索引》、清华大学的《中国学术期刊光盘版》就是这方面的典范。

③积累与创新并举。在信息资源开发的方式、方法、技术手段上要有继承，也要敢于创新。在不断积累和发展过程中找出一条适合自己的可以持续发展的开发路线，实现信息资源的价值积累和价值增值。

(6)法制原则

开发信息资源就意味着有约束条件下的信息资源最大限度的共享利用。信息资源的共享利用行为和知识产权保护之间存在着某种程度上的矛盾，尽管知识产权保护可以促进信息资源的生产和提高知识产权所有者的经济收益，在一定范围内知识产权保护还是对资源共享产生了限制和约束，缩小了信息资源共享的范围和水平。另外一个和信息资源开发活动紧密相关的问题就是信息保密。开发信息资源应该本着合法合理的原则，在知识产权和相关法律许可范围内进行开发，这种合法性具体来说包括：

①树立产权意识，在开发信息资源时，不损害知识产权所有者的权益。

②开发过程中要树立保密意识，不泄露国家或单位的有关机密信息。

③注意对用户乃至公众精神的保护，开发健康、有益的信息产品和信息服务，避免给用户和公众带来信息污染和消极影响。

④在信息资源开发过程中涉及个人私有信息的地方应注意个人许可问题，在公布这些信息前应首先征得当事人的同意，避免因泄露他人的私密信息而给他人造成不必要的损失。

8.4.4 信息资源开发的内容与任务

信息资源开发的主要内容包括信息资源本体开发和信息资源应用开发两类，而信息资源开发的主要任务就是重视信息资源本体开发，加强信息资源的推广应用。

(1)信息资源本体开发

信息资源本体开发主要是对信息本体的生产、创造、识别、搜集、整理、排序、组织、检索、加工、重组、总结、评论等活动。它是以客观信息为对象的行为活动，目的是要揭示信息、组织信息、评价信息，为利用信息做准备。

信息资源和其他资源一样，因其开发过程中本体存在方式、表现形态不同，可以划分为一次开发、二次开发和三次开发，这三个层次的信息资源开发活动是相辅相成的，前一个层次构成后一个层次的基础，后一个层次是前一个层次的升华和提炼。信息资源本体开发就是从这三个层次对信息资源进行开发，协调每个层次的开发手段、方法、标准等。

①信息资源一次开发。从广义上说，图形、符号、数据都可以算作信息的类型，只不过这些图形、符号、数据和存在于人脑中的信息一样都是一种“信息元”。信息元是一种客观存在的，没有经过人类加工的或者没有被明确认识表达的，难以被人类活动直接利用的信息，它是一种最原始的、用来

构成其他信息的、最基础的信息单元。它主要是指数据信息、实物信息、口头信息、头脑信息等。

信息资源的一次开发的任务是让原始信息或者蕴涵在原始信息中的潜在信息成为便于人们认识的显性信息。例如考古学家对几千年、几百年前的古人的字画进行考察以研究其所在时代的社会风俗、天气变化规律等信息；企业市场研究人员对某季度各地区的产品销售数据进行统计分析以发现不同地区消费者的消费趋向和产品优缺点，从而制定更为合理的销售计划和产品设计规划等。这就是对原始信息和其蕴涵信息的开发利用。由于信息既可以是一种客观存在的反映，也可以是头脑思维的反映，所以一次信息开发既可以是发明创造，也可以是一种发现和认知。开发原始信息的能力受制于多种因素，它包括社会因素(社会形态、社会结构、社会习惯等)，法律因素(法律种类、法律原则等)，技术因素(电子手段、化学手段、物理手段等等)，人为因素(人的信息意识、信息素养、信息能力等)等。这些因素限制了人类社会开发原始信息的能力，这也就是为什么在原始社会、农业社会和工业社会中信息价值低下的原因。在人类还没有进入现代社会以前，就已经存在的大量信息，例如产品销售信息，只能被简单利用或者束之高阁，人们无法从中获得更为有价值的信息，如顾客销售习惯信息、货架摆放信息、核心顾客特征信息等，这些信息尽管已经存在于大量的销售数据信息中，由于技术和理念的限制，不可能被发现，当然也不可能被利用来改善销售和提高利润水平。

信息资源的一次开发实质就是通过试验、调查、观察、描绘、摄影、扫描、记录、传输、交流等手段将信息元组合、显示、连接等，形成最基础的信息资源，其特征是第一次面世的、富含创造性的信息。在这个过程中，人为因素是主导因素，因人而异的个性化的东西严重影响信息元的最终合成结果，难以形成标准的开发策略和方法。一般从业人员为科学家、工程师、作家、教师、画家、记者、医生、职业研究人员、摄影师、电影工作者等。最明显的开发结果例如科学家的论文、发明创造、作家的著作、记者的新闻、画家的新画、导演的新电影等首稿。

②信息资源二次开发。信息资源二次开发是对信息资源一次开发的结果进行分析、排序、整理、标引、归类、入库、推荐等行为。它以基础信息资源为主要开发对象，其目的和特征是将杂乱的基础信息进行条理化、有序化、规范化、标准化、精简化，从而剔除噪音信息、干扰信息、冗余信息、垃圾信息、低价值信息等。通过信息的有效组织和管理，减轻信息爆炸带来的信息过量和空间占用，以及从原始信息中提炼更有价值的规律信息等。当

然在二次开发过程中，也可以产生新的原始信息，对这些信息的搜集、整理和记录反过来又构成了新的信息资源。二次开发活动典型行为有：建立期刊全文数据库，出版画册集锦，建立全国期刊、报纸索引，剪报并发表专题信息，开发网络导航系统，开发搜索引擎等。一般从业人员是图书馆标引人员、信息中心检索人员、数据库建设人员、音像资料库管理人员等。

③信息资源三次开发。信息资源的三次开发一般是指依靠人类的知识、智慧、技术对客观的信息资源进行研究、变形、宣传推广传播的活动。其实质是信息资源的浓缩化、多样化，发布和流通。例如通过对大量信息进行综合分析产生的综述、研究报告，将印刷型图片扫描成数码图片，将电脑中资料刻录到光盘上，通过评价网站的内容引导用户使用更加理想的网站，通过电视报道宣传现有的信息成果、使用方法，通过大众演讲教授某种技能或者知识等。一般从业人员是情报研究人员、频道主持人、网站构建师、培训讲师、新闻工作者等。

总的来说信息资源的三次开发过程可以用图 8-5 表示。

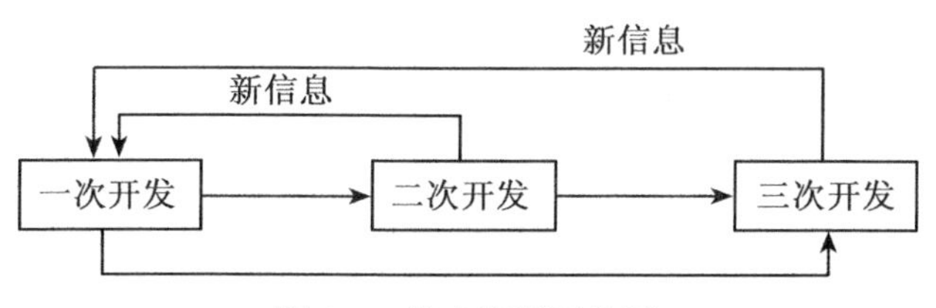

图 8-5　信息资源开发图

事实上，信息资源的三次开发过程划分界限不是很明显，很多时候是难以区分某一开发行为到底属于哪次开发过程，但这不是我们研究信息资源开发的重点。信息资源开发每个阶段都产出大量信息和信息加工品，同时又需要利用大量信息和信息加工品，它们具有相互依托，彼此促进的作用。

(2)信息资源应用开发

应用开发的目的是探讨已知信息应用于社会实践和生产的可能性、问题、途径和方法，为信息应用于社会实践和生产建立理论模型，解决技术问题，制订实施方案，并在一定范围内取得模型、样品、原始样机等。一般说来，应用开发主要是围绕着如何利用信息资源本体进行的辅助性的开发活动，实质是为了更准确、更高效、更全面、更深层次地利用信息资源。

信息资源应用开发的典型行为有：

- 利用专利信息制造新颖的产品；
- 利用企业综合信息开发企业智能决策系统；
- 利用现代信息技术开发数字图书馆；
- 利用统计年鉴分析区域发展力并建立经济预警系统；
- 利用国外文献成立前沿追踪型的学术研究机构；
- 利用互联网开展企业竞争情报工作并建立企业竞争情报系统；
- 利用网络技术开发联机检索系统；
- 建设公共上网终端等。

这些都是信息资源的应用开发，有时候它和信息资源本体的开发很难划分界限，有重复交叉之处。信息资源应用开发很多时候牵涉知识产权、语种差异、虚假信息、部门协调等问题，因此，应用信息资源时必须从多角度考虑问题。信息应用开发奠定了信息的资源价值，为信息应用于社会实践和生产扫清了理论障碍和技术障碍。

信息服务是这一阶段的一种特殊开发形式。信息服务是对社会形态信息资源的一种高层次的开发行为，属于信息应用开发的范畴。但是，它又明显地不同于一般的信息应用开发。它的开发目的不是为物质生产提供自己生产或创造的原理、流程、样品等，而是将他人已经开发出来的信息和信息加工品作为服务内容，为用户个性化的利用信息提供方便。信息个性化是信息服务的基础工作。信息服务的对象是信息资源开发者和信息资源利用者。信息资源利用者也可称作信息消费者，如物质产品生产者和社会管理者对信息的“消费”，普通消费者对商品信息等的“消费”都是对信息的“消费”，都依赖于信息服务来完成消费过程。信息服务就是通过实施信息个性化为信息需求者提供信息服务，来达到信息资源开发和应用的目的，例如科技查新活动、信息咨询服务、定题跟踪服务、市场研究服务等，它是一种特殊的信息资源开发行为。

(3)信息资源本体开发与应用开发的关系

信息资源开发具有明显的阶段性，信息资源本体开发和应用开发既相互联系又彼此相对独立。信息本体开发为信息应用开发提供“原材料”——信息资源；信息应用开发则进一步将信息资源推广应用，促进其他资源的利用，并转化为社会生产力。

信息资源开发的两阶段是一个流程，也是一个系统。在这个流程之中，信息本体开发担负着“原材料”(信息资源)的生产和挖掘任务；信息应用开发担负着将信息转化为生产力的责任，同时为信息本体开发反馈信息需求，提供技术条件和手段，起着指导、促进信息本体开发的作用。两阶段构成了一个循环往复的、动态递增的系统，它向社会提供了源源不断的、不会枯竭的信息资源，也促进了社会的进步和发展。

(4)信息资源开发的策略选择

信息资源开发的阶段性特点及其知识产权保护特点也为信息资源的开发策略选择提供了依据。我们认为，信息资源开发的主要任务就是重视信息资源本体开发，加强信息资源的推广应用。

在现实社会中，人们早已自觉或者不自觉地进行着信息资源的本体开发行为。相对原始信息资源不足的弊端，更突出的矛盾是大量初始信息资源无法得到有效利用而被闲置浪费。而信息资源应用开发主要是为用户利用信息提供途径、方法和手段，是信息资源向生产力转化的中间环节，是解决上述矛盾更为关键的环节。比如，在我国，早期对信息资源开发认识不足，加上资金、技术、体制、思想、观念的限制，致使我国的信息资源应用开发远远落后于其他发达国家。

关于信息资源应用开发的优势，经济学上称为“经济增长的后发优势”，即相对技术落后的国家通过获取与该技术相关的信息资源，能以更低的成本、更小的代价取得技术升级并促进经济增长。相对信息资源本体开发，信息资源应用开发更为低廉，而且不必承担新技术、新知识在社会应用中的“试错”成本。比如日本在第二次世界大战后，成功地利用了这一开发策略。他们通过引进信息资源开发成果(包括第一、二、三阶段的成果)，加强信息与技术应用开发研究，将世界各国开发的信息资源变成了自己的财富。日本认为：“综合就是创造”、“转移就是突破”。所谓“综合”，就是将别人的已有成果进行综合，并加以利用，从而形成新技术、新发明。所谓“转移”，就是将别人在某产品上使用的技术转移到另一产品的生产之中，从而形成自己的产品优势。这种作法实际上是将别人的信息资源开发成果拿来为自己的经济发展服务，这是一条信息资源开发捷径，这种“他山之石，可以攻玉”的开发捷径对于经济的起步腾飞是必不可少的，但难以保持经济发展的领先地位。

随着经济全球化的快速发展，信息资源在全球自由流动的数量在逐渐加大，但同时各国知识产权保护范围逐渐加大和深入。因此，必须在加强信息资源应用开发的同时，也注重信息资源本体开发，因为具有自主知识产权的信息资源越来越受到各个国家的重视和保护，可免费获取的有价值的信息资源开发成果必定会越来越少。

小　结

可以从两种角度理解信息资源的概念：狭义的理解认为信息资源是指人类社会经济活动中经过加工处理有序化并大量积累起来的有用信息的集合；广义的理解认为信息资源是人类社会信息活动中积累起来的信息、信息生产者、信息技术等信息活动要素的集合。信息源不等于信息资源，信息资源可以是一种高质量高纯度的信息源，但信息源不全是信息资源。

从便于对信息资源进行管理的角度出发，通常将信息资源划分为记录型信息资源、实物型信息资源、智力型信息资源和零次信息资源。信息资源既具有一般经济资源的特征，又具有信息本身的特征，在社会经济活动中发挥生产力功能、管理与协调功能、选择与决策功能和研究开发功能。

为了实现信息资源增值，需要对信息资源进行开发。信息资源开发包括信息本体开发、信息技术研究、信息系统建设、信息设备的制造，以及信息机构建立、信息规则设定、信息环境维护、信息人员培养等活动。本章介绍信息资源的概念、类型、特征、功能、作用，信息成为资源的条件及信息资源的开发利用等方面的内容。

思考与练习

1. 信息成为资源有哪些主要条件?
2. 信息资源的分类有哪些方式，如何划分信息资源的类型更有利于管理?
3. 信息资源有哪些特征，这些特征如何影响信息资源的管理和利用?
4. 分析信息资源的主要功能及对经济发展的作用。
5. 信息资源开发包括哪些内容和方式?
6. 如何才能实现信息资源的有效开发?

9 信息资源优化配置

衡量和评价一种经济制度、经济体制或者一种经济运行机制的经济效果，其基本的价值判断标准就是考察资源配置的有效性。由于信息具有稀缺性，所以必须探究如何合理地使用现有的信息资源，寻找更好的机制和方式，优化信息资源配置，以促进经济发展和社会进步。可以认为，实现信息资源的合理配置和有效开发从而促进信息资源在全球范围内的共享是信息经济学所关注的重点问题。

经济发展实践表明，自然资源的配置是经济增长的重要因素，但绝不是唯一的决定因素。知识信息作为一种无形的资源，不仅可以直接作用于生产工具、生产对象而极大地提高生产效率，而且可以通过调节物质资源的配置方式间接地实现经济效率的改进。由于信息具有稀缺性，因此必须探究如何合理地使用有限的信息资源，寻找更好的机制和方式，优化信息资源配置，以促进经济发展和社会进步。

本章首先介绍了资源配置的经济理论，进而对信息资源配置与信息福利，信息资源配置的机制与模式，信息资源配置效率等问题进行了探讨，其中涉及信息资源市场配置和政府配置的边界，信息资源的产权配置、信息资源共享等问题都具有很强的现实意义。

9.1 资源配置理论

9.1.1 资源配置的概念

作为经济发展的基本条件和表现形式，资源优化配置是指为最大限度减少宏观经济浪费和现实社会福利最大化而对现代技术成果与各种投入要素进行的有机组合。一般认为，资源配置属于微观经济学范畴。但我们认为，对于市场基础尚不完善的发展中国家来说，由于并不存在经济运行中的“一般均衡”条件，因而也是重要的宏观经济问题。即资源的优化配置，是通过个别利润率与平均利润率之间的差别，在资源投入方向上不断变化，保持微观经济的竞争优势和实现宏观经济效率的最大化。显然，个别利润率与平均利润率之间的差别始终存在，资源流动固然会使得原有的差别不断缩小，但在流动过程中，新的差别又会产生。从经济发展的角度看，资源配置是一个不断继起的动态过程。从根本上说，发展不仅需要找出现有资源与生产要素的最佳组合，为了发展的目的，还必须发挥和利用那些潜在的、分散的及利用不当的资源和潜力。

9.1.2 效率与“福利边界”

在一般的意义上，效率指的是现有生产资源，包括有形资源和无形资源，与其所提供的人类满足之间的对比关系。

当我们将效率概念应用于个别企业的时候，所要面对的问题主要是该企业是否利用一定的生产资源生产出了最大量的产出，或者是否在生产一定量产出时实现了“成本最小”。这种效率称为“技术效率”(Technical Efficiency)或X效率(X-efficiency)。

当我们考察整个经济的效率时，问题便在于一个经济的全部生产资源与所有社会成员的总经济福利之间的对比关系。而在给定各生产单位的技术效率的前提下，在研究社会经济效率问题时，主要的问题便在于资源是否在不同生产目的之间得到了合理配置，使其最大限度地满足了人们的各种需要。用于分析这一问题的概念，就是“经济效率”(Economic Efficiency)，也称“配置效率”(Allocative Efficiency)。

经济学意义上的效率指的是资源的配置已经达到这样一种状况：无论作何改变都不可能同时使一部分人受益而其他人不受损，也就是说当经济运行已达到有效时，一部分人进一步改善处境必须以另一些人处境恶化为代价。反之，如果资源配置是低效率的，那么通过改变现有的资源配置，至少一部分人可以提高福利水平，而不减少其他人的福利。

经济效率是一个抽象的概念，借助于图9-1，我们可以更容易理解其含义。

假定只有A和B两个人，A和B的经济福利取决于他们各自消费多少商品和劳务，由于社会总的资源是有限的，他们消费的总量也是有限的，图中WW'曲线就表示总量有限的商品和劳务全部分配于A和B之间两人可达到的

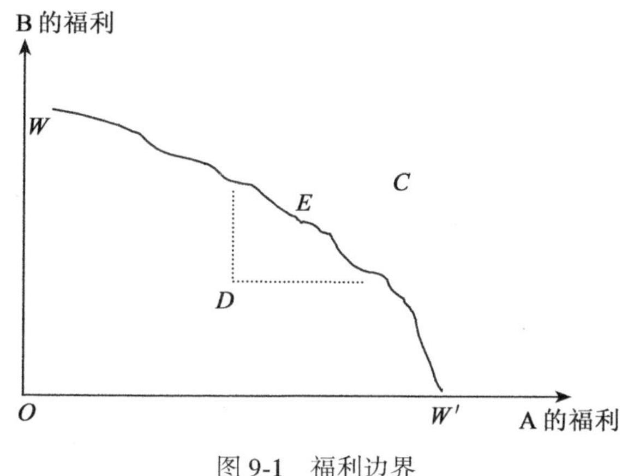

图 9-1 福利边界

福利水平的各种可能组合，WW'曲线被称为福利边界(Welfare Frontier)，也可以这样说，福利边界代表当A(或B)的福利水平。WW'曲线以外区域的点，如C点，是任何资源配置方式都不可能达到的，WW'曲线上及曲线内的各点才是可能的福利水平组合。

如果某一种资源配置使A和B的福利水平处于D点，那么D点是低效率的，因为从D点到曲线上的E点，A和B的福利水平可以同时提高，而E点也是可以达到的。但是，到达E点之后，要想再获得帕累托改进就不可能了，因为从E点移动到WW'边界内的任一点，一个人福利水平的提高必然伴随着另一个人福利水平的下降，或者可能两人的福利水平同时下降。同样，我们可以说明，WW'曲线上的任何一点都满足效率的定义。

9.1.3 埃奇沃斯盒式图

在信息交易中的当事人是信息的消费者，每个信息消费者都具有若干禀赋(endowments)，这种禀赋就是一定数量的有限种信息消费品。每个信息消费者对于可能达到的消费品组合是具有偏好的，每个人只关心自己的福利。从已拥有的消费品出发，每个人可以选择自己消费这些信息消费品，也可以选择与别人作适当的物物交易，但交易必须出于各人自愿。因此，自愿交易是对信息的初始分配状态进行再分配的唯一途径。我们要分析的中心问题是，假定抽象掉货币，或假定没有货币，在一种信息产品换另一种信息产品的交易经济中，在什么条件下，这种信息交易会静止下来？经济学称这种静止点为均衡点。

最简单的信息交易经济是假定只有两个消费者 1 与 2，经济中只存在两类信息物品 x_1 与 x_2。我们记消费者 1 所拥有的禀赋为 $e^1=(e_1^1, e_2^1)$，e_1^1 表示消费者 1 所拥有的 x_1 的数量，e_2^1 表示消费者 1 所拥有的 x_2 的数量。同理，记消费者 2 所拥有的禀赋为 $e^2=(e_1^2, e_2^2)$。这样，整个社会的全部可供的信息消费品为 $e^1+e^2=(e_1^1+e_1^2, e_2^1+e_2^2)$。（注：这里下标代表信息产品的种类，上标代表消费者的代号）。

这种交易经济的最基本的方面可由下列埃奇沃斯盒式图（Edgeworth box）表示出来。在图 9-2 里，信息产品 x_1的单位由横轴表示，信息产品 x_2的单位由纵轴表示。这是经济学家 Edgeworth 的一个天才构想①。

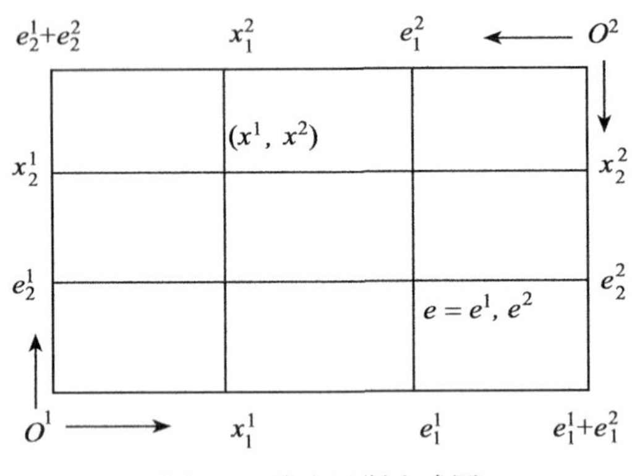

图 9-2　埃奇沃斯盒式图

请注意，这图上有两个原点。一个在左下角上，O^1 是代表消费者 1 的原点，从 O^1 往右，是度量消费者 1 对 x_1的消费量（x_1^1）或拥有量（e_1^1）；从 O^1 往上，是度量消费者 1 对 x_2的拥有量（e_2^1）或消费量（x_2^1）。另一个原点在右上角上，O^2 是代表消费者 2 的原点，从 O^2 往左，是度量消费者 2 对 x_1的拥有量（e_1^2）或消费量（x_1^2），从 O^2 往下，是度量消费者 2 对 x_2的消费量（x_2^2）或拥有量（e_2^2）。

还应注意的是，该图中的每一个点都有四个坐标，而不是只有两个坐标。举例来说，如 e 点，e 点是产品在两个消费者之间最初的分割状态，它包括 e^1 与 e^2，但 e^1 包括消费者 1 所拥有的 e_1^1 与 e_2^1，e^2 包括消费者 2 所拥有的 e_1^2 与 e_2^2，横轴的长度等于 $e_1^1+e_1^2$，纵轴的长度等于 $e_2^1+e_2^2$。

① Edgeworth，F. Y.. *Mathematical Psychics*[M]. London：Paul Kegan，1881.

(x^1, x^2) 点则代表消费者 1 与消费者 2 经过信息交易以后可能达到的一种消费状态，x^1 代表消费者 1 的一个最终信息消费组合，x^1 由 x_1^1 与 x_2^1 组成；x^2 代表消费者 2 的一个最终信息消费组合，x^2 由 x_1^2 与 x_2^2 组成。

显然，这个图的构思精妙在于，不管 x_1 与 x_2 如何在两个人之间进行再分配，最后 $(x_1^1+x_1^2)$ 必须等于 $(e_1^1+e_1^2)$，$(x_2^1+x_2^2)$ 必须等于 $(e_2^1+e_2^2)$，即消费者对每种信息产品的最终消费必须等于社会关于该信息物品的可供量。

9.1.4 帕累托改进与帕累托有效

如何从初始禀赋状态 e 转化为 (x^1, x^2) 点呢？这就要通过自愿交易。但自愿交易是如何发生的呢？这就需要引入偏好。而消费者偏好我们通常是用凸向原点的无差异曲线图来表示的。由于这里有两位消费者 1 与 2，于是，就有两簇无差异趋向。

图 9-3 表达了三个重要的概念：

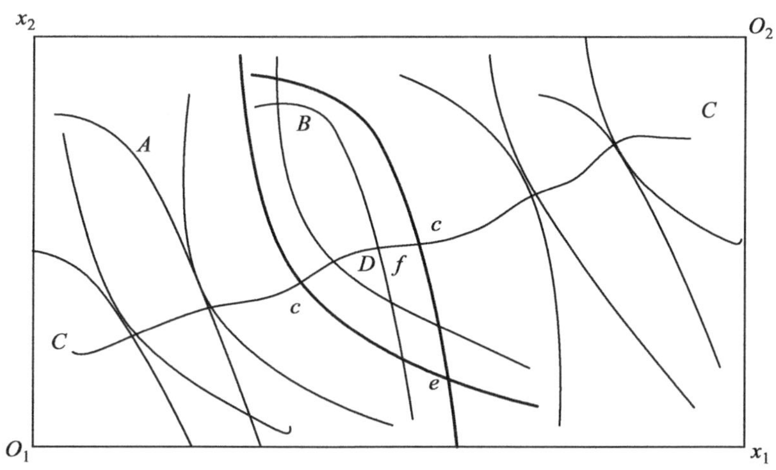

图 9-3　两人经济中的均衡

(1) 契约线(contract curve)

契约线就是图中的 CC 线。它是如何形成的呢？是由消费者 1 的无差异曲线与消费者 2 的无差异曲线两两相切之后，由所有的互切点连起来的曲线。

为什么称 CC 线为契约线呢？

我们知道，从 O^1 点出发，无差异曲线位置越往右上方(东北方向)移，则消费者1的效用水平越高；但若从O^2点出发，无差异曲线越往左下方(西南方向)移，则消费者2的效用水平越高。如果离开CC线上的点，你取任何另外一点，比如A点，则可在保持一位消费者(这里是消费者2)的效用水平不变(因仍在同一条无差异曲线上)的前提下使另一位消费者的效用水平提高，办法是找出与过A点的消费者2的无差异曲线相切的一条消费者1的无差异曲线。在互切点上，消费者2的效用水平与A点无差异，而消费者1的效用水平比在A点要高。因此，如果两人进行信息交易，最终的契约不可能发生在无差异曲线两两相切点的集合之外，而只可能发生于该集合之内。所以，称CC线为契约线。

(2)帕累托改进(Pareto improvement)

是否CC线上所有的点都会使两人达成最终契约，使经济达到均衡呢？也不是。这取决于消费者各自的禀赋，即e点的位置。在图9-3里，由e点的位置，决定了双方的买卖只能发生于小写的cc线折线段内。为什么？因为过e点的消费者1的无差异曲线是向O^1点凸的，如果他的无差异曲线再向西南方向移，则消费者1不会干；同时，过e点的消费者2的无差异曲线是凸向O^2点，如果他的无差异曲线再向东北方向移，则消费者2不会接受。因此，交易的方向只能再cc线段内互进。

当消费者1的无差异曲线从c往右上方移，消费者2的无差异曲线从c往左下方移时，它们可能交于B点。B点在由过e点所围的消费者双方可以接受的交易范围内。但是，B点是在CC线之外的。我们可以从由过B点所围的交易范围，再继续寻找使交易双方互利的交易范围。

如果存在一种可行的贸易，使交易双方能够互利(mutual gain)，或者在不损害一方利益的前提下使另一方获利，则称这种贸易为帕累托改进。

我们从图9-3里的e点出发，从e点到B点的变化，是一种帕累托改进。原因是，B点较之e点，使消费者1与消费者2的效用水平都严格上升了。从B点到D点的变动，也是一种帕累托改进。从B点到f点的变动，仍属于帕累托改进，尽管消费者2的效用不变，但消费者1的效用提高了。

我们来分析D点。毫无疑问，从e点到D点的变动，是帕累托改进，因为交易的双方都得利了。但是，一旦达到D点，便再也没有一种交易可以使双方互利了。如果从D点沿cc线往右上方移动，固然会增进消费者1的利益，但会损害消费者2的利益；反之，从D点往左下方移，会在增进消费者2的同时损害消费者1的利益。所以，D点是一个均衡点。实质上，小写的cc点之间的线段上任何一点都是均衡点。

(3)帕累托有效(Pareto efficiency)

D 点就是一个帕累托有效点。什么叫帕累托有效呢?如果一种可行的配置不可能在不严格损害某些人利益的前提下使另一些人严格获益,则该配置便是一种帕累托有效配置。

换言之,帕累托有效就是当经济不存在帕累托改进时所达到的状态。注意,帕累托有效的前提是配置必须是一种可行的配置。在图 9-3 里,D 点就是一种帕累托有效的配置。实际上,大写的 CC 线上的所有点都满足帕累托有效的定义。

9.1.5 帕累托条件

资源配置是否达到帕累托有效,要从三个方面考察,这在经济学上称为帕累托边际条件:

(1)产品在消费者之间的分配达到最优

分配的最优化是通过产品交换实现的,且交换可以在任意两个消费者之间进行。产品交换的帕累托最优条件要求任何两种消费品的消费边际替代率 $MRS^{i}_{a,b}$,对于任意两个消费者来说是相等的,在此条件下,任何人都无法通过继续交换改善福利而不损害他人的福利。

在完全竞争的市场中,每一位消费者都是市场价格的接受者,并且将在收入允许的范围内将消费品调整到每一种消费品的边际效用与其价格的比率相等为止。因而,完全竞争的经济符合交换的帕累托最优条件。对于任何一个消费者 i 来说,两种商品 A 和 B 的边际替代率 $\mathrm{MRS}^{i}_{a,b}$,可表示为 $\mathrm{MRS}^{i}_{a,b}=\dfrac{x^{i}_{a}}{x^{i}_{b}}$,其中 x^{i}_{a} 为消费者在减少单位商品 B 的消费时,为保持效用水平不变(无差异),所需增加的 A 商品的消费量。因此 $\mathrm{MRS}^{i}_{a,b}$ 也就是在效用水平不变条件下 i 所愿意接受两种商品的“交换比率”。它等于一个人消费的两种商品所能提供的边际效用(MU)的比率:

$$\mathrm{MRS}^{i}_{a,b}=\frac{\mathrm{MU}^{i}_{a}(x_i)}{\mathrm{MU}^{i}_{b}(x_i)}$$

在帕累托最优时,对于任意两个消费者 i 和 j 来说,商品 A 和 B 的边际替代率相等,即:

$$\mathrm{MRS}^{i}_{a,b}=\mathrm{MRS}^{j}_{a,b}$$

这意味着两人的边际效用比率相等:

$$\frac{\mathrm{MU}^{i}_{a}(x_i)}{\mathrm{MU}^{i}_{b}(x_i)}=\frac{\mathrm{MU}^{j}_{a}(x_j)}{\mathrm{MU}^{j}_{b}(x_j)}$$

(2)生产要素在不同产品部门的投入达到最优

在生产可能性边界上，不可能通过改变资源配置提高一种产品的产量而不减少另一种产品的产量。推而广之，生产要素的最优配置要求投入所有产品部门的任何两种要素的边际技术替代率都相等。

假定任意两种生产要素分别为 L 和 K，其边际技术替代率(MRTS)指的是在保持产量不变的情况下少使用一单位一种要素，所需增加另一种要素的数量。它包含以下两个方面的基本要求：

①生产两种产品(A 和 B)的两种要素的边际替代率相同，即：

$$\mathrm{MRTS}^{a}_{L,\ K} = \mathrm{MRTS}^{b}_{L,\ K}$$

如果两者不相同，生产者就可以在生产中增加技术替代率较高的那种要素的投入量，节省下另一种要素投入另一种生产，使后者产量增加。

这一条件，也就是“要素在不同用途之间最优配置”的边际条件。有时它也称为“相同(要素)边际产出比率条件(Equal Ratios of Marginal Products)。

②生产同种商品的不同生产者 α 和 β 所使用的两种要素的边际替代率相等，即：

$$\mathrm{MRTS}^{\alpha}_{L,\ K} = \mathrm{MRTS}^{\beta}_{L,\ K}$$

如果上述两种边际替代率不等，减少一个企业内的某种要素的投入量，投入另一企业，就可使社会总产出增加，实现“帕累托改进”。

这一条件所暗含的要求是：对于生产同种产品的两个生产者来说，同种生产要素的边际产出率相等。这一条件，也称为“产业内部要素最优配置”的边际条件。它具有广泛的应用性，可以用来研究不同生产方法、不同技术规模条件的企业之间，以及不同地区、不同国家之间的资源配置问题。

在完全竞争的要素市场上，厂商是要素价格的接受者，基于利润最大化的动机，厂商会将生产一定量某种产品的各种要素的数量调整到每一种要素的边际产品与其价格的比率都相等。因此，完全竞争经济必然在生产可能性边界上(而不可能在边界内)生产，符合生产的帕累托最优条件。

(3)产出的组合达到最优

这一条件需要综合消费者和生产者两方面的因素，因而被称为生产与交换之间的帕累托最优条件。生产与消费的最优关系要求：任意两种物品的边际转换率(MRT)与它们在消费中的边际替代率(MRS)相等。即 $\mathrm{MRT}_{a,\ b} = \mathrm{MRS}_{a,\ b}$。这里的“边际转换率”(Marginal Rate of Transformation)的特定含义是：对于两种物品 A 和 B，一个生产厂家多生产一单位 A(或 B)，所必须减少生产 B(或 A)的数量，它就相当于“机会成本”的概念。而消费的边际替代率，指的则是消费者增加一单位 A 的消费，减少一定量 B 的消费，其效用满足程度不变；或者说，按照这一边际替代率改变消费结构，对他来说，其效用水平在改变前后是“无差异”的。因此，这一帕累托最优条件的含义就在于：改变社会生产结构，已不再能使社会福利有所提高；这时的社会生产结构，就是与消费需求结构相适应的最优结构(亦称“最优组合”)。

在完全竞争市场上，任意两种产品的价格之比即可代表这两种价格的边际转换率，因而在达到均衡时必须等于其消费的边际替代率，从而满足生产与交换之间的帕累托条件。

9.2 信息资源配置与信息福利

9.2.1 信息资源配置的概念

无形资源作为经济增长中一种必要的投入要素，不仅可以替代自然资源，而且有助于更有效地配置有形资源。当信息资源的使用能够替代物质资源，或者能够实现物质资源的节约时，应将其视为生产函数的内生变量，与有形资源共同作为生产的构成要素；当作为配置有形资源和改善资源配置的手段时，则应将其视为生产函数的外生变量。

信息资源配置问题无疑应当包容在资源配置的范畴内，从整个社会的角度看，资源的有效配置即意味着包括信息资源在内的所有资源有效配置。如果我们把信息产业(行业)看做一个“黑箱”，信息资源配置所考虑的应当是信息产业的投入(包括投入的数量、方式和结构)和产出(包括信息产出的数量、质量、形式和品种)，因此信息资源有效配置的含义即为在整个社会资源有效配置条件下对信息产业投入与产出的安排。

基于这种理解，信息资源配置的对象显然不仅限于静态存量信息的集合，其内容也不只是已有信息集合的布局与组织管理，而是应当面向宏观国民经济的运行，调配包括信息资源在内的物质资源、人力资源、管理资源、金融资源等各种资源，以保证整个社会的信息产出数量和产出结构优化。从横向看，它应考虑产业配置和行业配置；从纵向上看，它应包括信息的生产、扩散、组织、交换、利用的全过程。

9.2.2 信息资源的横向配置和纵向配置

信息资源的优化配置应当体现在横向和纵向两个方面。资源的横向配置反映为部门、行业或地区之间的宏观布局。一国在经济发展中不能将稀缺资源平衡分散于各个部门、行业和地区，而只能有选择、有重点地加以发展，并通过选择和布局后的发展扩散，带动经济的全面发展。

信息资源的横向配置包括区域配置和行(产)业配置：

①信息资源的区域配置。由于信息具有易于扩散和传播的特点，与实物产品相比，信息产品的“运输”(即传递)费用十分低廉，因而，信息生产没有必要在地区间均匀地分布，更应优先考虑选择在经济技术发达的地区投入资源发展信息生产，然后，再通过改进信息的交流和扩散机制，推动信息的广泛传播和利用。

②信息资源的行(产)业配置。信息资源行(产)业配置在宏观上表现为信息产业在整个国民经济投入产出中的比重，所谓“科技、教育优先发展战略”在本质上即是一种宏观层次的信息资源行(产)业优化配置；在微观上则表现为信息产业内的行业和部门间的资源配置，即优化产业结构，解决“瓶颈”问题，加强信息基础设施建设，以实现信息产业的协调发展。

信息资源的纵向配置是指只有符合资源增值的投资项目，才能吸引资源的流入。因为不仅一个行业和部门内部存在不同企业效益的区别，而且同一企业效益状况也会发生变化，一旦失去效益优势，资源的继续流入就应受到阻止，并横向转移到其他高收益企业。一个信息企业效益好并不意味着它的每一个投资项目都具有高收益率、而且持续地具有高收益率，因此，必须建立一种有效的资源流动机制，以保证资源能够迅速地从低收益项目流向高收益项目，避免投资的恶性膨胀。

信息资源的横向与纵向配置是互为条件、互相影响的，实际上是一个问题的两个方面：当纵向的配置目标偏离预期目标(企业的效益下降)却仍然能得到资源的投入时，如果资源总供给量并未增加，那么，横向的信息资源优化配置一般也无法实现；反之，当信息资源的横向配置并不符合优化原则，即总体布局达不到合理要求时，信息资源的短缺与闲置并存便不可避免。在这种情况下，尽管短缺方能够实现其既定资源条件下的最大利用率，但由于被社会其他部门闲置或未充分利用的资源不能转移出来，无法实现有效利用，总体配置效率同样达不到优化状态。因此，信息资源配置理论研究的根本任务不是对实际的信息资源配置提供一个简单的调整方案，而是要构造一种优化配置的机制。

9.2.3 信息福利

优化信息资源配置的目的，是提高信息福利水平，因此我们有必要首先理解信息福利的概念。我们知道，个人的经济福利取决于他们各自消费多少商品和劳务，由此出发，我们可以从两个不同的层面来思考这一问题。

①在直接的意义上，个人的信息福利取决于他们各自消费多少信息商品和信息服务。

对于物质资源而言，由于社会总的资源是有限的，人们的消费总量也是有限的，资源配置就是要将总量有限的商品和劳务在不同的个体之间进行分配，达到的福利水平的各种可能组合，并试图使得某些人的效用水平在其他人的效用不变的情况下有所提高；而对于信息资源，由于其具有使用的非消耗性和非排他性，任何个人增加对信息产品和信息服务的消费或“占有”并不会减少其他人信息福利，因而，整个社会最大限度的信息资源共享就意味着信息资源的最优配置。换言之，信息资源共享程度的提高就意味着信息资源配置效率的改进。如图 9-4 所示，信息福利边界不再是代表一组集合的曲线，而是一个表示社会现有信息资源总量的点 E。

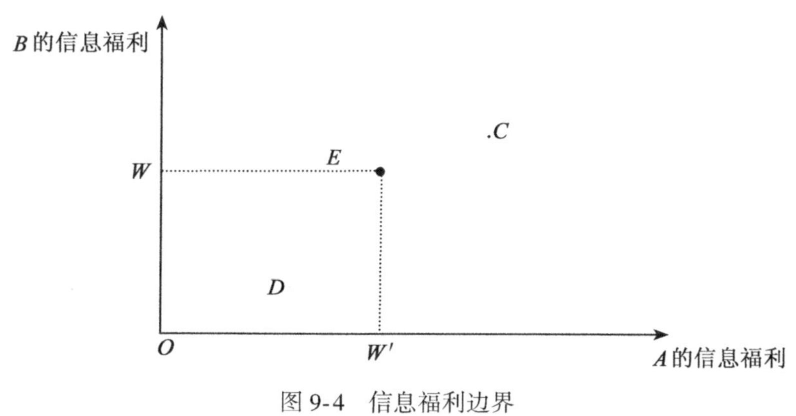

图 9-4　信息福利边界

②在间接的或者说在整体的意义上，信息产品和信息服务在很多时候并不是最终消费品，而是一种“体系性活动”，它通过增加物质产品的产出使得既有的福利边界向上移动。由此而引起的福利水平提高在广义上同样可以视为信息福利。值得注意的是，这种作用有时是以渐进的方式，有时则可能会伴随着社会经济运行模式的整体突变。

9.3　信息资源配置机制与模式

9.3.1　信息资源的市场配置

市场机制能够通过价格信号自动地以较低的成本合理地配置资源，信息资源的市场配置是通过市场机制对信息生产的自组织过程实现的，它表现在以下四个方面：

(1) 市场可以减少信息生产的不确定性影响

不确定性是信息生产的内在属性，也是制约信息生产的一大因素。在计划经济体制下，常常指定一个企业或科研单位进行专项开发研究。这种做法看起来似乎可以减少重复性的信息生产，但另一方面，却造成信息生产者无竞争压力，而且，若指定的单位开发不成功，便会使信息生产时间大大推迟。市场机制则允许多个企业为某一新产品进行竞争性的研究开发，这种做法从表面上看会造成一定的资源浪费(事实上也的确如此，这也正是市场机制的运行成本)，因为几家企业同时进行竞争性的信息生产，既有资本的浪费，又有不能互相从对方的经验中学习知识的浪费。但从实际效果上看，这种做法的效率往往更高。这是因为在事前，我们并不知道哪条途径通向成功，多路并进，有助于尽快找到正确的途径；其次，技术争先会形成一个竞争性的环境，从而刺激信息生产效率的提高。

(2) 市场能自动地使企业、个人甘冒创新风险，为信息生产提供动力

信息生产的风险是明显存在的，因为信息生产的投资是不可逆的，R&D和创新活动不一定成功，一旦失败，便会带来巨大的损失。但另一方面也有巨大的吸引力，如果获得成功，就会因此而获得巨大的收益。简而言之，信息生产高投入、高风险的另一端是高收益的诱惑。

在纯粹的计划体制中，信息生产活动只是按照上级的布置，而不是根据市场需求，企业和个人的经济利益都与开发创新活动的成败无关，因而缺乏有效的激励机制。在专利法未公布之前的几十年内，我国明文规定，发明者除可得少量奖金外(实际上 20 世纪 80 年代前从未兑现过)，发明的所有权归全社会所有，任何企业和个人都可以无偿使用这些发明成果。在这种体制下，发明、创新和信息生产变成了一种任务和义务，变成了德国社会学家韦伯(M. Weber)所说的“惯例性活动”。熊彼特指出，一旦创新变成为一种惯例活动，创新便失去了作为经济增长发动机的意义①。

(3) 市场通过价格信号引导信息生产

市场把信息生产成功与否的裁决权交给消费者，这既达到了使信息生产服务于消费者目的，又达到了引导信息生产的目的。消费者需求的变化，常常通过市场价格反映出来，而创新开发活动常常在“节省那些价格变得相对昂贵的生产要素”的方向上进行。

---

① Schumpeter, J. A.. *Business Cycles*[M]. New York: McGraw-Hill, 1939.

传统计划经济的典型做法是，企业该不该创新，或进行什么样的创新，一律由上级主管部门计划确定，而这些主管部门的行政人员，一般并不了解企业、市场和技术的具体状况，造成创新从一开始就带有很大的盲目性。我国长期存在科研与生产脱节、科技成果大量闲置的现象，就是这种制度缺陷的后果。由此不仅造成了大量的资源浪费，而且造成机会的丧失。

(4)市场竞争的压力迫使企业不断创新

在市场体制下，技术水平低、创新能力差的企业会自动被市场淘汰，企业不创新就等于自杀。相比之下，计划体制下的国有企业就完全没有这种压力，它们没有活力、没有发展，但也决不会破产。如果不打破这种传统的体制，企业的创新水平和社会的信息产出水平就不可能有明显的提高。

(5)市场制度有助于培育创新的主体——企业家

熊彼特所说的企业家，是创新的组织者。在市场机制下，经过优胜劣汰的选择，一些有才能的企业家会脱颖而出。而传统的计划体制只能产生行政官僚，而不是企业家。①

当然，市场具有信息生产的自组织功能并不等于说由市场自然引致的信息产出水平能够自动达到社会最优水平。事实上，由于外部性、市场垄断和信息不对称的存在，会造成市场失灵，从而无法实现帕累托有效。阿罗(1962)指出，因为信息的公共商品特性，无论是完全竞争还是垄断市场结构下，其产出水平都将低于社会最优水平②。这就提出了一个信息生产的非市场激励问题，必须借助非市场手段(计划配置和产权配置)以弥补市场机制的缺陷。

9.3.2 信息资源总体配置机制

一般均衡条件下，个别利润率与平均利润率的差别可以引导市场机制自动实现资源在产业间的优化配置。换言之，在这种假定的理想条件下，实际存在的配置即是最有效的配置。

然而，当我们把目光投向实际的信息资源配置时，事情就远没有这么简单了。这里，至少有两个重要的问题是我们所必须正视的：

---

① Schumpeter, J. A.. *Capitalism, Socialism, and Democracy* (2nd ed)[M]. New York: Harper and Brothers, 1947.

② Arrow K. J.. Economic Welfare and the Allocation of Resources for Invention[R]. Reading in the Economics of Industrial Organization. New York: Holt, Rinehart & Winston, 1970.

(1)一般均衡假定不能成立

一般均衡只能是一种理想的假定，尤其是对于包括中国在内的发展中国家而言，由于市场体系发育尚不成熟，市场制度本身还存在着许多缺陷，因而，不仅资源不能完全自由地流动，而且地区间和行业间存在许多障碍，价格信号经常不能及时和真实地反映资源的稀缺程度，价格信号失真进而导致资源的错误配置。

(2)信息活动是一种特殊的经济活动

①并非所有的信息活动都是直接面向市场的。大量的科学研究活动，包括纯理论研究和尖端技术研究，在短期内是不可能带来现实经济收益的(基础教育也具有类似的性质)，甚至可以看做是一种“纯投入性”的活动。如果仅仅用收益率指标来加以衡量，不可能也不应当投资于这类活动。——这显然是一个错误的结论。恰恰相反，教育科研投资在国民收入中所占的比重已经被公认为是衡量一国经济实力和经济增长潜力的一项重要指标。

②一部分信息服务，如图书馆服务，是作为公共物品免费提供给公众的，政府决不能因为不赚钱就关掉所有的图书馆。事实上，我国相当多的公共图书馆和大学图书馆都正面临着经费严重不足的问题，不得不大量压缩订购的书刊品种数量，甚至难以为继，依靠发展“副业”维持生存。——这在人类正迈向信息时代、知识经济时代的今天，不能不说是一个极大的讽刺。

③信息产业是一种“体系性产业”。因而对经济增长的贡献是全局性的，而市场信号(主要是价格)无法将这种间接的贡献充分反映出来。如果仅以市场作为信息资源总体配置的手段，必然导致信息生产不足。

基于上述两个问题，在宏观信息资源配置的问题上，市场机制的作用是有限的，必须由政府直接参与并主要依靠政策引导和政府直接投入来保障信息产业的投入产出总量水平。

9.3.3 政府在信息资源配置中的作用

由于市场机制在配置信息资源上存在着明显的局限性，就要求必须有外部力量的介入——政府的参与作为市场机制的必要补充，但这并不意味着政府干预比市场更加有效。恰恰相反，实践表明，单独依靠计划方式配置资源，不仅成本更高，而且经常会导致资源无效配置，中国在这方面的教训是十分深刻的。同样，在信息资源配置方式上，政府干预只能作为一种辅助性手段，发挥有限的作用。

政府在信息资源配置的作用应集中为3个主要目标：

①信息基础设施建设。这是一项耗资巨大的长期的基础性工程，依靠私

人投资是无力完成的。世界各国的经验均表明，政府必须承担这项工作，为信息产业的发展构筑一个操作平台。这也是当前我国政府迎接知识经济挑战的重要战略性举措。

②公共信息服务。公共信息服务本身的性质即决定了它不应作为营利性活动。有效的公共信息服务对于提高民众的文化素质、传播知识信息具有重要的作用。我们认为，我国公共信息服务系统所要解决的首要问题是减员增效，改进服务质量和服务效率，而不是开展“有偿服务”。公共信息服务的投资应由政府投入，过分强调“创收”目标会将公共信息服务引入歧途。

③制度建设。包括规范市场、界定产权、完善法律制度，以及调整信息产业结构和信息产业组织，限制过分垄断，从而在制度上保障市场机制的有效性。

政府对信息资源的配置主要依靠两个工具：

(1)经济工具

信息资源配置的经济工具是指各个层次的政府运用各种经济杠杆的利益诱导作用，促使信息资源开发利用机构从经济利益上关心自己的活动，是一种间接组织协调、控制信息资源开发利用活动的手段。

在信息资源配置过程中，运用经济工具有利于增强信息资源开发利用机构的微观经济活力，有利于发挥市场机制的作用。其主要特征是：体现了信息资源本身的特点及开发利用活动中所固有的规律，具有明显的诱导性和非强制性。在实践中，经济工具的运用是通过制定和颁布信息经济政策来实现的。

信息资源配置的经济工具主要具有下述功能：第一，调节功能，包括调节信息资源开发利用各个机构之间、各个环节之间的关系以及调节国家、集体和个人之间的利益关系；第二，控制功能，即通过价格、税率、利率等经济杠杆引导各项信息资源开发利用活动向信息资源配置的目标靠拢；第三，核算功能，即借助价格、税收、工资、利润等经济杠杆核算劳动耗费，比较投入产出，平衡社会需求；第四，监督功能，即借助会计、统计、审计、银行、监管、稽查等手段，根据法律和规章，对信息资源开发利用机构及其与政府、职工和相关企业之间的关系监督管理。

(2)法律工具

信息资源配置管理的法律工具是指用以协调信息资源开发利用活动的各种有关的法律规范的总称。运用法律手段对信息资源进行配置，就是各个层次的信息资源配置管理者依靠国家政权的立法，通过经济立法和经济司法机构，运用经济法规来调整信息资源开发利用各机构之间及各环节之间错综复杂的经济关系，处理经济矛盾，解决经济纠纷，惩办经济犯罪，维护信息资源开发利用活动的正常秩序。对国际性的属于人类共同财富的信息资源配置，则通过国际的协商，达成协议来共同遵守、执行。

法律规范是由国家制定或认可，体现国家意志，以国家强制力保证实施的行为规则。它指明了规范适用的条件、规范允许或禁止的行为以及违反规范所应承担的法律责任(如刑事责任、民事责任、行政责任等)。在现实生活中，信息资源配置的法律规范的具体运用是通过经济立法和经济司法来实现的。与经济手段相比，信息资源配置的法律手段具有普遍的约束性、严格的强制性、相对的稳定性和明确的规定性等特点。

我国目前已有《著作权法》、《商标法》、《计算机软件保护条例》、《电信法》等与信息资源配置有关的法律规范，对于促进各专门领域的信息资源配置起到了很好的作用，但尚未形成比较完备的信息资源配置法律规范体系，不能达到有效配置信息资源、实现信息资源配置目标的目的。

9.3.4 市场配置与政府配置的边界

各国经济发展的实践证明，在大多数时候，市场能够以更低的成本配置资源，但同时市场失灵也要求政府必须进行适度干预。问题在于如何确定市场配置与政府配置的边界?

(1)政府配置的作用

资源配置的主要工具应当是市场，政府干预只能是一种辅助性的手段，而且其作用的方式应当是间接的，一般不宜直接介入具体的经济活动。一般地说，政府在配置资源上的作用在于以下几个方面：

①通过制定法律和规制，保障市场机制的正常运行；

②通过政策工具(主要产业政策)调整产业结构，引导资源的流向；

③利用税收工具对社会财富进行再分配；

④维护法律秩序，明晰和保护私人产权；

⑤对基础设施建设的投资；

⑥对教育和高新科技研究与开发的投资。

(2)政府失灵

尽管政府的适度干预能够解决一些市场机制本身无法解决的问题，但政府调节机制也存在着内在的缺陷，我们称为政府失灵(Government Failure)。其根源主要在于：

①有限信息(Limited Information)。市场的信息不足是造成市场失灵的一个因素，然而，由于现实生活是相当复杂而难以预计的，政府不可能做到掌

握充分信息。

②对私人市场反应的控制有限性。政府采取某种政策后，它对私人市场可能的反应往往无能为力，即所谓“上有政策，下有对策”。例如，政府采取医疗保险或公费医疗政策，却无法控制医疗费用的飞速上升；为了吸引外资或鼓励投资，对外来资本或国内某些地区实行税收优惠政策，却有许多不应享受优惠的投资者也钻了空子；一些国家为了使收入均等化对高收入者征高额累进税，却使这些人带着资产移居到税率低的国家定居。

③时滞(Time Lags)。它包括三个方面：

认识时滞(Recognition Lag)。这是从问题产生到被纳入政府考虑日程的时间。如果是中央政府作决策，那么还需要各级政府部门反映、报告问题的时间。

决策时滞(Decision Lag)。这是从政府认识到某一问题到最后得出解决方案的时间，当中可能要经过多方地征求意见、讨论、争论、修改等。

执行与生效时滞(Execution & Effecting Lag)。这是从政府公布某项决策到付诸实施以至引起私人市场反应的时间。

④公共决策的局限性。即使政府拥有充分的信息，通过政治过程来在不同的方案之间做出选择仍会遇到很多困难。政府的决策会影响到许多人，但做出决策的只是少数人，不管这少数决策者是如何产生的，他们在决策时总会代表其所在的阶层或集团的偏好和利益。

综上所述，实现信息资源优化配置要积极发挥市场和政府的作用。以市场为导向大力发展信息产业，建立适当的竞争模式。政府的职能应限定在特定的范围内，例如管理不合理和非法的行为，限制过分垄断，激励商业发展，支持民营企业，提供更多更好更实用的公开信息，给予消费者更有益的保护，提供普遍信息服务，普及推广信息教育。

9.3.5 信息资源配置机制的功能

按照宏观与微观、横向与纵向多重优化的要求，信息资源配置机制应具有3个基本的功能，即调集功能、生长功能和辐射功能。

(1)调集功能

信息资源配置的最终目标是有效利用全部信息资源，并且所有的信息需求能够迅速得到满足。但这在实际上只能是理论上的假设，现实中往往是信息资源的稀缺与闲置并存。在一定程度上，这是因为对资源的有效利用存在层次和角度上的差别，微观上有效，并不一定在宏观上有效；从经济效益上衡量有效，从社会效益上看则未必有效；存量信息未必有市场需求，而需求的信息又不一定得到满足。判断标准的不同、供求的错位、市场运行中的摩擦等，都会使得信息资源的闲置和稀缺现象无法避免。信息资源配置失衡，一是指某些信息资源完全没有被投入使用，二是指部分信息资源没有得到充分的利用，三是指某些市场上存在需求的信息资源尚未被开发出来。

因此，信息资源配置机制的调集功能同时表现在两个方面：一是尽可能地减少闲置，或者说对闲置信息资源的唤起，最大限度地利用已有的存量信息资源；二是迅速地调集各种资源，开发出适合市场需求的信息，通过增量的优化改进信息资源配置效率。

(2) 生长功能

狭义的资源转移是社会产品和产业结构优化的基本要求，但不是资源配置的全部含义。在社会总产品中，有相当一部分表现为中间产品并作为新的资源形式投入再生产过程。社会经济实际增长水平的衡量不是对各个环节的产品简单相加，而是计算产品生产各阶段的增值部分，因而中间产品附加值的增长便成为经济发展的重要条件。资源优化配置应注重追求来源于技术进步的信息资源的生长，无形的信息资源可以体现出对实物资源的节约，可以使得既定的实物资源在不同的技术替代条件下发挥不同的效用。实物资源的可再生程度低，受自然供给量的约束严格；而信息资源则可以再生，因而在间接的意义上可以替代物质资源创造产出。因此，所谓信息资源配置的生长功能，就是充分利用信息资源对物质资源的替代，更多地在产品价值构成中融入技术的成分。一个社会的资源配置，如果不能使已有的技术得到充分的应用和推广，便无法形成良性循环。即一方面信息资源被闲置，不能附加于产品之上，产出的价值创造处在较低水平；另一方面，低价值构成的产出不能提供必要的剩余，技术进步受到阻碍，结果导致经济在低水平上缓慢增进。而较高的技术利用率则恰恰相反，通过产品附加价值的提高，可以在不影响投资和消费的前提下提供较多的信息开发费用，进一步推动技术进步。这种良性循环机制，无疑是经济快速发展的引擎。因此，信息资源配置机制的生长功能，实际上是技术进步在生产函数中的广泛应用。

(3) 辐射功能

经济体系是一个具有复杂联系的相关系统，其中一个因素的变动必然引起另一个因素的变动，但各个因素之间的变动频率和延伸范围并不相同。将这种关系置于经济发展过程中，就是产业变动的关联性，即一些产业的变动可以引起一连串的产业变动行为，而另一些产业的这种引致变动效应却相对较弱。当资源较多地配置于前者时，尽管与之相关联的产业并不直接得到资源投入量的增加，但通过需求或供给的刺激，可以获得投资增长的动力，并进一步引导资源的流入。这种配置较之直接将资源分散配置于各个产业上具有更大的增长效应，这就是产业发展的辐射作用。完善的资源配置机制，表现为对辐射主体的优先选择，信息产业和高科技产业即具有辐射性强的特点，对国民经济的全局发展具有全面的推动作用。

上述三方面功能的全面发挥，是信息资源优化配置的标志，也是构造信息资源配置机制的基础。发展中国家的资源配置要求之所以较之发达国家更为迫切，正是因为现实配置机制严重偏离上述要求。在我国，不仅大量的实物资源被浪费，而且技术创新对实物资源的替代远未受到足够重视，加上经济运行不规范，辐射功能在很大程度上被直接的资源投入所替代，因而总体配置效率还很低。因此，我国的资源稀缺具有两重性质：一是作为要素禀赋的自然资源拥有量的稀缺；二是配置不当所导致的稀缺。前者是既定的先天不足，后者则完全可以加以改善。资源配置理论的重心显然在于后者，即通过改善配置效果来减轻稀缺的约束，而改善的重要途径之一即在于信息资源优化配置机制的建立。

9.4 信息资源配置效率

9.4.1 信息资源配置的效率

(1)信息资源配置效率的层次

资源配置效率有三个不同层次的概念，即：企业经济效率、行业经济效率与社会经济效率。

企业经济效率与行业经济效率均指产出/投入最大化，但并不意味着每个单个企业生产的有效率肯定能使整个行业是有效率的。因为，如果在某一行业内，将原来用于相对效率较低的企业(如技术落后、设备陈旧或管理落后的企业)的投入转移到相对效率较高的企业，可以导致全行业更多的产出，那么，我们可以肯定原来整个行业的资源配置并没有实现帕累托最优配置——尽管单个企业的生产是有效率的。同样，行业的有效率也并非社会资源有效配置的充分条件。资源有效配置所强调的是整个社会福利的最大化。但同时也必须看到，社会资源有效配置必定要求行业有效和企业有效。换言之，行业有效和企业有效是社会资源有效配置的必要条件。

对于这三个不同层次概念的区别，有助于我们更准确地理解信息资源有效配置的涵义。有些学者常常将信息资源有效配置的概念混同于信息产业(行业)资源的有效配置，这种理解是褊狭的。对于信息资源配置应该是在整个社会福利最大化的背景下考察其有效性。

(2)信息资源配置效率的衡量

信息资源配置不是一个简单的微观或者宏观问题，它一方面必须服从于总体社会资源优化配置和社会福利最大化的宏观目标，另一方面又必须立足于信息生产、信息服务有效的微观基础。因而，衡量信息资源配置效率需要从宏观(总体)、中观(产业)和微观(生产者和消费者)三个不同的层次来加以考察。微观信息资源有效配置是信息产业资源有效配置的基础，二者又共同构成宏观有效配置的前提。

研究信息资源配置的有效性，不可能脱离信息行业、信息企业的运行效率来孤立地考察，必须在微观层次上将信息行业、信息企业资源配置的有效性问题纳入研究的范畴，信息生产的有效性是信息资源有效配置的基本条件。因此，尽管信息生产的有效性并不等同于信息资源配置的有效性，但它却是研究信息资源配置的一个重要课题。根据资源配置理论，信息资源配置的有效性，应当从以下三个方面来考察：

①信息生产的有效性。信息生产的有效性是信息资源配置有效的基本条件。信息生产的有效性是指企业在生产可能性边界上生产，在生产可能性曲线上，增加一种信息商品产量只能靠减少其他信息商品的产量，不可能再找到另外一种生产方式增加一部分信息产品的产量而又不减少其他信息产品的产量，即信息生产的产出/投入最大化。

当信息市场处于完全竞争状态时，所有信息企业都面临同样的商品和要素的价格，且一切商品的价格最终等于其边际成本，生产要素等于其边际产品的价值，从而保证信息产业以最有效的方式进行生产。

②各种信息商品的生产比例的有效性。信息资源配置的有效性要求不仅用有效的方式生产，而且要求能最好地满足消费者的需要，即生产出来的信息产品能够反映消费者的偏好。当信息市场是完全竞争时，消费者对不同信息商品的边际替代最终等于其生产比例，从而保证信息生产满足消费者的需要。

我国信息市场长期处于一种“有效供给不足”与信息生产能力闲置的矛盾状态，反映出信息生产偏离了消费者的需求偏好，产出结构比例不合理。如果这一问题不能有效地解决，信息资源配置的有效性就无从谈起。

③信息市场与交换的有效性。信息资源的有效配置要求生产的信息商品(假定这种信息商品存在需求)能够以适当的方式实现价值，这就意味着信息市场必须高度发达。而事实上，目前我国的信息市场基本处于一种无序和无效的状态，信息市场的无效性无疑导致信息交换的无效性，最终导致的信

息资源配置的无效性。特别是，我国大量的公共信息被行政部门机构独自占有，造成信息资源的闲置和信息交流的阻塞。因此，从信息市场资源配置效率的角度看，只有发展和完善信息市场，设计合理的公共信息披露和信息交流机制，才能做到信息资源的优化配置。

(3)信息资源总体配置

资源配置的主要任务是各种投入要素在产业间进行合理的调配，以确保有限的资源被用于能够带来最大收益的用途。或者说，通过资源在产业间的流动，使其被投入到增长性最强、收益率最高的产业和部门。

在宏观的层次上，信息资源配置必须服从社会经济效率的总体目标，其任务是合理安排信息活动投入与产出的总量，使其在数量和结构上能够满足社会经济效率最大化的要求。具体而言，信息资源总体配置具有双重目标：

①作为国民经济中的一个新兴的经济性产业，信息产业是知识技术密集型产业，具有较高的技术和知识含量。较之传统的劳动密集型产业和资本密集型产业，信息产业不仅具有高附加值的特点，而且成长性好，具有长期发展的潜力，是未来全球经济发展的主要增长点。

②作为一种“体系性产业”(System's Industry)，信息产业追求的是“体系性利益”(System's Benefits)。从本质上看，信息产业不仅通过产品和服务的生产销售带来收益，其更重要的贡献在于它服务于其他产业，并在所有产业的产值和收益中占有一定的“份额”——尽管从数量上精确地测定“份额”的大小仍有相当的难度，但我们的确不难找到大量的证据来证实信息革命给各个产业所带来的深刻变化和劳动生产率的提高。

信息资源总体配置目标的双重性必然要求配置效率衡量标准的双重性：

①信息产业中高收益率的行业是否能够或者已经获得足够的投入，以及是否具有适当的机制保障这种投入的持续性和稳定性；

②信息产业对其他产业的经济贡献是否得到恰当的评价，并通过某种方式反映到资源配置机制之中，以保证信息的投入产出控制在适度规模。

在这两个标准之中，前者可以通过个别利润率与平均利润率的差别直接反映出来，相对比较容易衡量；而后者则难以准确地把握，其症结主要在于信息产业贡献“份额”的间接性和模糊性，不同的计量方法会导致完全不同的数据和结论，因此，解决这一问题的关键在于建立一套科学的计量方法来评定信息投入与经济增长之间的数量对应关系。

(4)信息产业资源配置

信息产业资源配置的任务是在信息投入总量既定条件下追求信息产业产出总量最大化。这里的信息产出总量不仅是一个单纯的最终产品数量的最大化，而且要求各种比例关系的最优化。

①当前产出与发展潜力的关系。信息活动是一种连续性的智能活动，而不是一种简单再生产，某一时期信息产出总量的最大可能性不仅取决于投入，还要取决于社会知识存量(包括前期信息活动所形成的基础性信息产品存量和人力资本存量)；现期信息活动所形成的社会信息存量又构成未来信息活动的基础。因此，在安排信息投入的方向时，必须权衡当前产出数量与长期发展潜力的关系，以保障信息产业的持续发展。

②产品数量与可利用程度的关系。这是一个非常复杂和困难的问题，因为信息的投入并非完全依赖市场机制引导，因而市场也无法自动实现信息产品的有效交换。一旦生产出来的信息产品不能充分得到利用，产品的数量就不能正确地反映出信息产业资源配置的有效程度。

一种信息产品是否最终能得到有效利用，除了需求之外，还要受多方面条件影响和制约：产品形式是否为消费者所接受；产品利用的方便程度；信道是否通畅；信息产品的物化机制是否有效；知识产权保护在多大程度上妨碍了信息产品的充分利用。

这两种比例关系在实践中即表现为对信息产业内各行业、部门之间的资源合理配置的要求，即信息产业资源有效配置要求稀缺资源在产业内的分配能够反映出当前产出与长期发展、信息产品与信息利用比例关系的要求。

9.4.2 信息资源的产权配置

对于某种资源来说，不同的产权界定可能会带来不同的效率后果。在信息资源的产权安排上，私人产权或者公共产权哪一种更有效率？与一般的物质资源相比，无形资源的产权安排有什么特殊性问题？信息产权制度的有效性如何？这些都是信息资源配置所必须面对和研究的问题。

(1) 产权对外部效应的作用

外部效应会导致市场自动调节机制的失灵，从而引起资源配置的低效率。对于这个问题，传统的经济理论认为应当由政府出面进行干预。美国经济学家科斯(Ronald H. Coase)则提出了相反的观点。科斯认为外部效应从根本上说是因为产权界定不够明确或界定不恰当而造成的，所以政府不必一定要用税收、补贴、管制等方法来试图消除社会收益或成本与私人收益或成本之间的差异，政府只需适当地界定并保护产权，没有政府直接干预的市场也可以解决外部效应问题，随后产生的市场交易能自动达到帕累托有效。①

在这个原则下，又产生了这样一个问题：当产生外部效应时，究竟哪一方应该拥有资源的产权？是居民拥有清洁河流的权力，还是企业拥有污染河流的权力？科斯在1960年发表的《社会成本问题》一文中提出了一个著名的论点，即无论哪一方拥有产权都能带来资源的有效配置②。

如果只是考虑资源的最优配置的话，将产权赋予交易的任何一方都没有什么差异，只要产权是明晰界定并受到法律的有效保护，双方之间的谈判（Bargain）和交易会带来资源的最有效利用，这就是科斯定理（Coase Theorem）。产权界定在不同人身上只是带来收入分配上的不同。

（2）产权的资源配置功能

所谓产权的资源配置功能是指产权安排或产权结构直接形成资源配置状况、驱动资源配置状态、改变或影响对资源配置的调节。这种功能主要表现在以下几个方面：

①相对于无产权或产权不明晰状况而言，设置产权就是对资源的一种配置。与产权的“内化外部性”和“减少不确定性”功能相联系，设置产权不仅是依靠产权界定来配置资源，而且，与没有产权的情况比较，能减少资源浪费，提高经济效率。这种效率提高不是因为优化产权结构而导致的，而是产权设置本身所引致的。

②任何一种稳定的产权格局或结构，都会形成一种资源配置的客观状态。资源产权在不同地区、不同部门的不同主体之间的分布，也就基本上代表各种生产要素的分布——分布在什么地区、分布在什么行业、分布在哪些主体手中等。

③产权的变动同时也改变资源配置格局，包括改变资源在不同主体间的配置、资源的流向和流量、资源的分布状况。

产权总是客观地具有配置资源的功能，这就使得通过调整产权优化配置功能成为可能。人们可以在一定限度调整产权、优化产权结构，从而优化其配置功能，提高资源配置效率。

（3）产权制度效率与资源配置效率

资源配置效率是所有资源耗费与所带来的效用的比较。资源耗费分为生

---

① Coase R H.. *The Firm, the Market and the Law* [M]. The University of Chicago Press, 1988.

② Coase R. H.. The Problem of Social Cost [J]. *The Journal of Law and Economics*, 1960.

产成本和交易成本两大部分，它们共同构成为提供一定效用而花费的成本。任何交易在本质上都是产权的交易。因此，交易成本实质上是产权制度的成本，很显然，以交易成本高低体现出来的产权制度的效率与资源配置的效率是直接和密切相关的，交易成本是为实现一定的效用所费成本的两大组成部分之一，它对资源配置效率的影响有以下几种：

①假定生产成本和效用既定，交易成本的增加或减少，导致资源配置效率的下降或提高。

②假定效用既定，生产成本与交易成本同时上升，不管交易成本上升多少，都对资源配置效率产生负影响。

③假定效用既定，生产成本与交易成本同时下降，当然资源配置效率提高。

④假定效用既定，交易成本与生产成本反向变动，无论交易成本是上升还是下降，都影响资源配置效率变化。假定交易成本为下降趋势而生产成本为上升趋势，有三种情况：如果交易成本下降幅度小于生产成本上升幅度，资源配置效率是下降的；如果交易成本下降幅度大于生产成本上升幅度，资源配置效率是上升的；如果交易成本下降幅度正好等于生产成本上升幅度，资源配置效率不变(但是交易成本对资源配置效率的正影响仍然存在，只不过被生产成本上升所抵消)。如果交易成本为上升趋势，生产成本为下降趋势，则相应地也有三种情况。

交易成本高低，即产权制度效率高低，与资源配置效率密切相关，但是并不意味着二者相等。因为资源配置效率即使在效用既定前提下，不仅与交易成本相关，也与生产成本相关，交易成本只是影响资源配置效率的变量之一。设资源配置效率为 E，效用为 U，交易成本为 TC，生产成本为 PC，则有下述关系：

$$E=U/(\mathrm{TC}+\mathrm{PC})$$

现代产权经济学通过创立交易费用学说，把产权制度安排与资源配置效率联系起来，产权制度的成本与资源配置效率相关，优化产权制度是提高资源配置效率的必要条件或必要途径之一，但并不意味着产权制度效率等于资源配置效率。

(4)信息产权的制度安排

信息的生产是有成本的，相比之下，信息的“复制”和传递费用则要小得多，同时，由于信息的消费具有“非消耗性”的特点，任何一个“次级信息传播点”都可以在传播信息方面做得比原始生产者毫不逊色，却只要付出低廉的传递费用。换句话说，任何一个信息消费者都可以指望“搭便车”，那么，谁会愿意独自承担高额的信息生产成本呢？

显然，由于信息产品的消费具有非排他性，排斥“免费乘车”的行为十分困难，或者说排他的费用是昂贵的，因此，信息明显地具有一定的公共性。

尽管信息与其他公共物品一样存在明显的“效果外溢”(spill-over effect)，但在很多时候，信息的使用可能还是比“灯塔”的灯光更容易控制。至少信息的独占性使用(绝对保密地定向传递或生产者自用)是可能的，而“灯塔”则不可能用一个密封的罩子把灯光完全遮盖起来(那样意味着所有的人，包括建造灯塔的人也无法使用)。另外，信息有时可能会作为一种“副产品”被提供出来，生产者虽然不能对信息收取费用，却可能会通过“免费”提供信息而在其他方面获得收益。因此，在某种意义上，信息并不是一种严格的公共物品，而更像是一件“准公共物品”，或者说是一种特殊的公共物品。

迄今为止，关于如何安排信息产品产权的问题仍然存在激烈的争论。

①标准理论。公共物品理论的结论是：由于信息产品的“外部效果”以及“消费的非排他性”所导致的“搭便车”行为，私有产权的履行和保护费用较高，市场机制会造成这类资源的生产不足，即私人市场提供的信息产品数量可能小于最优值。从资源配置的帕累托效率观点来看，信息产品的公共产权安排更为有效。

市场失灵(market failure)导致的生产不足意味着需要政府出面干预以增加信息生产的数量。政府干预的形式一般有两种：其一，政府自己充当信息生产者；其二，对私人信息生产者给予补贴和资助。

为了更清楚地解释公共物品理论的观点，让我们来看一个典型的例子——天气预报。

天气预报对每个人都是有效用的，它可以帮助人们避免某种意外损失，或者至少可以不被雨淋或不被冻坏。另一方面，天气预报对于每个人的效用肯定是不等的，有些人可能更需要天气预报，有些人则可有可无。但是，天气预报的生产者却面临着一个成本不对称的现象：天气预报的生产成本极其昂贵，而传播费用却相当低廉，这意味着要使每个听到了天气预报的人付费会花费更大的执行费用和监督费用。通过进一步的分析，我们发现，无论生产者以什么价格出售天气预报，购买者都不会很多。由于生产者无法识别消费者的效用差别，所以只能采用统一的价格。较高的价格必然会排斥较低效用的潜在消费者，而即使采用较低的价格，大多数消费者仍然会等待其他人去购买。只有极少数迫切需要天气预报的人才可能在价格不太高(至少不能高于其效用)的情况下购买。另外一种可能付费的人是“再售者”(reseller)，他们购买的目的是尽快得到信息(天气预报)以便“再售”，但这种人也不可能太多。其他人则可能通过两种方式获取信息：

其一，“买半票”。一部分人可能会从“再售者”那里以更低的价格购买。由于“再售者”的成本远远低于生产者，因此，他的价格肯定更具有竞争力。

其二，“搭便车”。更多的人则会通过观察别人的行为或者通过询问间接地从已经购买天气预报的人那里免费得到信息(天气预报)。

购买了信息的人会在行动上做出相应的反应，搭便车者只要看看别人出门是否带伞就可知道是否下雨。在这种情况下，生产者没有办法排斥“无功受禄者”，因此也就无法通过有效地收费补偿生产成本，最后的结果只能是天气预报在私人市场上慢慢消失。

既然私人市场无法保证信息生产的正常进行，由政府出面干预就是必要的，这就解释了为什么天气预报或者义务教育要由政府免费提供，也解释了政府为什么要对基础研究提供资助，或者对高新技术企业实行税收减免。

②波斯纳(R. Posner)的理论。近年来，有些经济学家针对传统的结论——不受管制的私人市场生产“不足”的信息，提出了相反的论点。著名的产权经济学家波斯纳(R. Posner)在《垄断和管制的社会成本》中指出，公共物品理论关于私人的市场会导致信息类的资源生产不足或停止生产的结论在有些条件下是根本错误的。只要具备一定的条件，私人的市场完全可产生帕累托效率条件所要求的产出数量①。

我们仍然用天气预报这一特殊资产来说明波斯纳的观点。假定某个人花费较高代价发明了预报天气的手段，按照公共物品理论的解释，这项天气预报手段的发明是不可能的，因为发明者没有其他方面的资助，根本不可能从这一发明中获得成本的补偿，更谈不上获得发明的利润。可是，波斯纳认为，虽然像天气预报这类的资产具有公共性，无法通过出卖这一“物品”从消费者那里得到相应的价值和报酬，但是这一天气预报的发明人完全可能通过买卖期货合同(future contracts)，借助于“期货”市场来间接地得到发明的补偿并赚得利润。

现假定天气预报的发明人能完全预见到未来天气的恶化情况。据他的预测，由于气候的恶化，农业的收成在未来某个时间内会大幅度减少，而农产品价格则会大幅度上升，这一预测是不公开的私有信息。由于发明人掌握了这一信息，他便可以运用期货市场以现时的价格大量购买未来的农产品，因

① Posner, R. A.. The Social Cost of Monopoly and Regulation [J]. *The Journal of Political Economy*, 1975, 83(4): 803-828.

为只有他才知道在未来农产品价格会比现在已经签约需支付的价格高多少倍。一旦收成到来，农民为了履行合同，必须按当时(即现在)签约的价格出卖天气预报发明人所购买的农产品。农产品一到手，发明人便可就地以当时(即未来交货时)的高价格转让农产品。这一买卖“期货合同”的过程便是间接收回发明投资和赚取利润的过程。有了期货合同的交易，无形资产的私有产权可以克服公共物品的“搭便车”的外部效果问题，使私人市场制度的运行避开“市场失灵”的陷阱。

这个例子的关键在于可能存在这样一种情况，即有可能不用直接出卖给消费者的方式收回信息的价值。如果这是真的，那就会削弱支持政府干预信息市场的经济论点。事实上，只要能够以某种途径间接地收回信息价值，不受管制的市场可以恰好生产出最优数量的信息。

③自然垄断理论(theory of natural monopoly)。一些学者既反对公共物品理论的传统观点，又对波斯纳等人的市场竞争制度提出了质疑。他们认为竞争性的私人市场可能导致信息的“过度”生产，造成资源的重置(duplication)的效率损失，因此，为了使竞争的浪费尽可能地减少，政府应当采取某种措施来限制竞争。“自然垄断理论”就是探讨在什么样的条件下，哪些资源是自然垄断的。其基本结论是，自然垄断的市场结构将保证该资源充分利用范围经济(economics of scope)和规模经济(economics of scale)，使资源配置的成本达到最小。

这一观点所代表的政策建议一般是利用特许权、许可证和专有权的形式保护生产的垄断地位。赋予发明人或生产者这种特殊的受保护的地位，既提高了资源利用的效率，又为生产者和发明人提供了在私人竞争市场制度下不可能存在的刺激和行为动力，使发明人与生产者的利益不受他人的侵犯。

④简要评论。关于信息资源的产权安排，我们已经看到了三种迥然不同甚至是截然相反的理论，为了更好地把握这些理论的核心内容，我们做一个简要的归纳：

标准理论：由于“效果外溢”，私人市场的信息生产是“不足”的。因此，应由政府出面组织信息的生产和传播，或对私人生产信息予以补贴和资助。

波斯纳的理论：由于原始生产者可能以某种间接方式取得相应的收益以弥补信息生产的成本，不受干预的自由市场完全可以生产出最优数量的信息，因此，政府的任务不是直接干预，而是保证信息市场竞争的条件。

自然垄断理论：竞争性的私人市场会以重复投入的形式导致信息生产“过量”，因此，政府应当通过授予特许权等方式来限制竞争。

这三种观点都是建立在资源配置的效率考虑上，它们各自都有自己的理论依据和政策主张，并且不难在现实的经济生活中找到支持的证据。但是，这三个理论不可能同时成立，那么，问题的症结何在呢？

美国著名经济学家罗伯特·考特(Robert Cooter)和托马斯·尤伦(Thomes Ulen)提出了一个折中性的建议①："肯定地说，在某些情况下或对不同种类的信息来说，仅有一个理论成立。在这种情况下，一个错误地假定所有信息市场上仅有一种信息因而仅有一个产权规则的政策制定者就会造成无效率，引起生产中的信息数量和种类错误。我们所需要的(并且是经济学界尚未提供的)是对信息有个分类，以便我们可以决定哪种信息理论适合于信息的不同种类。如果能对信息种类加以区分，那么就可能制定出相应的公共政策来生产出整个社会最优的信息数量。"

罗伯特和托马斯为我们提供了一个有益的思路和框架，但如何区分信息的种类，他们并没有提出具体的办法和建议，对于实际产权安排的政策选择，难题仍然存在着。

9.4.3 信息资源共享

从经济学的角度分析，信息资源共享的实质主要表现在两个方面：第一，私有信息通过信息资源共享进入公共领域，成为公共信息；第二，信息资源的共享是一个信息产权租让的过程，这种租让可以是有偿的，也可能是免费的。同时，信息资源共享有多种表现形式，比如图书馆间的馆际互借，电子图书、网上多媒体以及数字图书馆，网络共享共建等网络信息资源共享模式。信息资源的共享究竟会带来怎样的效应呢？用户的信息共享动机是什么？用户怎样选择合理的共享模式？长期以来，我国文献信息资源共建共享进展缓慢的根源是什么？这些都是信息资源共享研究的重要课题。

(1)信息资源共享与帕累托改进

讨论信息资源共享的问题的基本模型是基于如下假定：一是信息资源足够多，并且都是有用信息资源，而所有用户都只占有信息资源总量中很小的一部分；二是每个用户都不希望在信息资源共享的过程中遭受损失，否则用户就不会参与信息资源共享。

我们先来考虑最简单的情况，两人信息资源共享的模型。由于两人所占信息资源的总量都很小，根本不具备信息市场的垄断能力，不受外部因素的影响。为简化模型，设两人的信息偏好相同，对等量信息的信息效用相等，

① Cooter R., Ulen T.. *Law and Economics* (4th ed) [M]. Boston MA: Addison-Wesley, 2004.

而两人之间的信息共享不需要任何成本。而且两个人的决策都是同时进行，不存在时间差异(如图 9-5 所示)。

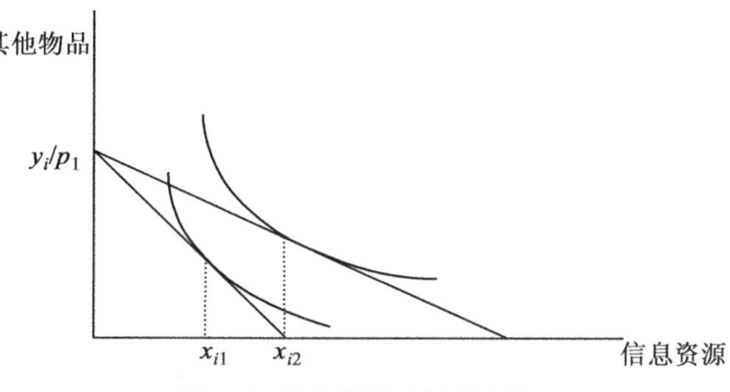

图 9-5　最优消费计划的决定

在这个模型中，假定其他物品的消费量为 x_{i1}，信息资源的消费量为 x_{i2} ($i=1, 2$)，两人的消费问题都是：

$$\max\{U_i(x_{i1}, x_{i2})\}$$

$$p_1x_{i1}+p_2x_{i2}\leqslant y_i;\ (i=1, 2).$$

这样，对于两人而言，消费均衡考虑的问题就是：

$$\max\{U_1(x_{11}, x_{12})+U_2(x_{21}, x_{22})\}$$

$$p_1x_{11}+p_2x_{12}\leqslant y_1;$$

$$p_1x_{21}+p_2x_{22}\leqslant y_2.$$

共享前，两者是相互独立的，$U_1(x_{11}, x_{12})$ 与 $U_2(x_{21}, x_{22})$ 无关，这样的消费均衡就是两个独立个体的消费，也就是：

$$\max\{U_1(x_{11}, x_{12})+U_2(x_{21}, x_{22})\}=\max\{U_1(x_{11}, x_{12})\}+\max\{U_2(x_{21}, x_{22})\}$$

则令　$U^*=U_1(x_{11}^*, x_{12}^*)+U_2(x_{21}^*, x_{22}^*)$；

其中，$U_1(x_{11}^*, x_{12}^*)=\max U_1(x_{11}, x_{12})$，$U_2(x_{21}^*, x_{22}^*)=\max U_2(x_{21}, x_{22})$；

共享后，如果两人的信息是不公开的，那么两人的消费不会改变；否则，两人的消费问题变为一个共同消费的问题，即：

$$\max\{U_1(x_{11}, x_{02})+U_2(x_{21}, x_{02})\}$$

$p_1x_{11}+p_1x_{21}+p_2x_{02}\leqslant y_1+y_2$(其中，$x_{02}$表示共同的信息资源消费量)

新的均衡条件下，$U'=\max\{U_1(x_{11}, x_{02})+U_2(x_{21}, x_{02})\}$；

∵ 两人的信息偏好和效用函数相同，

∴ $x'_{02}=x_{12}^*+x_{22}^*$；$x'_{11}+x'_{21}=x_{11}^*+x_{21}^*$；

预算相同的时候，$x'_{11}=x_{11}^*$，$x'_{21}=x_{21}^*$；显然 $U'_1>U_1^*$，$U'_2>U_2^*$；两人的效

用都得到改善，而其中的共享净收益 $\Delta P=p_2(2x_{02}-x_{12}-x_{22})$。以 Cobb-Douglass 效用函数为例：信息资源共享前，$x_{11}^*=\alpha y_1/p_1$，$x_{12}^*=\beta y_1/p_2$，$x_{21}^*=\alpha y_2/p_1$，$x_{22}^*=\beta y_2/p_2$，这样，信息资源共享后，$x'_{11}=x'_{21}=\alpha(y_1+y_2)/2p_1$，$x'_{02}=\beta(y_1+y_2)/p_2$。

从图形分析中，两人的信息资源共享是等价于信息价格降低的条件，同样也可以分析出 $U'_i>U_i^*$。

从上面的分析不难看出，两人之间的信息共享，扩大了两人可供消费信息资源的总和，这就是范・瓦里安在团体消费模型中所说的消费集扩大。可以说，信息资源共享是一个互利的行为，信息资源的共享对于原有均衡而言是一个帕累托改进。信息资源共享拓展了信息用户的信息消费能力，增加了信息福利。

由此推出，无成本的信息资源共享在非垄断的信息市场中是一个帕累托改进。类似的案例是私人和小型图书馆藏书的共享、私人唱片以及 VCD 共享等。但是信息共享后的均衡并不是一个稳定均衡，由于二者之中的任何一个人可以毫无代价地获得另外一个人的信息资源，所以他在某一范围内能够通过减少他的信息预算，而增加其他物品的预算来提高自己的效用。但是如果二者都这么想，反而可能会使个人效用降低。

考虑共享成本 Cs 后，二人的信息预算变为 $y_1+y_2=Cs$，现在就涉及两个问题：第一，整体上两人的总福利是否得到改善；第二，在福利改善的条件下，是否符合激励相容约束条件。

共享成本的引入肯定会带来相应的成本约束，也就是当共享成本超过某一阈值时，无论采用怎样的共享策略，都至少会有一方无法达到共享前的效用水平。这样，共享成本必定会导致相应的福利变迁。

首先，考虑共享成本的构成。一种共享成本是显性的，通过共享的实施成本来描述。第一，技术性成本，包括完成共享所必需的技术装备、日常维护、共享信息资源的完善优化以及信息的传输和包装成本等。第二，制度性成本，主要是为构建共享条件所达成的协议制定、信息传输法律、共享信息资源的使用合约等。第三，监督成本，尤其对于共享发起者而言，如果共享发起者试图从信息资源的共享中与共享用户一同分担信息资源的开发和共享成本，共享发起者必须监督共享用户，保证共享用户履行自己的共享义务。另一方面，共享所带来的负外部性也应该计入用户的隐性共享成本。比如软件开发商通过软件共享可能发生黑客入侵网上软件信息资源，恶意破坏和不正当拷贝造成的市场损失，这都意味着效率损失。

其次，考虑共享成本导致福利变迁的程度。一种简单的图形描述就是相

当于将共享成本 Cs 分配到信息价格中去，信息价格升高，导致相应的效用水平降低。而在数学分析中，共享成本的引入，相当于收入降低 Cs，带入运算得：$Cs<p_2(2x_{02}-x_{12}-x_{22})$ 时，信息资源共享可以提高用户的福利水平，信息资源共享就是帕累托改进；否则，信息资源的共享就是无效的。

考虑成本分担实质就是考虑是否分配均衡，团体内部的激励是否相容。早在 1919 年，林达尔(Lindahl)对公共物品的分析中得出了林达尔均衡，是无弹性公用品从私有品转为公用品后重新分配的新均衡，弗雷(Foley，1970)进一步证明林达尔均衡是帕累托有效均衡。这也是在简单模型中讨论的共享后的最优解，最优解所决定的分配份额是林达尔均衡，也就是没有一方能够在不损害对方利益的同时提高自己的信息福利。

进一步的研究表明个人激励高度相容的直接显示机制必须满足转移支付的独立性和补偿性条件①(Green，Laffont，1977)。虽然能够保证团体用户达到效率最优，但对个体用户而言，信息边际收益率不等也可能导致这种成本分担方式无效(暂不讨论信息的计量和边际界定问题)。对于信息商品而言，阿罗-德布鲁(Arrow-Debreu)单一价格经济体系是不合适的，信息商品的保留价格对不同的信息用户差异很大。一旦信息资源共享，信息从私有品转为公用品，信息的市场价格相对于用户的保留价格而言，可能有较大出入，这样边际收益率的选取就有两种情况：一是“不损己”的方法，以保留价格作边际收益计算；二是“不损人”的方法，以市场价格作为边际收益计算。所以，林达尔运用个性化价格实现公用品经济效率的方法，必定会由于私人对公用品评价体系的差异而失效。

在简单模型中就可以描述成两个信息偏好一致但对其他商品的偏好相差很大的用户，预算和信息预算都有较大差异。比如，刚毕业的大学毕业生 A 和毕业多年的大学毕业生 B 同为文学爱好者，A 持有 100 单位货币，B 持有 1 000 单位货币，他们共同消费 50 单位货币进行文学信息资源共享。对整体而言，最优的情况是 B 负担信息支出而共同享用，这样二者的效用之和最大，对二者而言都“不损己”。但显然这一成本分担是不合理的，它不具有独立性和补偿性原则。同样对于大型图书馆和小型图书馆而言，它们的信息资源共享的成本分担也是如此。

不妨将上面二者分别称为信息支配者和信息消费者，为了有效补偿信息支配者对信息消费者提供的便利，虽然并没有发生价值的转移，信息消费者

① Green, J., Laffont, J. J.. On the Revelation of Preferences for Public Goods[J]. *Journal of Public Economics*, 1977, 8(1): 79-93.

应该对信息支配者给予适当的价值补偿，体现突出效率的同时强调公平，建立激励相容的共享体制。现实中，有些直接通过货币形式得到补偿，比如图书馆图书维护费与读者阅读费的关系；有些通过信息资源的外部性得到补偿，比如网络信息资源的信息安全保障费用与网络信息资源共享所发掘的潜在用户获得的新收益的关系。

共享成本客观存在并影响信息福利水平，而共享成本的降低意味着共享效率的改进，所以对不必要的共享成本应该尽量消除。总之，在一个合理的成本范围内，信息资源的共享是相对原有信息消费的帕累托改进。

(2)共享共建模式的信息资源共享

共享共建模式的信息资源共享是目前国内图书馆、档案馆、情报所等信息机构广泛采用的模式，而且多年的理论探索和实践改进形成了纵向共享和横向共享交错的信息资源共享格局。作为非营利机构，图书情报机构更多注重信息的搜全率，同时考虑以搜索时间为参照的信息效率问题。近几年产权自主的改革和财政开支的缩减，使信息成本问题凸现。

实质上，共享共建模式的信息资源共享主要面临的是内部成员的监督激励问题。在信息资源共享的使用中，各信息组织是完全平等的，也就是边际替代率为-1，而各信息组织的边际贡献率不一致，这类似于严格计划经济条件下劳动者的关系，“干多干少一个样”。信息资源共享的监督者是难以界定的，不管是监督还是激励，只能依靠制度。我国通过生产责任制这样一种制度改革解决了劳动监督和绩效改进的问题，那么信息资源共享的制度应该如何安排呢？

正的激励制度必须表现出合理的奖惩措施，在内部评估体系可靠的前提下，对努力程度高的信息组织应该采用奖励的形式给予价值补偿，反之对“懒惰”的信息组织以惩罚方式加以督促。目前，我国的评估体系不是很健全，评估手段是辅助方式，更多依赖信息组织的自觉性，而且奖惩范围一般停留于非物质层面，采用口头表扬或批评的方式。这样在一些利益矛盾中，不可避免地发生资源闲置或不适当利用的效率损失。所以，完善激励制度和评估体系是解决这一问题的当务之急。

如果信息资源共享内部各成员并不平等，例如拥有资源多的大型图书馆与资源少的小型图书馆就存在所谓的“大猪”和“小猪”的差别，那么通过智猪博弈模型的分析，“小猪”总是采取跟随策略，这样信息资源共享渠道的改进和制度安排的成本都必须由“大猪”承担。如果“大猪”和“小猪”可以争斗，“大猪”可以吃掉不听话的“小猪”，那么“大猪”就占有支配地位，会激励它进行共享效率的改进，因为它的成本可以通过索价的方式从“小猪”那里得到补偿，而自身收益得到改善。

(3)客户-服务端模式的信息资源共享

客户-服务端模式的信息资源共享更适用于信息资源的私人供给行为，它主要由服务端完成信息资源的组织和加工并提供服务，将共享的信息资源作为一种商品推向市场，通过信息商品的售价回收信息资源开发和共享的成本。所以，它要解决的是信息资源的价格和收费问题，也是成本分担的问题。从信息消费的角度看，就是分析客户端和服务端在信息资源共享前后的收益变化，从而得出信息用户可以接受的价格范围。① 下面从几组成本分析中进行比较：

①开发成本。一般而言，信息资源的开发成本巨大，从人力资源成本、时间成本到技术设备成本，甚至要承担相当数量的沉没成本。而通过信息资源共享，信息开发者将其开发成本分担给所有的用户，并从中获取一定的回报，这样信息开发的成本随着共享用户的增加而逐渐减小。但是为了保证信息资源正常使用，各用户还必须付出共享成本，而且共享发起者必须承担更大的份额。如果共享发起者试图从信息资源的共享中与共享用户一同分担信息资源的开发和共享成本，共享发起者必须监督共享用户，保证共享用户履行自己的共享义务。监督成本太高，信息资源就不会被共享。

②信息价值与使用成本。从信息用户角度看，用户共享信息资源必须付出一定使用成本。使用成本除了用户获取信息共享所分担的一定开发成本外，还包括用户为获取信息的搜寻成本和时间等待成本。信息的搜寻成本指用户从海量信息中获取所需信息付出的代价。这与信息搜寻技能、信息搜寻工具和信息搜寻策略，甚至信息资源的组织都有关系。另一方面要考虑所获取信息的价值，而信息价值与信息准确率和信息适用性相关。这表明有效的信息资源共享必须具备足够容量的信道，并尽量减小信道信息失真率。这样用户承受的信息资源共享的价格范围就应该在用户对信息资源保留价格的基础上下调。

③信息资源共享的收益。信息资源共享的收益主要是社会收益，也就是社会通过信息共享所付出的代价与所有共享用户独立开发相同的信息资源所付出代价的差值。信息资源共享的收益实质是信息产权的租让，知识产权法对信息资源的规定提高了信息产权转让的门槛，但信息生产者可以通过信息共享获得剩余索取权。共享的收益包括共享用户获得信息所产生的部分相对

① 马费成，裴雷．我国信息资源共享实践及理论研究进展[J]．情报学报，2005(3)：279-280.

收益、共享带来的网络效应使信息资源增值以及更多的商业机会——向共享用户提供更多非信息共享服务的机会。比如，软件免费共享对软件开发商的利益损失而言，绝对销售额可能会减少，但开发商可以通过更好的软件优化和升级向免费获取软件用户提供有偿服务。

而为了保证信息收益最大化，很多信息资源开发商采取了前面所讨论的价格歧视策略。

此外，还存在内容服务商和硬件设备商等不同层面的信息资源共享的模式，这样的情况一般通过两部收费制予以解决，例如电信公司与上网服务。

小　结

优化信息资源配置的目的，是提高信息福利水平。通常用效率来衡量资源配置的优劣，经济学意义上的效率指的是资源的配置已经达到这样一种状况：无论作何改变都不可能同时使一部分人受益而其他人不受损，也就是说当经济运行已达到有效时，一部分人进一步改善处境必须以另一些人处境恶化为代价，这就是帕累托最优。

信息资源优化配置要充分运用市场、政府和产权安排机制，这三种手段在信息资源配置中发挥不同的作用和功能，有其特定的适用范围。以市场为导向大力发展信息产业，建立适当的竞争模式；政府的职能市场配置的补充，应限定在特定的范围内；产权配置机制可以提高信息资源配置的效率。与物质资源不同，信息资源的最优配置应当是实现最大限度共享。从经济学的角度分析，信息资源共享的实质主要表现在两个方面：第一，私有信息通过信息资源共享进入公共领域，成为公共信息；第二，信息资源的共享是一个信息产权租让的过程，这种租让可以是有偿的，也可能是免费的。同时，信息资源共享有多种表现形式。本章介绍资源配置的经济理论，进而对信息资源配置与信息福利，信息资源配置的机制与模式，信息资源配置效率和信息资源共享等问题进行了探讨。

思考与练习

1. 什么是资源配置的帕累托效率？
2. 简述信息资源的市场配置和政府配置，如何确定两者的边界？
3. 什么是信息资源的总体配置？
4. 简述信息资源配置机制的功能。
5. 如何衡量信息资源配置的效率？

6. 试分析产权的资源配置功能。

7. 如何安排信息产品的产权?

8. “CALIS(中国高等教育文献保障系统)的宗旨是把国家的投资、现代图书馆理念、先进的技术手段、高校丰富的文献资源和人力资源整合起来,建设以中国高等教育数字图书馆为核心的教育文献联合保障体系,实现信息资源共建、共知、共享,以发挥最大的社会效益和经济效益,为中国的高等教育服务。”试分析 CALIS 中信息资源配置的帕累托改进。

10 信息产业

信息产业的形成是社会经济信息化的必然结果，是传统的质能经济向现代信息经济转换的标志。信息产业形成于 20 世纪 60—70 年代，80 年代以后迅速发展，已成为当代经济的主导产业。本章主要介绍信息产业的基本概念、形成机制及其在国民经济中的地位和作用，着重从经济学的角度讨论信息产业的经济特性、产业结构及其演进、信息产业对经济增长方面的影响等问题。

10.1 信息产业含义与特征

10.1.1 信息产业的含义

任何一个国家和地区都有自己的经济结构。产业就是人们在国民经济大系统中，按照某种标准对国民经济结构所进行的一种划分，是在生产上具有同类性质的若干生产部门所形成的集合体。国民经济中某一行业发展成为一个产业，是社会分工和生产力发展到一定阶段的必然产物，它间接地反映着某一国家或地区经济发展的水平以及该行业在国民经济发展过程中地位和作用。由于研究产业结构的角度和目的各不相同，因此产业的划分标准也是多种多样的，较常见的有：克拉克的三次产业分类法、联合国颁布的《全部经济活动的国际标准产业分类索引》、霍夫曼分类法等。但在所有的各种传统产业分类法中，都没有将信息产业作为一个独立的产业划分出来，在我国，现有的国民经济产业结构分类体系中，也一直沿用克拉克的三次产业划分法，即第一产业：农业，包括农、林、牧、副、渔业；第二产业：工业和建筑业；第三产业：服务业，主要包括流通部门、为生产和生活服务的部门、为提高科学文化水平和居民素质服务的部门。独立的信息产业一直未能在国民经济产业结构分类体系中登台亮相。

最早提出与信息产业相类似的概念的是美国经济学家马克卢普教授，他在《美国的知识生产与分配》一书中提出了知识产业的完整概念。尽管在边界范围上与现在流行的信息产业有所出入，但基本上反映了信息产业的主要特征。真正提出将信息产业纳入国民经济基本产业结构框架的，当首推美国经济学家波拉特。他创造性地划分出农业、工业、服务业和信息业的“四次产业”，突出了信息活动在国民经济发展过程中举足轻重的作用，引导着世界各国学者对国民经济产业结构的再认识。

尽管目前“信息产业”这一术语已为社会普遍接受，但由于信息产业尚处于初步兴起的阶段，而人们出于不同的研究角度和目的，对其所进行的理解、分类和描述也不尽相同，因此，关于信息产业的概念问题，目前仍然是众说纷纭、莫衷一是。在已有的研究成果中，有的从信息产品和信息服务的内容入手划分，有的从信息产品和信息服务的流通领域入手划分；有的以其投入为标准，有的以其产出为标准；有的从狭义的角度定义之，有的从广义的角度定义之。例如日本科学技术与经济协会认为，信息产业是指开发计算机硬件、软件及各种通信设备的信息技术产业与数据库、咨询、新闻出版和教育等使信息转化为商品的信息商品化产业。再如国内有些学者认为，信息产业是利用现代科学技术对信息进行搜集、加工处理、分析研究并提供信息产品和信息服务的产业总称。据粗略统计，仅我国信息界，目前就至少有十余种提法。为了以下讨论和叙述的方便，本书仅从作者的认识和所要讨论的问题出发，将其理解为：信息产业是指国民经济活动中与信息产品和信息服务的生产、流通、分配、消费直接有关的相关产业的集合。

10.1.2 信息产业的特征

信息产业除具有一般产业应有的基本特征外，还具有以下几个主要的突出特征。

(1)信息产业是知识、智力密集型产业

物质提供、生产、制造是传统产业的核心，而信息产业的支柱是信息技术，其核心是计算机技术、通信技术等，这些技术都是高知识、高智力投入的结晶。信息产业中的服务业如文献信息、信息咨询、软件等，不仅是知识高度密集的产业，而且也是生产知识的最大产业群。信息产品中所含知识、智力高于传统产业。无论是农业还是工业都是以物质、能源的消耗为基本特征，是资本、劳动密集型产业，产品中的知识、智力含量远远低于信息产业所提供的产品或服务。从企业的层面看，信息企业的成功，首先取决于是否具有高水平的技术资源，研究开发能力和效率是决定信息企业发展的关键。从西方信息产业发达国家经济发展情况看，20世纪80年代以来，其经济总量的增加主要是由信息产业的发展所创造，知识已提高成为生产率、竞争力和经济成就的关键。

(2)信息产业是技术更新快、加速性的创新型产业

信息技术以微电子技术和计算机技术为基础，包括信息的采集、处理、储存和传输技术，其涉及的内容十分广泛，是一门综合性很强的科学技术。在工业经济时代，信息以模拟形式传递，而在信息时代，信息则以数字形式并通过数字网络以光速传递，信息的数量和质量都大大提高，技术知识和技术创新的扩散、转移和利用速度以加速度扩大，技术本身提高了技术在全球的流速和流量，信息技术及其产品更新的速度大大加快，产品的生命周期大大缩短。信息产业呈现技术更新更快、产品价格更低廉、集成程度更高、综合功能更强的发展趋势，技术创新已成为信息产业发展的核心动力。

(3)信息产业是标准依赖的竞争型产业

由于信息产业的知识技术密集、技术更新快、投资效益高，对信息产业的投资会由于信息技术开发的创新性、有效性、专用性和垄断性及市场需求的广泛性而获得高额回报。这就吸引了众多实力雄厚的企业和高素质的人才，积极参与信息技术的开发和信息产业的发展，竞争在更高层次上展开。特别是随着知识经济的到来，对信息产业发展起决定性作用的将是知识和智力，人才资源是信息产业最具实力的资本，谁能开发和利用更多的信息资源，谁就掌握了市场竞争的主动权。因此，信息产业发展过程中的竞争比传统产业更加激烈。

技术领先者之所以能够利用知识产权产生垄断市场的力量，最主要的原因是信息“网络效应”引致的“边际报酬递增”机制和“锁定效应”引致的生产者垄断优势。目前，专利已不仅仅是企业自我保护的手段。许多美国信息产业大公司不再全是为已经研究开发的技术申请专利，而是利用“抢登”办法和专利手段在新技术领域进行圈地运动，即围绕所谓的“战略性专利”展开竞争。在许多新兴国家和信息产业加工制造基地，国外跨国公司为长期垄断技术与市场，采取了“战略包围”式的专利注册，扼制当地产业、技术发展。在公司专利竞争同趋激烈的同时，企业、国家的标准之争也愈演愈烈。标准之所以重要，一是因为在信息产业中，不同系统不同类产品间、各类组件必须保持兼容，在这种情况下，标准是关键；二是技术标准是决定技术发展的关键因素。IBM负责知识产权和专利授权的副总裁认为，如果想成为零部件

供应商的“龙头”，必须自己制定标准。如今技术标准已成为公司战略和政府政策关注的焦点，在企业采取种种手段，试图对技术发展的方向和系统标准的确立产生影响时，政府也常常干预标准的制定，以提高本国企业在这一领域的竞争力。

(4)信息产业是研发成本大的高风险型产业

信息产品的研制与开发往往属于跨学科、跨行业的系统工程，与传统产业相比，大多数信息产品在研制开发阶段投资都很高。20 世纪 90 年代以来，全球信息产业竞争加剧，信息产品企业投资规模迅速扩大，研究开发投资占销售额比重明显提高。一般的信息技术企业研究开发投资占销售比重都在 5%以上，处于发展前沿的信息技术企业研究开发投资占销售额比重甚至高达 15%至 20%。微软便是其中的典型。2006 年 12 月微软在其最新版本操作系统 Vista 的发布会上称：“Vista 开发的工程浩大，代码甚至已经超过 2 亿行。微软为此投入超过 200 亿美元的研发经费，以及超过一万名工程师数年的努力。”微软随后还会在 2007 年投入超过 70 亿美元的研发经费用于创新的产品研发和测试。同时，信息产业又会因为技术开发和市场需求的不确定性、超前性、复杂性和时效性使这些投资具有一定风险。据资料统计，美国信息产业风险企业中，完全失败的占 20%，经受挫折的占 60%，成功率一般为 20%~30%。

(5)信息产业是需求方规模经济效应突出的产业

技术创新是信息产业发展的核心驱动力，但一项新的信息技术或产品能否生存还取决于需求方是否具备规模经济效应，这是信息产业发展的独特性。工业时代的规模经济是指随着生产商生产规模扩大，产品的平均成本随之下降，可称为生产方规模经济，或卖方规模经济。信息时代的信息产业具有独特的需求方规模经济效应，或买方规模经济，即随着需求方规模的扩大，需求方和生产方的收益都会随之增加，这种由信息产品自身特性所构成的现象，极大地影响了生产和消费两方面的决策。

“网络效应”与“锁定效应”共同作用产生需求方规模经济效应，其结果往往胜者通吃。因此，在信息产业领域，主导技术在一定程度上取决于进入市场的先后，而非全是技术的最优化。

信息产业的上述五个特征决定了产业内部的竞争方式与传统产业的不同，成本控制、销售渠道、管理层效率等因素在传统产业中虽然仍发挥着重要作用，但在信息产业已不占据主导地位，甚至技术上的领先也不一定能保证企业获得成功。那些适应并能有效利用信息产业经济学特点，并采取相应战略的企业将获得最大程度的竞争优势，具有超过行业平均水平的获利能力和抗风险能力。而那些只具备很少特点的企业在本质上是相当脆弱的，其市场份额很容易在激烈竞争中被其他企业夺取，或在行业不景气时期首先被淘汰。

10.2 信息产业的形成与发展

10.2.1 信息产业形成的内在动因

(1)社会生产力的发展

在人类社会发展初期，生产力水平极其低下，信息活动只处于最简单的直接交流阶段。后来，随着生产知识不断丰富，生产技能不断提高，人类社会的信息活动开始进入到积累和交流阶段。当人类从农业社会进入工业社会进而跨越到信息化社会以后，信息已经成为现代生产的要素之一，与劳动者、劳动工具和劳动对象共同构成现代生产力的基础。信息要素通过优化生产素质、导向生产要素的合理有效配置、促进生产力系统运行的有序度、改进生产关系及上层建筑的素质与协调性等方面发挥其生产力功能，使生产力取得了巨大进步。

信息要素的生产力功能愈加明显，由此而显示出的信息力对社会生产力系统具有举足轻重的作用。今天，信息生产力作为推动近代生产力向现代生产力过渡的革命性要素正发挥着划时代的巨大作用。信息生产力是社会生产力的一个构成要素，其功能作用由小到大，由弱到强，以至于演化为当代和未来新一代生产力的主体，使人类对信息及信息活动的认识产生质的飞跃。这是信息产业能够形成的最基本条件。

(2)产业结构的变革

在产业革命浪潮的推动下，全球的传统产业结构面临着一次次大的变革。

人类社会生产活动最初以农业(包括农业、林业、牧业、副业、渔业等)为主，尽管当时也存在手工品生产和商品销售活动，但是，这些活动都依附于农业生产，没有完全独立形成新的产业。这一以农业为主导的时期，称为农业经济时代。

产业革命加速了手工小商品生产从农业中分离出来的进程，经过工场手工业时期，机械制造工业、纺织工业、电力工业、钢铁工业相继独立，并且不断扩大规模。工业逐渐取代农业，成为新的、在社会经济中起主导作用的产业。在工业强劲发展的带动下，人类社会进入了工业经济时代。

工业化后期，在信息革命浪潮的冲击下，全球的产业结构的演变具有“脱工业化”和“非工业化”的特征。一般机械、重工业的生产增长放慢，计算机制造业、金融、贸易、网络等一系列以信息、知识为特征的高技术产业产值比重不断上升，并且超过工业生产的比重，逐渐形成了新的主导产业——信息产业。

(3)社会需求的增加

任何产业的形成都是靠社会需求来推动的，信息产业也是如此。当人们的物质需求满足到一定程度，其他方面的需求不断扩大，著名的恩格尔定律就说明了这种变动关系。当恩格尔系数降低到一定程度时，人们对信息类商品和服务的消费欲望迅速提高、消费支出不断扩大。人们愿意购买并消费信息产品及服务，因为它不仅能够满足人们物质生活的需要，为人们带来高效率、高效益、高智能，而且也能够满足人们精神生活的需要，提高人们工作与生活的质量。正是社会成员对信息产业的这种需求成为信息产业形成的主要动因之一。

个人计算机的大量增加，必将促进对经贸、法律、科技、教育等各类数据的需求，要对大量信息数据进行快速有效的传递，就要建立现代化的网络，因而上述需求也就带动计算机业、网络通信业、信息服务业的产生和发展；网络市场的开拓，将刺激其设备的需求，国家及各系统信息网络的建设，对光纤线、信息传输、交换设备、计算机软件管理系统、计算机网络操作系统及用户终端设备产生大量的需求，就要扩大其硬软件产品的生产量，提高其质量；与此同时，信息服务业的需求也将增加，需要大量的服务人员、技术人员、维修人员、管理人员，从而创造大量新的就业机会，推动信息服务业的发展。

当信息产品和信息服务成为一般社会成员较为稳定的需求时，信息产业将会迅速形成。

(4)信息技术的发展及应用

20世纪40年代以来，信息技术获得了飞速发展，其效用已渗透到社会生活的各个方面，成为当代社会、经济发展的核心技术。信息技术的发展及应用是信息产业产生及壮大的根本动力。信息技术的发展主要在信息载体、信息工具和信息内容上增强了人类信息能力，信息载体促进了信息设备制造业的形成和发展，信息工具增强了开发与利用信息的广度和深度，信息内容扩展了信息服务业的范围和服务方式。从信息技术本身来看，它包括人们对信息的获取、存储、传输及处理，信息技术的发展相应扩展了人的各种信息器官功能，同时也成为将要产生的信息产业中重要行业的支撑技术，如图

10-1 所示。

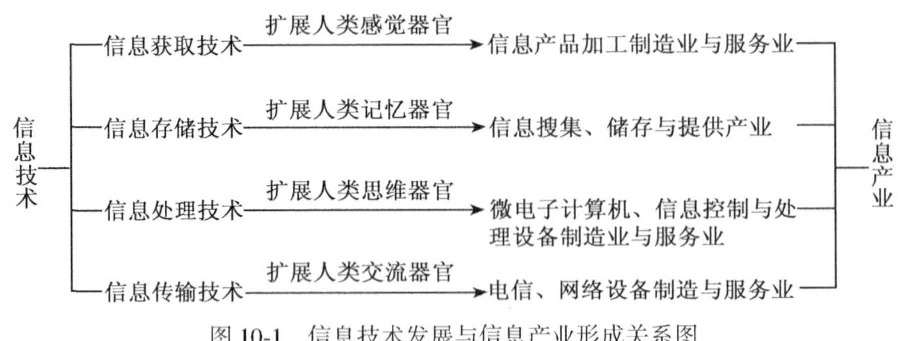

图 10-1 信息技术发展与信息产业形成关系图

计算机技术、电子技术、数字技术、网络技术、卫星通信技术、通信材料技术、激光技术的高速发展，给信息传播、服务、管理领域带来了技术革命，使信息活动注入了新技术革命的活力，彻底改变了传统信息活动的传输方式、处理方法和存储模式。新闻、出版、图书馆、档案馆等传统活动，采用计算机及现代技术，改进了信息的获取分类传播整理方式，使效益成倍提高。通信、广播、电视、电影在现代技术的推动下，使信息的传播速度、传播范围，以及由此带来的社会经济效益都发生了天翻地覆的变化。在现代信息技术的推动下，信息产业迅速形成并发展起来。

上述信息产业形成的几个动因不是孤立的，而是相互联系的。

社会生产力的发展是信息产业形成的基础，也是其他动因产生的基础。只有生产力发展到一定程度，人类才有能力进行更高级的信息活动，才有可能形成信息产业。信息技术的发展和应用是信息产业形成的最主要动力。

信息技术和生产力发展二者之间存在着相互作用关系。生产力发展是信息技术发展及应用的基础；信息技术的发展和应用对社会生产力有促进作用。主要表现在信息技术对劳动工具的变革所做出的贡献和影响。信息技术使劳动工具实现了全面的信息化、智能化，使劳动者获得空前的解放，推动着生产力的不断发展。

信息技术和产业结构变革之间同样存在着密切关系。一方面，信息技术的发展促进了产业结构的调整和优化。具体体现在：①使一些技术上落后的产业部门受到巨大的冲击，逐步走向衰退并被新兴的产业部门所替代。②通过信息技术的作用与渗透，使某些产业部门发生变革、使传统产业部门走向成熟。③信息技术的发展促使新的产业得以产生、使传统产业部门之间出现融合组合等现象、使产业系统逐渐走向合理化。另一方面，经过一系列变革的更加合理化的产业结构也将进一步促进信息技术的发展。

信息技术和社会需求二者之间也有着相互影响关系。一方面，社会成员对信息商品和服务的需求逐渐增加，这将推动信息技术的不断发展和完善，以满足社会需求；另一方面，信息技术的高速发展和越来越短的创新周期，使得信息商品和信息服务总能不断推陈出新，各类新产品层出不穷，这必将不断地刺激和创造人们对更高质量的信息产品和服务的需求，从而推动信息产业的发展。

10.2.2 信息产业的形成

是否只要存在信息活动，我们就认为已经形成信息产业呢？答案当然是否定的。这里有一个标准问题，我们不能简单地用信息的特征来解释信息产业。只有当信息活动在社会经济中的价值得到了体现，或者说信息活动为社会总资本提供了带动国民经济增长的增加值时，才能形成信息产业。非媒介传播的信息活动为社会提供的是难以计量的价值，所以不能形成信息产业；以纸张为媒介的信息传播、共享、存储活动(如出版、图书馆、档案)和以电磁波为媒介的信息传播、处理活动(如电话、电报等)虽然能够产生价值，但其对于社会经济增长的作用是有限的，所以也不能形成信息产业。

只有当这些新兴的科学技术融入到信息传播活动中，使信息的传播、处理量成几何级数增长，并真正带动了社会经济的飞速发展时，信息活动才能形成一种全新的产业，即信息产业。

总体来看，信息产业的形成应该具有以下四个标志：

(1)信息产业部门独立化

信息产业部门独立化是指信息产业的经济活动不再从属、依附于第一、二、三产业，而是从后者中独立、分化出来，形成自成体系的独立产业。

虽然信息产业的经济活动早就出现了，但是这些经济活动还附属于其他产业，比如信息设备制造业起初是属于第二产业的，咨询服务业起初是属于第三产业的。只有当信息产业的经济活动过程从其他产业的相应过程中分离出来，并且信息生产和信息劳动已经职业化，信息产业的产出形式已经区别于其他产业的产出形式而独立存在的时候，信息产业才可能成为一个独立的经济部门。

(2)信息产业整体化

信息产业整体化是指信息产业部门门类比较齐全，从其他产业独立出来的部门不是个别行业，而是初步形成门类繁多，种类齐全的有机整体。

信息产业作为一个大系统，是由一系列子系统即分支行业构成的。如果一个国家、社会上独立化的只有个别信息产业行业，那还不足以构成信息产业的大系统，也就不能说该国家已经形成信息产业。

相当多的信息产业的分支部门古已有之，诸如图书馆业、档案业等"传统行业"，也有一部分的分支部门是在现代才出现的，在内涵和外延上都区别于"传统行业"，比如系统集成业、软件业等。尤其是现代信息技术的核心技术在国内逐步实现产业化的过程中，会形成一个个新兴的信息产业的子行业，丰富信息产业的行业体系。

所以，信息产业整体化应该包括两方面内容，一是当本国的信息产业中原属于"传统行业"的分支部门已经独立出来了，二是本国有条件形成信息产业的"新兴行业"。

(3)信息产业劳动成为"职业性劳动"

职业性劳动是人们所从事的以谋生为目的的专门性劳动。它包括两层含义，一是具有专门性，劳动者固定地而不是偶然地从事该项工作；二是具有收益性或(全部或部分的)有偿性，不能以义务劳动或免费服务的形式存在。信息产业劳动具有职业性、有偿性是信息产业形成的重要标志。

(4)现代信息技术的核心技术基本产业化、自主化

信息技术的发展趋势必然带动信息产业化的兴起，这是历史的必然，信息技术产业化是生产力发展的客观要求。在社会经济效益的驱使下，各国竞相开发并努力实现信息技术的产业化、商品化，只有在现代信息技术的核心技术基本产业化后，信息产业才能真正地从其他产业中分离出来，成为一个独立的产业。

另一方面，现代信息技术的产业化还是信息产业演进的重要组成部分和重要特征。这是因为，高速分化、创新与发展的信息技术在经过产业化后形成一个个新兴的信息产业子行业，充实了信息产业的基础，完善了信息产业的内容，促使信息产业向合理化、高级化方向发展。

信息技术的核心技术基本自主化是指引进的技术只有被消化、吸收并创新之后才具有自主的知识产权，才能不受制于人，才有可能形成独立的民族信息产业。这是因为信息技术更新很快，没有技术的自主权只能在市场竞争中处于劣势和被动，独立的民族信息产业的形成必须拥有自主化的技术作保证。

10.2.3 信息职业的划分

就业问题在任何国家始终是一个严重的问题，在经济结构发生根本性变

革的时期尤为突出。当信息引起的信息经济来临时，人们的就业结构也随之发生变化。从美国等一些信息化程度较高的国家来看，整个社会的就业结构已发生突变。由于以信息生产力为主导的先进生产力解放了传统农业、工业中的一部分劳动力，此外，由于信息部门自身的发展也创造了大量新的就业机会，使就业结构发生了逆转。随着社会经济信息化的提高，信息业将提供更多的就业机会，越来越多的人正在或即将投身于信息行业。可以相信，信息职业必将是未来的最佳职业选择。

要准确严格地把各类信息职业从所有各种工作岗位上划分出来是困难的。有一部分职业可能很容易判断它们是否为信息职业，但对大多数职业来说，问题就不那么简单。很明显，人类的任何活动中都多少会含有创造信息、交流信息、处理信息、接收信息、认识信息或利用信息的成分，只是比重大小和隐显程度不同而已。正因为如此，研究信息经济的专家学者们提出了多种信息职业划分标准和分类方法，特别是美国、日本等信息经济发达的国家，还采用不同的分类方法对社会职业进行了具体的划分和比较。国际上比较通用的信息职业分类是马克卢普—波拉特方法体系对信息职业的分类。

(1)马克卢普—波拉特的信息职业划分

马克卢普—波拉特方法体系遵循这样一种思路：从产出方面来考察，看哪种职业与信息的生产、处理、流通有实质性的关联。以计算机程序员与木工为例，两者都是熟练劳动者，工资大致相等，为了具备生产性能力，两者都必须接受教育培训，即汲取信息。在工作中，两者都必须聚精会神地应用所学到的知识和技能，即处理应用信息。但从产出的角度考察，计算机程序员主要是提供信息服务(即有关计算机的知识和技能)，木工则以土木建造和制造家具(非信息产品)来维持生计。两者之间的区别在于：前者出售作为商品的信息，后者出售实物形态的商品。这就是马克卢普—波拉特体系划分信息职业与非信息职业的主要标准。

此外，对于那些不直接向市场出售商品和劳务(既不出售信息商品和信息服务，也不出售实物商品和劳务)的职业，则主要从其首要职能来考察，并结合其劳动对象、服务方向进行判断。例如饭店招待和图书馆员都是向别人提供服务，但很显然，后者属于信息职业而前者不是。

按照上述分类标准，有三种性质的工作岗位可归入信息职业的范围：

第一种是从事“信息市场”(markets for information)工作的劳动者。无论是从产出还是从首要功能来看，他们都属于生产和销售信息商品的劳动者。

第二种是提供“市场信息”(information in markets)的劳动者，他们的产出不是出售知识信息，而是提供收集并能传播信息的服务。他们在企业里和市场上管理信息，并对市场信息进行收集、综含、分析和处理。

第三种是从事“信息基础设施”工作的劳动者。主要是对前两种工作起支持作用的信息技术人员和信息设备操作人员。

波拉特将美国现有的422种职业中符合上述性质的职业分为5大类13小类①：

①知识生产类。

科学技术工作者。即主要从事科学研究和技术开发的人们，是马克卢普所定义的现代社会“知识部门”的核心。

个人信息服务提供者。主要包括律师、会计师、程序设计人员等。这些职业的功能不在于生产出新知识，而在于对特定的顾客或市场用特殊的方法应用已有的知识和信息。在信息丰富的社会里，最难处理的一个问题是，以恰当的形式，在适当的时间和地点发挥信息的效用。这类职业就是以此为目标，采用特殊方法将已有的知识重新“包装”后再向需要者出售。

②知识分配类。

教育工作者。包括各类教师、教练员。

公共信息提供者。包括图书馆员、档案工作者。

大众传播工作者。包括记者、作家、广播电视工作者。

③市场调查和经纪类

信息搜集人员。包括统计员、审核员、检验员等与调查活动有关的多种职业。

调查和经纪人员。是由买、卖、中介三方共同构成的市场经营者，如买方的进货代理人、卖方的推销员、中介方的拍卖商等。

计划、管理人员。包括具备管理、控制功能的一切职业，如政府及企业中的管理人员、调度人员等。政府管理部门对市场和企业的调控和管理是通过制定法规政策、创造公平竞争的市场环境、投资导向、对企业活动进行规划和评价、促进企业技术革新等工作来进行的。这些工作无法直接用市场价值来衡量，但为了保持企业活力，促进市场繁荣，必须重视计划、管理、加强管理部门的力量。

④信息处理类。

传统的信息处理人员。包括秘书、邮递员等。

电子信息处理人员。包括数据录入员、银行出纳员等。

⑤信息设备类。

---

① 马克·波拉特．信息经济[M]．北京：中国展望出版社，1987：118-154.

传统的信息设备操作人员。包括速记员、复印机操作员、印刷工人等。

电信工作者。包括电报操作员、广播电视修理工人等。

具体分类见表10-1。

表10-1　**信息职业的分类**

	职业类型	职业种类	主要职业举例
信息市场部门	1. 知识生产类 2. 知识分配类	科学技术工作者 个人信息服务提供者 教育工作者 公共信息提供者 大众传播工作者	自然科学家、社会科学家、工程师 律师、会计师、程序设计人员 各类教师、教练员 图书馆员、档案人员 记者、编辑、作家、广播电视工作者
市场信息部门	3. 市场调查和经纪类 4. 信息处理类	信息搜集人员 调查和经纪人员 计划、管理人员 非电子信息处理人员 电子信息处理人员	统计员、审核员、检验员 代理人、推销员、拍卖商 政府公务员、管理人员 秘书、邮递员 数据录入员、银行出纳员
信息基础设施部门	5. 信息设备类	非电子设备操作人员 电子设备操作人员 电信工作者	速记员、复印机操作员 计算机操作员 电报电话操作员、广播电视修理工

需要说明的是，以上介绍的是波拉特采用的分类法，它与马克卢普早期的分类法略有差异。另外，这里采用的信息概念是相对于物质的广义概念，基本上包括了与信息知识有关的所有领域。

此外，波拉特对一些具有明显“复合性质”的职业采用具体分析、典型调查方法确定出28种“半信息职业”，见表10-2和表10-3。

表10-2　**服务和信息各占50%的职业**

医生	广告宣传员
持有执照的护士	小贩
营养师	零售事务员
临床检查技师	其他办事员
保健检查技师	零售店主(薪给)

续表

放射线诊疗技师	零售店主(自营)
设计人员	个人服务业主(薪给)
柜台事务员	个人服务业主(自营)
船长、海员、零售商	企业服务业主(薪给)
协会、工会职员	企业服务业主(自营)
站长	收发员

表 10-3　　　　**工业和信息各占 50%的职业**

不能另行分类的车间主任	测量员
木材检查员、测量员、定级员	检查员、试验员(制造业)
其他分类的检查员	定级员、分类员

(2)其他机构(学者)的信息职业划分

除了波拉特的信息职业分类方法外，其他一些研究者也得出了一系列富有特色的研究成果。经济合作与发展组织(OECD)曾利用 1968 年的国际职业分类标准(ISOC)将信息职业划分为 4 组，即信息生产类、信息处理类、信息分配类、信息基础设施类。

斯彻门特(J. R. Schement)用信息操作来定义信息生产、信息工作和信息职业，他将信息职业分为 5 类，即信息生产者、信息再生产者、信息维护者、信息技术生产者和信息技术维护者。斯彻门特还发现，在职业名称词典中，有 96. 9%的信息部门满足信息职业的定义，而在服务业中，有 49. 6%可被看做信息职业。罗伯・克林格(R. Kling)依据信息职业的优劣顺序，将信息职业划分为 4 个白领职业阶层和 1 个蓝领职业阶层(见表 10-4)。在表中所示的 5 种信息职业中，由上而下，信息劳动力的专业化训练程度、收入、社会地位依次降低。其中，专门职业者专业化训练程度最高，收入和社会地位也最高，是人人向往的最佳信息职业。蓝领职业不论是在专业化训练程度还是在收入、社会地位上都是最低的，他们很少有能升迁为白领职业阶层的机会。不过，不论是白领职业还是蓝领职业，都只是社会分工的不同从影响整个社会信息产业发展的宏观角度来看，每一种职业的存在都反映了在一定的历史时期内社会对该职业的需求，因而它们都是必要的、有存在意义的。

表 10-4　　**克林格的信息职业分类**

<table>
<tr><th>职业阶层</th><th>职业种类</th><th>主要职业举例</th></tr>
<tr><td rowspan="4">白领阶层</td><td>专门职业</td><td>会计、建筑设计师、高校教师、科学家、律师、医师</td></tr>
<tr><td>半专门职业</td><td>计算机专家、工程师、管理人员、作家、教师(不含高校教师)、研究工作者、图书馆员、档案工作人员</td></tr>
<tr><td>监督与高层次销售职业</td><td>广告代理、保健技师、保险代理、办公室管理人员、销售和采购代理、不动产代理、股票经纪人</td></tr>
<tr><td>事务员职业</td><td>收款员、销售员、统计员、文书、邮递员、打字员</td></tr>
<tr><td>蓝领阶层</td><td>蓝领阶层</td><td>装配或修理通信、印刷或其他信息处理设备的技术工人</td></tr>
</table>

参见国外情报科学，1991(3)

10.2.4　信息产业的发展模式

作为高竞争性产业，信息产业的每一种发展模式都是影响产业发展的多重要素的“新组合”。根据要素组合的特征，各类发展模式及其典型国家和地区见表 10-5①。

表 10-5　　**信息产业发展模式**

<table>
<tr><th>主要视角</th><th colspan="2">主要模式</th><th>典型国家、地区</th></tr>
<tr><td rowspan="5">产业结构（产业优先）</td><td colspan="2">全面推进模式</td><td>美国、欧盟</td></tr>
<tr><td rowspan="4">重点突破模式</td><td>大型计算机突破</td><td>日本</td></tr>
<tr><td>PC 突破</td><td>中国台湾地区、韩国</td></tr>
<tr><td>软件突破</td><td>印度、爱尔兰</td></tr>
<tr><td>内容业</td><td>韩国、中国台湾地区</td></tr>
<tr><td rowspan="4">产业组织</td><td rowspan="2">市场集中度</td><td>大企业主导型</td><td>美国、欧洲、韩国</td></tr>
<tr><td>中小企业主导型</td><td>中国台湾地区</td></tr>
<tr><td rowspan="2">企业生产组织</td><td>水平型分工</td><td>美国、欧盟、韩国</td></tr>
<tr><td>垂直型分工</td><td>日本</td></tr>
</table>

① 黎楚苑. 信息产业演进规律与发展模式研究——基于产业经济学的分析[D]. 武汉大学，2005.

续表

主要视角	主要模式		典型国家、地区
产业布局 产业转移	内生增长	园区模式	美国硅谷、中国台湾新竹
		产业带动	
	外力驱动	技术转移提升	韩国、中国台湾地区（OEM-ODM-OBM）
		出口加工	东南亚
技术创新	技术创新模式	自主创新	美国、欧洲
		引进消化吸收	日本
	技术创新地位	创新推动型	美国、欧洲
		资金推动型	韩国、日本、中国台湾地区
		劳动力推动型	中国大陆、东南亚
	技术路径	领跑型	美国
		学习追赶型	韩国、中国台湾地区、中国大陆
国际贸易	竞争手段运用	标准与知识产权战略	美国、日本
		锁定与追随	多数国家（发展中国家）
	市场定位	出口导向型	爱尔兰、韩国、中国台湾地区
		国内国外市场并重	美国、日本、欧洲
政府调控	调控手段	市场主导型	美国及市场经济体
		政府主导型	印尼等

(1)从产业结构的角度划分

按产业发展的突破口，可划分为全面推进型和重点突破型。其中，在“重点突破”中又有韩国和中国台湾地区个人电脑型、日本的大型计算机和制造优先型以及印度、爱尔兰的软件业带动型等的实践。

(2)从产业组织角度划分

一是从市场结构（产业集中度）的视点看，可分为大企业主导型和中小企业主导型。其中大企业主导型的代表性国家是美、日、韩国，中小企业主导型的代表是中国台湾地区。二是从企业组织的视点看，又可分为美国、欧盟等国（地区）的水平型模式和日本的垂直型模式。

(3)从产业布局角度划分

从全球范围来看，产业布局与产业转移密切相关，从这一视角看，可划分为内生增长模式和外力驱动。外力驱动模式又可分为切入提升模式(OEM-ODM-OBM)和产业加工模式。其中，内生动力模式又可分为园区发展模式，产业带动模式。

(4)从技术创新的角度划分

一是按技术创新的类型划分，可以分为自主创新与引进消化吸收型；二是按技术创新在产业发展中带动作用的大小划分，又可分为创新推动型、资本密集型和劳动力推动型三种；三是按技术路径划分，可以分为领跑型和学习型模式。

(5)从产业国际贸易的角度划分

根据产业目标市场定位，可分为出口先导型、出口和国内市场并重型。其中，前者的典型代表是爱尔兰、韩国；后者主要是美国、欧盟。

(6)从政府调控形式的角度划分

可分为政府主导型模式和市场主导型模式。

10.2.5 信息产业的发展趋势

进入21世纪后，由于关键信息技术发展方向有新的变化，如产业技术数字化、网络化以及技术成果产业化等，还由于信息技术产品市场的规模扩大、结构提升和分布变动等因素的影响，目前信息产业的发展呈现出下述趋势：

(1)信息产业发展的全球化态势

信息产业的全球化即信息产品与服务跨国界。无论是采购、生产，还是经营，都在全球范围内进行。主要表现为信息产品生产的全球化和信息产品销售市场的国际化，跨国经营成为时代发展的主流。还表现在研究开发不仅在国内的企业、政府、研究开发机构间协同进行，而且还在全球范围内协同进行；产业转移和扩散呈梯级式发展，发达国家居于产业链的高端，新兴工业化国家和地区处在中端，而广大发展中国家多数处在低端从事加工和组装。

(2)信息产业发展的软化趋势

20世纪90年代后期以来，各国信息产业明显从传统的硬件业向软件业和主要基于互联网的信息服务业倾斜，如软件开发、系统集成、数据库服务、各类在线信息服务等发展迅速，尤其是商业数据库，无论在规模、结构、质量等方面都有了很大程度的提高。美国的商业数据库业发展更是迅速，已经成为美国信息产业的一大支柱。信息产业呈现明显的软化趋势和特征，这是信息产业结构更加合理化和高级化的表现。

(3)技术创新成为信息产业竞争的核心

在知识经济时代，信息技术创新速度持续加快，全球专利申请中IT占比例大幅增加，物联网、云计算等新技术的广泛渗透将催生出新的经济增长点。绿色信息技术加速发展应用，智能电网、节能减排等信息技术将推动产业发展模式向资源节约型、环境友好型转变。技术产业间进一步融合渗透，两化融合、三网融合、3C融合、三屏融合将极大地拓展产业发展空间。信息产业的成长在很大程度上受制于人们的创新程度，无视技术创新的企业只会被淘汰出局。当前信息产业在竞争领域集中化，主要集中在核心技术、关键技术在创新方面的竞争。

(4)产学研的合作日益加强

很多国家和地区通过建立科技园区，从体制上加强大学、科研机构和产业界的合作。这种合作可以发挥园区的集聚功能和辐射功能，能够充分发挥大学的科研优势，为信息产业的发展提供所必需的人才，优化科研成果转化进程。此外，许多国家还建立了由国家最高领导层主持的官、产、学结合的领导体制，对信息产业的领导日趋高层化。

此外，网络发展催生更多业态及发展模式，新的产业模式不断孕育发展，“智慧地球”、软件服务化等新的理念将推动产业发展模式创新和产业链条整合。

10.3 信息产业的地位与作用

10.3.1 信息产业的地位

(1)信息产业已成为国家具有战略意义的主导产业

信息产业的高技术应用性使其在一个国家或地区往往率先进行技术创新和制度创新，因而能获得比其他产业更高的增长率和劳动生产率。信息产业极强的产业渗透性与带动性使其能够通过与传统产业相互渗透融合的方式，改进传统产业并推动对它们的改造与升级。信息产业的高创新性使其更易于形成新的生产函数。信息产业在维持本部门高速增长的同时对其部门乃至整个经济增长都具有重要而广泛的影响力。信息产业的发展史证明，信息产业的发展反映了产业发展的总趋势，其在国民经济中所占比重日益增大，已逐步成为国家具有战略意义的主导产业。

①信息产业的发展催生了一批新兴产业。信息产业作为一个关联度、感应度和带动性极强的产业，它的发展催生了一批新兴产业，带动了微电子、通信、计算机、软件、网络、激光、超导等关联产业的发展，并加速了生物工程与生命科学、新材料与能源、航空航天等高新技术产业的成长，促进了光学电子、汽车电子、航空电子等“边缘产业”的兴起。信息产业的发展推动了其他产业的信息化进程，提高了其他产业的效率，大幅度降低了物质消耗和交易成本，对各国实现经济增长方式向节约资源、保护环境、促进可持续发展的内涵集约型方式转变、提高生活水平和改变工作方式具有决定意义和重要推动作用。信息产业的不断壮大，使原有模式得到良好转型，更加符合经济发展规律。

②信息产业提升了传统产业并使自身规模得到扩大。由于信息产业是高渗透、高增值的战略性新兴产业，它除了在产业内部自我循环和增值外，更重要的是通过对传统产业进行改造，在使传统产业增值的过程中拓展自己的市场发展空间。前者即为“产业信息化”，后者即为“信息产业化”。信息产业与传统产业之间的相互促进关系，是通过信息产业的有效供给与传统产业对其的有效需求保持动态平衡来实现的，如图 10-2 所示。

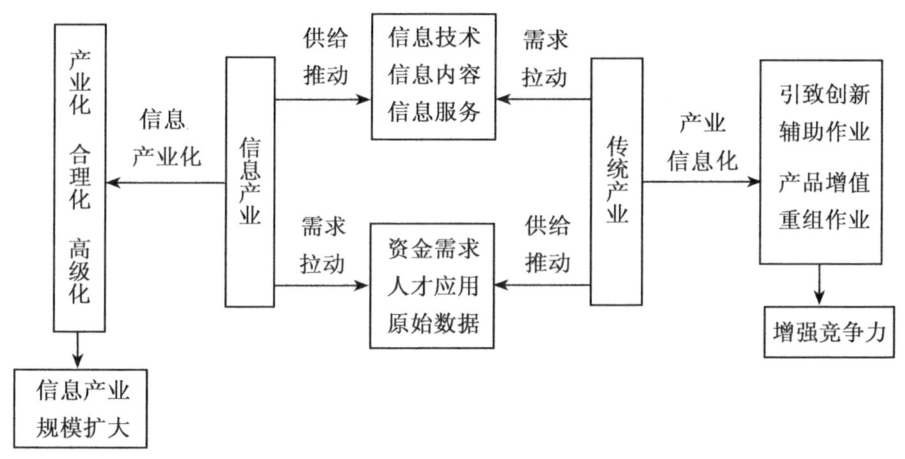

图 10-2　信息产业与传统产业的互动模型

(2)信息产业是国家竞争力的重要标志

信息产业的形成与发展是科技进步并且产业化的结果，其发展程度与一国的基础设施、技术水平、管理水平、市场发展水平、经济开放程度等一系列因素密切相关，而这些因素对提高国际竞争力至关重要。进入网络时代，随着信息产业在国民经济发展中的地位的提升，它在国民经济结构中所占比例的大小已成为决定一个国家经济发达程度的核心因素之一，且其发展程度已成为衡量一个国家综合国力和国际竞争力强弱的重要标志。

(3) 信息产业对国民经济生产要素的优化作用

信息作为现代生产的要素之一，与劳动者、劳动工具和劳动对象共同构成现代生产力的基础。它通过优化生产力的素质、引导生产要素的合理配置、促进生产力系统运行的有序度、改善上层建筑的协调性等来充分发挥其生产力功能。信息要素作用于生产力要素，增加其他生产要素的信息含量，就可以提高生产力系统的素质和利用效率；信息要素作用于生产力系统中的决策群，可以导致生产要素的最佳组合，提高生产力；信息要素作用于管理者，可以增加管理者与管理对象的可知性和透明度，从而提高生产力系统的有序度和效率；信息要素的社会化使用，将有利于优化生产关系及上层建筑的素质，促进生产力水平的提高。

(4) 信息产业是经济、环境、社会可持续发展的产业基础

经济、环境、社会三位一体协调发展的每个步骤和环节都与信息产业密不可分，信息产业从经济、环境、社会三方面为可持续发展提供了产业基础，信息资源的特点之一就是可以克服时空上的差异与局限，因此，信息产业在改变了经济增长方式的同时，也使环境保护变得更为经济，更有利于社会的可持续发展。

10.3.2 信息产业对经济增长的贡献

近年来，世界电子信息产业平稳增长，市场规模持续扩大；技术创新依旧活跃，新技术、新产品不断涌现，产业融合与转型步伐加快；信息技术应用日渐深化，对经济社会继续发挥巨大的影响力。信息产业的贡献率在国民经济总产值中所占的比重，在发达国家为40%~65%，在新兴的工业化国家或发展中国家一般为25%~40%。

(1) 对国民经济增长的直接贡献

信息产业对经济增长的直接贡献，从产值的增加上就能明显地表现出来。这是由信息产业在经济中份额不断扩大决定的。以信息产业最为发达的美国为例，信息产业在美国国民经济中的比重呈逐年上升的趋势。从1993年到1999年间，计算机软件和服务产业保持了年平均10.4%的速度增长，通信服务业年均增长4.6%，硬件产业年均增长14.2%。而与此同时，美国经济整体年均增长保持在5%。美国信息产业的年均增长率远远超出其他产业的平均增长率，是带动美国整体经济发展的主要推动力。美国信息产业的

年产值从1990年的3 470亿美元到1998年的6 800亿美元，几乎翻了一番，考虑到信息产品的价格不断地下降，实际产量的增长还远不止于此。如果说，在工业时代美国经济的支柱产业是钢铁业、汽车制造业和建筑业的话，那么现在的支柱产业就应是信息产业。

信息产业不仅在美国的国民经济中占有了重要的比重，更是对其经济增长起到了关键作用。在1993年至1998年间，信息产业对整个经济的实际增长率的平均贡献超过了1/3。如今，美国经济增长越来越依赖于高科技通信和信息产业，而传统支柱产业如建筑业、汽车工业产值占GDP的比重越来越小。美国通过利用信息技术对传统产业进行改造，重新夺回了在半导体、汽车等领域的竞争优势。20世纪90年代以来，美国信息技术产品和服务出口速度是美国出口总速度的3倍，为减少美国外贸逆差作出了巨大贡献。信息产业为其他部门提供技术、产品和服务，使整个经济的生产率增长速度明显提高。可见，信息产业的发展成为美国"新经济"形成的主要原因和标志。

为了全面考察信息产业发展的经济增长效应，有必要采用宏观经济分析方法，从经济存量角度设立测度指标，具体计量各年度信息产业发展对于国民经济增长的贡献，从而与前面分析的结论相互验证、相互呼应，从整体上全面揭示信息产业发展的经济增长效应。可以用信息产业的贡献率来测算信息产业对国民经济的直接贡献。

①信息产业贡献率。贡献率是指信息产业增长值在国民经济总量增长值中所占比重，贡献率越大则表明信息产业增长对经济增长的贡献和作用就越大。

$$\beta=\frac{\Delta \mathrm{IT}}{\Delta \mathrm{GDP}} \tag{10-1}$$

根据表10-6中所提供的基础数据，按照上面所设立的测度模型计算，得到信息产业对于国民经济增长的短期贡献数据如表10-6所示。

表10-6　**1990—2005年中国信息产业总增加值**　（单位：亿元）

年份	电子及通信设备制造业	软件业	通信业	信息产业	GDP
1990	146.21	2.20	109.00	257.41	18 667.80
1991	184.20	4.60	148.00	336.80	21 781.50
1992	205.62	29.60	193.80	429.02	26 923.50
1993	355.14	59.85	299.70	714.69	35 333.90
1994	484.27	72.00	481.60	1 037.87	48 197.90

续表

年份	电子及通信设备制造业	软件业	通信业	信息产业	GDP
1995	635.00	98.10	676.70	1 409.80	60 793.70
1996	663.31	137.85	876.40	1 677.56	71 176.60
1997	902.37	174.60	1 107.60	2 184.57	78 973.00
1998	1 120.96	218.15	1 235.10	2 574.21	84 402.30
1999	1 347.95	282.75	1 402.20	3 032.90	89 677.10
2000	1 834.31	375.90	1 995.30	4 205.51	99 214.60
2001	2 035.03	513.96	2 370.40	4 919.39	109 655.2
2002	2 520.92	748.70	2 714.80	5 984.42	120 332.7
2003	3 482.50	1 103.00	3 212.80	7 798.30	135 822.8
2004	4 446.96	1 883.63	3 786.00	10 116.59	159 878.3
2005	5 722.11	2 638.59	4 159.60	12 520.30	183 084.8

资料来源：根据《中国统计年鉴》1991—2006 年以及信息产业部年度报告整理得到。

②我国信息产业贡献率分析。从信息产业对国民经济增长的贡献率变化情况看(见图 10-3)，从 1991—2005 年信息产业增长量在 GDP 增长量中所占比重总体上呈现出一个波动上升的态势。

在 1997 年之前，信息产业对 GDP 增长的贡献只是略高于同期对 GDP 的直接贡献(信息产业依存度)。但是从 1997 年之后，其对 GDP 增长的贡献率就迅速上升，1997 年达到了 6.5%，2000 年更是达到了 12.3%。究其原因，主要是由于 1997 年亚洲金融危机对我国传统产业的影响较大，导致传统产业出口下滑，而长期以来政府实行的高积累政策，导致了比较严重的通货紧缩，所以传统产业增长不理想。相比之下，1998 年国务院成立了信息产业部，对我国信息产业进行宏观调整，充分利用电信业投资拉动对电子及通信设备制造业的需求，从而使得信息产业对国民经济增长贡献度在 2000 年出现了一个极高点。信息产业这种在宏观经济进入通货紧缩和增长衰退时期的超常增长，对于我国在亚洲金融危机之后实现经济软着陆，无疑起到了积极作用，避免了严重的经济衰退。

进入 21 世纪后，我国信息产业贡献率出现了波动性增长的态势，2001 年贡献率下降到 6.8%，之后的几年该项数据基本稳定在 10%左右。究其根

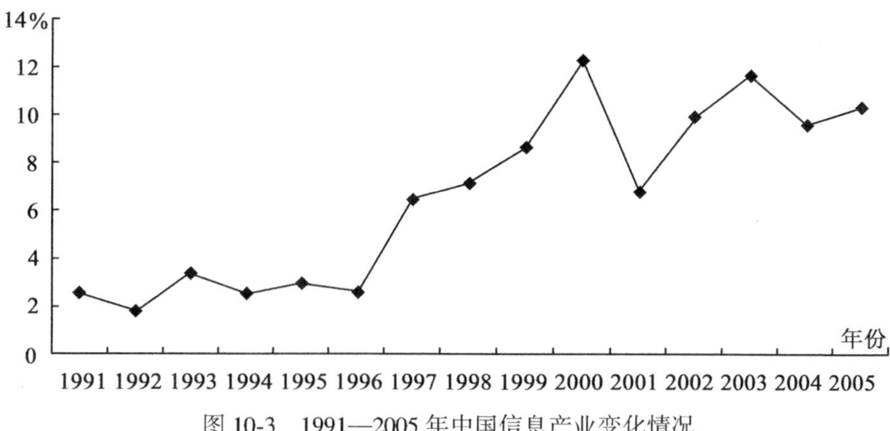

图 10-3　1991—2005 年中国信息产业变化情况

源，主要是因为美国新经济泡沫的出现。对我国信息产业发展产生了一定消极影响，再加上农业增收和通货紧缩的结束，传统产业增加值的增长量呈现出上升趋势，使得信息产业对国民经济增长贡献度略有下降。但是从长期的产业发展角度看，信息产业对于我国经济增长的拉动作用在迅速增强，而且信息产业的贡献度还会继续保持增长的态势。

(2)对国民经济增长的间接贡献

信息产业的发展对国民经济间接的贡献体现在信息产业作为战略性、基础性和先导性支柱产业，在拉动经济增长方面具有较高的倍增效应，是传统产业升级改造和可持续发展的重要途径。信息产业彻底改变了传统产业的生产组织形式和管理模式，使其发生了天翻地覆的变化。总体上看，可以概括为以下几个方面：

一是使生产方式发生变化。进入 20 世纪中后期，随着社会生产力水平的不断提高和消费者消费层次的不断升级，整个时代进入了一个市场需求多样化的新阶段，而且对产品质量的要求也越来越高。所有这些都迫使我们必须对以总量高速增长为主要目标以增加投入和资源消耗为主要发展手段的传统生产方式进行变革，而代之以新的生产方式——敏捷制造。敏捷制造的目的是将柔性生产技术、有知识和技能的劳动力和灵活的管理集成在一起，通过所建的共同基础结构，对迅速改变的市场需求和市场时机做出反应。这一生产方式其敏捷性是通过将技术、管理和人力资源集合成一个协调的、相互关联的系统来完成，而信息技术的应用和发展为敏捷制造提供了重要的技术支持。

二是使竞争方式发生改变。信息技术的迅速发展，带来了技术的快速更替、产业环境的迅速变化和全新的市场机制。在这种无法预知的、迅速变化的环境中，企业之间的竞争性质将发生重大变化。比如，由主要采取提高产品的数量和质量、降低生产成本和价格的竞争方式转向寻找和创造正确的产品（或服务）和市场以及创新商业模式的竞争方式；互联网的出现和电子商务的发展正在改变传统企业的竞争范围；网络进入市场的运营体系，使企业竞争中的价格变动能及时得到反应，供求关系的价格信息不对称现象将得到改善等。

三是使企业管理模式发生变化。传统的企业管理方式是在分工理论和科学管理制度的基础上建立起来的，其典型的管理方式与技术主要是围绕着大批量、低成本和流水线式的生产模式进行的。信息技术的发展为传统产业的企业管理提供了全新的技术，从传统产业管理信息化的发展过程中，我们可以看出传统产业管理的深刻变化，朝着更加科学化、规范化、智能化的方向发展，形成一种以先进技术、方法为手段的集成管理模式。随着信息技术在企业管理应用中的深化，传统产业逐步实现了管理的信息化。

四是使企业组织结构发生变化。随着信息技术的迅速发展，信息的传输突破了传统的活动空间，企业的产品设计、生产制造、市场营销等各项经营环节可通过网络完成，网络已成为企业价值链上各个环节的主要媒介和实现场所。由于企业信息传递方式和管理模式的变化，与其紧密相连的企业组织结构也将发生根本性的变化。工业化以来，建立在分工基础上的职能部门制度和建立在传统管理模式基础上的等级制度将被彻底改造，组织的基础将建立在明确完整的任务目标上，而不是专业化分工上。因为信息技术为传统组织的改造和新型组织的建立提供了组合分工和加大管理跨度的可能性，其结果是横向组织将取代纵向层级组织，动态化、虚拟化组织将成为企业主体。

五是使企业的交易方式发生变化。网络技术的出现和国际互联网的发展，为传统企业经营提供了新的、便捷的交易平台，从而改变了企业传统的交易方式，使电子商务得到迅速发展。作为一种交易工具，国际互联网毕竟是一种速度快、成本低的信息交流方式，从而使其可能成为一种跨地区、跨国界的交易平台。原本由于受地理位置、信息阻隔等因素无法或难以实现的交易由于国际互联网的快速与便捷而得以实现。随着互联网的发展，越来越多的企业将会加入到电子商务的行列，从而不断降低自己的生产成本，提高企业的生产经营效率和经济效益。

可以用信息产业的拉动率来测算信息产业对国民经济的间接贡献。

①信息产业拉动率。信息产业的拉动率是指在 GDP 增长率中，信息产

业的拉动所占的份额。拉动率和贡献率一样，是一个表现信息产业短期贡献度的指标，其测度模型如下：

$$\gamma = \frac{\Delta IT}{\Delta GDP} \times g \tag{10-2}$$

根据表10-6中所提供的基础数据，按照上面所设立的测度模型计算，得到信息产业对于国民经济增长的短期贡献数据如表10-7所示。

表10-7　　中国信息产业发展对经济增长的贡献

年份	IT(亿元)	GDP(亿元)	△IT(亿元)	△GDP(亿元)	贡献率(%)	拉动率(%)
1990	257.41	18 667.80	—	—	—	—
1991	336.80	21 781.50	79.39	3 113.70	2.55	0.4
1992	429.02	26 923.50	92.22	5 142.00	1.79	0.4
1993	714.69	35 333.90	285.67	8 410.40	3.40	1.1
1994	1 037.87	48 197.90	323.18	12 864.00	2.51	0.9
1995	1 409.80	60 793.70	371.93	12 595.80	2.95	0.8
1996	1 677.56	71 176.60	267.76	10 382.90	2.58	0.4
1997	2 184.57	78 973.00	507.01	7 796.40	6.50	0.7
1998	2 574.21	84 402.30	389.64	5 429.30	7.18	0.5
1999	3 032.90	89 677.10	458.69	5 274.80	8.70	0.5
2000	4 205.51	99 214.60	1 172.61	9 537.50	12.29	1.3
2001	4 919.39	109 655.2	713.88	10 440.60	6.84	0.7
2002	5 984.42	120 332.7	1 065.03	10 677.50	9.97	1.0
2003	7 798.30	135 822.8	1 813.88	15 490.10	11.71	1.5
2004	10 116.59	159 878.3	2 318.29	24 055.50	9.64	1.7
2005	12 520.30	183 084.8	2 403.71	23 206.50	10.36	1.5

②信息产业拉动率分析。拉动率和贡献度一样，是一个测度信息产业贡献度的指标。从图10-4信息产业对国民经济增长拉动率的变化情况看，拉动率呈现出周期性波动的态势，每三到四年，就会有一个高峰和低谷，但总体是上升的。1990年我国信息产业处于起步阶段，此时的拉动率只有0.4%，对国民经济的影响十分有限。但是自2000年信息产业成为我国经济

第一支柱产业以后，情况发生了很大变化，信息产业迅速成为经济发展的重要力量，拉动率达到了 1.3%，并且保持了持续上升的势头。从整体上看，我国信息产业的拉动率虽然保持了上升的态势，但总体水平还是比较低的，其间的周期波动，除了受到通货紧缩的影响外，也与我国的信息产业的产业政策不成熟，相关的制度不健全有很大的关系，这应该引起我国政府的足够的重视。

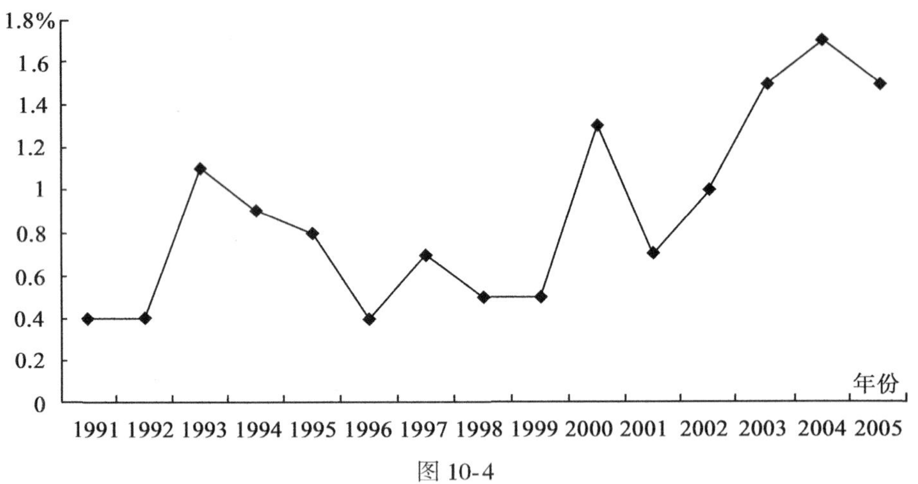

图 10-4

(3) 对控制通货膨胀的贡献

信息产业的发展对通货膨胀也有控制的作用，这一点在发达国家表现得较为明显。以美国为例，信息产业不仅在很大程度上构成了美国经济的一部分，促进了其增长，还有一项令人惊异的影响：美国信息产业的高速增长不仅没有拉动通货膨胀率的上升，反而还对降低通货膨胀率起到了积极的作用。

从 1991 年到 1997 年，由于信息产业的贡献将美国整体通胀率降低了一个完整的百分点。美国经济持续出现在高速增长和低失业率背景下的低通货膨胀率，在很大程度上是由于信息产业能够较大地减少迂回生产模式带来的以物耗、能耗等资源浪费为标志的中间迂回消耗。这是知识生产与物质生产不同的地方。工业经济的增长，由于主要依靠物化的迂回过程，中间物耗上的投入是生产的基础，又是引起通胀的最主要原因。而信息经济中依靠的相当于生产资料的知识并不需要多少物耗，所以这种经济从本质上对通胀具有免疫能力。

(4)对解决就业的贡献

根据美国信息产业对就业增长的贡献率的调查显示，1993年以后信息产业对美国经济中的整体就业状况开始呈现出正面的增长影响。在美国商业部所做的《浮现中的数字经济》这份报告中，美国政府第一次宣布了这样一个结论：信息产业有利于促进就业人口向高技术领域的转移，从而带动劳动力素质水平的快速提高。它不仅扩充了信息产业里的就业人员，而且增加了非技术产业与信息技术职业相关岗位的工作人员。

与世界其他发达国家相比，美国的失业率一直处于较低的水平。美国在20世纪90年代失业率持续下降，从1992年的7.4%下降到2000年的3.8%，几乎达到了充分就业的程度，这与信息产业与其他产业的关联度高有关，信息产业的发展拓宽了产业领域，增加了出口，扩大了就业范围，除直接创造新的工作岗位外，还间接创造了许多新的工作岗位。据调查，微软公司每增加一个工作岗位，就可以为其所在的华盛顿州创造6.7个工作岗位。而同在西雅图的波音公司每增加一个工作岗位，只能为华盛顿州间接创造3.8个新的工作岗位。所以说，信息技术发展将促进经济中的总就业。

信息产业成为美国劳动力就业的主要领域。美国从1989年至1997年，信息技术产业中的就业人数年均增长率为2.4%，高于全部民营产业1.7%的平均增长率。从1996年开始，信息技术产业增加了35万个岗位，在一年中增长了7.7%，高于平均就业约3%的增长率。在四个技术产业的分支行业中，软件及其服务业是增长最快的行业，年增长约8.3%，而且也是目前最大的行业。

在我国，信息产业对解决我国就业问题的贡献也可以从数据中看出：2000年仅电子信息行业的就业人数就达到313.23万人，占总就业人数的0.43%；2001年这一数据增加到333.91万人，在总就业人口中的比重增加到0.46%。

信息产业为什么能促进总就业呢？从现象上来看，是因为新创造的就业机会多于失去的就业机会。内在原因在于，以往每当一种新型产业出现时，最初都表现为财富向少数人积聚的再分配过程，以及就业机会向少部分人的开放；但信息产业是基于人类共同需求发展起来的，它的生命力在于对共同需求的满足，离开了大部分人的需求，以及使这种需求成为有效需求的就业机会的提供，信息产业是不可能维持的。因此新的就业机会，必将构成对信息产业本身产生需求的基础。新技术革命只是在一个历史过程中，对人类的就业构成在总量内部进行调整，引导就业结构发生变化，而不可能增加或减少人类总体的就业水平。新的财富聚集引导人们新的就业流向，最终达到相对平衡。

10.4 信息产业的结构

10.4.1 信息产业结构的含义与形态

结构就是事物的各个组成部分及其地位和相互之间的关系。产业结构是指国民经济的产业组成和各个产业的比重、地位及其相互关系。产业结构反映一个国家或地区的产业组成，即资源在产业间的配置状态；产业发展水平，即各产业所占比重以及产业间的技术经济联系，即产业间相互依存和相互制约的方式①。产业结构是了解和预测经济发展状况和趋势的重要依据。

分析产业结构可以从多层侧面和视角。其中，基本结构是指不同产业的比重，最通用的产业结构划分是“三次产业”分类法。“三次产业”作为一个经济概念，是在20世纪初的1935年，由英国经济学家阿·费希尔(A. Fissher)在他的著作《安全与进步的冲突》中提出来的，它主要将所有的经济活动分为农业、工业和服务业三个部分。除不同产业所占的比重这一基本结构外，产业结构还包括产业的规模结构、产品结构和地区结构等。

产业结构是生产力发展和社会分工的重要体现，具有动态性的基本特征。产业结构演进的实质是产业结构高度化。伴随着新兴产业部门(朝阳产业)的不断出现和发展，传统产业(夕阳产业)在经济总量中的地位不断下降，甚至萎缩，产业结构的高度化使产业的基本内涵体现出较强的时代性。信息产业同样如此。由于信息业(产业)是一个古老的行业(产业)，又是相互依存、相互促进的相关产业群，因此，探索和把握决定信息产业内部不同部门间比例关系的主要因素、信息产业内部结构演进的动力与规律，对预测信息产业基本走势和制订相关战略具有重要意义。下面从两个不同角度透视信息产业结构②。

(1)基于信息传播模式的信息产业结构

按照申农信息传递模型从信源到信宿的信息传输过程(环节)，可将信息产业划分为：信息内容及其支持产业、信息加工处理及其支持、信息渠道(传输业)及其支持业、信息终端产品业。信息产业就是对以满足社会信息

---

① 方甲．产业结构问题研究[M]．北京：中国人民大学出版社，1999.

② 黎楚苑．信息产业演进规律与发展模式研究——基于产业经济学的分析[D]，武汉大学，2005.

需求与消费为功能目标，促进和支撑信息内容与服务生产、传播、分配、提供的相关产业部门和基础设施的统称。组成信息产业的信息内容生产与提供、信息内容(服务)生产消费的支撑、信息服务提供三大部类之间，三大部类内部行业(产品)之间相互依存、相互促进，构成了产业发展的均衡系统。研究影响和决定信息产业内部均衡的主要变量，对确立产业发展的关键点有重要作用。

研究影响信息产业内部结构的主要变量，要突出信息内容(服务)生产、传播和提供这条主线。这是因为，无论是信息内容的生产提供部门，还是其支撑与服务部门，都必须体现和遵循信息提供、传输、应用的基本机理，服从、服务和满足人类对信息消费的基本要求。

(2)基于价值链的信息产业结构

价值链这一概念是哈佛大学商学院教授迈克尔·波特于1985年提出的。波特认为，“每一个企业都是在设计、生产、销售、发送其产品的过程中进行种种活动的集合体。所有这些活动可以用一个价值链来表明。”①企业的价值创造是通过一系列活动构成的，这些互不相同但又相互关联的生产经营活动，构成了一个创造价值的动态过程，即价值链。

企业内部各业务单元的联系构成了企业的价值链，同时，一个行业、产业上下游关联的企业与企业之间也存在行业、产业的价值链。价值链上的每一项价值活动都会对企业、产业最终能够实现多大的价值造成影响。价值链与产业链的区别就在于，产业链只反映产业构成之间的物流关系，而价值链则体现利益与收益的联系，运用价值链方法，有利于深入剖析信息产业的内在结构。

正如加拿大著名学者麦克卢汉(Marshall McLuhan)所言：媒介是人体的延伸，人的身体是信息产业发展的出发点和本源②。支撑媒介的现代信息技术及系统，其实质是从人的身体的某种功能出发而发明和扩大的；同时，信息又是针对用户的信息，信息的目标是人。因此，以人为本是信息产业发展的基本原则，以用户为核心分析信息产业价值链(横向)，对判断未来信息产业发展的走势有重要意义。价值链视角的信息产业结构具有如下特点：

①信息内容产业居于价值链的中心地位。人类的信息需求是持久永恒

---

① Porter M.. *Competitive Advantage: Creating and Sustaining Superior Performance*[M]. New York: Free Press, 1985.

② 马歇尔·麦克卢汉著. 理解媒介论人的延伸(增订评注本)[M]. 何道宽，译. 南京：译林出版社，2011.

的，信息产业发展的目标，就是不断促进信息生产与消费，满足人类日益增长的精神文化需求，实现休闲、娱乐、学习和信息应用之需要，信息内容业承担着信息内容生产与服务之功能，位居产业的中心。

数字内容产业科技含量高而能源消耗极低，同时，由于数字内容产业已成为文化产业的主要内容，因此，各国(地区)政府均将其作为“战略型产业”、“第四产业”重点培育。

②信息网络的建设运营是信息产业发展的基础。随着现代信息技术的发展，网络的功能逐步扩展、延伸，服务内容不断丰富，依托特定信道、技术，形成了一个复杂的增值服务系统。依托基础功能衍生了大量的增值服务，信息网络的基础功能在这一系统中的地位不断弱化。信息网络价值系统的重大转变，体现了网络基础地位进一步突出。同时由于传统功能增值空间的限制，网络服务价值链的延伸不可避免。主要原因是基础网络提供商凭借已有的基础优势难以适应竞争的需求，基础网络提供与增值信息服务相结合，以提升自身的竞争力是未来基础网络发展的必然。

③信息设备制造与软件开发是信息产业的支撑。信息设备制造业与软件开发是信息工具的“生产部门”，从信息力的角度看，它是产业结构的演进“引擎”。但从以用户为核心的价值链看，信息设备制造与软件开发则处于价值链的末端。信息设备制造与软件开发决定通信方式与知识、信息流动与服务的模式(如信息的集中式提供、分散式提供、单向提供、双向提供；延时性服务、即时性服务等)，并开创产生一系列知识内容服务等增值性产业。

10.4.2 信息产业结构的演进

(1)信息产业结构演进的直接表现

信息产业结构即信息产业的产业结构，指信息产业内部各子产业或行业之间在技术、投资、人才、需求等方面的比例关系。信息产业结构的演进表现为行业(子产业)之间的关系和行业(子产业)的退化与成长。

在信息产业结构演进方面，信息产业技术结构的演进遵循瓶颈转换规律，即技术结构的不平衡发展使得一个技术瓶颈解决了，下一个关联的瓶颈又出现，技术结构在瓶颈解决与转换中得到动态协调，从而实现技术结构的合理化与高级化。信息产业技术结构中的主导技术大致沿着这样一条路径演进：信息处理技术向信息传输技术、信息传输技术向信息获取技术、信息获取技术向信息应用技术演进。即信息处理技术——信息传输技术——信息获取技术——信息应用技术。信息技术主体技术的演进，在信息产业的行业结构上表现出的是信息行业结构的合理化。信息技术各子技术的高级化，则使信息产业行业结构高级化。

相应地，信息技术主体技术的演进，在信息产业的层次结构上表现为：信息工业占较大比重向信息服务业占较大比重、信息服务业占较大比重向信息开发业占较大比重演进，即信息工业——信息服务业——信息开发业。信息产业的层次结构的演进表现了信息产业结构的高级化。

信息产业组织即信息产业的产业组织，指信息产业内部各企业之间在资源占有、交易、利益和行为方面的关系。信息产业组织的演进表现为企业之间的关系和企业的退化与成长。在信息产业组织演进方面，有非主流技术和主流技术的分叉演进：中小企业主要进行非主流技术创新，大企业主要进行主流技术创新，其特征是有很高的产业专注率和企业进出率。大企业主要享受规模经济，既有学习过程，同时具有"老化过程"，中小企业主要享受"成长经济"；在竞争方面，信息企业由对立竞争向差别竞争、差别竞争向联盟竞争演进；在垄断方面，信息企业先向本土垄断演进，再向国际垄断演进，等等。

由以上可知，信息产业结构的演进表现为信息产业的内部产业结构的合理化与高级化，信息产业组织的演进表现为信息企业的成长与退化。信息产业结构的优化表明信息产业在内部结构的产业层次上升级。即由二次产业(信息工业)向三次产业(信息服务业)、再向四次产业(信息开发业)占信息产业主导地位转化。而信息企业的成长与退化更多地体现为企业规模的扩缩，以及行业(子产业)规模的扩缩。因而在信息产业的演进中，信息产业结构更多地表现为信息产业质的提升，而信息产业组织更多地表现为信息产业景的扩张。

(2)信息产业结构演进的间接表现

信息产业的演进间接表现为信息产业对传统产业乃至整个国民经济和社会的作用，即产业信息化、经济信息化和社会信息化。正是因为产业、经济和社会生活的信息化需要大量的信息产品，才为信息产业的演进提供了一个巨大的市场需求空间。需求结构的合理化、高级化牵引着信息产业结构的合理化和高级化。另一方面，信息产业组织从市场供给方面推动着信息产业结构的合理化和高级化。信息化对信息产业的需求牵引可具体表现为企事业单位的信息化改造和修建各种信息基础设施，比如信息高速公路。信息产业组织对信息产业的供给推动在产业政策上可具体表现为因势兴建各种信息产业基地，利用基地的"聚集经济"作用推动信息产业的演进。

信息产业的演进使得信息产业逐渐实现合理化、高级化，进而促使国民经济各产业之间的关系能得到合理化和高级化，从而使社会生产力得到空前提高。这包含两方面的意义：一是信息产业使国民经济信息化，使国民经济从质上得到提升；二是信息产业占国民经济的比重增加，从量上使层次高的产业得到扩张。

10.5 信息经济与信息产业的测算

近20多年来，国际范围内围绕信息经济与信息产业分析和测算开展了许多研究，这些研究大体上可分为宏观和微观两大方面。宏观方面着眼于从总体上研究信息经济和信息产业的结构与规模、信息部门的收入、信息行业的价格水平、信息对国民经济发展和人民生活水平提高贡献的份额，又称为总量分析。目前常常通过信息行业在国民生产总值中所占的比重、信息部门就业人数的比例以及信息部门的收入占国民总收入的比重大小来描述信息经济与信息产业的“总量图景”。微观方面主要研究单个的经济单位如企业、信息部门、信息系统、个人的信息经济活动及单个市场的信息经济现象，着眼于从个量或个体上分析信息要素以及信息要素与有关活动及要素的相互作用关系。目前常常通过分析单个信息生产者如何把有限的资源分配到信息产品和信息服务的生产上以获得最大的效益等方法来描述信息经济与信息产业的“个量图景”。由于微观方面对信息的直接计量有更多的要求，因而难度较大，目前还没有在世界范围内产生特别有影响和有力度的研究成果。现有的微观分析和测算方法基本上从传统的物质经济领域移植而来，主要有成本效益分析、功能费用分析、投入产出分析、质量费用综合分析、影子收益分析等。我们将会在第十一章详细介绍这些方法。本节仅讨论信息经济与信息产业的宏观分析和测算。

10.5.1 信息经济与信息产业的预算方法

对信息经济与信息产业进行分析和测算的方法有多种，但其中波拉特创立的信息经济分析和测算方法无疑具有权威性和普适性，因此本节重点对波拉特方法进行介绍和评价。这里要说明一点，波拉特方法是在马克卢普所开创的有关知识产业的理论基础上提出的。马克卢普在理论基础、概念体系、测算方法等方面的创见是巨大的，但他的早期工作毕竟是开创性的，难免有不全面不完善之处。波拉特在此基础上又进行了大量创造性研究，使之更趋于合理完善，特别是注重加强其实用性和可操作性，从而大大推动这一方法的普及推广，并得到社会广泛接受并采用。目前世界各国所采用的都是经过收进完善后的波拉特方法。

(1)波拉特方法的要点

根据波拉特在《信息经济》研究报告第一卷《信息经济：定义与测算》中所作的论述①，波拉特方法的要点可概括如下：

①对信息经济进行分析测算，首先要解决的难题是，如何给"信息活动"下一个合理的、具有经济意义并且可以量化的定义。即要解决这样一个问题，作为整个美国经济活动的一部分，与农业、工业及服务业相对而言，信息活动的范围是什么？波拉特在书中是这样定义的："信息是组织好的、能传递的资料。信息活动包括信息产品和信息服务在生产、处理、流通中所消费掉的一切资源。"

②信息活动所消耗的资源可分为两大类：信息资本和信息劳动。信息资本包括信息设备、信息建筑物、信息产品。信息劳动包括市场化的与非市场化的一切与信息有关的劳动。

③以信息活动的产品和服务是否在市场上直接出售为判定标准，将国民经济中的信息部门划分为两大部分：第一信息部门(Primary Information Sector，简称 PIS)和第二信息部门(Secondary Information Sector，简称 SIS)。第一信息部门包括所有直接向市场提供信息产品或信息服务的企业或部门，第二信息部门包括政府或非信息企业为了内部消费而创造的一切信息产品或信息服务。

④第一信息部门的测算。波拉特首先根据"美国产业划分标准"(SIC)将第一信息部门划分为八大类(内含 116 个小类)：

知识的生产与发明业

信息的分配和传递业

风险管理业

市场调查和协调业

信息的处理和传输业

信息商品业

某些政府活动

信息基础设施

在此基础上，波拉特对第一信息部门的产值进行了测算。他主要是测算信息部门创造的增加值在国民生产总值中的比重，故采用了测算国民生产总

① Porat M. U. C. *The Information Economy*[R]. Washington，DC，Government Printing Office，1977.

值的一般方法，即最终需求法和增值法。

⑤第二信息部门的测算。波拉特创造了一个特定的概念——“准信息企业”(Quasi-Firms)，指在一个机构内部提供信息服务的组织，但其服务从不对市场出售。同时将可测算的两个投入量：第二信息部门中的信息劳动者的收入和第二信息部门中信息机器设备的折旧分别计算出来，两者之和即构成第二信息部门的产值的近似值。他的基本思路是，不向市场出售的信息服务的价值是由提供这种服务所消耗的劳动力和资本资源所构成的。

⑥为了将信息劳动者从现有的职业分类中分离出来，波拉特从美国422种职业中归纳出包括知识的生产者、知识的分配者、市场调查和协调专家、信息处理者、信息机器工作者这五大类属于信息劳动和信息服务的职业。同时他根据典型调查将28种混合性质的职业按一定的百分比划分出信息工作者，比如对于从事售货员、护士等职业的人仅定其50%为信息工作。

⑦为了便于分析比较并突出体现信息活动对经济结构尤其是就业结构的影响，波拉特创立了按农业、工业、服务业和信息业四大产业分类来研究结构的方法。

(2)波拉特方法在理论上的突破和创新

①人类社会正经历着一场深刻的变革，世界经济正面临着剧烈的结构性变化，这一点已为每一个关心人类命运的人所感受到了。但正如奈斯比特在《大趋势》中所指出的：“证实信息社会确实相当困难。要指出创造、生产和分配信息的经济社会，需要非常详细的资料加以数量编辑整理。幸运的是，信息专家马克·波拉特博士已在一项划时代的研究中提出这些问题，并且予以详细解答。”①确实，如果没有这一套定量化的分析测算方法，人们可能至今还在喋喋不休地争论信息经济到底是真实的客观存在，还是未来学家的虚幻设想。同时，只有定量化，才能真正科学化。这一套宏观信息经济的定量分析测算方法的创立，使人类对信息社会、信息经济、信息政策的研究得以真正奠定在科学基础之上。

②与划分出工业相比划分出信息业也有其特殊的困难。工业和农业、服务业的界限比较清楚，对其他产业的渗透也很少。但信息业与其他产业几乎交叉融合在一起，如不能将其清晰地划分出来，就无法进行有说服力的定量分析。因此“第二信息部门”及“准信息企业”概念的提出具有开拓性意义和重要的作用。这样我们才有可能比较全面地把各类经济活动中的信息成分都

① John Naisbitt. *Megatrends*: *Ten New Directions Transforming Our Lives* [M]. New York: Warner Books, 1982.

划分出来，从而真正把国民经济结构中信息经济的作用突出表现出来。实际上，1967 年美国第一信息部门产值占 GNP 的 25%，而第二信息部门也占 21%、两者相近。由此可见，第二信息部门的计算是不可忽视的。这一概念及方法的运用被认为是波氏方法中最新颖、最富独创性的地方。

③波拉特方法不仅采用计量方法表示国民经济中的信息活动，而且还利用投入产出表分析第一信息部门以及与其他部门之间的相互关系和影响，这对于研究由于信息产业的发展而导致国民经济结构变化的问题，以及信息业与农业、工业、服务业之间的内在联系和相互制约关系问题均有重要意义。

④波拉特方法对信息行业和职业划分上某些部门存在着两类行业和职业混合在一起的复杂情况，采用了具体分析、典型调查、确定百分比再统一测算的方法来解决，这也被认为是一个创造。

⑤波拉特方法创造了按农业、工业、服务业、信息业来划分基本产业结构的理论方法，这要比传统的克拉克三分法更容易看清信息化对产业结构和就业结构的影响，更突出了信息活动在国民经济中的变化和作用，而且使现实经济的进步演化得到了理论上的印证和解释，为进一步分析预测信息经济的发展趋势提供了一定的理论依据。

(3)波拉特方法的有待改进之处

波拉特方法尽管取得了令人瞩目的成就，但毕竟是一项开创性的工作，因此难免有不完善之处。而更为重要的原因在于，这一方法的创立本身就是对建立在物质经济基础之上的价值观念、行为规范、经济模式和统计体系的挑战，因此不可避免会受到来自各个方面的批评。当然，瑕不掩瑜，大家都承认这一体系具有承前启后的划时代意义，并希望能通过进一步的改进使之更趋合理完善。实际上，有关国家在采用这一体系对本国信息经济进行分析测算时也都进行了适当的改进和调整、以使之更适合于本国现实经济状况和现有统计数据。概括而言，学者们对这一体系的意见和建议主要集中在以下几个方面：

①关于概念的严谨性。不少学者指出波拉特方法所使用的概念，有的含义过于宽泛，如“信息”、“知识”等几乎无所不包；有的缺乏明确的规定性；还有的甚至存在逻辑矛盾，如对“信息工作者”中是否应包括第一信息部门中的建筑工人就很难自圆其说。这些概念混乱现象多少对这一方法的科学性、准确性有所影响。有的学者还建议，不妨采取广义和狭义两套概念框架并存的做法。广义概念将信息业及与信息活动直接有关的部分工业、商业一并计算，作为社会信息化程度的某种数量标志。而要科学地确定与工业化相区别的信息化的数量标志，则采用狭义概念，即将信息业定义为直接进行信

息生产、加工、分配和以信息作为其产出的产业。

②关于分类的科学性。对分类的意见主要集中在缺乏一个统一的原则和标准，即使用了新创造的四分法，又未能完全脱离三次产业的框架，结果新旧概念混杂，产业划分不伦不类。作为第四产业的信息业不得不从工业和服务业中各取一部分，这样信息业是完整了，但工业和服务业却支离破碎、面目全非了。专家们分析，这一做法可能是为了迁就现有统计数据，不得已而为之。但这样杂乱的分类必然影响分类对比的科学性。

③关于测算的合理性。这方面最明显的例子是用信息工作者的收入和信息设备的折旧作为第二信息部门产出的近似值。尽管这是一个创新并解决了实际测算问题，但其合理性却存在疑问。马克卢普本人曾表示过："就业数据是知识产业唯一可以获得的数据，但这一投入的成果是难于衡量的。"因此这一测量值充其量只能是一个用于进行纵向分析和横向比较的参考值，而且即使作为一个相对参考值，也存在不少缺陷。首先，就业者在每个时期所创造的价值并不总是相同的，因此必然影响纵向分析的合理性；其次，由于各国工资水平存在差异，将导致在产值评估中扩大双方的差距，提供不准确信息，影响测算结果的可比性。

上述不完善之处的分析大多指出了波拉特方法存在的实质性问题。但我们也不能不看到，有些问题的存在，其根源可能不在于研究者采用的原理方法本身。例如，由于现存的国民经济统计指标和统计方法是面向物质经济的，信息和信息活动的贡献被分散到物质经济的各部门和活动领域，没有独立列项分类统计，因而，波拉特在对信息经济进行测量时，不得不在传统的产业分类框架和统计指标基础上进行，即从其他产业部门或经济活动中抽取与信息有关的因素，而这种对现存数据的迁就，难免会使该方法对信息、信息活动、信息职业等的定义和分类缺乏统一的、科学的标准，这就涉及现存国民经济统计体系的变更问题。但要变更现存的国民经济统计体系却并不是一个单纯的学术性问题，它涉及社会的方方面面，不但要制定出各种科学的可行的标准，得到社会各界的认同，还要修改各国现存的法律及有关的规章制度。如果不变更这套建立在传统物质经济基础之上的统计体系，对信息经济的分析和测算又怎么可能完全科学化合理化呢？正因为如此，波拉特在其研究成果之上所提的两个建议之中就有一个是"呼吁建立包括信息部门活动在内的国民经济核算体系"（另一个建议是建立信息政策论坛）。实际上，经济合作与发展组织已根据波拉特的建议制定了"信息活动的宏观经济分析计划"，并将信息活动的国民经济核算列为主要内容；法国、英国等国也已着手建立包括信息部门在内的国民经济核算体系。但在这一体系建立健全并普遍推广之前，波拉特方法只能采取“一时凑合”的折中性方案。

虽然波拉特方法在理论上存在一些不完善之处，但由于它是迄今为止世界上关于信息经济与信息产业分析和测算方面最为权威的方法，具有很大的实用性和可操作性，因此，许多国家和地区均用此方法对本国或本地区的信息经济发展水平进行了分析和测算。在具体应用时，考虑到实际情况的不同，各国或各地区都对波拉特方法做了适当的变通和修正。以我国为例，由于我国国家统计局是采用收入法（要素分配法）来计算国民生产总值 GNP 的，其具体公式为：

GNP =劳动者收入（职工工资-职工福利基金）+ 利润+税金 + 净利息支出 + 固定资产折旧 + 其他
=净产值 + 折旧

我国有关部门和有关省市在具体分析和测算第一信息部门的增加值时，也采用了收入法。但对于某些没有净产值构成项或折旧项的行业以及某些存在划分问题的行业，其增加值无法用收入法直接求得。因此，在我国的信息经济与信息产业分析和测算中，还采用了其他一些实用方法进行估算。

在第二信息部门的测算方面，我国有关部门和有关省市根据波拉特方法，并结合自身实际，创造了如下近似计算公式：

第二信息部门增加值
=第二信息部门的信息劳动者收入 + 第二信息部门的固定资产折旧值
=第二信息部门的信息劳动者人数×（人均工资 + 人均固定资产折旧值）

除了利用变通和修正了的波拉特方法对我国的信息经济与信息产业进行分析和测算外，一些专家、学者还创造了一些适合中国国情的信息经济与信息产业分析和测算新方法。例如“综合信息产业力度法”①就是其中比较典型的方法之一。该方法将定性分析与定量分析相结合，并应用现代科学方法论中的对称性原理与简单性原理选择合理的构成要素，从而建立了一套综合信息产业分析和测算的指标体系（见图 10-5）。尽管该方法的指标体系构成要素和指标选择尚未尽善尽美，但在实际应用中却具有很大的实用性和可操作性。

10.5.2 信息经济与信息产业分析测算的意义与作用

（1）有助于定量描述就业结构的变化规律

信息经济的测算结果，定量描述了由农业社会向工业社会，及由工业社

① 靖继鹏．吉林省信息产业测度分析[J]．情报学报，1993，12(6)：438 439

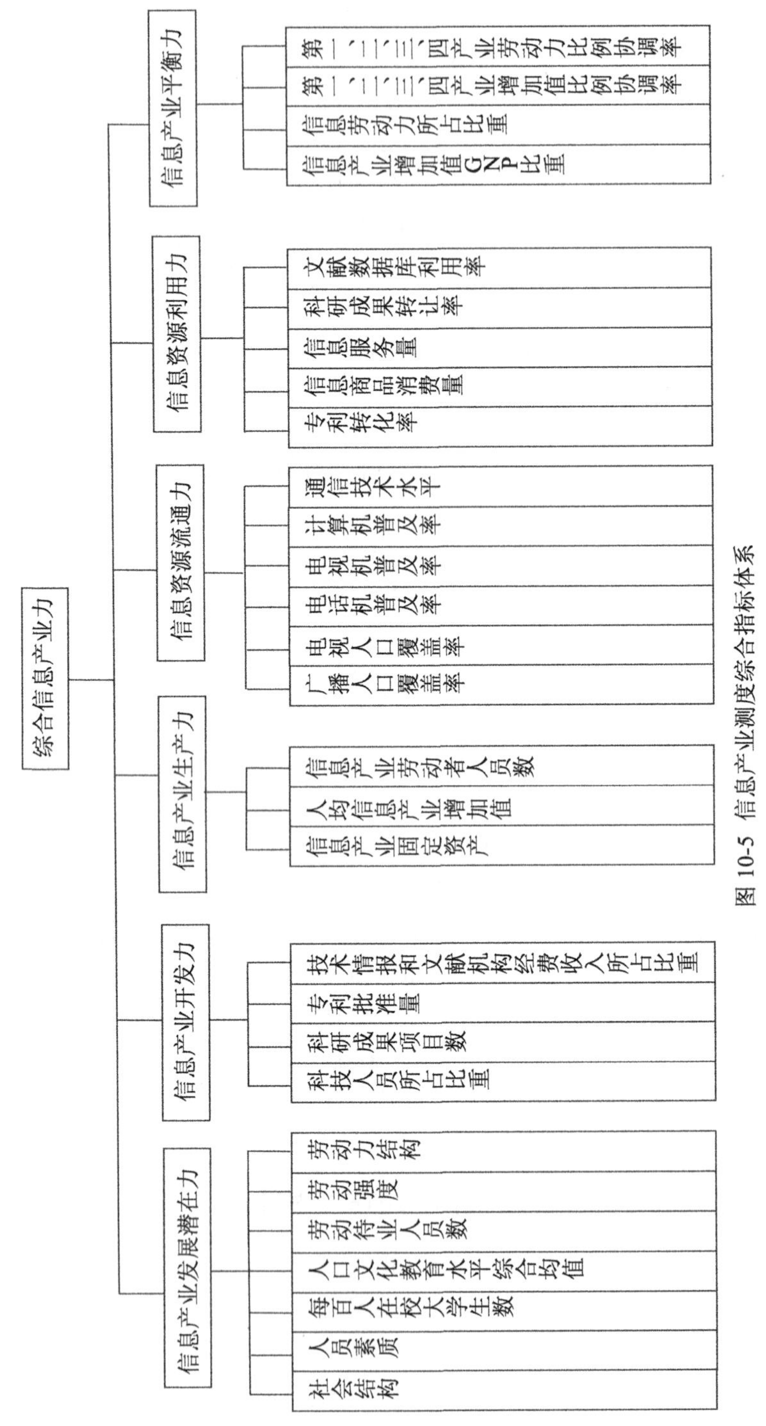

图 10-5 信息产业测度综合指标体系

会向信息社会过渡时期的就业结构变化的一般规律。在这一历史发展过程中，农业劳动的比重由大至小，下降幅度始终是最大的；信息劳动者比重由小至大，上升幅度始终是最大的；工业劳动者的比重始终较大，升降起伏不大；服务业劳动者的比重始终较小，升降起伏也不大。这一规律也许是普遍规律，只是各国各时期因内外条件不同，各阶段起始年代和周期长短各不相同而已。

(2)为科学地分析信息产业的崛起和发展确定了数量指标

信息经济测算的重要作用之一，是考察信息产业的产值在整个国民生产总值中所占的份额。一系列测算结果表明，信息产业正处于迅速崛起和持续发展的阶段，将成为未来经济中的主导产业，国民经济从以物质、能源为基础向以信息为基础的转变正在持续进行，这是任何力量也阻挡不了世界经济发展的大趋势。世界各国应顺应这一趋势的客观需求，主动自觉地进行产业结构调整，确定正确的长远发展目标。

(3)为制定国家总体发展战略提供了数量依据

信息经济的分析测算，是制定国家总体发展战略所必需的定量分析基础。其作用和意义体现在纵横两个方面：从纵的历史分析来看，信息化是世界经济发展的必然趋势，但各国又不得不充分考虑本国工业化的进程，以便两者互补共进，协同发展。从横向比较来看，各国在信息经济的兴起与发展上有先有后，一般来说，发达国家起步早一些，步伐快一些，这就为一些欠发达国家提供了借鉴参考的模式和对照比较的参照系，以便找出差距，调整政策，以最好的办法、最佳的途径迅速实现由工业经济向信息经济的过渡。

小　结

信息产业是指国民经济活动中与信息产品和信息服务的生产、流通、分配、消费直接有关的相关产业的集合。信息产业的形成得益于信息技术的高度发展和广泛应用，具有知识智力密集、创新周期短、成本高、风险大、竞争激烈、需求方规模经济效益显著等特征，对社会经济的快速发展贡献巨大。信息产业结构指信息产业内部各子产业或行业之间在技术、投资、人才、需求等方面的比例关系。可以从信息传播模式和价值链两种角度来考察信息产业的结构。信息产业结构演进直接表现为产业内各行业之间的关系和行业的退化与成长，间接表现为信息产业对传统产业乃至整个国民经济和社会的作用，即产业信息化。

对信息经济与信息产业进行分析和测算的方法有多种，其中波拉特创立的信息经济分析和测算方法具有权威性和代表性。波拉特方法是在马克卢普所开创的有关知识产业的理论基础上提出的，在此基础上又进行了大量创造性研究，使之更趋于合理完善，特别是注重加强其实用性和可操作性，得到世界各国广泛接受并采用。

本章主要介绍信息产业的基本概念、形成机制及其在国民经济中的地位和作用，着重从经济学的角度讨论信息产业的经济特性、产业结构及其演进、信息产业对经济增长方面的影响等问题。

思考与练习

1. 信息产业的经济特性有哪些？如何理解这些特性？
2. 信息产业范围经济产生的原因。
3. 信息产业形成的内在动因及形成的标志。
4. 信息产业在国民经济中的主导地位体现在哪几个方面？
5. 全球信息产业的发展趋势有哪些？
6. 什么是信息产业的结构？试述信息产业结构演进的表现。
7. 信息产业对经济增长的贡献体现在哪几个方面？

11 信息经济效益评价

经济效益问题是信息经济学的重要组成部分，也是信息经济学理论和实践中的重大课题。信息经济学不论是要阐明信息、信息系统、信息服务活动在微观上和宏观两个不同层次上对社会经济的作用，还是研究信息产业各部门、各系统在社会再生产过程中的运行在经济上是否合理，都要用经济效益来评价。可以说，信息经济效益评价是应用信息经济学研究的重要内容。本章详细介绍了信息经济效益评价的内容、原则和方法，并探讨了信息产品、信息系统和信息产业三个层面的经济效益评价的理论和实践问题。

11.1 信息经济效益与评价

11.1.1 信息经济效益评价内容

(1)信息经济效益的概念

从最一般的意义上讲，经济效益可以定义为经济活动中投入和产出的比较。从事任何一种经济活动都要投入劳动，取得相应的成果。对投入和产出进行比较评价，即是经济效益研究的基本内容。这里所指的投入既包括再生过程中对固定资产的磨损(即劳动占用)。产出主要以产品和服务形式存在，有价值和使用价值两种形态，具体表现为总产值、附加价值和净产值等指标。

为了进行经济分析，还必须说明投入和产出各自的内容，即投入什么、产出什么。这里具有本质意义的是劳动的投入和产出，没有人类劳动的投入及其产出，严格地说，不属于经济效益的范畴。以劳动过程为基础的生产过程、劳动消耗和劳动占用是投入劳动的主要内容，各种意义上的产值是产出的主要内容。因此，经济效益可以从不同角度、不同层次上进行研究，说明不同的经济问题。

本章所讨论的信息经济效益，同样可以定义为投入和产出的比较。投入和产出的含义与前面的表述没有本质差别，只是信息经济活动复杂得多，其投入表现为复杂劳动，产出既有物质形态的产品，更有知识和信息形态的产品，而且这是产出的主体部分。其产出常常与其他产品价值融合在一起，难以准确地加以分离，这就使信息经济效益的评价更加困难。

具体地说，信息经济效益是指信息产品或信息服务被利用之后所创造的净收益，亦即信息产品和信息服务被利用之后所带来的货币成果与获得和利用这些信息产品和信息服务所付出的耗费(资源、费用和人力等)之差。所谓货币成果是指信息被利用之后所带来的有益于社会的广泛结果。它可能表现为决策改善，资源节约，达到目标的速度加快，时间缩短和节省，产品质量提高、数量增加，开发出一种新产品或带来一种新的社会服务等。这些结果在经济上都可按一定的方式用货币来衡量。经济耗费一般是指资源和费用支出的总和，而这种消耗和支出是相对于信息产品或信息服务所带来的成果——产出而言的投入，由 $C+V$ 组成，如投入了多少资金，耗费了多少物质、材料、能源，占用了多少固定资产，耗费了多少工作日等。显然，信息带来的成果越大，经济耗费越小，效益也就越大，反之亦然。

根据上述讨论，我们可以把信息经济效益表示为：

$$B=A-C \tag{11-1}$$

式中，B 为信息经济效益；A 为信息利用所带来的总收益；C 为信息利用的总消耗。

除了用投入与产出之差(绝对量)表示信息经济效益外，有时为了评价方便，我们也用二者之比(相对量)表示信息经济效果：

$$E=A/C \tag{11-2}$$

式中，E 表示信息经济效果，A、C 与(11-1)式中的含义相同。

信息经济效益可分为直接效益和间接效益，直接效益是指信息作用于直接客体上获得的收益，间接效益则是信息作用在间接客体上获得的收益。本书主要讨论信息的直接经济效益，它包含三层含义：①信息机构或信息系统的经济效益；②信息服务活动的经济效益；③信息产品消费带来的经济效益。上述三个方面联系密切而又有区别。信息机构或信息系统的经济效益是通过这些部门向社会输出信息产品和信息服务的经营活动直接取得的收益；信息产品和信息服务的经济效益一般是指用户在利用信息产品和信息服务之后直接获得的收益(新增纯利润或纯收入)。它们都是信息的直接经济效益。

为叙述方便，我们经常地使用“信息经济效益”这一概念。

信息间接效益是指信息产品或信息服务被利用之后所产生的成果再次作用于其他对象所产生的二次效益、三次效益等，要一一去讨论和计算这些效益是非常困难的，对于本书来说也没有必要。我们只是在讨论直接效益时兼顾间接效益，要避免直接效益有利而间接带来的是负效益的情形。如果信息产品和信息服务是由信息机构或信息系统所提供的，那么，这些信息产品和信息服务的直接效益也可以看做信息机构或信息系统的间接效益。

由于信息经济效益或效果的评价受到许多因素的影响，在很多情况下并不能简单地表达为总收入与总消耗之差或比，因此我们可以将其更为一般地表达为费用效益函数：

$$B=F(C) \tag{11-3}$$

(2)宏观信息经济效益

发展信息产业既要重视微观信息经济效益，更要重视宏观信息经济效益。以往的研究多侧重于微观信息经济效益，对宏观信息经济效益研究得很少。从投入和产出的关系考察，过去的研究着重劳动消耗与劳动成果比较，从劳动占用角度考察信息经济效益有待进一步开展，更谈不上从资源综合利用的角度来评价信息经济效益。有鉴于此，我们这里拟从全局、长远、生产消费的全过程考察信息经济效益，亦即宏观信息经济效益。

第一，宏观信息经济效益是指信息产业或信息活动全局的经济效益，或者是从信息产业内部有机联系的整体、信息产业与其他产业相互作用和相互联系的整体上来考察的经济效益。这个整体是当代社会经济、文化、科技发展的必然趋势和结果。在这个整体中，各个信息系统和各信息机构的微观经济效益并不是孤立地存在着的，它们总是相互依存、相互作用，形成错综复杂的有机联系，某个信息部门的投入可能就是另一个信息部门或非信息部门的产出。因而也可以认为，从投入产出的循环往复来看的微观信息经济效益就是宏观信息经济效益。

第二，宏观信息经济效益必须是对信息的生产、分配、交换、消费全过程进行考察，并在它们相互制约中实现的经济效益。不应当把宏观信息经济效益局限在信息产品和信息服务生产这一环节上，因为即使生产组织得再好，产量再高，效果再好，如果产品流通渠道不畅、产品分配失当，满足不了消费者需求，宏观效益就不一定好。对不同类型和不同层次的信息产品来说，生产、流通、消费各环节的重要程度和影响也不一样。例如，科学生产强调产出，成果多，效益就好，而对于技术开发，则要求其成果能最终成为进入市场的产品，二次信息和三次信息产品需要最终用户使用才能发挥效益，信息服务还需要通信网络配合才能发挥效益。由此可见，只着眼于一点或某些环节，就不能把握宏观信息经济效益。必须从产品和服务运动的全过程及其相关影响因素的制约上着眼，采用系统工程方法，才能客观地评价宏观信息经济效益。

第三，宏观信息经济效益是信息商品和信息服务的使用价值和价值相统一的经济效益，不能离开信息商品使用价值和价值的实现谈宏观信息经济效益。如前所述，信息经济更强调信息商品和信息服务的效用实现，即更好地满足社会的需求和利用。考察宏观信息经济效益既不能只看信息投资提供的利税而不注重信息是否被利用(由于信息的特殊性，即使有的信息暂时未被利用，也要从资源累积、未来被利用的情况加以评价和考察)，同时也不能只强调信息商品效用的实现而忽视经济核算，不努力提高投资利用效果。对于非营利信息部门，在经济核算时可以采用虚拟利润指标来评价其投资利用状况。宏观信息经济效益把信息商品和信息服务的价值和使用价值统一起来，它要求用尽可能少的投资生产尽可能多的符合社会需求的信息商品和信息服务。

第四，宏观信息经济效益注重近期和长远经济效益的有机结合。在发展信息产业和信息经济时，不仅要关心最近的、最直接的经济效益，同时也要关心间接的、未来才显现出来的经济效益。注重近期经济效益和远期经济效益的衔接，使近期产出能不断供给长远投入，使长远投入尽快多的产出，两者有计划有步骤更迭交替，是赢得宏观信息经济效益的重要条件。

(3)微观信息经济效益

微观信息经济效益一般指信息企业、信息机构或信息系统的经济效益。提高微观信息经济效益，要采用信息技术，提高信息加工处理速度，改善信息产品和信息服务质量，把提高信息产品和信息服务的质量与信息企业的利润结合起来。前者从使用价值上反映经济效益，后者从价值形态上反映经济效益。价值和使用价值的统一有利于解决信息积累与消费之间的矛盾，有助于宏观信息经济平衡。微观信息经济效益也可从投入和产出的关系上进行评价。从投入方面考察，主要是劳动力、时间、信息资源、能源和物质材料，而产出则是各类信息产品和信息服务。要评价其经济效益，主要是看这些产品是否符合用户需求，能否被用户利用。

从经济效益的使用价值方面出发，关键是提高信息产品和信息服务的质量。为此，信息企业或信息机构必须设法提高信息工作者的素质，采用先进的信息技术手段进行信息的加工、处理、存储和传输。从政策上对信息产品和信息服务实行优质优价，鼓励信息企业设法提高信息产品和信息服务的质量。我们讲信息经济效益是劳动消耗和劳动所取得的货币成果的比较，落实到每个信息企业，就是要出高质量的信息产品和信息服务，满足用户的信息需求。只有这样才能使信息产品的使用价值和价值相互衔接，使投入劳动与产出成果相称。

从经济利益和管理体制方面考察，微观经济效益并不是片面强调信息企业或信息机构的利益而不顾国家利益，也不能只强调国家利益而不管信息机构或信息企业的利益。要充分发挥信息企业和信息工作者的积极性，创造优质信息产品和信息服务，必须妥善处理国家和信息企业的关系，兼顾国家和信息企业的利益。当前，必须强调市场机制的作用，划清哪些类型的产品和服务可以有偿提供，哪些类型的信息不能进行有偿服务。一般来说，凡是政府利用纳税人的资金、通过指令性手段获取的各类信息，原则上不应当通过市场交易进行有偿提供。对于不是用政府指令性手段获取的信息，为了避免重复采集、重复加工、重复建库，则需要创建一套开放、有序、公正、合理的市场运营机制，并促进市场的专业化分工，使信息市场逐步成熟起来，最终达到有效地实现共享的目的。这样，既能保证国家对信息投资的合理利用，又可以使信息机构或信息企业通过市场获取相应收入，用于事业发展，提高职工福利。对于信息企业的税后利润，可以实行盈亏责任制，鼓励信息企业进取向上，改善管理，彻底克服“大锅饭”现象，这样就会促使企业提高信息产品和信息服务质量，从而提高经济效益。

在微观信息经济活动中，还要通过市场机制和相关政策，建立信息企业之间的公平竞争关系，让信息企业或信息机构通过市场谋求自我发展。长期以来，我国许多信息部门依赖国家投资，安全感太多，不思进取，没有追求技术进步、提高信息产品和信息服务质量的压力和动力，造成了社会劳动的极大浪费，微观信息经济效益无从谈起。这一状况在近20年得到很大改善，许多信息部门采用一所两制，分类管理，把能够面向市场的信息产品和信息服务推向市场参与竞争，采用企业化管理，提高了经济效益。但总的来看，改革力度不够大，基本体制和结构没有改动，信息企业没有自己的拳头产品，缺乏市场尤其是国际市场上的竞争力。

(4)信息经济效益的实现

无论是宏观信息经济效益还是微观信息经济效益，我们都必须从社会信息需求和利用的角度考察其实现。过去我们评价信息工作或信息产业的作用与效益时，一般侧重于生产环节的效益，注重生产的信息产品数量和接待的用户数量，很少关心信息产品是否符合社会需要、有没有被用户利用、有没有最后实现其效用。我们把经济效益定义为劳动消耗、劳动占用与生产成果的比较，或者说是投入劳动同产出成果的比较，都是以产品的实现作为前提条件。把信息经济效益放到周而复始的社会信息生产与利用过程中去考察，则生产成果特别是信息产品和信息服务使用价值的实现便成为关键环节。

宏观信息经济效益的实现表现为信息产品和信息服务的补偿基金、积累基金和消费基金怎样转化为生产资料和消费资料，微观信息经济效益的实现则是个别信息产品或一批信息产品怎样经过分配和流通环节到达消费者手里。因此，无论是宏观信息经济效益还是微观信息经济效益的实现，都要看信息产品和信息服务是否从生产领域到达消费领域，要从这一角度来评价信息经济效益的实现情况。

与物质生产领域相比较，信息经济效益的实现更为复杂，因为相当部分信息产品由国家投资生产后向用户免费提供，人们往往不关心这部分产品的使用价值实现，即使是商品化的信息产品和信息服务，其使用价值的实现也十分复杂，尤其是潜在效用，很难准确考察和评价。从理论上讲，任何信息都有可能被利用，因此，信息产品的实现便有两种去向：一是作为信息资源积累，二是被用于生产消费和生活消费。前者是指暂时没有被消费或者在相当长一段期间内也不会被消费的产品，它们不同于物质生产领域的滞销或积压，也不同于正常储备，而是信息生产和消费自身的规律，是合理的正常的积累，为此而进行投资也是必需的。生产消费和生活消费是维持信息再生产的基础，是信息生产和物质生产的条件，因为无论是信息生产还是物质生产，都必然地要消耗信息，消费的同时生产出新的信息产品和物质产品；信息用于生活消费与物质产品用于生活消费在现代社会同样不可缺少，是恢复社会简单再生产的条件。无论是用于生产消费还是生活消费都应当予以重视，否则就会影响信息生产和物质生产，信息的效用也得不到实现，信息经济效益亦无从谈起。

11.1.2 信息经济效益评价原则

比较投入和产出之间的关系实际上就是对经济效益进行评价，通过评价分析，找到影响投入和产出的各种相关因素，以及投入和产出的不同匹配关系，为减少投入、增加产出、提高经济效益提供依据。

(1)信息经济效益评价的意义

信息经济效益是衡量信息生产、信息服务和信息机构以及整个信息活动在经济上是否合理的指标，通过对信息经济效益的评价可以帮助人们正确认识信息活动投入与产出的关系及约束条件，制定出相应的战略、策略，以最小的投入来获得最大的产出，即实现最佳经济效益。

长期以来，信息服务业中的许多部门由于依靠国家拨款，被认为是非经济部门，普遍存在着忽视经济效益的倾向。有人认为，研究经济效益对于直接的物质生产部门和服务部门才是重要的，对信息机构却不适用，会损害信息服务的社会效益，这种看法具有极大的片面性。事实上，在社会经济的每一个部门中，其运行都必然存在着成本/效益问题和投入/产出问题。它们的产出很可能不是作为商品出售的，但从社会劳动节约的角度出发，用经济方法对这些部门进行评价也是必不可少的，对信息业中的各部门来说更为重要，其产出往往是无形的，效益也是间接发挥作用。研究信息经济效益不仅可以向人们展示信息活动对国民经济的贡献，同时也为信息部门的投资提供理论依据。因此无论在宏观上还是在微观上对信息经济效益进行评价都具有重要意义。

从实践方面考察，信息经济效益评价的意义表现在以下几个方面：

第一，研究和评价信息经济效益可以为开发新的信息系统或改进旧的信息系统提供经济上的合理性和可行性的依据。一般来说，要开发一个新的信息系统或改造一个旧的信息系统需要投入可观的各种资源，包括人力、物力、财力及时间。所投入的大量资源到底能带来多大的经济效益呢？这是主管部门和投资部门最为关心的问题。特别是在经济体制改革和科技体制改革之后，企业和科研单位成了独立的经济实体，这笔经济账就更是非算不可了。通过对信息经济效益的评价，可以确定信息系统所带来的效益能否补偿所投入的资源，避免将一个不合理的方案付诸设计实施，造成极大浪费。

第二，对信息经济效益的评价可以帮助信息工作者、管理决策人员和用户树立正确的价值观念。例如，如何用最低的经济代价去实现信息产品和信息服务必要的功能(包括消除不必要的功能和补充新功能)，使信息机构和用户都获得最大的经济效益？利用价值工程的方法，对信息系统和信息服务的功能与成本进行定量分析，就可以对上述问题做出圆满答复。

第三，对信息系统经济效益的研究和评价有助于找到信息活动的经济平衡点。为明确建立一个系统是否值得，用户利用一种信息产品或接受一项信息服务是否划得来，这就要求综合考察影响信息活动的各种因素，做出信息活动的投入产出综合平衡表，找出信息活动的最佳经济效益点，确定信息活动的各种因素的联系及影响，建立信息活动和信息系统经济效益综合平衡模型。这个经济效益综合平衡模型可以使各个部分或子系统相互衔接，保持平衡，制定出最优经济效益方案。

第四，对信息经济效益的研究与评价有助于对信息机构、信息系统和整个信息事业实行经营管理，解决如何将有限的资源和人力分配到各个方面，使得物尽其用、人尽其才，对信息服务的效益做出最大贡献的问题；还可以通过对信息机构和信息系统实施成本管理、设备及物资管理、生产管理、人员管理和计划管理，使各方面的因素合理配置，输出最大的经济效益。

从理论的角度去考察，可以认为信息经济效益评价是信息经济学中一个最基本的理论问题，具有重要的理论价值。因为对信息经济效益的评价需要一整套科学的、可靠的、系统的方法，这些方法本身的发展和完善将对信息经济学在理论上的突破产生重大影响。信息经济效益实质上是信息效用的一种具体的表现形式，其评价所得到的结论不仅可以帮助人们从量的角度认识信息商品的使用价值和价值，而且可以对其价格的确定提供依据。也就是说，对信息经济效益的评价不仅本身具有重大的理论价值和实际意义，而且对信息经济学的其他基本问题的研究产生重要影响。

(2)信息经济效益评价的原则

信息经济效益评价涉及许多相互联系、相互影响的因素，是一项复杂的系统工程，要正确地、客观地揭示信息活动的投入/产出关系及约束关系，建立信息经济效益的平衡点，需要遵循以下原则才能保证评价的科学性和可靠性。

①经济效益与社会效益统一的原则。这是我们评价信息经济效益时必须首先加以强调的。信息产品不是专为出售而生产的，信息机构的实质并不是为了盈利，因此对信息经济效益的评价要从总体上去考察信息服务活动经济上的合理性。所谓以最小的投入达到最大的产出，自然包含着信息服务的广泛的社会效益。这些社会效益可能是潜在的、间接的，但却是非常重要的。有的信息产品和信息服务从经济的角度看收益很小，甚至是“亏损的”，但它对国家、对精神文明建设、对人类社会的发展和进步有巨大的促进作用，信息机构也是必须要经营的，而国家政府部门和社会有关方面则要尽力支持这类信息生产和信息服务活动，承认这些产品和服务中的使用价值和没有能够直接实现的价值。强调经济效益和社会效益的辩证统一性，可以防止在评价信息经济效益时片面强调经济收入而忽视信息产品和信息服务带来的巨大的社会效益。同时也可以克服那种只讲社会效益而全然不顾信息活动在经济上合理性的倾向，使经济效益与社会效益协调兼顾，达到最佳配合。

②短期效益与长期效益、近期效益与远期效益相统一的原则。短期经济效益与长期经济效益的关系反映的是信息产品和信息服务利用所带来的经济效益的延续时间的差别。长短是相对而言的，如延续 1 年的经济效益与延续 5 年的经济效益相比较，前者是短期的，后者是长期的。近期经济效益与远期经济效益的关系反映的是投入与产出之间的间隔长短上的区别。如两种信

息产品所产生的经济效益延续期都为1年，则产生于今年的经济效益与产生于5年之后的经济效益比较，前者是近期的，后者是远期的。

我们在评价信息经济效益时，必须注意到经济效益在时间上的性质，全面考察。既考虑到短期效益，又考虑到长期效益；既注意到当前所产生的效益，又注意到长远发展，要给信息机构或信息系统的今后发展留有充分余地，但又不能放弃当前效益的取得。也就是说，长短要结合，远近要兼顾，这样的评价才是合理的。

③宏观效益与微观效益统一的原则。宏观经济效益和微观经济效益关系极为密切，它们既有一致之处又有矛盾的方面。微观信息经济效益是宏观信息经济效益的基础，微观(信息企业或信息系统)是信息产业的基本单位，从整体及相互联系上看，微观信息经济效益不好，宏观信息经济效益很难理想。但宏观信息经济效益并不等于微观信息经济效益简单相加，而是一种相互补充、相互促进的有机融合。这要求我们在评价信息经济效益时，必须将宏观与微观、整体与局部结合起来，才能获得比较合理的结论。总的来看大体有下述四种情况：

第一种情况：信息产品和信息服务可以为信息企业和用户带来较好的微观效益。由于没有任何副作用和失真的价值转移，其宏观经济效益也好，大多数信息产品和信息服务都属于这一类。

第二种情况：信息产品和信息服务不能给用户和信息企业带来任何经济效益。这往往是由于缺乏经济观点，选题不符合用户需求，因此往往不会被用户接受，这种情况既无微观经济效益，宏观效益也无从谈起。

第三种情况：信息产品解决了一种产品的质量问题，对整个社会来说，宏观经济效益较好，但生产厂家可能因生产成本上升而影响微观经济效益。

第四种情况：信息产品或信息服务的微观经济效益较好，但宏观经济效益并不好。例如，一个信息企业提供的紧俏信息产品价格过高，它生产越多，效益越好，但可能导致用户负担过重，使得宏观效益并不理想。

信息活动的微观经济效益和宏观经济效益的关系问题，实质上是社会主义经济关系中的全局和局部的关系，国家的整体利益和各单位的局部利益之间的关系。只有在讲求宏观经济效益的前提下，对微观经济效益才能做出正确评价。当微观经济效益与宏观经济效益发生矛盾时，应该是前者服从后者，而不是相反。这样既能保证宏观信息经济效益提高，也能使基层组织按宏观经济的要求来提高微观经济效益。当然，要从根本上解决这个问题，单靠信息企业和用户单位的努力往往是不够的，需要国家通过行政手段和经济手段来协调，依靠法律手段来控制，才能使信息活动的微观经济效益与宏观经济效益有机地统一起来。信息企业应当尽量使自己的生产和服务既有较好的微观经济效益，又有较好的宏观经济效益。我们对信息活动的经济效益评价时，也应注意兼顾两者，特别是注意到宏观经济效益。

④相关性原则。任何信息系统（也包括信息机构）都由若干子系统构成，信息工作和信息服务亦包含许多相互联系的环节。这些子系统与子系统之间，各个环节之间只有相互配合、相互协调，才能输出最佳效益。因此，评价信息经济效益时不能片面强调某一子系统或某一环节的经济效益而忽视其他子系统和环节的经济效益，更不能以局部代替整体、牺牲系统总体和整个信息活动的经济效益。这就需要在系统的各个子系统之间以及信息服务的各环节之间在空间上和时间上保持充分的信息联系和信息交换，使得各个子系统和各个环节的投入产出相互关联、相互配合，从而保证系统总体和整个信息活动输出最佳经济效益。

⑤静态分析与动态分析相结合的原则。对信息经济效益进行评价，不仅要对影响信息经济效益的各种内部因素进行静态的考察和分析，还要动态地考察这些因素之间、这些因素与外部因素之间的关系；不仅要考虑到现在，还要考虑到将来，即从发展变化的角度去考察和研究各种因素错综复杂的关系以及对信息经济效益的动态作用和影响，客观地、符合实际地反映系统总体和整个信息活动的经济效益。

上述原则对于信息系统或信息机构的经济效益评价，信息产品、信息服务以及整个信息业经济效益的评价都是适用的。只是在评价信息活动不同方面的经济效益时，对某些原则可能更需要特别强调，所采用的方法也有所不同。

11.1.3 信息经济效益评价方法

对信息经济效益评价就是选择合适的指标，根据评价内容和目的的要求对信息活动的投入和产出进行定性和定量分析比较的过程。评价内容与评价指标体系是理论与实践结合的产物，评价指标设置要遵循科学性、系统优化、实用性和目标导向四个原则。

第一，评价内容要有科学的规定性，准确反映信息生产和服务的特点，这与评价物质产品生产通常采用货币（价格）来度量是不同的。信息产品有巨大的潜在效益，评价指标体系的设置和评价方法的选择要充分考虑这一特征，在反映现实效益的同时，揭示其潜在效益。

第二，信息经济效益是一个涉及面很广的问题，不是一两个指标就能衡量的，必须从不同侧面，选择不同层次的若干组指标，客观地反映信息的经济效益与社会效益、学术效益的关系，当前效益与长远效益、整体效益与局部效益的关系，以及宏观与微观、中观效益，定量与定性描述的效益的关系。

第三，评价指标体系要便于实际应用，繁简适中，数据要易于采集，适应信息企业或信息系统的管理水平，各项指标及计算方法、各项数据都要标准化、规范化，并能实现评价过程中的质量控制。

第四，对信息经济效益的评价，目的不是单纯定名次、排优劣，更重要的是通过评价，引导和鼓励信息系统和信息服务朝正确的目标和方向发展，因此评价指标的选择既要重视直接经济效益，又要重视间接经济效益和社会效益。

目前，有关信息经济效益的评价指标设定还研究得很不够，还没有形成一套完整的、科学的评价指标体系。通常的做法是借用物质生产活动领域的效益指标，考虑到信息生产和信息服务的特征来选择信息经济效益评价的指标体系，这里我们概括如下(见图 11-1)：

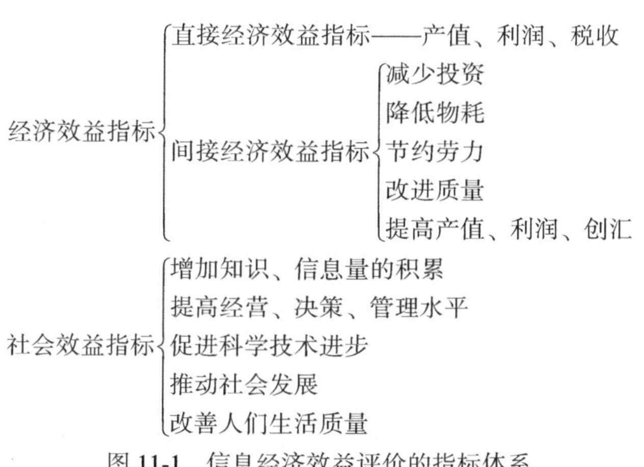

图 11-1　信息经济效益评价的指标体系

本章主要讨论经济效益。选择上述指标，我们可以采用技术经济评价方法评价信息经济效益。这些方法最初是适应现代社会新技术和新产品开发而发展起来的，随着科技、经济和社会的发展，其功能不断扩展，应用范围越来越广。近年来，国内外学者在技术经济评价方法的基础之上，对各种不同目标的经济效益进行大量研究，提出了许多行之有效的方法。对信息经济效益来讲，只要遵循我们前面指出的原则，选择合适的指标，在充分考虑信息产品和信息服务特点的基础上，能够客观地反映信息活动投入产出数量关系的技术经济评价方法和其他方法都可以采用。归纳起来，有以下几种典型的方法：

(1)比较评价法

比较是一种最常用的评价方法。它是指利用现有的统计数据、统计报表、文献资料，对一个时期的信息部门、信息企业、信息系统或信息服务活动的投入产出指标进行对比分析，来评价经济效益水平。比较的方式有数字对比、图示对比，对比可分为纵向对比和横向对比。这种方法主要是通过一系列指标和指标组的计算，反映不同时期的经济效益情况，对或是相类似的信息机构或系统，或是提供同类信息产品具有不同生产条件的信息企业进行经济效益比较。

经济效益评价中最常用的是方案比较，一般步骤是：确定目标，选择对比方案，选择判断指标，根据对比结果选择最优方案。这种方法常用于事前评价。下面列举几种常见的方案比较：

①单位产品的投资和成本比较。如果一个数据库容量为200万条记录，另一个为600万条记录，我们可以简单地通过比较单位产品的投资(投资(元)/每条记录)或单位产品的成本(成本(元)/每条记录)来判断不同容量的数据库建造方案的经济效益。

②使用效果比较。一般采用不同方案的使用效果系数进行评价。即：

$$K=\frac{E_1}{E_0} \tag{11-4}$$

式中，K为使用效果系数，E_1、E_0分别表示新方案和原方案的使用效果。使用效果实际上代表不同方案的质量，可以用不同的指标间接表示，例如，使用寿命的延长、外汇的节约、时间的节约、用户的增加等。

③经营费用比较。如果两个信息企业经营费用不一样，一个总成本高一些，另一个总成本低一些，或者同一企业，近几年费用和前几年费用不一样，我们可以对变化部分进行评价而不考虑不变部分。固定成本如管理费、固定资产折旧、基本工资等基本上是不变的，可以不计算；而对变化部分如计件工资、电力消耗、材料消耗等要进行评价，对超过部分进行计算。可用下述公式：

$$\Delta C = \sum_{j=1}^{n} \Delta C_j \tag{11-5}$$

式中，ΔC为经营费用总差额；C_j为经营费用中某项费用与原来超出部分；n为各方案经营费用中不相同的费用项目。

(2)差额评价法

这种方法与我们前面对信息经济效益的定义对应，以绝对量的差额形式来评价信息经济效益。一般采用下述三种方式：

①用劳动成果与劳动消耗或产出与投入的差额表示：

$$B=A-C$$

或

$$B=O-I$$

式中，B 为信息经济效益；A 为劳动成果；C 为劳动消耗；O 为产出；I 为投入。

如果劳动成果为销售收入，劳动消耗为生产成本，这时的经济效益就是利润。

②用年度节约额表示：

$$E=(E_1-E_2)A_2=[(C_1+eI_1)-(C_2-eI_2)]A_2 \tag{11-6}$$

式中，E 为年度节约额(经济效益)；A_2 为新方案的产量；E_1、E_2 为新方案与原方案单位产量折算费用；C_1、C_2 为原方案与新方案的单位成本；e 为标准投资效果系数；I_1、I_2 为原方案与新方案的投资额。

这种方法多用于两种方案比较，如新开发的信息产品、信息系统与原产品、系统相比较，或新的开发方案与原开发方案相比较等。

③以资金流入量与流出量的差额表示：

用产品或项目在整个寿命期中的资金流入量与资金流出量的差额(即净现值)表示经济效益，即：

$$\text{NPV}=I-O=\sum_{t=0}^{n}[I_t(1+d)^{-t}]-\sum_{t=0}^{n-1}[O_t(1+d)^{-t}] \tag{11-7}$$

式中，NPV 为净现值；I 为项目寿命期内的资金流入量；O 为项目寿命期内的资金流出量；I_t 为 t 年资金流入量；O_t 为 t 年资金流出量；d 为贴现率；n 为产品或项目寿命周期。

这种方法多用于几个方案的比较，取净现值大的方案。有时也可用于单个方案，这时差额(净现值)大则经济效益好，反之较差。

(3)费用效益评价法

费用效益分析评价首先是对费用和效益两方面进行计量，然后进行比较。费用效益分析不仅仅是从信息机构或信息系统的角度，而且要从社会的角度来计量效益和费用；不仅分析直接效益和费用，而且要分析包括间接效益和间接费用在内的全部效益和全部费用；不限于货币收支的比较，还包括不能用货币反映甚至较难数量化的效益和费用比较；不仅考虑过去实际发生的效益与费用，更重要的是预期决策后按行动方案选择有关未来的效益与费用。在计量中为了使不同时期的费用和效益能在同一基础上加总和比较，还需要把未来时期的费用和效益通过贴现折算成基年现值。贴现率确定要参考利息率和根据决策者的意见。

费用效益评价可以采用下述三种方法：

①净现值法。信息活动的净现值等于效益现值减费用现值总额后的余额，也可以用直接计算净效益现值的方法来计算。假定投资费用 I 于基年一次支出，运行费用 O 在使用期间逐年支出，辅助费用已从基本效益中扣除，派生效益已加入基本效益，构成各年的效益 B_i，无形费用与无形效益从略，这时净现值为：

$$\frac{B_1 - O_2}{1 + d} + \frac{B_2 - O_2}{(1 + d)^2} + \cdots + \frac{B_n - O_n}{(1 + d)^n} - I = B \tag{11-8}$$

式中，d 为贴现率；n 为使用期最后年度；B 为净效益现值。

令 $\frac{1}{(1 + d)^i} = D_i (i = 1, 2, \cdots, n)$，上式可以简化为：

$$\sum_{i=1}^{n} (B_i - O_i) D_i - I = B \tag{11-9}$$

对于不同的信息系统、数据库或其他类信息产品，按同一贴现率计算的净效益总额现值越大者便可以接受。

②内在报酬率法。内在报酬率实际上是一个贴现率(折算率)，用它来计算费用总额和效益总额所得到的费用总额现值和效益现值刚好相等。在(11-9)式中，内在报酬率就是 $B = 0$ 时的贴现率 d。在预计出信息系统或信息服务各时期的费用额和效益额之后，它的内在报酬率可以用计算机求解，也可以用试差内推法(实际上是近似计算和拼凑的做法)。如果信息系统的内在报酬率等于 d，那么 d 计算的净现值等于零，反之，如果净现值等于零，就可以认为内在报酬率等于 d (所用的贴现率或折算率)。

③效益费用比率法。效益费用比率等于效益现值总额之比，由于效益费用的比率是按现值计算的，因此信息系统或信息服务的效益费用比率是针对某一特定的贴现率或折算而言的。如果信息系统各时期的费用额和效益额分别为 C_1，C_2，$\cdots$，C_n 与 B_1，B_2，$\cdots$，B_n，贴现率为 d，那么费用现值总额 $\mathrm{NPV}(C)$ 和效益现值总额 $\mathrm{NPV}(B)$ 分别为：

$$\begin{gathered}\mathrm{NPV}(C) = \frac{C_1}{1 + d} + \frac{C_2}{(1 + d)^2} + \cdots + \frac{C_n}{(1 + d)^n} \\ \mathrm{NPV}(B) = \frac{B_1}{1 + d} + \frac{B_2}{(1 + d)^2} + \cdots + \frac{B_n}{(1 + d)^n} \\ \mathrm{BCR} = \frac{\mathrm{NPV}(B)}{\mathrm{NPV}(C)}\end{gathered} \tag{11-10}$$

当 BCR = 1 时，说明按所要求效益水平刚好符合要求；

当 BCR < 1 时，说明达不到所要求的效益水平；

当 BCR > 1 时，说明效益较好，如果 BCR 比 1 的比值大得越多，效益水平越高，此时还可用更大的折算率进行计算，以便更准确地确定效益水平。

费用效益比较的三种方法的衡量标准对于信息系统或信息产品的取舍决策来说是一致的。在决定信息系统或信息系统的取舍评价上，下述条件是等价的：

内在报酬率等于一定水平的 d_0；

净效益现值 NPV = 0(以 d_0 为折算率)；

效益费用比 BCR = 1(以 d_0 为折算率)。

不同的是，它们以不同的方式反映信息系统或信息产品的获益水平，从而适合决策者分析的需要。

(4)信息贡献度分离法

①替代变量法。通常用成本减免来代替效益。例如某企业随着业务增加及生产量增长，数据处理相应增加，一般是通过增加人员或增加工资来解决，其结果也增加了成本。如果采用信息系统来处理这些数据、提供信息，就可能使得这一增加的成本得到减免，信息系统的效益就等于减免的成本。

影子收益也是一种典型的替代变量。影子收益指由于未利用信息或信息系统给用户或客体造成的损失之和，又称为给用户或客体带来的净收益的影子。例如企业建立了供销信息系统之后，加强了市场信息调查、提供和反馈，扩大了销路，减少了原来的产品积压，这种产品积压的损失可以看做是该信息系统的影子收益。交通信息系统和交通管制系统的建立，减少了汽车的空驶率，使车辆阻塞、交通事故、车辆停留时间减少，这些事故的减少可以看做交通信息系统的影子收益。

影子收益虽然不是信息或信息服务直接创造的，但它是信息系统设立之前和未利用信息服务时客体的损失。这些损失是过去已经发生了的，是看得见摸得着的，因而是可以统计测算的，只是由于信息系统的建立和信息服务提供而不存在了。这种收益虽然是间接测度，但比起那些要待信息利用之后若干时间才能计量的效益来讲，要方便得多。它对于评价信息和信息系统的经济效益是十分有效的。

②相关系数法。通过调查、比较或专家评定，确定信息或信息系统对总的经济效益的贡献，便可简单地计算出信息或信息系统的效益，即信息或信息系统的经济效益=总效益×信息的贡献度。这种方法的难度在于求出信息

或信息系统的贡献度，虽然可以采用多种方法，但每种方法都较复杂，且随意性较大，因为信息的效益是在多因素的配合下实现的。

③生产函数法。即把信息或信息系统作为技术进步的因子（λ_m），利用生产函数求出信息或信息系统的贡献度。一般的 Cobb-Douglas 生产函数如下：

$$Y = e^{\lambda} K^{\alpha} L^{\beta} \tag{11-11}$$

式中，Y 为产值；K 为资本投入；L 为劳动投入；e 为技术因素；λ 为技术进步因子；α 、β 为表示规模增长因子($\alpha + \beta = 1$)。

在某时期内，信息和信息系统提高了企业的管理水平，从而促进了产值增长。如果在这一时期投入的资本和劳动力分别增加 ΔK 和 ΔL，那么：

$$\frac{\Delta Y}{Y} = \lambda_1 + \lambda_m + \alpha \cdot \frac{\Delta K}{K} + \beta \frac{\Delta L}{L}$$

信息或信息系统的技术进步因子 λ_m 及其贡献度 η_m 都可以计算出来：

$$\lambda_m = \frac{\Delta Y}{Y} - \lambda_1 - \alpha \cdot \frac{\Delta K}{K} - \beta \cdot \frac{\Delta L}{L}$$

$$\eta_m = \lambda_m / (\Delta Y / Y)$$

这一方法比较科学准确，能够较为全面地分离出信息系统的效益，适用于信息系统运行后的效益分析。此法的困难是一般企业生产函数不易确定，因而应用起来有一定困难。

(5)投资评价法

投资评价是信息经济效益评价的一个重要方面，投资最少不是评价的唯一目标，评价的目的是要找到取得最大经济效益的途径和方法。投资评价要注意掌握两条原则：一是投资相同时，取经济效益最大的方案；二是当投资不同时，取投资最小而效益最大的方案。

在投资评价中有两个重要的衡量投资效益的指标，即投资回收期和投资效果系数。投资回收期指回收一次投资所需要的时间，回收期短，表示投资风险小，经济效益好；投资回收期长，表示投资风险大，经济效益差。投资效果系数也称资金利润率，表示单位投资取得的利润数额，是一个十分重要的经济效益指标。投资效果系数越大，说明经济效益越好。

投资回收期可表示为下式：

$$T = C / R_y \tag{11-12}$$

式中，T 为投资回收期；C 为投资总额；R_y 为年资金回流量，其数额等于年收益加固定资产折旧提成。

投资效果系数可表示为下式：

$$P'_c = P/C \tag{11-13}$$

式中，P'_C 为资金利润率(或投资效果系数)；P 为利润总额；C 为投资总额。

除上述两个指标外，我们还可以对不同方案中的投资不同部分和追加投资进行评价。

例如，某一信息系统或项目的开发或改造，不同方案的投资是不同的，我们舍去相同的部分，评价不同部分。投资可分为直接投资和间接投资，有时还要考虑相关投资。直接投资部分中有一部分是相同的，或变化不大的，这部分可以忽略，只评价不同的那部分，公式为：

$$\Delta I = \sum_{j=1}^{n} \Delta I_j \tag{11-14}$$

与投资回收期一样，追加投资回收期短则经济效益好，追加投资回收期长则经济效益差。可按下列公式计算：

$$t = \frac{I_2 - I_1}{C_1 - C_2} = \frac{\Delta I}{\Delta C} \tag{11-15}$$

$$E_i = \frac{C_1 - C_2}{I_2 - I_1} = \frac{\Delta C}{\Delta I} \tag{11-16}$$

式中，t 为追加投资回收期；ΔI 为投资增加额；ΔC 为投资节约额；E_i 为追加投资效果系数。

计算出来的追加投资回收期如果不超过国家和部门的标准投资回收期，或追加投资效果系数大于国家和部门规定的标准投资效果系数，可以认为效益较好，否则就是不合理、不经济的方案。

(6)综合指标评价法

①信息经济效益对比系数 k。在年收益中，信息效益(信息贡献的份额)所占的比例，称为信息经济效益对比系数，可表示为：

$$k = \frac{B_I}{B_Y} \times 100\% \tag{11-17}$$

式中，B_I 为信息效益(信息的纯贡献)，B_Y 为信息利用后的年经济收益。在实际应用中，这个系数往往通过信息消耗与总消耗的比值来计算，消耗比起来收益更容易确定一些。

$$k = \frac{C_1}{C} \times 100\% \tag{11-18}$$

②信息的时间节约效益 B_t 。时间因素是信息经济效益评价中一个很重要的因素，过去往往忽略了由于及时提供信息缩短了生产经营周期或实现目

标的时间所带来的收益。实际上，时间的节约正是信息服务活动的重要经济效益。这个指标可以用同一信息由用户自行调研所需要的时间与信息部门提供信息的实际时间之差，或可以用由于利用信息和不利用信息达到同一目标所花费的时间之差来计算。即：

$$B_t = \frac{B_Y \Delta t}{12} \tag{11-19}$$

式中，Δt 是利用信息服务或信息缩短的时间，B_Y 含义同前。

③信息的潜在经济效益 B_P 。信息的潜在经济效益，就是根据信息已经取得的或预测可能取得的收益，以及该信息或信息服务可能提供的用户数来计算。即：

$$B_P = \sum_{i=1}^{n} F_i B_Y Y_i \tag{11-20}$$

式中，F_i 为第 i 个用户企业的修正系数；Y_i 为第 i 个用户企业应用该信息的年数；n 为信息可能提供利用的用户数。

④信息消耗标准 G_s 。这是为了简化计算而引入的一项组合指标，因为信息利用时包括材料、设备、工资、差旅费、合同费及其他杂项开支等累计消耗，这样我们可把消耗标准表示为：

$$G_s = \sum_{i=1}^{n} g_i \tag{11-21}$$

式中，g_i 表示第 i 项消耗标准，可由下式求得：

$$g_i = B_d Q_i \tag{11-22}$$

式中，B_d 为表示每个信息工作者每天创造的产值；Q_i 为第 i 项信息消耗（人，日）。

⑤信息系数 α_i 。考虑到信息活动的复杂性和多样性，为了对信息消耗或信息效益进行修正，可引入信息系数的概念。这个指标本来应当由反映信息服务质量的一系列分指标构成，但这些质量指标共同作用的结果，最后还是可以用信息利用后获得的实际收益与其期望值的比来表示。即：

$$d_i = \frac{B_r}{B_e} \times 100\% \tag{11-23}$$

式中，B_r 为信息利用之后获得的实际收益；B_e 为信息经济效益的期望值。

⑥信息消耗 C_I 。用信息消耗标准和信息系数这两个指标，可对信息消耗 C_I 进行修正：

$$C_I = \alpha_i G_s \tag{11-24}$$

上式的意义很明显，信息系数 α_i 的值越大，则实际消耗也就越大，亦即信息服务质量越高，就要付出越多的代价。

⑦信息效益(指信息贡献的份额) B_I 。

$$B_I = \frac{kB_Y}{100} \tag{11-25}$$

式中，B_Y 为年经济效益；k 为信息效果对比系数。

根据(11-25)公式和(11-19)公式，在其他情况不变时，信息系数 α_i 越大，实际消耗也越大，信息效果对比系数 k 也越大，最后所获得的实际信息效益也越大。

⑧信息的经济效果 E_I 。求出信息消耗 C_I 和信息效益 B_I 后，根据(11-2)式，很容易求出信息的经济效果：

$$E_I = B_I/C_I \tag{11-26}$$

⑨信息总体效果系数 E_c 。这一指标是由年度信息效益与年度效益消耗之比来表示的。

即：

$$E_c = B_I^{(Y)}/C_I^{(Y)} \tag{11-27}$$

式中，$B_I^{(Y)}$ 为年度信息效益；$C_I^{(Y)}$ 为年度信息消耗。

一般来说，$E_c > 1.5$，又称为信息经济效果的标准系数，它反映了信息服务的实际状态和实际效能。比值越大，说明信息的经济效益越好。若比值小于 1，则没有创造任何经济效益，这是应当尽力避免的。

⑩计算程序。利用前述指标体系计算和评价经济效果，按下述程序比较方便。

第一步，确定信息消耗指标。包括以下子步骤；

- 确定每个信息工作者每天创造的产值 B_d，可通过实际调查或根据统计资料求得。
- 确定信息活动的劳动消耗 Q_i（人・日）；
- 计算每项信息消耗标准 g_i，并累积求和计算出信息消耗标准 G_s ；
- 计算信息系数 α_i ；
- 计算信息消耗 C_I。

第二步，确定信息效益指标。包括以下子步骤；

- 计算信息获取和利用后获得的总收益 B 和年收益 B_Y ；
- 确定总消耗($C = C_r + C_u$，C_u 表示利用过程的消耗)；
- 计算信息效果对比系数 k ；
- 计算信息效益 B_r ；

- 计算信息活动的时间效益 B_t；
- 计算信息活动的潜在经济效益 B_p。

第三步，确定信息的经济效果指标。包括以下子步骤；

- 计算信息经济效果指标 E_I；
- 计算信息总体效果系数 E_c。

上述计算过程可以很方便地利用计算机进行计算。

11.2 信息产品经济效益评价

11.2.1 信息产品的成本测度

从信息的生产和利用过程出发，可以把信息成本划分为生产成本、用户成本和外在性成本。

生产成本包括信息生产过程中使用的信息材料、消耗的物质材料、投入的劳动量及信息流通费用；用户成本是用户在获得某一信息的使用权时支付的费用；外在性成本是由信息经济活动中的外部效应引起的成本。一个用户在利用某一信息产品或信息服务时给其他用户的使用带来的另外的成本耗费就是信息产品或信息服务的外在性成本。如图书馆的一部书被一个读者借出，其他读者要借就必须等待，即耗费时间成本。

根据成本的性质可分划为直接成本和间接成本。直接成本表示直接用于信息产品生产和开展信息服务的成本；间接成本是信息机构或信息企业用于与信息生产和信息服务有关的开支，如税收、管理费等。

根据成本的变化情况可划分为可变成本、半可变成本和固定成本。可变成本指随生产量和服务量变化而增减的成本，如用电费、机时费等；半可变成本指那些当工作量达到某一特定水平后才随工作量变动的有关费用；固定成本指那些不受工作量影响的经费开支，如设备折旧费、通信线路租用费等。但固定也只是相对而言，指在某一段时间内，而且生产和服务量不超过正常波动水平情况下的上述费用。

根据成本的功能可划分为开发成本、初始成本、操作成本、维修成本等。开发成本指在进行新的信息产品、信息系统和信息服务项目的设计或改进中所花的费用；初始成本一般指新的信息产品或信息系统实施投产阶段的开支，如设备添置费等；操作成本主要指信息系统投入运行后所需的费用；维修成本指用于信息系统的维护和修理的花费。

根据成本的变化周期可划分为重复性成本和非重复性成本。重复性成本指每隔一段时间就必须按时交付的费用，如信息资料采购费、数据库购置费等；非重复性成本多指一次性开支，也包括仅在某一段时间内需要付出的费用，如基建费、设备安装费等。

很明显，以上几种关于成本的分类中有许多项目是互相重叠的，将这些成本项目罗列出来有助于在成本计算时进行选择。在实际工作中，一般采用其中一种分类角度来统计和计算，其他分类方式作为辅助和补充项目仍是不可缺少的。

对于信息经济效益评价来说，我们选择第一种角度即生产成本、用户成本和外在性成本来统计和测度成本项目比较能够全面地反映信息生产利用各阶段的投入情况，而且适合信息的特点，能够全面反映信息活动的投入产出关系，从而客观评价信息经济效益。以下我们将讨论这三种成本项目的测度。需要说明的是，根据信息产品和信息服务的特点，我们在计算成本时，要考虑时间指标，直接或间接地以时间作为成本测算的尺度。

(1)生产成本的测度

信息机构或信息企业可按不同的方式组织生产和服务。一般具有下述特点：第一，生产多样化。这是社会信息需求的复杂性、多样化以及信息生产中的劳动对象不断变化引起的。信息机构可以根据自身的条件提供多种形式的产品和服务。即使信息机构只生产一种形式的产品，其内容也在不断变化更新。第二，生产与流通往往集于一体，即不仅生产信息产品和服务，还承担将信息传递给用户的任务。这使得生产成本中包含了流通费用。第三，生产过程具有灵活性。由于信息生产的劳动组织不十分严密，内部分工也不像物质生产部门那样发达，工作人员虽有一定的岗位，但工作范围可以很大。提供的信息产品和信息服务对不同的用户都不一样，工作量也有很大差别，这就给成本计算带来很大难度。

如果要统计信息机构在较长时间内的总成本，可以通过会计部门计算出各项支出；如果要计算某一特定信息产品或信息服务的成本，可将专用开支，如调研费、资料费、广告费、邮寄费，机时费等明确列出。对于那些与其他产品和服务生产共同消耗的资源如信息材料、固定资产折旧、工作人员的工资等项成本，可以采用内克拉斯(Joel A. Nachlas)和皮斯(Anton R. Piece)提出的工作时间模型①来测算。这一模型虽然稍嫌复杂，且许多项目需要完善的原始记录，但它比较客观地反映了信息生产和信息服务的

① 马费成，王晓光．信息经济学第十一讲：信息经济效益分析[J]．情报理论与实践，2003，26(5)：477-480.

特点。

内克拉斯等人将投入信息产品和信息服务中的成本划分为直接劳动时间、间接劳动时间、设备与材料费、一般管理费。对不同的工作进行抽样可计算直接劳动时间，间接劳动时间可以根据经验比例，由直接劳动时间折算而来；材料费与设备费可以分别从购买部门或会计部门直接获得；一般管理费可以根据该生产或服务环节(部门)在机构中的重要程度确定一个比例，由直接劳动时间折算而来。于是得到生产成本的计算公式为：

$$C_t = \sum_{j=1}^{N} \left\{ C_j \left[t_j + \frac{t_j}{T_j - S_j} S_j \right] \left[(1 + r) + \frac{t_j}{T_j - S_j} d \right] \right\} + e \qquad (11\text{-}28)$$

式中，T_j 为工作人员 j 的全部工作时间；t_j 为工作人员 j 投入到该项服务中的直接劳动时间；S_j 为工作人员 j 的间接劳动时间；r 为一般管理费用率；d 为计算机或终端的折旧率；e 为生产或服务中的设备与材料费；C_j 为工作人员 j 的工资率。

公式中的各项费用是所考察的信息产品和信息服务的主要成本项目。除 e 项之外，其他各项的计算都与时间密切相关。虽然不同的信息生产其投入各要素的比例会有很大的差别，但都可以找到主要成本项目，发挥时间因素在各成本项目测度中的比例尺作用，分离出该产品或服务的各成本项目在其总支出中的数额。这样就较好地解决了上面提出的问题，因而任何明显占用人员时间的信息生产和服务都可以借鉴这种微观成本分析法。

(2)用户成本的测度

用户成本比较明确，是用户在购买信息时所支付的费用。用户成本中同样有时间因素，有的信息服务项目主要按时间收费，如联机检索，用户从进入数据库到检索结束退出系统的时间是用户成本的主要部分。

对于生产性信息消费，人们注意到他们必须放弃部分增加收入的机会，因而可以用放弃的收入来衡量其成本。菲尔德斯坦的信息利用理论模型分析了这一问题：

$$E(G) = P(F) \times U(F) - C(B) \times P(F) - Pt \qquad (11\text{-}29)$$

式中，$E(G)$ 为用户希望从信息利用中得到的效益；$P(F) \times U(F)$ 为信息利用总收益；$C(B) \times P(F)$ 为货币成本；P 为个人时间的机会成本或工资率；t 为信息利用耗费的时间。

Pt 即为时间成本项，我们常用这种方法将时间成本转化为货币形式。当然，还有部分信息是免费的，虽然占用了用户的消费时间，却无法转化为货币形式，因而只能把时间作为直接的衡量指标。

(3)外在性成本测度

外在性成本是人为设置的虚拟量，其直接测度比较困难，而且外在性成本具有隐蔽性，人们也就不大注意到它的存在。外在性成本都有一定的体现形式，或是给生产带来阻碍，或是给其他用户的消费造成时间的延迟，因此外在性成本可以通过将其转化为生产成本或用户成本而获得。信息使用的拥挤性是最显著的外在性表现，计算其他用户多支出的时间成本就是拥挤成本，问题是外在性成本的转换较为困难，不能准确清晰地确定下来。

11.2.2 时间成本测度

(1)时间成本测度的合理性

时间是一种稀缺资源，无论是在生产中还是在消费中都体现出时间的稀缺性。

马克思在考察产品的生产过程中，划分出生产时间或劳动时间，生产时间和劳动时间占用的多少决定其他时间的剩余。如果没有生产，就没有生产时间；没有生产时间就没有剩余时间。因此，经济学意义上的时间不是自然时间，而是在生产过程中产生的。它包含两方面的含义：一方面生产要占用时间，另一方面又进行着时间的生产。

信息产品的生产同物质产品的生产一样，当我们把时间投入到一种产品的生产时，也就放弃了另一种产品的生产。例如对于针对性较强的咨询服务，在某一时间内为一个用户提供服务就不能同时为其他用户提供服务。可见，时间是具有竞争性的资源。而且时间资源还有其特殊性：物质资源与人力资源尽管短缺，却总能设法筹集尽可能多的资金，找到尽可能合适的人员，而时间却受到严格限制，没有办法获得更多的时间，并且时间是最易腐损的，根本无法存储，时间一旦失去就找不回来。从某种意义上说，时间是最为稀缺的资源。信息产品和信息服务的活劳动投入远比物质产品大，活劳动的度量便是时间，因此信息生产中的时间因素的作用很突出。

生产时间之外的一部分时间用来消费，因为商品消费同样要占用时间。一个人一天的剩余时间是有限的，即使所有的剩余时间都用来消费(当然这是不可能的)，消费时间也还是有限的。信息消费具有很强的独立性，消费又往往受许多条件限制。我们可以边干活边听音乐，但不能边干活边读书。为了节约时间，人们总是寻求一种伴随性较强的信息获取与消费方式。作为资源的信息具有要素产品的性质，即消费的同时进行着生产，这里的生产可以是物质产品的生产也可以是信息产品的生产，故而信息商品的消费也可能是占用生产时间。

我们考察联机信息检索的情况。联机检索的时间实质上是通信线路与计算机资源的占用时间。由于通信线路和 CPU 的容量都是有限的，不可能容纳无限个用户，网络上部分用户终端对系统的使用必然会排挤另外部分用户的使用，这类似于打电话占线时的情形。通信线路和 CPU 的物理数量是有限的，它的消费表现为设备折旧，即使用时间的有限性。

一般情况下我们都是用货币形式来反映成本数量的，时间如何才能转换成货币形式呢？这里存在着时间价格的确定问题。

以上分析说明，时间确实是稀缺性资源，并且这种稀缺性总是通过一定的信息载体来体现的，要么是作为生产要素的活劳动或机器、设施，要么是消费主体——人。对于以活劳动体现出来的时间，其价格可以用工资率代替。虽然工资并不是活劳动的价值，但成本只反映支付关系，目前我们都是以工资支付活劳动的。在上述两个模型中，和时间相乘的总是工资率。对于以机器、设施等形式体现的时间，其价格是人为规定的，主要依据是通信费用、设施购置费、预期使用时间。

纯消费性信息产品的消费，尤其是免费信息服务，用户成本很难转化为货币形式。因为这种时间耗费的产出是无法衡量的，或者衡量的方法无法实现。用户接收信息后，获得的可能是精神享受、知识面的拓展、劳动技能的提高，这些都是工资所不能反映的。在这种情况下，时间作为制约人们消费行为的影响因素，可以看做与收入并行的因素，在需求分析中发挥作用。

(2)时间成本对信息经济效益实现的影响

既然时间具有成本和价格，时间因素的改变必然影响到信息的生产和消费，从而影响信息产品和信息服务经济效益的实现。

①对生产的影响。微观经济学认为，生产要素价格变动会产生替代效应与产量效应。所谓替代效应指当价格下降时，在厂商生产量不变前提下会多使用该种要素，减少与它有替代关系的要素的使用量；另一方面，较低价格的要素投入量增加，会使这种要素产量也扩大，这就是产量效应。

信息产品生产中时间价格改变也会产生上述两种效应。随着工资水平上涨，信息企业就会努力降低信息产品的时间耗费，增加替代要素的投入，如采用先进的技术手段，提高劳动生产率，使服务或产品变得更加“资本密集”。这时，生产成本的其他方面将有所增长，如设备购置费的增加，但这种增长相对于工资上涨是合算的(这是以工资上涨前生产要素的配置最优为前提的)。工资水平的上涨可能还会导致信息机构与信息企业对劳动力要素的投入减少。在实际工作中，信息企业或信息机构总是不断地引进先进的办公设备，采用最新的信息系统软件及信息包装方法，提高本机构的劳动生产率，以便跟上引起工资上涨的整个社会劳动生产率的提高。

②对消费的影响。时间作为稀缺资源，其价格改变会带来替代效应与收入效应。一方面，工资水平提高，使得用户可能从时间密集型消费转向非时间密集型消费。例如，用户将减少自己亲自查阅信息的时间，更多地利用价格较高的联机检索服务、咨询服务等。用户还可能减少去图书馆和信息中心的次数，而将时间更多地投入到挣取收入的工作中去。另一方面，工资增加，使用户收入状况得到改善，促使用户更多地消费信息商品。信息商品在很大程度上是人类求发展的需要而不是生存的需要，因此信息消费是人类更高层次的需求和消费，收入增加将会使更多的用户利用信息商品，在更大范围内促进信息经济效益实现和提高。

由上述分析可知，在所有商品的生产和消费中都需要投入时间，由于信息商品和信息服务的特殊性，才使得时间的作用显得如此突出。当我们对信息产品和信息服务的经济效益进行分析时，需要根据信息的不同类型和特性考虑时间成本。

③时间与收入配置模型。信息商品和信息服务的效用与普通商品一样，只有在消费中才能实现。消费需要投入时间和金钱，因而可以认为，信息商品的效用实现会受到时间和收入两方面的限制。时间与收入配置模型正是在此基础上提出来的，它直观地揭示了这两个因素对信息效益实现的影响。

一般说来，总效用可表示为下式：

$$U = u(A_1, A_2, \cdots, A_n) \tag{11-30}$$

总效用是商品 x_1，x_2，…，x_n 的效用 A_1，A_2，…，A_n 的函数，且 $A_1 = f(x_1, t_1)$，$A_2 = f(x_2, t_2)$，…，$A_n = f(x_n, t_n)$。x_i 代表第 i 种商品，t_i 是第 i 种商品的消费时间。消费者的时间分配式为

$$T = t_p + t_1 + t_2 + \cdots + t_n \tag{11-31}$$

式中，T 为总时间，t_p 为生产时间。

在工资水平 ω 下的收入分配式为：

$$I = w \cdot t_p = p_1x_1 + p_2x_2 + \cdots + p_nx_n \tag{11-32}$$

式中，p_i 是第 i 种商品的价格。

将(11-31)式两边同乘 w 后与(11-32)式联合，则有：

$$wT = (wt_1 + p_1x_1) + (w_2t_2 + p_2x_2) + \cdots + (w_nt_n + p_nx_n) \tag{11-33}$$

上式体现了商品消费受收入与时间两方面的限制，对分析信息商品的消费和效益实现很有用。

将(11-33)式简化为两种信息商品的情况，其收入与时间预算式分别为：

$$P_1Q_1 + P_2Q_2 = I$$
$$T_1Q_1 = T_2Q_2 = T$$

用图 11-2 表示，有三种情况。

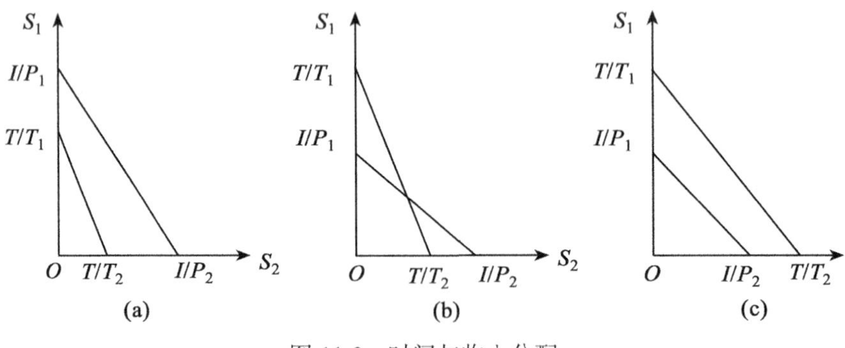

图 11-2　时间与收入分配

在时间与收入分配的三组图中，我们可以看到时间预算线的负斜率比收入预算线的负斜率大。因为预算线的负斜率表示两种商品的替换比率，所以这里的前提条件是：相对于时间而言，商品 2 更贵；相对于收入而言，商品 1 更贵。(a)图说明收入较为丰富，时间是主要的限制因素；(c)图说明时间较为充裕，收入是主要限制因素；(b)图则说明在消费的不同阶段，受不同因素的限制。三组图描述了性质不同的信息商品和信息服务的消费情况。(a)图更适合收费低廉或免费的公益性服务；(c)图更适合收费较高的信息服务；(b)图则适合描述两类商品或服务之间的消费限制情况。

由上述分析可知，在所有商品的生产和消费中都需要投入时间，由于信息商品和信息服务的特殊性，才使得时间的作用显得如此突出。当我们对信息产品和信息服务的经济效益进行分析时，需要根据信息的不同类型和特性考虑时间成本。

11.3　信息系统经济效益评价

11.3.1　信息系统成本收益分析

信息系统的开发通常属于中、大规模的工程，开发周期长，投资规模大，投入的人员也很多。信息系统开发的每个环节(见图 11-3)都涉及成本和收益。信息系统的运行和维护是一项长期而艰巨的任务，同样存在着成本和收益。因此，加强信息系统的成本收益分析十分必要。

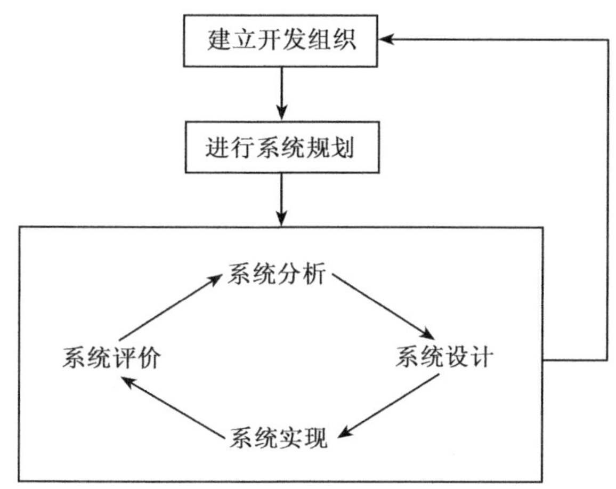

图 11-3 信息系统开发的基本步骤

(1)信息系统的成本和收益构成

①信息系统的成本。信息系统的成本是指信息系统在规划、开发设计、运行/维护、管理等过程中投入的各种成本。信息系统的成本构成有多种分类方法，如有的将总成本分成开发成本和运行/维护成本(见图 11-4)，有的将总成本分成硬件成本、软件成本和组织运行成本。自 20 世纪 70 年代以来，信息系统开发成本不断下降，运行/维护成本则相对上升。也就是说，软硬件成本相对下降，组织运行成本相对上升。根据美国 Anderson 公司统计，1970 年以前，信息系统硬件成本、软件成本和组织运行成本的百分比分别为 70%、14%和 16%，1992 年以后则分别为 16%、28%和 56%。

一般地，信息系统成本主要由以下三部分构成：

其一，系统的软硬件购置成本。包括计算机和网络硬件、通风硬件、数字线路等硬件成本，以及各种软件购置费等软件成本。这部分成本可依据当时的市场价格粗略估算。

其二，应用系统软件开发费用。包括系统分析、系统设计、系统实施等过程中的软件开发费用。它不仅包括用专门语言或软件编制的程序，也包括相关设计方案和文档资料的编写。这部分成本较难估算，可参考国外文献提供的各种数学模型(如 COCOMO 模型、Halstead 模型、FPA 模型等)进行估算。

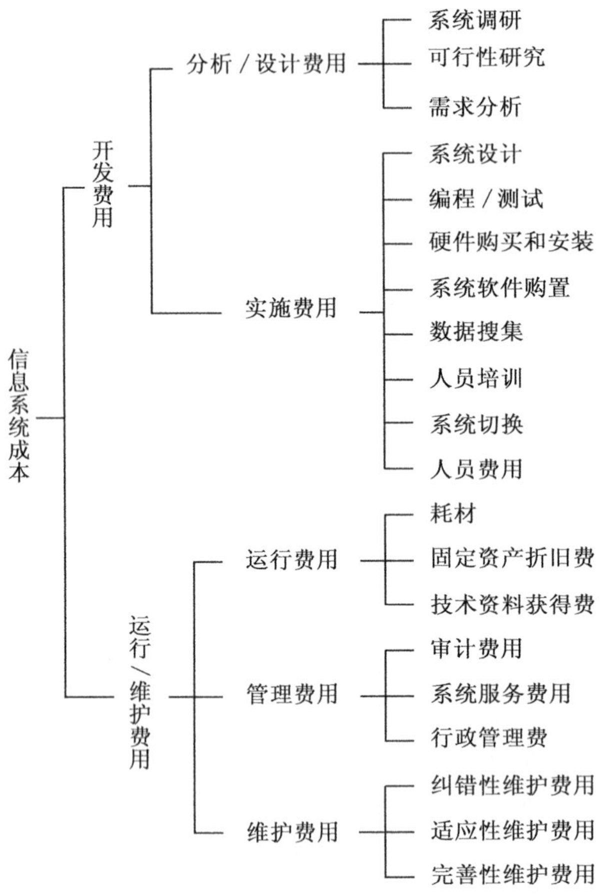

图 11-4 信息系统的成本构成

其三，其他维护、管理等方面的费用。如耗材费、人工费、水电费、机房装修费、用户培训费、系统设施保险费、建档费、系统资金占用费、系统的外接设施及服务费等。这部分成本可依据历史资料加以预测。

在信息系统成本中，有两类无形成本需要加以重视：一是由于组织变动而引起的组织成本，二是由于技术变化而引起的技术成本。此外，由于新上信息系统项目员工不熟悉而产生对抗导致整体效率下降等亦属于无形成本的范畴。这些无形成本可以被看做是负的无形收益，纳入无形收益总的评估框架里。

②信息系统的收益。信息系统的收益通常由财务收益、工作质量收益和

内部管理收益构成。其中，财务收益是占主导地位的确定性收益，包括通过劳动生产率和工作效率的改进及资金运用条件的改善取得收入的提高，以及通过人、财、物资源的节约取得消耗的降低两方面。工作质量收益主要是指由于信息加工及传递速度加快、客户服务质量提高、各种资源配置更加合理所产生的收益。内部管理收益主要来源于决策的改善、管理水平的提高、劳动纪律的加强、人员士气的提高等带来的收益。工作质量收益和内部管理收益包含有较大的不确定性因素。

信息系统收益也可划分为直接收益与间接收益。直接收益是指信息系统被应用后直接带来的货币价值，一般可以通过比较信息系统应用前后的生产率、资金周转率、库存等指标，根据统计数据就直接测算出来。信息系统的间接收益包括：第一，为企业决策者提供及时准确的管理、财务、计划、人事等信息，以便为决策提供依据，从而提高企业的竞争力。通过完善和加强管理，改善企业形象。第二，增强组织对环境变化的反应和适应能力，提高竞争能力，减少决策的失误和事故。第三，提高管理人员的办公效率和管理水平，使他们有更多的时间从事研究和分析工作。第四，促使企业管理标准化、规范化。信息系统的间接收益一般无法用客观的货币价值尺度来衡量，在具体实践中通常采用主观评价的方法，即依据信息系统对企业经营活动效率、企业资源获取和管理能力、企业对付竞争威胁能力、企业“先动”优势、企业协同运作能力的影响，先设计一套信息系统价值和风险评价指标及其评分标准，然后由专家打分，最后采用加权综合的方法做出总体评价。

(2)信息系统成本收益分析方法

①信息系统成本收益分析的特点。通过以上研究，可以看出，不论是信息系统的成本构成，还是信息系统的收益构成，均体现出复杂性，原则上可以用两分法将其划分为以下几种类别：

- 直接性、间接性成本和收益。
- 确定性、不确定性成本和收益。
- 有形性、无形性成本和收益。
- 一次性、经常性成本和收益。

一般地，信息系统的直接性、确定性、有形性或一次性成本和收益是可以或容易被测算的，而间接性、不确定性、无形性或经常性成本和收益的测算则具有相当大的难度。但不管怎样，在进行信息系统成本收益分析时，为了使所得出的结论对应决策活动，必须全面地将各种成本和收益纳入分析体系中去。

②信息系统成本收益分析的步骤。一般地，信息系统的成本收益分析包

括以下四个步骤：

第一步：总体需求分析。通过总体需求分析粗略确定信息系统项目的类型以及在组织中的地位、作用。

第二步：成本分析和测算。借助历史资料和其他可借鉴资料，利用成本分析和测算技术，估算信息系统在其生命周期内的各种成本，包括直接成本与间接成本、确定性成本与不确定性成本、有形成本与无形成本、一次性成本与经常性成本。

第三步：收益分析和测算。同成本分析和测算类似，借助历史资料和其他可借鉴资料，利用收益分析和测算技术，估算信息系统在其生命周期内的各种收益，包括直接收益与间接收益、确定性收益与不确定性收益、有形收益与无形收益、一次性收益与经常性收益。

第四步：成本与收益的比较和分析。利用成本收益分析方法来评价信息系统的经济效益。

③信息系统成本收益分析方法。信息系统的成本收益分析原则上可借鉴传统的项目成本收益分析方法，如净现值法、投资回收期法等。净现值法用在项目寿命期内不同时间点的净现金流量，按照标准收益率折算到基准年的现值之和来评价项目的可行性；投资回收期法以项目的净收益抵偿全部投资(包括固定资产投资和流动资金)所需要的时间来评价项目的可行性。但是，传统的成本收益分析方法多半侧重于直接的、确定的、有形的成本和收益的测算，而不太重视间接的、不确定的、无形的成本和收益的测算。信息系统具有自身的特殊性和复杂性，无论是成本还是收益，都往往不确定，且多以无形或间接为表现形式。因此使用常规方法进行信息系统成本收益分析常常会出现失误，从而影响决策活动的进行。在实际操作中，通常是从改善组织运作能力、提高产品质量、增加市场潜力等方面来估计信息系统间接的、不确定的、无形的成本和收益，然后将其纳入净现值法、投资回收期法等传统方法的成本或收益构成中去，从而实现这些方法在信息系统成本收益分析领域的成功应用。此外，也可以考虑和借鉴以下两种简化的方法：

- 成本比较法

这种方法的基本思想是去同存异、避难从简。其应用立足于以下两个假设：第一，成本收益分析发生在系统目标已经确定且已找出了各种可行方案之后，其目标是分析找出各可行方案中的最优者。既然各方案均系可行方案，特定的系统目标都能实现，故其基本收益是等同的。所以，比较各方案优劣时可以不比较相同部分(收益)，而只比较成本即可找出最优者(去同存异)。第二,各方案应用的软硬件及开发方法、获得方式不同,所以成本完全不同,但是其中的不确定因素,因系统所处开发、运行环境相同会有许多相同之处,加之这类成本很难确定,故可将其略去或乘以一定的系数,使问题得以简化(避难从简)。具体做法是:

若已知 A、B 两个信息系统方案,其成本方程分别为:$C_A=AX+D_A$ 和 $C_B=BX+D_B$。其中,C_A、C_B分别为两个方案的总成本,X 为信息处理量,A、B 分别为两个方案处理单位信息量的运行成本,D_A、D_B分别为两个方案的开发成本。

运用均衡分析原理,令 $C_A=C_B$,求得两个方案成本相等时的信息处理量:

$$X_O=\frac{D_A-D_B}{B-A}$$

若 $D_A>D_B$,当实际所需信息处理量 $X>X_O$时,A 方案优于 B 方案;反之,当 $X<X_O$时,B 方案优于 A 方案。若 $D_A<D_B$,则结论刚好相反。当系统可行方案多于两个时,可采用两两比较、逐个淘汰的办法找出最优方案。

- 期望净收益法

这种方法的基本思想是:运用期望值法将确定性和不确定性的成本与收益统一起来,然后利用净收益的大小来比较各方案的优劣。其应用立足于以下两点:第一,将确定性成本和收益的概率看做 1,不确定性成本和收益发生的可能性大小可作为其发生的概率,从而可求出各可行方案的期望成本和收益。第二,各可行方案的期望成本和收益是以等同的开发运行环境为前提求出的,故有确定的可比性。其具体做法是:

第一步:分别由(11-34)式、(11-35)式和(11-36)式求出各可行方案的开发成本期望值、每年运行成本期望值和每年收益期望值。

可行方案开发成本期望值:

$$C_K=\sum_{i=1}^{n}C_{Ki}+\sum_{j=1}^{m}C_{Kj}P_j \tag{11-34}$$

可行方案运行成本期望值:

$$C_Y=\sum_{i=1}^{n}C_{Yi}+\sum_{j=1}^{m}C_{Yj}P_j \tag{11-35}$$

可行方案收益期望值:

$$B=\sum_{i=1}^{n}b_i+\sum_{j=1}^{m}b_jP_j \tag{11-36}$$

其中,C_{Ki}为确定性开发成本,C_{Kj}为不确定性的开发成本,C_{Yi}为确定性运行成本，C_{Yj}为不确定性的运行成本，b_i为确定性收益，b_j为不确定性收益，P_j为第j项不确定性成本或收益的概率。

第二步：由期望收益减去期望运行成本求得期望净收益 NB：

$$NB = B - C_Y \tag{11-37}$$

第三步：由 NB 除以期望开发成本求出期望内部收益率 ROI：

$$ROI = \frac{NB}{B} \times 100\% \tag{11-38}$$

通过计算各方案 NB 和 ROI 的大小，可以从经济上分析比较信息系统项目的优劣。理论上，NB 或 ROI 越大越好。

11. 3. 2 信息系统投入产出分析

投入产出分析，又称投入产出核算或部门联系平衡法。它作为一种经济分析方法，是从宏观经济角度出发，把国民经济划分成若干不同但互有联系的产品群或产品部门，并借助线性方程，来模拟国民经济结构和社会生产过程，以此综合分析各部门之间的经济技术联系和重要的比例关系。特别适应多部门复杂的产业结构的定量分析，在现代经济结构分析中占有核心地位。

由于信息系统的复杂性、多因素和关联性，可以采用投入产出分析来比较其投入和产出的关系，评价其经济效益。

(1)静态投入产出分析

信息系统投入产出明细表如表 11-1 所示。

表 11-1　　信息系统投入产出明细表(以货币价值形式)

		系统内部消耗					产出结果					产出量
		1	2	…	n	总计	1	2	…	n	总计	
系统内部资源	1	x_{11}	x_{12}	…	x_{1n}	$\sum_{j=1}^{n} x_{1j}$	y_{11}	y_{12}	…	y_{1n}	Y_1	X_1
	2	x_{21}	x_{22}	…	x_{2n}	$\sum_{j=1}^{n} x_{2j}$	y_{21}	y_{22}	…	y_{2n}	Y_2	X_2
	…	…	…	…	…	…	…	…	…	…	…	…
	n	x_{n1}	x_{n2}	…	x_{nn}	$\sum_{j=1}^{n} x_{nj}$	y_{n1}	y_{n2}	…	Y_n	X_n	X_n
	总计	$\sum_{i=1}^{n} x_{i1}$	$\sum_{i=1}^{n} x_{i2}$	…	$\sum_{i=1}^{n} x_{in}$	$\sum_{i=1}^{n}\sum_{j=1}^{n} x_{ij}$					$\sum_{i=1}^{n} y_i$	$\sum_{i=1}^{n} x_i$

续表

		系统内部消耗					产出结果					产出量
		1	2	…	n	总计	1	2	…	n	总计	
系统外购资源	1	e_{11}	e_{12}	…	e_{1n}	$\sum_{i=1}^{n} e_{1i}$						
	2	e_{21}	e_{22}	…	e_{2n}	$\sum_{i=1}^{n} e_{2i}$						
	…	…	…	…	…	…						
	n	e_{n1}	e_{n2}	…	e_{nn}	$\sum_{i=1}^{n} e_{ni}$						
	合计	$\sum_{j=1}^{n} e_{j1}$	$\sum_{j=1}^{n} e_{j2}$	…	$\sum_{j=1}^{n} e_{jn}$	$\sum_{j=1}^{n}\sum_{i=1}^{n} e_{ij}$						
系统管理		o_1	o_2	…	o_n	$\sum_{j=1}^{n} o_j$						
劳动工资		v_1	v_2	…	v_n	$\sum_{j=1}^{n} v_j$						
系统收入		m_1	m_2	…	m_n	$\sum_{j=1}^{n} m_j$						
产出结果总值		X_1	X_2	…	X_N	$\sum_{j=1}^{n} X_j$						

在表 11-1 中，系统的内部资源是系统已有的东西，如计算机和网络设备、数据库、管理人员等。系统内部资源与系统内部消耗是对应的，它由同名称、同次序的项目组成。如横行第一项是计算机系统，则竖行第一项也是计算机系统，它们都是一一对应的关系，反映了系统内部各部门之间的生产联系。系统内部资源与产出结果相交反映了系统产出项目的最终使用情况，如有多少文献、何种文献被利用的情况。外购资源，即系统购买设备、建造机房、增加人员、引进机器和信息资源(数据库)等所支付的费用。系统管理费用、劳动工资和系统收入反映了系统的固定费用和创新价值。总的来看，从上往下观察这个平衡表，它表明了纵列各种项目对横行各种要素的投入情况，即系统的消耗构成。从横向观察，它说明了系统产出结果按用途分配的情况，或是用来补偿已消耗的资源，或是进入了最终产出结果。

产出结果按用途来分可列出如下方程组：

$$\begin{cases} x_{11} + x_{12} + \cdots + x_{1n} + Y_1 = X_1 \\ \vdots \\ x_{n1} + x_{n2} + \cdots + x_{nn} + Y_n = X_n \end{cases}$$

可简化为：

$$\sum_{j=1}^{n} x_{ij} + Y_i = X_i \qquad (\mathrm{i} = 1,\ 2,\ \cdots,\ n) \tag{11-39}$$

以年为测量期限，则 x_{ij} 表示纵列第 j 个项目在一年内所消耗的横行第 i 个项目的数量；Y_i 为第 i 种产出项目的最终数量；X_i 为第 i 种项目的年产出总量；$\sum_{j=1}^{n} x_{ij}$ 表示横行中，系统第 i 种项目用来弥补系统内部消耗的总和，这个和加上系统第 i 种项目用于最终产出结果的那一部分 Y_i，正好等于在一年内第 i 种项目的产出产量。它充分描述了信息系统按产出结果的价值分配情况。

系统各项目对各种要素的投入情况可用下面的方程组来表示：

$$\begin{cases} x_{11} + x_{21} + \cdots + x_{n1} + e_{11} + \cdots + e_{n1} + o_1 + v_1 + m_1 = X_1 \\ \cdots \\ x_{1n} + x_{2n} + \cdots + x_{nn} + e_{1n} + \cdots + e_{nn} + o_n + v_n + m_n = X_n \end{cases}$$

可简化为：

$$\sum_{i=1}^{n} (x_{ij} + e_{ij}) + o_j + v_j + m_j = X_j \tag{11-40}$$

式中，e_{ij} 为第 j 种项目消耗第 i 种外购资源的情况，o_j 为第 j 种项目的系统管理费用，m_j、v_j 为创新价值。

上述方程组表明了系统各种项目对系统内部资源、外购资源以及劳动力的消耗构成。那么，怎样才能达到系统经济效益最佳，使系统投入和产出达到综合平衡呢？为了回答这个问题，先做如下工作：

令

$$a_{ij} = \frac{x_{ij}}{X_j} \qquad (i,\ j = 1,\ 2,\ \cdots,\ n) \tag{11-41}$$

代入(11-39)式有：

$$\sum_{j=1}^{n} a_{ij} X_j + Y_i = X_i \qquad (i = 1,\ 2,\ \cdots,\ n) \tag{11-42}$$

以矩阵表示，令

$$X = \begin{bmatrix} X_1 \\ X_2 \\ \cdots \\ X_n \end{bmatrix} \qquad A = \begin{bmatrix} a_{11} & a_{12} & \cdots & a_{1n} \\ & \cdots & \cdots & \\ a_{n1} & a_{n2} & \cdots & a_{nn} \end{bmatrix} \qquad Y = \begin{bmatrix} Y_1 \\ Y_2 \\ \cdots \\ Y_n \end{bmatrix}$$

则(11-42)式可简化为：

$$AX + Y = X$$

移项得：

$$X = (I - A)^{-1}Y \tag{11-43}$$

式中，I 为单位矩阵。

我们把 a_{ij} 定义为信息系统的直接费用系数，它表示系统产出结果 i 对系统内部资源 j 的需求量。各项目除了直接费用外，还存在间接费用，直接费用加上间接费用反映了某一项目上的全部费用，即得出系统产出结果 i 对系统内部资源、外购资源 j 的全部需求量。用公式可表示为：

$$b_{ij} = a_{ij} + \sum_{k=1}^{n} b_{ik}a_{kj} \qquad (i, j = 1, 2, \cdots, n) \tag{11-44}$$

令

$$B = \begin{bmatrix} b_{11} & b_{12} & \cdots & b_{1n} \\ & \cdots & \cdots & \\ b_{n1} & b_{n2} & \cdots & b_{nn} \end{bmatrix}$$

则(11-44)式可以简化为：

$$B = A + BA$$

移项得：

$$B = A(I - A)^{-1} \tag{11-45}$$

式中，I 为单位矩阵。

矩阵 B 为完全费用矩阵。这个矩阵的确定使得我们可以了解系统各个项目对除自身以外的各项目的消耗。同时，我们也看到，a_{ij} 本身也是一个衡量系统经济效益的评价指标，它直接反映了系统各个项目之间的经济联系和消耗构成。通过对 a_{ij} 计算，可以比较分析出不同的信息系统的技术水平和管理水平的差距。完全费用矩阵的另一个作用是使我们得以掌握整个系统的消耗情况，找出那些消耗大的项目，从而集中力量和资金解决。同时该矩阵的确定还能为我们合理制定出系统产出结果的价格提供参考依据。

如前所述，影响信息系统的因素很多，各个因素之间的关系错综复杂，因此，在上面所讨论的平衡表中，对系统内部资源和外购资源的各个项目的确定和区分要做仔细调查。对 x_{ij}、a_{ij}、e_{ij}、v_j 等变量要以货币形式给出一个确定的值不是一件十分容易的事。这需要通过系统分析，进行大量调研才能得出。一旦投入产出平衡表中的量得以确定，我们上面介绍的分析评价方法是十分有效的。

(2) 动态投入产出分析

动态分析就是在静态分析基础上加入时间变量，从发展、变化中对系统进行研究和分析。

设 $x_{ij}(t)$ 为时刻 t 纵列项目 j 对横行项目 i 的消费量，它是时间 t 的函数，因系统最终输出数量不变，故略去 Y_i，仅考虑：

$$X_i(t)=\sum_{j=1}^{n}x_{ij}(t)\qquad (i=1,\ 2,\ \cdots,\ n)$$

对上式求导：

$$\frac{\mathrm{d}(X_i(t))}{\mathrm{d}t}=\sum_{j=1}^{n}\frac{\mathrm{d}(x_{ij}(t))}{\mathrm{d}t}$$

简写为：

$$\dot{X}_i(t)=\sum_{j=1}^{n}\dot{x}_{ij}(t)$$

式中的 $\dot{x}_{ij}(t)$ 表示在某一时间内纵列项目 j 对横行项目 i 的消费量。这样就可以得出时刻 t 信息系统的直接费用，称为边际直接费用。即：

$$\dot{a}_{ij}(t)=\frac{\dot{x}_{ij}(t)}{\dot{X}_j(t)} \tag{11-46}$$

同理，我们可以求出边际间接费用和边际全部费用：

$$\dot{b}_{ij}(t)=\dot{a}_{ij}(t)+\sum_{k=1}^{n}\dot{b}_{ik}(t)\dot{a}_{ij}(t)\qquad (i,\ j,\ k=1,\ 2,\ \cdots,\ n) \tag{11-47}$$

按(11-43)式和(11-45)式的方法处理，可以得到动态方程：

$$\dot{X}=(I-\dot{A})^{-1}Y \tag{11-48}$$

$$\dot{B}=\dot{A}\ (I-\dot{A})^{-1} \tag{11-49}$$

式中：

$$\dot{B}=\begin{bmatrix}\dot{b}_{11}(t) & \dot{b}_{12}(t) & \cdots & \dot{b}_{1n}(t)\\ & \cdots & \cdots & \\ \dot{b}_{n1}(t) & \dot{b}_{n2}(t) & \cdots & \dot{b}_{nn}(t)\end{bmatrix}$$

$$\dot{X}=\begin{bmatrix}\dot{X}_1(t)\\ \cdots\\ \dot{X}_n(t)\end{bmatrix}$$

$$\dot{Y}=\begin{bmatrix}Y_1\\ \cdots\\ Y_n\end{bmatrix}$$

$$\dot{A}=\begin{bmatrix}\dot{a}_{11}(t) & \dot{a}_{12}(t) & \cdots & \dot{a}_{1n}(t)\\ & \cdots & \cdots & \\ \dot{a}_{n1}(t) & \dot{a}_{n2}(t) & \cdots & \dot{a}_{nn}(t)\end{bmatrix}$$

I 为单位矩阵。

从理论上探讨动态模型是容易的，实际应用则很困难。首先遇到的就是 $x_{ij}(t)$ 这个函数的确定，一般采用回归分析法。但在回归分析中，有关各因素相互关系的量化是个很困难的问题，必须充分考虑到：

其一，时差对系统运行的影响。从系统投入到系统产出，这中间有一个较长的时间，它对系统量的增长影响极大。若时差为 1 年，则要到第三年系统才能得到收益。由此可见，时差越长，则系统产出结果的平均增长速度就越慢。

其二，系统内部结构的变化对系统产出的影响。在一段期间内，系统内部的结构不是一成不变的，在某一时刻，系统内部的某一项与另外一项可能是直接联系，但在另一时刻，这种直接联系就可能变成间接联系。系统内部结构的变化必然会对系统产生很大影响。

由于人力、物力、技术和经济等客观条件时时刻刻都在束缚着系统向理想方面发展，所以，要比较客观地反映系统经济效益就需要动态地考虑系统的约束变量。可以这样认为，系统的资金、技术、物力和人力是基本确定量，分别表示为 M、T、O、H。这些基本确定量再加上其他一些非基本确定量 W 就构成了整个系统的约束条件，可表示为 $F(M, T, O, H, W)$，以此说明它作为一个整体对系统的约束作用。这样，系统约束条件可以用下式表示：

$$\begin{cases}\dot{x}_{ij}(t)\geqslant 0\\ F(M, T, O, H, W)\end{cases}\tag{11-50}$$

式中，$\dot{x}_{ij}(t)\geqslant 0$ 表示在某时刻 t，某一项目对其他项目的消耗总是大于或等于零。此方程说明，系统所有的投资都必须在这一约束条件下才能实现。

再看系统的经济效益，最佳经济效益可以用数学式表示为：

$$\max B = A(x) - C(x)\tag{11-51}$$

将(11-52)式及(11-53)式结合起来，即表示最佳经济效益为约束条件(11-52)式下的目标函数。即：

$$约束条件\begin{cases}\dot{x}_{ij}(t)\geqslant 0\\ F(M, T, O, H, W)\end{cases}\tag{11-52}$$

$$目\quad 标\ \max B = A(x(t)) - C(x(t))$$

这就是信息系统经济效益的动态约束分析。若不考虑时间变量，则有静态约束分析：

$$约束条件\begin{cases} \dot{x}_{ij}(t) \geqslant 0 \\ F(M,\ T,\ O,\ H,\ W) \end{cases} \tag{11-53}$$

$$目\quad 标\ \max B = A(x) - C(x)$$

需要说明的是目标式中的 $A(x)$，$C(x)$ 中的 x 是系统一切相关项目的总称。

动态约束分析最能揭示实际情况，但研究起来非常复杂。由于要考虑到平衡表中的各个量随时间的变化而变化，需要综合应用线性规划、多元分析、数理统计等方面的技术才能解决。

11.3.3 信息系统价值分析

信息系统得以发展到今天，在于其具有价值和使用价值。信息系统尤其是大、中型的信息系统，凝结了广大系统分析、开发、设计等人员的辛勤劳动，是这些人员集体智慧和创造性劳动的结晶。信息系统在耗费了必要的生产成本和使用成本的同时，会产生一定的用途，能够满足用户的需要，给用户带来相应的效用。那么，如何在尽可能多地满足用户需要的同时，尽量降低信息系统的成本呢？这里，我们选择价值工程方法，通过信息系统的价值分析来回答这一问题。

(1)价值工程的基本原理

价值工程(Value Engineering，VE)方法是美国通用电气公司麦尔斯(L. D. Miles)首创的。20 世纪 40 年代，为了节约资源、降低成本，麦尔斯以通用电气公司的产品为研究对象，分析其功能，研究用最少的资源充分地实现其功能的方法和途径，取得了成功。后来，这种方法被美国国防部采用，并在日本等国得到推广普及，成为经济分析的一种重要工具。

价值工程的基本方程式可以简单表述为：一种产品的价值(V)等于该产品提供的功能(F)与成本(C)之比值，即：

$$V = \frac{F}{C} \tag{11-54}$$

价值工程中的价值是功能与成本的综合反映，也是二者的比值。它既可用来对二者进行定性分析，也可用于定量分析。这里的功能是指产品的用途及对用户提供的效用，费用是指该产品在寿命周期内的生产成本和使用成本。

如果我们把成本看做是投入的社会劳动或劳动消耗，把功能看做是一种输出的有用效果，那么：

$$价值 = \frac{产出}{投入}$$

价值工程理论认为，从功能的观点出发，任何产品的成本都可以分解为两部分，即不必要功能耗费的成本和为实现用户要求的功能所需要的成本。其中，前者主要是由开发设计人员的主观武断或市场信息不充分而造成的无效功能导致的，后者是由用户要求的功能导致的。① 显然，后一部分成本是必要的投入，而前一部分成本是多余的投入，可以在通过功能—费用分析后设法予以消除。信息系统也可以看做一种产品，同样存在着功能和费用问题，因此完全可以利用价值工程的方法来对其进行经济分析。

根据价值工程原理，信息系统要获得最佳的经济效益，必须使价值方程式中的功能和费用达到最佳配合比例。这种配合既要求系统向用户提供必要的功能，又应花费最少的费用，但这一理想状态难以达到，于是在购买、使用或新建一个信息系统时，就有一个权衡合理选择的问题。一般来说，费用低廉的系统功能受限，难以满足用户必需的功能；功能优越的系统费用较高，用户要考虑自身的经济承受能力以及有没有必要为此支付额外的费用。可见，对于一个信息系统，必须充分认识用户心目中的功能和费用这两个相互联系又相互制约的要素。价值方程式中的功能是用户所需要的信息提供功能，功能大小不是系统建造期望值，而是用户所需要的和所承认的；费用除了系统的生产成本，也包括用户使用时支付的费用。这就要求信息系统提供商在开发信息系统、提供信息服务时，要树立功能—费用统一的思想。

按照这种价值的含义和要求，我们新建一个信息系统，改善一个旧的系统，提高信息系统的效益(价值)可以采用以下五种途径。

①$F\uparrow/C\rightarrow=V\uparrow$。即适当提高功能，保持费用不变，使得系统价值有所提高。例如，一个信息系统原有的必要功能不足，通过价值工程原理使得功能有所改善($F\uparrow$)，虽然生产费用中的某些部分可能随之上升，但其他费用可能下降，同时使用费用也能相应下降，结果总费用保持不变($C\rightarrow$)，最后导致系统价值提高($V\uparrow$)。

②$F\rightarrow/C\downarrow=V\uparrow$。即系统总体功能保持不变($F\rightarrow$)，而费用有所下降($C\downarrow$)，使得价值提高。例如，信息系统原来存在不必要功能，通过消除不

① Miles L. D.. *Techniques of Value Analysis and Engineering*[M]. New York: McGraw-Hill, 1961.

必要功能，虽然信息系统必要功能保持不变，但成本可以下降，从而使得系统价值提高（$V\uparrow$）。又如信息系统原有功能未变，但通过减少某些费用使得总费用下降，也可导致价值提高。

③$F\uparrow/C\downarrow=V\uparrow$。即提高信息系统功能（$F\uparrow$），降低系统成本（$C\downarrow$），使得系统价值提高（$V\uparrow$）。例如信息系统原有功能和成本与用户的需求差距较大，通过补充必要功能，消除不必要的功能，降低多余成本，就可能使得信息系统价值上升。

④$F\uparrow\uparrow/C\uparrow=V\uparrow$。即适当提高信息系统成本（$C\uparrow$），使得系统功能大幅度提高（$F\uparrow\uparrow$），最后导致信息系统价值提高（$V\uparrow$）。例如，随环境的变化，用户对信息系统的功能要求提高，为了弥补原系统功能不足，适当提高了成本，但由于消除不必要功能或采取其他降低成本的措施，而使费用增长的幅度低于功能提高的幅度，则信息系统的价值仍能提高。

⑤$F\downarrow/C\downarrow\downarrow=V\uparrow$。即适当降低信息系统的功能（$F\downarrow$），使得系统成本大幅度下降（$C\downarrow\downarrow$），最后仍导致信息系统价值提高（$V\uparrow$）。例如，如果降低信息系统的某些功能，不妨碍用户的使用，但却可使得信息系统的成本大幅度下降，系统价值会因此而上升。

上述五条途径在价值工程活动中是经常采用而且已证明是可行的。对信息系统经济效益的提高究竟采用哪些途径，应当根据被评价系统的环境、性质、条件及用户的要求来确定。

(2)价值工程的工作步骤

用价值工程进行信息系统经济分析的思路可以概括为：以信息系统交换终极的双方即生产方和使用方追求的利益为出发点，评定系统原方案的价值水平，设定期望提高价值，选择提高价值的途径并设计出新方案，组织新方案实施，最后评定新方案的价值（见图 11-5）。

信息系统用户的利益在于信息系统的功能所实现的效益尽量满足使用要求，同时售价和使用费（或服务费）尽量低廉。用户需要信息系统所实现的效益对系统生产者来说并不需要，因此，信息系统经济分析的重点应当放在弄清用户需要获得的效益是什么、用户需要信息系统具备哪些功能，以及用户潜在需求的新功能是什么这些因素上，它们是提高信息系统价值的导向。信息系统生产方的利益在于获取尽量多的利润（有时还有其他经济利益），而利润额取决于信息系统的销量、售价和成本。

对信息系统的原方案进行价值评定，首先要以市场和用户调查为基础，搜集典型的同类或相关信息系统的功能、售价、费用资料，运用价值坐标图标出相应的价值点，以及用回归分析得出价值线，作为评价的标尺。对照原

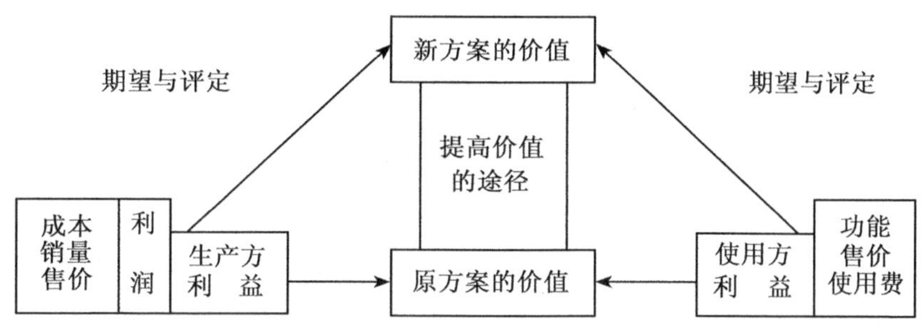

图 11-5 信息系统价值工程分析的基本思路

方案的价值，对用户所期望的新的更高的功能，或者期望降低售价、使用费以及生产者扩大销量、提高售价或降低成本，即获得更多的利润进行评定。这里要弄清楚生产方诸利益参数同系统价值的关系。双方的期望利益都要靠寻找提高系统价值的新方案去实现，提高价值的创新方案必然要改变系统结构、生产条件、使用手段、服务方式等，也可称为功能载体替代。对新的信息系统方案的评价，从用户的利益出发需要评估对效益的满足程度提高多少、售价降低多少、使用费或服务费降低多少；从生产方的利益出发需要评估销售额增加多少、成本降低多少以及加上价格因素增加了多利润，以此判断新方案的经济效益。

对信息系统的价值进行定量分析，首先要将功能 F 和成本 C 数量化，从而求出价值 V。成本 C 是用货币表示的各种消耗，数量化相对比较容易；功能 F 常常指的是技术或效用指标，在许多情况下难以量化。目前人们常常采用三种方式将功能量化：一是功能直接计量。即对那些可以用性能、质量指标或技术参数表达的功能直接计量；二是功能成本化。即用实现该功能所耗费的成本来表示该功能的数量；三是功能评分和功能系数化。这种方法特别适合于那些难以直接计量的功能，以及那些虽然可以直接计量，但由于功能之间性质不同，难以采取统一计量单位的功能的量化。

价值工程定量分析的方法，按因素值计算原则的不同，可划分为绝对值法、相对值法和边际值法。绝对值法是直接计算量化因素的绝对量值，这样的计算最为精确，但并非所有因素都能计算出绝对量值，因为信息系统的功能范围往往是模糊的，而且各项功能性质不同，难以综合成一个总量绝对值。相对值法是计算因素总量的方案值与标准值的相对比较值，如评分法和价值指数法，它避开了绝对值法某些因素量化的困难，是计算和评价系统因素总值的一种合理有效的方法。边际值法是计算因素的边际变动量值，适用于新方案的评价。

用价值工程进行信息系统经济分析一般遵循这样的步骤：

第一，选定信息系统对象。经济分析的目的在于带来决策效益，因此，在用价值工程方法进行经济分析时，一般选择那些在改进功能或/和降低成本上有较大潜力的信息系统。

第二，定义信息系统的功能。从不同的角度和目的出发，信息系统的功能可能不同。在多数情况下，用户的需要是基本出发点。对于一般的物质产品的功能描述，可以用一个动词和一个名词来实现，例如对于“洗衣机”产品，可以考虑用“洗”和“衣服”来描述其功能。但对于信息系统来说，情形比较复杂，信息系统的功能需要借助多个动词和多个名词才能得到完整的描述。根据本章第一节的研究，这些动词分别是“输入”、“存储”、“处理”、“输出”、“管理和控制”，名词是“数据”或/和“信息”。

第三，进行功能分析。为便于量化，需要对功能进行分解，针对各子功能规定出具有限定概念的质量指标。这些指标虽然不是功能，但却是对该功能的一种描述，它们与系统子功能有着相互对应的关系，这种对应关系使我们有可能将这些指标映射到功能域，得到功能的量化值，亦即功能系数。

第四，根据信息系统的各项开支求出成本总值或费用系数。

第五，求出信息系统的价值指数，通过价值指数判断信息系统的经济效益。

第六，提出整改方案。创造性地提出信息系统的整改方案是价值工程的重要步骤。可以考虑采用头脑风暴法、价值分析检查表法，参加人员不仅有信息系统分析、开发和设计人员，而且还应包括方法论专家、相关学科领域内富有经验的专家等。提出的改进方案通常不止一个，所以还需要在反复比较的基础上确定最佳方案。

第七，方案实施和效果评价。在局部试验的基础上实施所选定的方案，并对实施过程和效果进行跟踪检查。必要时，可以考虑重新调整方案实施路线，甚至更换方案。

11.4 信息产业的投入产出分析

将投入产出分析应用于信息经济和信息产业具有以下几个方面的意义：

一是有利于信息产品供需平衡关系的研究，因为我国的信息产品供给不足，供需矛盾很大，要分析这种信息产品的供需不平衡，必须弄清楚是总量不平衡还是结构不平衡，这涉及信息产业的发展政策，故应当着重研究直接信息部门的再划分标准及其相互关系。

二是有利于信息产业和非信息产业相互影响关系的研究，因为两者之间存在密切的关系，我们不能孤立考察信息产业的内部结构和发展趋势，而应将信息产业置于整个国民经济系统中，全面考察信息产业和非信息产业的相互影响关系。

三是有利于制定科学的信息产业政策，预测信息产业发展趋势和制定信息产业发展战略，模拟产业结构的变化，分析影响结构变化的因素，为制定信息产业发展政策提供定量依据。

11.4.1 信息产业投入产出表

(1)投入产出表简介

投入产出表也称列昂惕夫表或产业联系表，是以矩阵的形式，记录和反映一个经济系统在一定时期内各部门之间发生的产品及服务流量和交换关系的工具。目前，全世界有近百个国家编制投入产出表，联合国统计局也在1968年正式把投入产出规定为国民经济核算体系(SNA)的重要组成部分。从1987年开始我国正式编制全国投入产出表，这些表在我国的经济流程分析及经济结构分析中起到了重要的作用，同时也为我们进行信息产业的研究提供了条件。对信息产业经济分析的基础和前提是信息产业投入产出表的科学编制。

运用投入产出表对信息产业进行投入产出分析是波拉特的首创。目前，这一方法已经随着波拉特的信息经济分析测算方法一起推广到世界各国，美国、原联邦德国、韩国等国家都曾仿效波拉特编制本国的信息产业投入产出表，并进行了相应的投入产出分析。波拉特运用投入产出表来对信息产业进行投入产出分析主要是出于以下两个目的：一是对传统的国民经济核算体系进行适当的改进，以便更全面、准确地论述和反映信息产业与其他产业之间的交易活动；二是通过投入产出分析，阐述各种政策上的问题，说明信息部门的活动对整个国民经济所产生的影响，并寻求包括信息部门有关问题在内的各种解决方案。

受波拉特的启发，我国专家、学者也运用自行编制的投入产出表对信息产业进行了投入产出分析。由于信息产品在社会再生产部门的关联性，因此可以从国民经济角度来分析信息产品的经济效益。把信息经济划分为若干不同但有相互关联的部门，借助线形方程来模拟信息经济结构和社会生产过程，以此综合分析相关信息经济部门的经济技术联系和重要比例关系。信息产品的投入产出分析也就是列昂惕夫表的一种具体应用形式，对分析信息经济发展有重要作用。

根据陈禹、谢康教授对我国信息产业的部门划分标准①，将我国信息部门归纳整理为：

第一信息部门（信息生产资料部门）：微电子制造业、计算机制造业、电信设备制造业、软件制造业；

第二信息部门（直接信息部门）：金融、保险、不动产、邮电电信、信息网络工程、信息设备修理、市场信息服务业等；

第三信息部门（间接信息部门）：科技研究、教育与文化产业、新闻出版、医疗卫生、其他服务、广播艺术等；

非信息部门：工业（除第一信息产业中的制造业）、农业、矿业、电力煤气及水供应、运输、政府及社会团体等。

根据各信息部门特点，其中，第一、第二信息部门产值采用分离法，从已有的全口径投入产出表中分离出信息业，并将其产值分别相加获得。第三信息部门采用典型调查法，按信息部门定义，调查典型单位内部的信息劳动者人数，在假设单位内部信息劳动者劳动生产率与所在单位全员劳动生产率相同基础上，推算信息业产值。

用以上信息产业部门划分标准，根据2003年统计年鉴数据统计整理可以得到信息产业投入产出表如表11-2所示。

表11-2　**中国信息部门最终产品结构与附加值结构（2003年）**

（单位：亿元）

投入		中间投入				最终产品	最终产品在GDP中的比重/%
		非信息部门	第一信息部门	第二信息部门	第三信息部门		
中间投入	非信息部门	47 217.0	9 982.28	10 824.6	0	59 964.2	63.57
	第一信息部门	0	5 416.22	3 879.4	3 262.5	10 648.0	11.51
	第二信息部门	0	3 590.3	8 207.14	1 827.56	13 538.6	16.71
	第三信息部门	8 791.52	0	0	0	8 929.8	8.21

① 陈禹，谢康．知识经济的测度理论和方法[M]．北京：中国人民大学出版社，1998.

续表

投入	中间投入				最终产品	最终产品在GDP中的比重/%
	非信息部门	第一信息部门	第二信息部门	第三信息部门		
附加值	43 427.6	2 986.2	12 446.03	8 403.4	104 693.23	
附加值的比重	62.11	10.51	11.7	15.68		

注：表中数据来源于统计出版社出版的《2003年中国统计年鉴》。该表的数据主要依据2003年我国投入产出表和信息产业部门统计整理得出。

资料来源：统计出版社《2003年中国统计年鉴》

表11-2中横行反映了提供给本期生产活动中使用信息产品或服务，纵行反映了信息经济各产业部门在进行生产活动时所消耗的各类信息产品或服务。它们反映了信息产业部门与非信息部门之间及信息产业之间相互依存与制约的经济联系。从表11-2可见，按附加值计算，2003年信息产业占当年GNP的37.89%，其中第一、第二信息部门共占22.21%，第三信息部门占15.68%。从最终产品角度分析，第一、第二信息部门在GNP中的市场份额为28.22%，第三信息部门的市场份额为8.21%。因此，第一和第二信息产业的发展是决定我国信息化水平的主体，信息产业正在成为国民经济的重要支柱产业，其发展的速度决定整个信息产业增长。同时，加强信息技术向其他领域应用和信息产业与传统产业的信息技术联系，对我国经济结构调整和传统产业的信息化改造将对我国信息化水平的提高有重要作用。

(2)价值型信息产业投入产出表的构成

信息产业投入产出表按计量单位的不同，分为价值型和实物型。前者按价值单位(元)计量；后者按各种实物单位(如台、部、吨、米等)计量。通过引入价格因素，价值型信息产业投入产出表可转换为实物型的信息产业投入产出表。利用实物型的信息产业投入产出表可分析由于产品价格的变化对国民经济系统的影响。

表11-3是一张价值型的信息产业投入产出表，主栏由中间投入、最初投入、总投入组成，宾栏由中间产品、最终产品、总产品组成。它是横表、竖表的交叉表，其中横表反映提供给本期生产活动中使用的产品或服务(故称中间使用)，纵表反映国民经济各产业部门在进行生产活动时所消耗的各类产品或服务(故称为中间投入)。它们着重反映了信息产业部门与非信息产业部门之间以及信息产业内部之间相互依存相互制约的经济联系。

表 11-3　　　　**价值型信息产业投入产出简表**

<table>
<tr><td colspan="3" rowspan="3">产出
投入</td><td colspan="8">中间使用</td><td colspan="4">最终使用</td><td rowspan="3">总产出</td></tr>
<tr><td colspan="4">非信息产业</td><td colspan="4">信息产业</td><td rowspan="2">总消费</td><td rowspan="2">总积累</td><td rowspan="2">净出口</td><td rowspan="2">合计</td></tr>
<tr><td>1</td><td>2</td><td>…</td><td>n</td><td>1</td><td>2</td><td>…</td><td>m</td></tr>
<tr><td rowspan="8">中间投入</td><td rowspan="4">非信息产业</td><td>1</td><td colspan="4" rowspan="4">$X^E=(x_{ij}^E)_{n\times n}$</td><td colspan="4" rowspan="4">$X^F=(x_{ij}^F)_{n\times m}$</td><td colspan="3" rowspan="4"></td><td rowspan="4">Y_i</td><td rowspan="4">X_i</td></tr>
<tr><td>2</td></tr>
<tr><td>…</td></tr>
<tr><td>n</td></tr>
<tr><td rowspan="4">信息产业</td><td>1</td><td colspan="4" rowspan="4">$X^G=(x_{ij}^G)_{m\times n}$</td><td colspan="4" rowspan="4">$X^H=(x_{ij}^H)_{m\times m}$</td><td colspan="3" rowspan="4"></td><td rowspan="4">Y_{n+i}</td><td rowspan="4">X_{n+i}</td></tr>
<tr><td>2</td></tr>
<tr><td>…</td></tr>
<tr><td>m</td></tr>
<tr><td rowspan="5">最初投入</td><td colspan="2">固定资产折旧</td><td colspan="4" rowspan="5">U_j</td><td colspan="4" rowspan="5">U_{n+j}</td><td colspan="5" rowspan="5"></td></tr>
<tr><td colspan="2">劳动者收入</td></tr>
<tr><td colspan="2">福利基金</td></tr>
<tr><td colspan="2">利　税</td></tr>
<tr><td colspan="2">其　他</td></tr>
<tr><td colspan="3">总　投　入</td><td colspan="4">X_j</td><td colspan="4">X_{n+j}</td><td colspan="5"></td></tr>
</table>

信息产业投入产出表中两条互相垂直双线将表格分成四个象限。

第一象限(表中左上角的双线框内)是中间产品象限，由 E，F，G，H 四小块组成的部位，是信息产业投入产出表的基本部分，主要反映国民经济各产业部门之间相互依存、相互制约的技术经济联系。它的主栏(中间投入栏)和宾栏(中间使用栏)分别是信息部门和非信息部门的细分部门，它们的名称和排列顺序完全相同。对于同一部门，当它排在主栏时是生产者，排在宾栏时是消费者。注意，这里的部门是"纯部门"，即假定每一部门只按一种技术生产一种产品，"部门"与"产品"之间是一一对应关系。E 位反映了国民经济中非信息产业内部各部门之间的相互转换关系，与信息产业没有直接联系；F 位反映非信息产业部门生产的产品和提供的服务向信息产业各部门的分配使用情况；G 位反映信息产业各部门生产的产品和提供的服务向非信息产业各部门的分配使用情况；H 位反映信息产业内部各部门之间的相互转换关系。将第一象限的数据排成的矩阵称为信息产业投入产出的流量矩阵，列表示投入数，行表示产出数。

第二象限(表中右上角的双线框内)又称最终使用象限，它的主栏与第一象限相同，宾栏是最终产品。横向看，Y_i 和 Y_{n+i} 分别表示非信息部门的部门 i 和信息部门的部门 $n+i$ 的总产出中用做最终产品的产品量(价值形式)，反映生产产品的最终使用，为满足各种最终需求而提供的产品或服务，包括总消费、总积累和净出口(出口减进口)三部分。纵向看，该象限反映各种不同类型的需求(消费、积累、出口)的规模及结构构成。与第一象限不同，第二象限不是反映部门间的生产技术联系，而是反映部门的社会经济联系。

第三象限(表中左下角的双线框内)，又称增加值象限，主栏是最初投入(包括固定资产折旧、劳动者收入、福利基金、利税等部分)，宾栏是各个部门。横向看，是折旧基金和新创造价值的部门构成；纵向看，是各部门提取的折旧基金和新创造价值的数额，反映新创造价值在劳动收入和社会收入的分配情况。

第四象限(表中右下角的双线框内)一般被认为主要反映再分配关系，又称再分配象限，是横表和竖表都不包括的部分，有时要用它来说明国民收入的再分配情况，因这部分资料难以获得，故这一栏往往空缺。

(3)信息产业投入产出表的基本平衡关系

投入产出表的一个重要特点，就是该表具有完整而严密的均衡关系。其中主要包括以下几个重要的平衡关系，这些平衡关系是投入产出分析的基础。

①从纵向看，中间投入+最初投入=总投入，即：

非信息部门：$$\sum_{i=1}^{n} x_{ij}^{E} + \sum_{i=1}^{m} x_{ij}^{G} + U_j = X_j \quad (j = 1,\ 2,\ \cdots,\ n) \tag{11-55}$$

信息部门：$$\sum_{i=1}^{n} x_{ij}^{F} + \sum_{i=1}^{m} x_{ij}^{H} + U_{n+j} = X_{n+j} \quad (j = 1,\ 2,\ \cdots,\ m) \tag{11-56}$$

②从横向看，中间使用+最终使用=总产出，即：

非信息部门：$$\sum_{j=1}^{n} x_{ij}^{E} + \sum_{j=1}^{m} x_{ij}^{F} + Y_i = X_i \quad (i = 1,\ 2,\ \cdots,\ n) \tag{11-57}$$

信息部门：$$\sum_{j=1}^{n} x_{ij}^{G} + \sum_{j=1}^{m} x_{ij}^{H} + Y_{n+i} = X_{n+i} \quad (i = 1,\ 2,\ \cdots,\ n) \tag{11-58}$$

③每个部门的总投入=该部门的总产出，即：

$$X_i - X_j \quad (i - j) \tag{11-59}$$

④各部门最初投入总计=各部门最终使用总计，即：

$$\sum_{j=i}^{n} U_j + \sum_{j=1}^{m} U_{n+j} = \sum_{i=1}^{n} Y_i + \sum_{i=1}^{m} Y_{n+i} \tag{11-60}$$

11.4.2 产业投入产出分析的经济参数

投入产出表的全部指标，可以用总量指标来表示，也可以用结构相对指标的形式来表示，以更好地反映部门间的联系。这种结构相对指标又被称为投入产出的技术系数，根据其经济内容的不同，分为直接消耗系数，完全消耗系数以及列昂惕夫逆系数、感应度系数、带动度系数等，是分析信息产业与国民经济其他产业关联性的重要经济参数。

(1)直接消耗系数

直接消耗系数也叫投入系数，是两个部门间直接存在的投入产出关系的数量表现，具体而言，它是一个部门生产单位产品需要直接消耗的各个部门产品的数量，其公式为：

$$a_{ij} = \frac{X_{ij}}{X_j} \quad (i, j = 1, 2, \cdots, m + n) \tag{11-61}$$

式中，a_{ij} 表示直接消耗系数，X_j 代表第 j 部门的总产值，X_{ij} 代表第 j 部门在生产单位产品或提供单位服务中所消耗的第 i 部门产品或服务的数量。

在投入产出分析中，直接消耗系数具有重要意义，它反映了国民经济各产业部门之间直接联系的程度。a_{ij} 的数值愈大，说明了第 j 部门与第 i 部门的直接技术经济联系愈密切。如果 $a_{ij}=0$，则两个部门之间不存在直接的技术经济联系。在引入了直接消耗系数以后，我们就可根据投入产出表来编制投入系数表。

一般地，为分析问题的方便起见，人们常用矩阵的形式来表示直接消耗系数表，即记 $A = (a_{ij})_{(n+m)\times(n+m)}$ 这里的 A 也叫直接消耗系数矩阵。

(2)列昂惕夫逆系数

引入 A 后，设 X 为总产出向量，Y 为最终使用向量，可以写出投入产出表的横向关系的矩阵表述：

$$Y = (I - A)X \tag{11-62}$$

其中 I 为单位矩阵，如果 $(I-A)$ 矩阵的逆矩阵存在(在实际中，这一前提一般是能得到满足的)，则有：

$$X = (I - A)^{-1}Y \tag{11-63}$$

这是一个重要的等式，其中 $(I-A)^{-1}$ 被称为列昂惕夫逆矩阵，记为 $\overline{B}=(\overline{b}_{ij})$，其中每个元素 $\overline{b}_{ij}$ 称为列昂惕夫逆系数。它表示单位部门 j 每生产一个最终产品需要部门 i 生产的总产量。列昂惕夫逆系数在投入产出分析中有特别重要的意义，可以反映出总产出与最终需求的关系，可以用于总产出与最终产品的相互推导，进行产业感应度和影响力的分析以及波及效果分析等。

(3) 完全消耗系数

国民经济中信息部门与非信息部门之间的联系除了直接消耗系数以外，还有相当复杂的间接消耗关系。所谓间接消耗，是指一部门的产品或服务通过消耗其他部门的产品或服务而间接地对某种产品或服务的消耗量。间接消耗关系是一种多层次的十分复杂的相互关系，反映了国民经济各产业部门之间间接联系的程度。信息部门与非信息部门之间直接消耗关系和间接消耗关系总和起来就是完全消耗关系。如果我们以 b_{ij} 来表示第 j 部门对第 i 部门的产品或服务的完全消耗系数，则有：

$$b_{ij} = a_{ij} + \sum_{k=1}^{m+n} (b_{ik} \cdot a_{kj}) \quad (i, j = 1, 2, \cdots, m + n) \tag{11-64}$$

其中 $\sum_{k=1}^{m+n} (b_{ik} \cdot a_{kj})$ 是单位 j 部门产品或服务对 i 部门产品或服务的全部间接消耗量总和。

完全消耗系数的矩阵表述如下(设其为 B)：

$$B = A + A^2 + A^3 + \cdots = (I - A)^{-1} - I \tag{11-65}$$

与直接消耗系数相比，完全消耗系数更全面、更深刻、更本质地反映了信息部门与非信息部门之间错综复杂的联系。

(4) 感应度与感应度系数

感应度及感应度系数是反映信息产业对其他产业的前向关联程度的两个重要经济参数。所谓信息产业对其他产业的前向关联，是指其他产业部门对信息产业部门产品或服务需求的程度。

将列昂惕夫逆系数矩阵 $\bar{B} = (\bar{b}_{ij})$ 的各行元素分别相加，即得各部门的感应度。第 i 部门的感应度可表示为：

$$g_i = \sum_{j=1}^{m+n} \bar{b}_{ij} \quad (i = 1, 2, \cdots, m + n) \tag{11-66}$$

若 i 代表信息部门，则 g_i 的大小反映了国民经济系统中各部门的最终需求每增加一个单位时，要求信息部门增加的总产出量，它反映了国民经济系统中各部门对信息部门产品或服务需求的程度，即信息产业对其他产业的前向关联程度。g_i 越大，其他产业部门对信息产业部门产品或服务的需求就越大，信息产业的发展就越有效地促进其他产业的扩张，从而就越能从后面推动其他产业的发展。

如果将部门 i 的感应度与国民经济系统中各部门平均感应度相比较，则可得到第 i 部门的感应度系数。以 g_i' 表示之，则有：

$$g_i' = \frac{\sum_{j=1}^{m+n} \bar{b}_{ij}}{\frac{1}{m+n}\sum_{k=1}^{m+n}\sum_{j=1}^{m+n} \bar{b}_{ij}} \qquad (i = 1,\ 2,\ \cdots,\ m+n) \tag{11-67}$$

若 i 代表信息部门，则反映了国民经济系统中，各部门的最终需求每增加一个单位时，要求信息部门增加的总产出量与总产出量增加的平均水平的对比关系。感应度系数 g_i' 的数值大小有三种可能，即 $g_i' > 1$，$g_i' = 1$，$g_i' < 1$。当 $g_i' > 1$ 时，表明在整个国民经济发展时，要求信息部门更快地发展，否则，信息部门就有可能成为国民经济继续发展的“瓶颈”部门。

(5)带动度和带动度系数

带动度及带动度系数是反映信息产业对其他产业的后向关联程度的两个重要经济参数。所谓信息产业对其他产业的后向关联，是指信息产业部门对其他产业部门产品或服务的需求的程度。

将列昂惕夫逆系数矩阵 $\bar{B} = (\bar{b}_{ij})$ 的各列元素分别相加，即得各部门的带动度。带动度定义为：

$$d_j = \sum_{i=1}^{m+n} \bar{b}_{ij} \qquad (j = 1,\ 2,\ \cdots,\ m+n) \tag{11-68}$$

若 j 代表信息部门，则 d_j 的大小反映了当信息部门的最终产品或服务每增加一个单位时，带动国民经济系统中各部门总产出的增加量，它反映了国民经济系统中信息部门对各部门产品或服务需求的程度，即信息部门对其他产业的后向关联程度。d_j 越大，信息产业部门对其他产业部门产品或服务的需求就越大，信息产业的优先发展就能越有效地带动其他产业的更新改造，以满足信息产业部门对其产品或服务的需求，从而对整个国民经济发展的带动作用也就越大。

为了将部门 j 的带动度与国民经济系统中各部门平均带动度相比较，定义部门 j 的带动度系数 d_j' 如下：

$$d_j' = \frac{\sum_{i=1}^{m+n} \bar{b}_{ij}}{\frac{1}{m+n}\sum_{k=1}^{m+n}\sum_{i=1}^{m+n} \bar{b}_{ij}} \qquad (j = 1,\ 2,\ \cdots,\ m+n) \tag{11-69}$$

若 j 代表信息部门，则反映了在国民经济系统中，信息部门的最终产品或服务每增加一个单位时，带动各部门总产出量的增加与总产出量增加的平均水平的对比关系。带动度系数 d_j' 的数值大小也有三种可能，即 $d_j'>1$，$d_j'=1$，$d_j'<1$。当 $d_j'>1$ 时，表明信息部门对社会生产发展的带动作用比各部门的平均带动作用大，也就是说，信息部门生产的发展将会比其他部门生产的发展(指平均水平)更好地带动国民经济的发展。

11.4.3 信息产业投入产出模型及其应用

与信息产业投入产出表相对应，信息产业投入产出模型可分为价值型和实物型。这里，我们仅以价值型的信息产业投入产出表为基础建立信息产业投入产出模型。实物型信息产业投入产出模型可通过价格转化而取得，故不做过多讨论。

根据信息产业投入与产出之间的平衡关系可确立如下投入产出模型：

(1)行模型

将直接消耗系数(11-61)公式进行变换，可得：

$$a_{ij}^E=\frac{x_{ij}^E}{X_j},\qquad a_{ij}^F=\frac{x_{ij}^F}{X_{n+j}}$$

$$a_{ij}^G=\frac{x_{ij}^G}{X_j},\qquad a_{ij}^H=\frac{x_{ij}^H}{X_{n+j}}$$

引入直接消耗系数，(11-57)式、(11-58)式可变换为：

$$\sum_{j=1}^{n}a_{ij}^E X_j+\sum_{j=1}^{m}a_{ij}^F X_{n+j}+Y_i=X_i\qquad(i=1,2,\cdots,n)\tag{11-70}$$

$$\sum_{j=1}^{n}a_{ij}^G X_j+\sum_{j=1}^{m}a_{ij}^H X_{n+j}+Y_{n+i}=X_{n+i}\qquad(i=1,2,\cdots,m)\tag{11-71}$$

写成矩阵形式为：

$$\begin{cases}A^E X^{(1)}+A^F X^{(2)}+Y^{(1)}=X^{(1)}\\A^G X^{(1)}+A^H X^{(2)}+Y^{(2)}=X^{(2)}\end{cases}\tag{11-72}$$

其中：

A^E为非信息部门对非信息部门的直接消耗系数矩阵；

A^F为信息部门对非信息部门的直接消耗系数矩阵；

A^G为非信息部门对信息部门的直接消耗系数矩阵；

A^H为信息部门对信息部门的直接消耗系数矩阵；

$X^{(1)}=(X_1,X_2,\cdots,X_n)'$ 和 $X^{(2)}=(X_{n+1},X_{n+2},\cdots,X_{n+m})'$ 分别表示非信息部门和信息部门的总产出列向量；

$Y^{(1)}=(Y_1, Y_2, \cdots, Y_n)'$ $Y^{(2)}=(Y_{n+1}, Y_{n+2}, \cdots, Y_{n+m})'$ 分别表示非信息部门和信息部门的最终使用列向量。

由(11-72)式可得：

$$\begin{cases}(I-A^E)X^{(1)}=A^F X^{(2)}+Y^{(1)}\\(I-A^H)X^{(2)}=A^G X^{(1)}+Y^{(2)}\end{cases} \tag{11-73}$$

利用消元法解矩阵方程组(11-73)，得：

$$\begin{cases}X^{(1)}=[I-A^E-A^F(I-A^H)^{-1}A^G]^{-1}[Y^{(1)}+A^F(I-A^H)^{-1}Y^{(2)}]\\X^{(2)}=[I-A^H-A^G(I-A^E)^{-1}A^F]^{-1}[Y^{(2)}+A^G(I-A^E)^{-1}Y^{(1)}]\end{cases} \tag{11-74}$$

方程组(11-74)有唯一解的充分必要条件是列昂惕夫逆矩阵$(I-A^H)^{-1}$和$(I-A^E)^{-1}$存在，即矩阵$(I-A^H)$和$(I-A^E)$都是非奇异的，证明从略。

上述各式中的A^E、A^F、A^G、A^H在一定的时期和范围内具有相对稳定性，不会随着经济变量的变动发生急剧的变化，可以通过对国民经济前期的发展状况的统计观测加以确定。当我们事先确定了非信息部门和信息部门的最终使用列向量$Y^{(1)}$、$Y^{(2)}$后，由(11-73)式可以分析信息部门总产出和非信息部门总产出之间的相互依存关系，由(11-73)式可以分别计算出信息部门、非信息部门总产出列向量。因此，利用信息产业投入产出模型可以分析社会最终使用(需求)的变化对信息产业及国民经济其他产业发展所产生的影响。

(2)列模型

引入直接消耗系数，(11-57)式、(11-58)式可变换为：

$$\begin{aligned}&\left(\sum_{i=1}^{n}a_{ij}^{E}+\sum_{i=1}^{m}a_{ij}^{G}\right)X_j+U_j=X_j \qquad (j=1, 2, \cdots, n)\\&\left(\sum_{i=1}^{n}a_{ij}^{F}+\sum_{i=1}^{m}a_{ij}^{H}\right)X_{n+j}+U_{n+j}=X_{n+j} \qquad (j=1, 2, \cdots, m)\end{aligned} \tag{11-75}$$

写成矩阵形式分别为：

$$\begin{cases}\widehat{A}^{EG}X^{(1)}+U^{(1)}=X^{(1)}\\\widehat{A}^{FH}X^{(2)}+U^{(2)}=X^{(2)}\end{cases} \tag{11-76}$$

$$\widehat{A}^{EG}=\mathrm{diag}\left(\sum_{i=1}^{n}a_{i1}^{E}+\sum_{i=1}^{m}a_{i1}^{G}, \cdots, \sum_{i=1}^{n}a_{in}^{E}+\sum_{i=1}^{m}a_{in}^{G}\right)$$

$$\widehat{A}^{FH}=\mathrm{diag}\left(\sum_{i=1}^{n}a_{i1}^{F}+\sum_{i=1}^{m}a_{i1}^{H}, \cdots, \sum_{i=1}^{n}a_{im}^{F}+\sum_{i=1}^{m}a_{im}^{H}\right)$$

式中，分别为 n 阶和 m 阶对角矩阵，称为非信息部门和信息部门对中间投入的消耗系数(或劳动对象消耗系数)矩阵。

$U^{(1)}=(u_1, u_2, \cdots, u_n)'$ 和 $U^{(2)}=(u_{n+1}, u_{n+2}, \cdots, u_{n+m})'$ 分别为非信息部门和信息部门最初投入列向量。

解矩阵方程组(11-76)，得：

$$\begin{cases} X^{(1)}=(I-\hat{A}^{EG})^{-1}U^{(1)} \\ X^{(2)}=(I-\hat{A}^{FH})^{-1}U^{(2)} \end{cases} \tag{11-77}$$

方程组(11-77)有唯一解的充分必要条件是列昂惕夫逆矩阵 $(I-\hat{A}^{EG})^{-1}$ 和 $(I-\hat{A}^{FH})^{-1}$ 存在，即矩阵 $(I-\hat{A}^{EG})$ 和 $(I-\hat{A}^{FH})$ 都是非奇异的，证明从略。

(11-77)式中 $(I-\hat{A}^{EG})^{-1}$ 、$(I-\hat{A}^{FH})^{-1}$ 在一定的时期和范围内也具有相对稳定性，可以通过对国民经济前期发展状况的统计观测加以确定。这样，(11-77)式就分别反映了信息部门、非信息部门总投入与最初投入之间的定量关系。当我们事先确定了信息部门或非信息部门的最初投入后，就可以通过(11-76)式直接计算出信息部门或非信息部门的总投入。因此，利用信息产业投入产出列模型也可以用于经济预测。

(3)信息产业投入产出模型的应用

①用信息产业投入产出模型进行经济结构分析。经济结构分析主要是测定外生变量的变动对内生变量的影响。为弄清和说明国民经济系统中信息产业和非信息产业之间以及它们内部各部门之间复杂的经济联系，我们可以转而利用信息产业投入产出模型分析和研究经济系统中相应变量之间的相互关系。因为在现存的国民经济统计指标和统计方法中信息部门对国民经济的贡献没有独立列项和分类统计，而是分散在物质经济的各产业部门和活动领域，故无法得到确切的信息部门和非信息部门的资料。而利用信息产业投入产出模型，可以较精确地计算出国民经济体系中信息部门或非信息部门的变动对国民经济其他各部门的影响。具体如下：

在信息产业投入产出行模型(11-73)式中，最终使用变量和总产出变量中的任何一个均可作为外生变量使用，已知一个，即可求出另一个。以下考察最终使用的变化对总产出的影响。设非信息部门和信息部门中各分部门最终使用列向量的变化量分别为 $\Delta Y^{(1)}=(\Delta Y_1, \Delta Y_2, \cdots, \Delta Y_n)$ 和 $\Delta Y^{(2)}=(\Delta Y_{n+1}, \Delta Y_{n+2}, \cdots, \Delta Y_{m+n})$，则由(11-74)式可求出非信息部门和信息部门总产出列向量的变化量 $\Delta X^{(1)}$ 和 $\Delta X^{(2)}$，分别为：

$$\begin{cases}\Delta X^{(1)} = [I - A^E - A^F(I - A^H)^{-1}A^G]^{-1}[\Delta Y^{(1)} + A^F(I - A^H)^{-1}\Delta Y^{(2)}] \\ \Delta X^{(2)} = [I - A^H - A^G(I - A^E)^{-1}A^F]^{-1}[\Delta Y^{(2)} + A^G(I - A^E)^{-1}\Delta Y^{(1)}]\end{cases} \tag{11-78}$$

这两个式子反映了非信息部门和信息部门最终使用的变动对各部门总产出的影响。

当 $\Delta Y^{(1)} = 0$，即非信息部门的最终使用没有变化时，由(11-78)式得：

$$\begin{cases}\Delta X^{(1)} = [I - A^E - A^F(I - A^H)^{-1}A^G]^{-1}A^F(I - A^H)^{-1}\Delta Y^{(2)} \\ \Delta X^{(2)} = [I - A^H - A^G(I - A^E)^{-1}A^F]^{-1}\Delta Y^{(2)}\end{cases} \tag{11-79}$$

(11-79)式反映了非信息部门最终使用不变时，信息部门最终使用的变动对各部门总产出的影响。

当 $\Delta Y^{(2)} = 0$，即信息部门的最终使用没有变化时，由(11-78)式得：

$$\begin{cases}\Delta X^{(1)} = [I - A^E - A^F(I - A^H)^{-1}A^G]^{-1}\Delta Y^{(1)} \\ \Delta X^{(2)} = [I - A^H - A^G(I - A^E)^{-1}A^F]^{-1}A^G(I - A^E)^{-1}\Delta Y^{(1)}\end{cases} \tag{11-80}$$

(11-80)式反映了信息部门最终使用不变时非信息部门最终使用的变动对各部门总产出的影响。

由上述讨论可知，在国民经济系统中，信息部门和非信息部门是密切相关的，其中任一类产业部门最终使用的变动都会对国民经济各部门的总产出产生影响。当然，由于各产业部门内部结构和运作机理不同，某一部门最终使用的变动对本部门以及对其他部门总产出的影响程度一般是不同的。这种影响程度上的差别，我们也可以用指标定量化地表示出来。容易看出，这个指标就是上述各式中 $\Delta X^{(1)}$ 与 $\Delta X^{(2)}$ 的比值。

②用信息产业投入产出模型进行经济预测和政策模拟。经济预测就是根据外生变量的未来数值，依据一定的模型，求出内生变量的未来数值。在信息产业投入产出分析中，我们可以根据不同的经济预测的需要，在模型所涉及的最终使用和总产出两个变量中选取一个作为外生变量，另一个作为内生变量。利用外生变量的未来已知值，预测内生变量的未来值。所用模型分别是投入产出行模型的方程组(11-73)和方程组(11-74)以及列模型的方程组(11-76)和方程组(11-77)。

政策模拟是指利用模型对假定的经济政策的实施结果做实验，以便说明不同的经济政策可能带来的后果与影响，为经济政策的制定提供科学依据。特别地，对于信息产业投入产出模型，经济政策模拟就是研究模型中作为目标变量的内生变量与作为经济政策变量的外生变量之间的关系。当把与经济政策有关的一些变量，如价格、工资、税收等，作为已知的控制变量时，利用该模型就能模拟各种不同经济政策执行后可能带来的后果和影响。

小　结

信息经济效益是指信息产品或信息服务被利用之后所创造的净收益，亦即信息产品和信息服务被利用之后所带来的货币成果与获得和利用这些信息产品和信息服务所付出的耗费(资源、费用和人力等)之差。信息经济效益可分为直接效益和间接效益，也可以分为宏观效益和微观效益。对信息经济效益评价就是选择合适的指标，根据评价内容和目的的要求对信息活动的投入和产出进行定性和定量分析比较的过程。

对信息经济效益的评价有多种方法，具有不同的适应性。本书对信息产品采用成本收益分析评价方法、对信息系统采用成本收益、投入产出分析和价值工程评价方法，对信息产业采用投入产出分析方法。本章详细介绍了信息经济效益评价的内容、原则和方法，并探讨了信息产品、信息系统和信息产业三个层面的经济效益评价的理论和实践问题。

思考与练习

1. 简述信息经济效益评价的内容。
2. 简述信息经济效益评价的原则与方法。
3. 信息产品成本测试的内容有哪些?
4. 为什么要对信息产品的时间成本进行测度?
5. 网络原创小说的经济效益分析。
6. 如何进行信息系统的价值分析。
7. 数字图书馆的成本收益分析。
8. 产业投入产出分析的经济参数有哪些，解释各自的具体含义。
9. 结合实例介绍信息产业投入产出模型的应用。

参考文献

中文图书

[1]毕强编著．网络信息资源管理[M]．长春：吉林科学技术出版社，1999.
[2]陈耀盛主编．信息管理学概论[M]．北京：中国档案出版社，1997.
[3]陈颖．信息经济学[M]．石家庄：河北大学出版社，2006.
[4]陈禹，王明明．信息经济学教程[M]．北京：清华大学出版社，2011.
[5]马费成，等著．信息经济学[M]．武汉：武汉大学出版社，1997.
[6]马费成，李纲，查先进著．信息资源管理[M]．武汉：武汉大学出版社，2001.
[7]马费成，查先进著．网络信息资源管理[M]．太原：山西经济出版社，2003.
[8]马费成主编．信息资源开发与管理[M]．北京：电子工业出版社，2004.
[9]马费成，靖继鹏主编．信息经济分析[M]．北京：科学技术文献出版社，2005.
[10]马费成．信息资源管理[M]．北京：高等教育出版社，2006.
[11]马克思恩格斯选集(第三卷)[M]．北京：人民出版社，1972.
[12]樊纲．市场机制与经济效率[M]．上海：上海三联书店，1995.
[13]高山晟．经济学中的数学分析方法[M]．北京：中国人民大学出版社，2001.
[14]靖继鹏，张向先，李北伟．信息经济学(第2版)[M]．北京：科学出版社，2007.
[15]黎苑楚，蔡东宏，黄萃．信息产业导论[M]．武汉：湖北人民出版社，2004.

[16]潘勇. 网络交易中的逆向选择[M]. 北京: 经济管理出版社, 2005.
[17]彭志忠. 管理信息经济学[M]. 济南: 山东大学出版社, 2006.
[18]平新乔. 微观经济学十八讲[M]. 北京: 北京大学出版社, 2001.
[19]陶长琪. 信息经济学概论[M]. 北京: 机械工业出版社, 2009.
[20]王积业. 经济效益新论[M]. 北京: 中国财政经济出版社, 1987.
[21]王景光. 信息系统建模与结构复杂性[M]. 北京: 机械工业出版社, 2011.
[22]王健. 信息经济学[M]. 北京: 中国农业出版社, 2008.
[23]王明明. 信息产业促进经济增长的机制[M]. 广州: 中山大学出版社, 2001.
[24]王晓刚, 王则柯. 信息经济学[M]. 武汉: 湖北人民出版社, 2002.
[25]汪莹. 企业信息化的效应理论与评价方法研究[M]. 北京: 中国经济出版社, 2006.
[26]王则柯. 对付欺诈的学问: 信息经济学平话[M]. 北京: 中信出版社, 2001.
[27]乌家培, 等. 信息经济学与信息管理[M]. 北京: 方志出版社, 2004.
[28]乌家培, 等. 信息经济学(第2版)[M]. 北京: 高等教育出版社, 2007.
[29]谢康, 陶长琪. 信息经济学前沿进展[M]. 北京: 电子工业出版社, 2009.
[30]谢识予. 经济博弈论(第3版)[M]. 上海: 复旦大学出版社, 2010.
[31]许晶华. 信息技术与经济增长: 理论、方法与实证研究[M]. 兰州: 兰州大学出版社, 2003.
[32]张守一. 信息经济学[M]. 沈阳: 辽宁人民出版社, 1992.
[33]张维迎. 博弈论与信息经济学[M]. 上海: 上海三联书店, 上海人民出版社, 1996.
[34]赵冬梅. 电子商务市场价格离散问题研究[M]. 北京: 经济科学出版社, 2006.
[35]祖延安. 经济效益统计学[M]. 北京: 中国统计出版社, 1993.

译著

[1][美]Bruce R. Kingma 著. 信息经济学[M]. 马费成, 袁红, 译. 太原: 山西经济出版社, 1999.
[2][美]卡尔·夏皮罗, 哈尔·瓦里安. 信息规则: 网络经济的策略指导

[M]. 张帆，译. 北京：中国人民大学出版社，2000.

[3][美]肯尼思·J. 阿罗著. 信息经济学[M]. 何宝玉，等译. 北京：北京经济出版社，1989.

[4][美]克里斯·安德森. 长尾理论[M]. 北京：中信出版社，2006.

[5][美]N. Gregory Mankiw. 经济学原理(第5版)[M]. 梁小民，等译. 北京：北京大学出版社，2009.

[6][美]保罗·萨缪尔森，威廉·诺德豪斯著. 经济学(第16版)[M]. 肖琛，等译. 北京：华夏出版社，1999.

[7][美]P. 霍肯著. 未来的经济[M]. 方韧，译. 北京：科学文献出版社，1986.

[8][美]罗伯特·考特，托马斯·尤伦. 法和经济学[M]. 张军，译. 上海：上海三联书店，1991.

[9][美]斯蒂芬·A. 罗斯等著. 公司理财(第6版)[M]. 吴世龙，译. 北京：机械工业出版社，2003.

[10][美]Stiglitz，J. E.. 信息经济学：基本原理[M]. 纪沫，等译. 北京：中国金融出版社，2009.

[11][美]托尔斯坦·凡勃伦著. 科学在现代文明中的地位[M]. 张林，张天龙，译. 北京：商务印书馆，2008.

外文图书

[1] Arrow，K.. *The Economics of Information* [M]. Washington D. C.：Basil Blackwell Limited，1984.

[2] Butler Meredith，Bruce Kingma. *The Economics of Information in the Networked Environment*[M]. Routledge，1996.

[3] Carl Shapiro，Hal R. Varian. *Information Rules：A Strategic Guide to the Network Economy*[M]. Harvard Business Press，1998.

[4] Cooter，R.，Ulen，T.. *Law and Economics*(4th ed)[M]. Addison-Wesley，Boston MA. 2004.

[5] Diamond，P.. A *Search-equilibrium Approach to Micro Foundations of Macroeconomics* [M]. Cambridge Mass：MIT Press，1984.

[6] Hal R. Varian，Joseph Farrell，Carl Shapiro. *The Economics of Information Technology：An Introduction*[M]. Cambridge University Press，2004.

[7] Jack Hirshleifer，John G. Riley. *The Analytics of Uncertainty and Information* [M]. Cambridge University Press，1992.

[8]Laffont, J. J.. *The Economics of Uncertainty and Information*(4th ed)[M]. Cambridge MA: MIT Press, 1993.

[9]Machlup, F.. *The Production and Distribution of Knowledge of the United States*[M]. New Jersey: Princeton University Press, 1962.

[10]Knight, F.. *Risk, Uncertainty and Profit*[M]. Boston Mass: Houghton, 1921.

[11]Golderg, R.. *The Economics of Information Processing*[M]. New York: Wiley, 1982.

[12]Coase, R. H.. *The Firm, the Market and the Law*[M]. The University of Chicago Press, 1988.

[13]Spence, M.. *Market Signaling*[M]. Cambridge, MA: Harvard University Press, 1974.

[14]Urs Birchler, Monika Bütler. *Information Economics*[M]. Routledge, 2007.

[15]Van House, Nancy A.. *Library Users Fees*[M]. Green Press, 1983.

[16] Palmour, V. E., Marcla C. B., Robert R. V.. *Costs of Owning, Borrowing, and Disposing of Periodical Publications Arlington*[M]. VA: Center for Naval Analysis, 1997.

[17] A. McEachem, W.. *Mieroeconomies: A Contemporary Introduction*[M]. Ohio: South-Western Publishing Co. 1994.

[18]Wilson, R.. *The Structure of Incentive for Decentralization Under Uncertainty*[M]. La Decision, 1969.

中文学术期刊

[1]陈能华，龚蛟腾，肖冬梅. 市场机制架构下的信息资源共享[J]. 图书与情报，2007(2).

[2]陈林，桂学文. 论信息商品的交易成本[J]. 图书馆学研究，2009(9).

[3]代根兴. 信息资源开发研究[J]. 中国图书馆学报，2000(6).

[4]丁莉，樊春华. 试论信息消费与信息差别定价[J]. 情报科学，2003(6).

[5]杜佳. 信息商品需求弹性的微观分析及应用[J]. 情报理论与实践，2000，23(3).

[6]洪刚. 信息范式对经济学发展的影响[J]. 西安财经学院学报，2009，22(3).

[7]黄奇，邵波，袁勤俭. 美国IT产业对其经济的贡献及其发展现状[J]. 情报理论与实践，2000(3).

[8]霍国庆．论信息资源开发[J]．中国图书馆学报，1998(2)．
[9]江禹，等．企业信息系统的成本效益分析框架[J]．计算机系统应用，2001(1)．
[10]蓝虹，穆争社．投资者搜寻信息行为的非对称信息范式分析[J]．中南财经政法大学学报，2004(6)．
[11]李纲．不确定性、风险与信息约束[J]．情报理论与实践，1998，21(1)．
[12]李纲．信息资源配置的理论问题探讨[J]．情报学报，1999(4)．
[13]李纲．信息资源共享及其效率[J]．中国图书馆学报，2001(6)．
[14]李桢．美、日、印发展信息产业的模式及其对我国的启示[J]．情报资料工作，2011(4)．
[15]梁爱东．网络信息商品市场研究[J]．现代情报，2009(4)．
[16]梁媛，冯昊．委托代理理论综述[J]．中国经济评论，2004(1)．
[17]刘丹．试析信息产业的演进[J]．科技创业月刊，2010，23(6)．
[18]刘殿华．信息系统建设项目的成本收益分析[J]．烟草科技，2002(9)．
[19]娄策群，徐水尚．我国信息经济学研究综述[J]．现代情报，2006(7)．
[20]罗贤春．网络信息市场交易模式研究[J]．情报杂志，2004(2)．
[21]马费成，等．信息经济学讲座(1-12)[J]．情报理论与实践，2002(1)-2003(6)．
[22]马费成．数字时代信息资源共享的经济效率 —— 以书刊为例的分析[J]．中国图书馆学报，2003(4)．
[23]马费成，裴雷．信息资源共享的市场规制[J]．情报科学，2004(1)．
[24]马费成，裴雷．信息资源共享及其效率研究[J]．情报学报，2005(3)．
[25]马海群，周丽霞，宗诚．网络信息资源建设与配置的调控手段及其效率问题研究[J]．2006(6)．
[26]潘勇，网络“柠檬”环境下消费者行为与抵消机制——基于信息经济学的视角[J]．管理评论，2009(10)．
[27]彭峰．信息产品差别化定价策略研究[J]．软科学，2008，22(2)．
[28]钱颖一．现代经济学在美国[J]．财经问题研究，2003，230(1)．
[29]曲创，阴红星．网络信息产品免费定价策略研究[J]．山东社会科学，2010(12)．
[30]沈小玲．论影响信息消费的商品及服务因素——以网络信息商品及其服务为例[J]．情报理论与实践，2006(6)．
[31]沙勇忠，高海洋．关于信息消费的几个理论问题[J]．图书情报工作，

2001(5)：28-31.
[32]宋恩梅．我国因特网使用的需求分析[J]．情报理论与实践，2003(6).
[33]宋恩梅．信息商品的多重定价策略[J]．图书情报工作，2004(12).
[34]唐毅，陈能华．信息的经济效益及测定[J]．中国图书馆学报，2004(6).
[35]王健．信息经济学的产生与发展[J]．中国科教创新导刊，2008(30).
[36]王旗林，等．信息系统成本测算方法的研究[J]．中国管理科学，2001(1).
[37]吴永臻．信息资源有效配置中帕累托最优理论的适用性问题[J]．中国图书馆学报，2002(5).
[38]夏义堃．公共信息资源市场化开发利用的内涵、渠道及制约因素分析[J]．情报理论与实践，2008(3).
[39]项清焕．信息市场力量的理论辨析[J]．情报杂志，2005(3).
[40]肖勇．当前国内图书情报学界在信息经济学内容体系探索中的新进展[J]．大学图书馆学报，2010(8).
[41]许春芳，靖继鹏．网络信息商品价格影响因素及价格模型构造[J]．情报科学，2007(5).
[42]徐升华，毛小兵．信息产业对经济增长的贡献分析[J]．管理世界，2004(8).
[43]杨明．拓展价值工程原理和方法的探讨[J]．价值工程，1993(4).
[44]查先进．论信息市场失灵与政府干预[J]．中国图书馆学报，2000(4).
[45]张军，等．信息产品的共享及其组织方式：一个经济分析[J]．经济学季刊，2001(1).
[46]曾民族．“数象信息科学”和当前研究课题[J]．情报理论与实践，1998，2：65-69.

外文学术期刊

[1] Akerlof, R.. The Market for Lemons: Quality Uncertainty and the Market Mechanism[J]. *Quarterly Journal of Economics*, 1970, 84(3): 488-500.
[2] Schauer, B. P.. The Economics of Managing Library Service[J]. *Chicago and London*: *ASIS*, 1990.
[3] Carl Shapiro, Hal R. Varian. Versioning: The Smart Way to Sell Information[J]. *Harvard Business Review*, Nov/Dec. 1998.
[4] King, D.. Key Papers in the Economics of Information[J]. ASIS, 1990.

[5]Eyal Baharad, Benjamin Eden. Price Rigidity and Price Dispersion: Evidence from Micro Data[J]. *Review of Economic Dynamics*, 2004(7): 613-641.

[6]Farrell, J.. Information and the Coase Theorem[J]. *Journal of Economic Perspectives*, 1987 (2): 113-129.

[7]Kreng, V. B., Tsai, C. M.. The Construct and Application of Knowledge Diffusion Model[J]. *Expert Systems with Applications*, 2003, 25(2): 177-186.

[8]Marschak, J.. Economics of Information Systems [J]. *Journal of the American Statistical Association*, 1971, 6(33): 192 - 219.

[9]Getz, M.. Economics: Document Delivery[J]. *The Bottom Line*, 1991, 92 (5).

[10]Getz, M.. Economics: Increasing the Value of User Time[J]. *The Bottom Line*, 1987(1).

[11]Mirrless, J. A.. The Theory of Moral Hazard and Unobservable Behavior: Part Ⅰ[J]. *Review of Economic Studies*, 1996(66).

[12]Mookherjee, D.. Decentralization, Hierarchies, and Incentives a Mechanism Design. Perspective[J]. *Journal of Economic Literature*, 2006 (44): 367-390.

[13]Riley, B.. "Silver Signals: Twenty Five Years of Screening and Signaling" [J]. *Journal of Economic Literature*, 2001, 39(2): 432-478.

[14]Schauer, Bruce P.. The Economics of Managing Library Service [J]. *American Library Association*, Chicago and London, 1986.

[15]Spence, M.. Job Market Signaling[J]. *Quarterly Journal of Economics*, 1973, 87(3): 355-374.

[16]Stiglitz, J.. The Theory of Screening, Education, and the Distribution of Income[J]. *American Economic Review*, 1975, 65(3): 283-300.

[17]Stiglitz, J.. Monopoly, Non-Linear Pricing, and Imperfect Information: The Insurance Market[J]. *Review of Economic Studies*, 1977, 44(3): 407-430.

[18]Stiglitz, Andrew Weiss. Credit Rationing in Markets with Imperfect Information[J]. *The American Economic Review*, 1981, 71(3): 393- 410.

[19]Wilson, T. D.. Human Information Behavior[J]. *Information Science*, 2000, 3(2): 15-16.

[20]野口悠纪雄. 信息经济综述[J]. 经济学译丛, 1986(4).

学位论文

[1]陈洁．数字信息商品市场微观结构研究[D]．北京邮电大学，2008.

[2]郭敏．信息产业对我国经济增长作用的理论和实证研究[D]．华南师范大学，2005.

[3]郭文平．信息产品与服务的定价模型及其研究[D]．华中科技大学，2007.

[4]黎楚苑．信息产业演进规律与发展模式研究——基于产业经济学的分析[D]．武汉大学，2005.

[5]李纲．信息资源有效配置研究[D]．武汉大学，1999.

[6]龙鹜．Internet 对市场均衡的影响[D]．武汉大学，2002.

[7]牟锐．中国信息产业发展模式研究[D]．西南财经大学，2008.

[8]唐军荣．我国消费者的信息消费行为研究[D]．华中师范大学，2006.

[9]王芳．政府信息资源管理的经济学研究[D]．北京大学，2004.

会议论文

Marcia Bates. Toward an Integrated Model of Information Seeking[C]. The Fourth International Conference on Information Needs, Seeking and Use, 2002.

研究报告

[1]赖茂生．信息资源开发利用的基本理论研究报告[R]．信息资源开发利用研究软课题(国信办推广应用组)，2004：59.

[2]Braunstein Y. M.. Information in the economy[R]. A Report in Wuhan University, 1993.

高等学校信息管理学专业系列教材书目

信息服务与用户（第三版） （普通高等教育“十一五”国家级规划教材）（面向21世纪课程教材）	胡昌平
管理学基础（第二版） （面向21世纪课程教材）	胡昌平
信息管理学基础（第二版） （国家级精品课程配套教材）	马费成 宋恩梅
《信息管理学基础》案例与实验教程	马费成 宋恩梅
信息经济学	马费成
信息组织（第三版） （湖北省精品课程教材）	周 宁 吴佳鑫
信息资源数据库（第三版）	周 宁 吴佳鑫
信息检索（第二版） （普通高等教育“十一五”国家级规划教材）（面向21世纪课程教材）	焦玉英
管理咨询理论与实践	焦玉英 陈 远
企业资源计划（ERP）	唐晓波
管理信息系统	唐晓波
信息分析 （面向21世纪课程教材）	查先进
信息资源管理 （国家“九五”重点教材）	马费成
供应链管理	查先进
企业竞争情报	查先进
信息系统分析与设计	邓仲华
决策支持系统	张玉峰
信息计量学	邱均平
市场经济信息学	邱均平
知识管理导论	邱均平
信息系统项目管理	代 君
JAVA语言程序设计	陆 伟
网络信息资源开发与利用 （面向21世纪课程教材）	董 慧
信息加工 （面向21世纪课程教材）	倪晓健
现代组织战略与行为管理	何绍华

欢迎广大教师和读者就系列教材的内容、结构、设计以及使用情况等，提出您宝贵的意见、建议和要求，我们将继续提供优质的售后服务。

联系人：詹 蜜(电话：027-68752374）　　E-mail:mimide06@sina.com

武汉大学出版社（全国优秀出版社）